실크로드 신체문화교류사 9

전통무예, 무용, 유희

총서 9

한국외국어대학교
한국글로벌스포츠건강문화센터

이 논문 또는 저서는 2017년 대한민국 교육부와 한국연구재단의 지원을 받아 수행된 연구임
(NRF-2017S1A5B4055939)

박영사

발간사

한국외국어대학교 한국글로벌스포츠건강문화센터는 2017년 9월부터 한국연구재단으로부터 토대연구지원사업에 선정되어 5년간 '실크로드 아시아 7개국의 전통무예, 무용, 그리고 유희 총서 개발'이라는 주제의 연구를 진행하였다. 이 연구는 지구상의 오랜 역사 속에서 실크로드로 연결된 아시아 7개국(한국, 일본, 중국, 몽골, 카자흐스탄, 우즈베키스탄, 이란)의 문화교류사 중 특히 인간의 원초적 신체문화인 전통무예와 무용, 유희가 어떻게 탄생하고 변용되어 한 민족의 문화로 정착하였는지, 그리고 이것들이 어떠한 경로와 목적에 의해 주변 민족과의 교류 속에서 크고 작은 영향을 주었는지를 전체적으로 전망하고 그 성격을 조망하는 데 연구목적을 두고 진행하였다.

아시아는 지구상에서 가장 넓고, 가장 많은 인구가 살고 있으며, 역사와 문화 그리고 종교 등 거의 모든 측면에서 매우 다양한 가능성을 지니고 있는 대륙이다. 최근까지 실크로드를 통한 동서의 문화교류를 밝혀주는 연구물들이 많이 발표되고 있고 로마를 비롯한 유럽과도 활발하게 문명교류가 이루어져 왔음이 밝혀져 실크로드가 있었기에 유라시아가 서로 연결되어 발전할 수 있었다. 이러한 결과를 토대로 실크로드가 인류사를 크게 발전시켰다는 점을 알 수 있기에 실크로드를 통한 문화교류사에서 인간의 근원적 활동으로 신체 움직임과 관련된 전통무예, 무용, 유희는 어떻게 성립되어 어떠한 교류 과정을 거쳐 문화적 융합을 가져왔는지 살필 필요성이 있다. 따라서 이러한 실크로드의 발전 과정과 함께 인류의 근원적이고 기초적인 문화 활동인 무예, 무용, 놀이는 주변 민족과 국가 사이에서 상호 간의 교류와 통합, 변용 속에서 서로 주고받으며 뿌리내린 문화요소가 깃들어있을 것이라는 추정이 가능하다.

이 연구의 가장 중요한 키워드는 '인간의 원초성에 입각한 신체활동을 매개로 한 문화교류사'를 밝히는 것이다. 교류에는 개인 간의 교류에서부터 지역 및 민족 간의 교류, 대륙 간의 교류 등 다양한 수준의 교류가 있으며, 지금은 우주를 왕래하는 시대를 맞이하여 위성 간의 교류도 상정할 수 있다. 그래서 이 연구에서는 사회를 구성하는 각 개인의 신체를 매개체로 한 전통무예와 무용, 그리고 유희종목으로 나누어 국가(민족)별로 그것들의 무구한 역사적 기원 및 변용과 발전의 흐름 등의 문화적 다양성을 조사, 검토하고 분석함으로써 신체활동과 관련된 문화적 지식의 폭을 넓히고 확장하는 연구가 필요하다는 점에서 본 연구에 착목하게 되었다. 따라서 본 연구는 실크로드로 연결된 아시아 7개국이 오랜 세월 동안 즐겨 왔던 전통무예와 무용, 유희에 관해 종목별로 조사한 자료를 정리하고 연구한 내용을 토대로 총론을 결론짓는 마지막 연구물이다.

5년에 걸친 연구기간 중에 2019년 11월부터 전 세계를 공포의 도가니로 몰아넣은 '코로나19'의 발발로 여러 국가를 방문하여 자료를 수집하고 조사하는 데 커다란 장해를 받았다. 특히 몽골과 이란, 카자흐스탄, 우즈베키스탄의 중앙아시아 국가들을 방문하여 자료를 수집하는 데 큰 어려움을 겪게 되었으나 다행히도 현지 연구자들의 도움으로 어느 정도 연구목표로 했던 수준까지 도달할 수 있었다.

이 책은 일반 대중을 위해 평이한 수준으로 쉽게 기술하고자 하였고, 다양한 사진과 그림 자료를 첨부하려고 노력하였으나 저작권 문제가 발생할 수 있기에 그림과 사진 자료들을 깊이 있게 분석하고 해석한 내용을 더 다양하게 제시하지 못한 아쉬움이 있다. 또 연구 도중에 세계적으로 유행한 코로나19의 여파로 각 지역을 방문해 다양한 자료를 수집하는 데 어려움을 겪었으나 그러한 역경을 이겨내고 연구자들 나름의 결과물을 제시하게 된 것을 다행이라고 생각한다. 따라서 이 책이 향후 실크로드를 통한 인류의 교류사적 전통신체문화의 형성과 한국 전통신체문화와의 관계성 등에 관한 논의의 지평을 더욱 확장하는 계기가 되는 데 기여하기를 바란다. 덧붙여서 이 책들이 전통문화와 관련된 교육 자료 등으로 다양하게 활용됨으로써 후학들의 관심과 흥미를 불러일으키는 데 기여하기를 기대한다.

기초학문 발전을 위한 한국연구재단의 재정적 지원과 격려에 고마움을 전한다. 공동 연구와 집필에 참여한 각 연구자, 연구보조원, 그리고 출판을 위해 편집과 사진 작업 등을 맡아준 박영사를 비롯한 많은 분에게 고마움을 표한다.

2025년 8월

실크로드 아시아 7개국의 전통무예, 무용, 그리고 유희연구 연구책임자

한국외국어대학교 한국글로벌스포츠건강문화센터 소장 김태영

차례

제2장 한국, 일본, 중국의 병기무예 교류사: 궁술을 중심으로

제3장 몽골, 중국, 한국, 일본의 샤머니즘과 전통춤 문화

第2부
중앙유라시아의 전통무예, 무용, 유희 교류사

동북아시아의 전통무예, 무용, 유희 교류사

제1부

제1장

한국, 중국, 일본, 몽골의 맨손무예 교류사

1. 들어가며

실크로드는 근대 이전 동양과 서양을 이어온 중요한 교역로로서 비단길을 가리킨다. 이 길은 지구상의 인간 삶의 역사와 함께 한 생명의 역사 길이기도 하였다. 이 길을 통해서 각국 간의 정치, 사회, 경제, 문화 등 상호 간에 영향을 주고받거나 다양한 교류가 이루어졌기 때문이다. 이러한 과정 중에 문화적인 영향이나 교류는 현저하게 나타났는데, 다양한 무예 문화가 각 민족의 목적이나 상황, 환경 등에 맞게 각국에 형성되었다. 실크로드에서 발견된 고대 체육, 무예 문물은 지난 과거의 흔적을 소리 없이 전달해 주는 메시지로 새로운 무예 조류가 형성되는 데 중요한 근간이 되었다. 20세기에 돈황장경동(敦煌藏經洞)에서 출토된 오만여 권의 문헌, 토로번(吐魯番)에서도 대량 발견된 문헌이나 돈황학, 장성학 등의 유물은 문화나 고고학 연구에 새로운 근거가 되었다. 다양하고 새로운 근거가 나타나면서 다채로운 사유, 관점, 방법 및 콘텐츠가 출현하였다. 이러한 점에서 전통무예로 통용되는 격투기는 인류가 공유해 온 신체문화로서 주요한 부분을 차지한다고 할 수 있다.

무예는 다양한 기준에 따라서 여러 종류로 구분되는데, 크게 병기 사용 여부에 따라 맨손무예(徒手武藝)와 병기무예로 구분된다. 특히 도수무예라고도 하는 맨손무예는 인류가 출현하면서 나타났으며, 그 역사를 함께 해왔다. 생존을 위한 수렵과 채집을 시작으로 개인, 사회, 국가를 방어하고 보호하는 수단으로서 인류의 역사와 함께 해왔다. 특히 실크로드를 통해 한국, 중국, 일본, 몽골 등의 아시아 국가는 다양한 교류가 이루어져 왔는데, 실크로드를 통한 문화교류사적 측면에서 몽골 부흐와 중국 솔교(摔跤), 한국 씨름, 일본 스모(相撲)와 같은 격투기는 매우 밀접하게 영향을 주고받으며 발전해 왔다는 점을 추정할 수 있어 문화·교류사적 연관 가능성은 매우 깊어 보인다.

세계 각국의 격투기는 인간의 본능으로서 대부분 서로 손과 발을 사용하여 상대를 붙잡고 넘어뜨려 제압하거나 관절을 부러트리는 원시적인 형태를 취한다. 이러한 격투기는 각 나라의 문화를 바탕으로 한 민족이 공유하는 씨름, 또는 이와 유사한 격투기의 형태로 존재해 왔다. 특히 고대부터 몽골을 비롯한 동아시아의 민족들이 거의 본능적으로 씨름이나 부흐, 각력(角力), 솔교, 스모라고 불리는 격투기를 통해서 사람들에게 자신의 힘을 과시하거나 상대를 제압하는 힘겨루기 기술로 사용했던 사실이 여러 고고학적 자료를 근거로 밝혀지고 있다.

현재까지 우리의 씨름과 비슷한 모습을 한 격투기의 가장 오래된 자료로는 중국의 협서성(陝西省) 장안현(長安縣)의 객성장(客省莊)에서 출토된 각저(角觝) 문양의 청동 동패(銅牌)로 알려져 있다.[1] 이 동패의 크기는 가로길이가 13.1cm, 너비가 6.6cm이며, 아마도 매장 자의 허리띠에 붙이는 고리인 것으로, 기원전 3-2세기경에 제작된 것으로 추정되고 있다. 이 동패를 보면, 두 명의 노인이 안장이 달린 각자의 말을 양옆의 나무에 매어두고 서로 어깨를 맞대고 있다. 두 사람 모두 윗옷을 벗고 통이 넓은 긴 바지를 입었는데 그중 한 사람은 허리에 띠를 맨 것처럼 보이고, 발은 모두 신발을 신고 있는 듯하다. 두 사람은 오른손으로 상대의 허리를 둘러 잡고 왼손으로 넓적다리를 잡고 있다. 왼쪽 사람은 상대의 왼쪽 다리를 잡고 있어 금방이라도 상대방을 들어 올려 넘어트리려는 자세를 취하고 있다.

이러한 점에서 당시 몽골과 중국의 동패에 보는 씨름방식이 이미 있었던 사실을 추정할 수 있다. 중국의 샤오원량(邵文良)은 이 동패에 새겨진 인물들을 보고 명백히 흉노족이라고 주장하지는 않았지만, 이 같은 투각(透刻)한 장식품이 내몽

1) 박원길, 〈몽골 나담에 관한 역사 민속학적 고찰(하)〉, 『몽골학』. 제11호, (한국몽골학회, 2001), 155-156쪽.

골에서도 출토되었기 때문에 이를 북방 소수민족이 즐긴 몽골의 부흐라고 언급하였다.[2] 한·중·일 학자들은 이러한 분석을 토대로 동패에 새겨진 인물은 한족(漢族)이 아니고 북방 민족인 흉노족이라 추정하고 있다.[3] 현재 내몽골의 서부지역에 속한 오르도스(Ордосбэхин барилдаан)와 샬보르 지역의 부흐[4]에는 우리의 씨름과 비슷하게 띠를 허리와 다리에 묶고 한쪽 무릎을 굽히고 시작하는 우젬친(Узэмчин бэхийн барилдаан)[5] 부흐[6] 등이 존재하므로 이 주장은 타당성이 있는 것으로 본다.

본 장에서는 몽골, 중국, 한국, 일본의 전통적인 맨손무예를 문화교류사적으로 살펴보고자 한다. 특히 각국의 대표적인 전통 맨손무예 중에 우리의 씨름과 유사한 무예를 비교해 본다. 씨름은 또 다른 표현으로 각력, 각저(角觝, 角抵), 상박(相撲)이라고도 한다. 중앙유라시아 지역을 호령했던 흉노족은 격투기를 매우 즐겼다고 전해진다. 이를 몽골에서는 부흐라 하며, 중국에서는 각력, 각저, 상박 등으로 표현했고, 현대사회에서는 솔각류(摔角類 혹은 摔跤類, 이하 솔각으로 통일)에 포함시켜 다루고 있다. 일본의 스모는 상박(相撲)이라는 한자로 표기하고 있지만 이를 스모라 표현하기 때문에 한자 단어로만 보아도 동북아시아 민족들의 격투기

---

2) 曽麗卿 外訳, 邵文良編著, 『中國古代のスポーツ』. (ベースボールマガジン社, 1985), 26쪽.

3) 中國科學院考古研究所, 『灃西發掘報告』. (文物出版社, 1962), 139쪽; 金啓踪, 〈中國式摔跤源出契丹, 蒙古考〉, 『漢南集』. (內蒙古大學出版社, 1991), 527쪽; 長谷川明, 앞의 책, 143쪽; 鄭然鶴, 앞의 글, 648쪽; 鳥恩, 〈中國古代北方民族のスポーツ〉, 『シルクロードとスポーツ: シルクロード ·奈良國際シンポジウム95』. (なら ·シルクロード博記念國際交流財団シルクロード學研究センター, 1997), 66쪽.

4) 오르도스 부흐는 유도복과 같은 바지와 장화를 신고 띠를 어깨에 X자로 걸고 서로 붙잡고 경기한다. 왼손을 어깨 위에 올리고 오른손을 겨드랑이에 고정한다. 하지만, 띠를 잡은 손은 바꿀 수 없다. 샬보르 부흐는 띠를 매고 서로 붙잡고 하는 방식에서 우리 씨름, 또는 오키나와(沖縄) 씨름인 각력(角力이라 쓰고 시마라 발음)과 매우 비슷하다. 상대를 던져서 쓰러뜨리는 것으로 승패를 가른다.

5) 이 부흐는 규칙과 의상 등이 여타 부흐와는 전혀 다른 성격을 갖고 있다. 이 부흐의 특징은 손은 손으로, 발은 발로만 겨룬다는 점이다. 즉, 손으로는 상대의 조도크(상의)만을 잡을 수 있고, 허리 아래를 잡으면 실격된다. 우젬친 부흐에서 주로 사용되는 기술은 발과 관련된 기술로 대표적인 것이 발로 미는 기술(Хөлөөр хаях мэх)이다(박원길a, 〈몽골 축제: 할흐 몽골의 씨름에 대하여〉, 『중앙민속학』. (중앙대학교 한국문화유산연구소편, 2001)에서 인용).

6) 冨川力道, 〈ブフ文化とその再構築過程に関する文化人類學的研究〉, 未刊行博士學位論文, (千葉大學校大學院 社會文化科學研究科, 2002), 42－43쪽; 박원길b, 〈몽골 나담에 관한 역사 민속학적 고찰(하)〉, 『몽골학』. 제11호, (한국몽골학회, 2001), 165쪽.

는 유관한 가능성을 지니고 있다는 점을 추정할 수 있다. 그래서 본 장에서는 몽골의 부흐와 한국의 씨름, 중국의 각력, 일본의 스모를 비교한 교류사적 측면에서 논의를 전개해 나간다.

2. 맨손무예 명칭의 어원[7]

중국을 비롯한 한국과 일본 한자 문화권에서 씨름과 같은 격투기는 앞서 언급한 바와 같이 각저라는 이름으로 선사시대에 이미 존재하고 있었다.[8] 한반도에서 씨름이 언제부터 시작되었는지에 대한 의견은 아직 분분하지만, 앞에서도 기술한 바와 같이 상고시대부터 존재했을 가능성에 일반적인 공감대가 형성되어 있다.

그러나 우리가 씨름이라 부르는 이 말의 어원이 어떻게 생성되었으며, 언제부터 사용되었는지를 사료로 검증하려 해도 이를 밝혀내기가 어려운 것도 사실이다. 20세기 초까지 기록된 자료를 검토해 보면 1920년대까지 대부분 각력, 각저, 솔각, 각저희(脚抵戱) 등의 한자로 기록되어 왔기 때문이다. 물론 이것은 일반 대중들이 사용하는 말과 사료의 기록 문자가 다른 데서 오는 결과일 것이다. 한자 문화권에 속하는 한국과 중국 그리고 일본 세 나라의 선행 연구물을 중심으로 각저 또는 각력, 각력희 등 씨름을 가리키는 명칭의 사용이 어떻게 변해 왔는지 이러한 점에서 먼저 검토해 볼 필요가 있다.

중국 고대사회에서 각저는 무예, 잡기를 포함한 볼거리 위주의 연희에서 벌어진 격투기를 의미하였다. 푸치펑(傅起鳳)과 푸텅룽(傅騰龍)의 『중국잡기사(中國雜技史)』에 따르면 "현재의 하북성 일대에 일종의 민간 유희가 유행하였다. 여기서는 뿔(角)이 달린 가면을 쓰고 서로 무술이나 힘을 겨루었기 때문에 이를 보고 연기(演技) 또는 경기라고 불렀으며, 당시 일반인들은 이를 각저 또는 치우희라 불렀다. 그리고 전국시대에는 강무의 의례나 유희와 함께 서로를 과시하였고 진(秦)

7) 이 글에서는 실크로드라는 동서로 연결된 지리적 순서대로 몽골과 중국, 한국, 일본순으로 기술하였다.

8) 황의룡, 〈씨름의 유래와 경기 방법〉, 민족통일체육연구원엮음, 『남북통일기반조성과 민족전통체육』. (사람과사람, 2004), 30－63쪽; 황의룡, 〈근현대시기 '씨름'의 지속과 변화〉, 중앙대학교 한국문화유산연구소 엮음, 앞의 책, 64－92를 보완, 수정해 집필하였음을 밝힌다.

나라 때에는 각저라고 칭하였다. 이러한 무희(武戲)에 속한 힘겨루기에는 거의 모두 각력 요소가 내포되어 있었다. 이후에 각저는 솔교(摔跤)라는 말로 변용되었으나, 고대사회의 각저에는 넓은 의미가 내포되어 있었으며, 솔교는 그 일부분에 지나지 않았다. 『사서(史書)』에 따르면, 한 무제가 연희대회의 상연 종목을 하나로 묶어서 대각저(大角抵)라 칭하였기 때문에 각저는 단지 잡기로 구분하지 않고, 가무나 간단한 볼거리 연극도 포함하고 있었다. 당과 송나라 이후에 잡기라는 말이 나타나기 시작하면서 각저는 오로지 솔교를 가리키는 대명사가 되었다."[9]고 하였다. 이를 토대로 김학주는 "대체로 각저희는 희(戲) 글자가 군사와 관계가 있는 글자인 점에서 두 사람이 몸을 부딪치며 힘을 겨루는 씨름 비슷한 놀이라고 하였다. 또 이러한 놀이는 무술이나 재주를 겨루는 것으로 발전했으며, 이후에는 서로 겨루는 형식의 놀이나 '가무희'로까지 발전하여 마침내는 여러 가지 잡기와 놀이 및 가무까지도 포함하는 말로 발전한 것으로 생각된다."[10]고 하였다. 또 『사기(史記)』의 이사전(李斯傳)에 따르면, "황제의 뒤를 이은 이세(二世) 호해(胡亥)가 감천궁에서 각저와 잡기를 보며 즐거워하고 있을 때 재상인 이사(李斯)가 알현하러 왔지만 만나지 못하였다"는 기록[11]이 있다. 이 기록에서 곡저(觳底)는 각저의 동의어로 취급하였고, 우배(優俳)는 기예나 곡예를 행하는 사람을 말하였다. 당과 송나라 이후의 잡기 명칭이 사용되기 전까지 각저는 여러 가지 가무나 연극공연, 곡예 등과 같은 잡기를 포함하고 있었다. 그 후 각저가 격투기로 인식되기 시작한 것은 11세기경부터일 것으로 보는 것이 일반적이다. 이에 덧붙여 조은(鳥恩)은 "옛날부터 솔교를 보고 각력, 각저라고 칭하였으며, 이것은 북방 유목민들의 전통적인 격투기의 하나였다. 각 민족에 따라 다른 형태의 솔교가 행하여졌다."[12]고 주장하였다. 이처럼 각저는 힘겨루기인 씨름을 포함한 일반 잡기와 기악을 가리키는 경우가 많았지만, 당·송나라 이후에 잡기에서 분리되어 솔교라 불리는 붙잡고 힘겨루는 격투기를 각저라 기록하게 되었다.

---

9) 傳起鳳, 傳騰龍, 『中國雜技史』. (上海人民出版社, 1991), 20－22쪽.
10) 김학주, 『중국 고대의 가무희』. (명문당, 2015), 135쪽.
11) 是時二世在甘泉 方作觳抵優俳之觀(『史記』 卷八七 李斯列傳 第二七): 門田誠一, 위의 글, 11－12쪽.
12) 鳥恩, 앞의 글, 65－66쪽.

한편 송나라 시기의 『각력기』「명목」에는 다양한 사료를 근거로 각력이라는 명칭이 기술되어 있다. 「명목」은 각력의 명칭이며, 시대, 지역, 방언(지역 사투리)에 따라서 상박(相搏), 상박(相撲), 상비(相攢), 각저, 각력이라는 다섯 가지 단어로 기술되어 있다.[13)]

상박(相搏)

상박은 상대와 서로 손을 사용하여 상호 간에 힘이나 기량을 겨루는 맨손무예이다. 상박과 관련된 기록은 『춘추(春秋)』의 「곡량전(穀梁傳)」에서 볼 수 있다. 기원전 659년 노나라의 공자 계우(季友)는 전쟁에서 거나(莒拿)를 생포하고, 그와 맨손 겨루기를 하였다. 이때 맨손 겨루기는 결투 혹은 겨루기 형태였으며, 상박(相搏)이라고 하였다. 두 사람이 맨손 겨루기를 하는 동안, 계우가 궁지에 몰리게 되었는데, 그의 부하가 깜짝 놀라서 노나라의 보도(寶刀)를 던져주었고, 이를 받은 계우는 거나를 죽였다. 기록에 따르면, 이때 두 사람은 상박으로 승부를 겨루었지만, 계우가 중간에 도를 사용하는 바람에 진정한 상박 승부라고 할 수 없다고 하였다. 이 내용은 역사 속에 처음 보이는 상박 기록이었다. 중국 후한의 사서(辭書)인 『석명(釈名)』에도 '박(搏)'에 대해서 언급하고 있는데, '박'은 손가락 사지를 넓게 펼치며 공격을 하는 것이라고 하였다. 먼저 손으로 급소를 공격한 후에 상대를 넘어트리는 방식이었다.[14)] 이러한 상박은 맨손으로 발휘되는 기예이며, 손으로 공격하고 상대를 겨루어 넘기는 맨손무예였다.

상박(相撲)

상박(相撲)은 서로 손을 사용하여 상대를 넘기는 맨손무예이다. 한조(漢朝)의 『통속문(通俗文)』과 『진서(晉書)』에 따르면, 상대와 서로 겨루어 넘어뜨리는 것을

13) 박귀순(2020), 「송조시기 각력기(角力記)에 관한 소고(小考)」, 『대한무도학회지』, (대한무도학회, 2020), 22(4), 1－16쪽의 내용을 수정, 보완함.

14) 一相搏 穀梁傳 魯公子 季友帥敗莒拿 公子季友謂 拿日 吾二人不相悅 士卒何罪 屏左右而相搏季友下 左右日 孟勞(驚取刀 魯寶刀) 季友以殺之此則 始相徒搏 後處其下 左右救之 日令用刀也今之用力 可謂相搏也 釋名日搏 四指廣搏以擊之也 然且始舉手擊要 終在撲也; 角力記의 名目.

상박이라고 하였다. 당시 민간에서도 상대와 서로 겨루어 넘어뜨리는 무예를 대부분 상박이라고 불렀다. 또한 『진서』에는 상박은 하등의 기예이며, 『북제서(北斉書)』의 제왕전(諸王傳)에는 '상(相)' 글자를 강조하고 소리를 낸다고 기록되어 있다.[15] 여기서 하등의 기예는 무예에서 기초, 기본이 되는 기예의 의미이며, '상' 글자를 강조한 것은 상대와 겨루는 의미를 더욱 드러내기 위한 것으로 보인다.

상박(相撲)은 상박(相搏)과 같이 손으로 상대와 겨루어 넘기는 것이지만, 기예의 중심이 상박(相搏)은 손이라면, 상박(相撲)은 넘기는 것에 있다고 할 수 있다. 상박(相撲)은 높은 수준의 기예가 아니라 하등의 기예로 무예의 기본 기예였다. 따라서 당시 민간에서 보편적으로 행해진 맨손무예였다.

상비(相攢)

상비는 슈(촉(蜀), 현재 사천성 부근)와 씽샹(형양(荊襄), 현재 호북성 양양 일대)에서 사용된 명칭이다. 상비는 힘을 겨루어 상대를 넘어뜨리는 무예이다. 『형초세시기(荊楚歳時記)』에 상비와 관련된 내용이 기록되어 있는데, 형초 사람은 5월이 되면 서로 상비로 겨루었고, 겨루기 방법이나 형식은 상박(相撲)과도 같았다. 중국 지방에서는 상비 명칭과 함께 상차(相扠)가 사용되었는데, 정통적(正統的)인 명칭이 아니었다.[16] 당시 다양한 명칭이 있었지만, 기준에 따라서 명칭의 정통성을 확보했던 것으로 보인다. 당시 상비는 중국의 슈와 씽샹지역에서 상대와 맨손으로 겨루는 무예의 정식 명칭이었다.

이처럼 상비는 상대를 넘어뜨려 겨루는 기예로서, 슈와 씽샹지역에서 상차와 함께 통용되었던 맨손무예였다. 상비는 지방에서 매년 5월 연례행사로 행해지기도 하였다.

---

15) 一相撲 蓋取其見交分勝負之名 則取撲倒 為名故也 通俗文雲 爭倒曰相撲也 言其交相爭也 今率土 俗間只呼 為相撲也 又晉書雲 相撲 下技也 又見北齊書諸王傳 相字入聲呼; 角力記의 名目.

16) 一相扌費(音費) 蜀土荊襄之間(日)扌費 扌費則爭力 競倒之謂也 相扌費之名 荊楚歳時記 荊楚之人 五月間相結伴為相扌費之戲 即撲也 俗間或(日) 相(廣阜)撲也 亦曰相扠 皆非雅正; 角力記의 名目.

각저(角抵)

각저는 맨손으로 기예를 겨루는 것으로 상대를 넘어뜨리는 기예이다. 한나라 무제의 원봉(元奉) 2(B.C. 109)년 봄에 각저전(角抵戰)이 행해졌다고 하여 각저와 관련된 내용을 볼 수 있다. 후한의 학자인 응소(應劭)는 각(角)은 기예이며, 저(抵)는 서로 넘어뜨리는 것이라고 하였다. 또 후한말의 학자 문영(文穎)은 각저는 일종의 놀이이며, 두 사람이 부딪혀서 힘을 겨루는 것으로, 궁술이나 다른 무예 기예와 겨룬다고 하였다. 그리고 시연 무예로서 관람적 성격을 띠며 잡기악(雜伎樂)이라고도 하였다. 당나라의 학자인 안사고(顏師古)는 '저'는 부딪히는 것으로 단지 닿기만 하고 만지는 저촉(抵觸) 정도가 아니라고 하며, 앞서 언급한 문영도 같은 말을 하였다고 기술하고 있다.[17] 이처럼 각저는 즐기는 놀이로서, 상대와 서로 부딪혀서 힘이나 기예를 겨루는 것이었다.

『각력기(角力記)』에 따르면, 원봉 6(B.C. 105)년 여름에 경사(京師; 현재의 서안시) 사람이 상림원(上林苑)의 평악관(平楽觀)이라는 이궁(離宮)에서 각저를 보았으나, 원제 5(기원전 69)년에 이러한 겨루기가 없어졌다. 당시 학자들의 설명을 단 주석(注釋)을 보면, 각(角) 글자의 의미는 애매하여 구별되지 않으며, 대부분 유사한 의미로 상대와 서로 마주 보고 승부를 겨루는 것이라고 하였다. 양편의 힘을 겨루는 모습이 상대에게 발을 차는 보타(步打)나 줄다리기(拔河)와 같았다. 한나라 시기에는 역사(力士)가 일대일로 몇 개의 조가 함께 겨루기나 격투를 하는 것을 각저라고 하였다. 후세에는 이가 변화되어 두 사람이 한 개의 조를 이루어 겨루기 하는 형태로 바뀌었다.[18] 당시 각저는 보타나 줄다리기처럼 서로 마주 보고 승부를 겨루는 것으로 1대 1 혹은 2인 1조 겨루기로 행해진 것을 알 수 있다. 『서경부(西京賦)』를 보면, "큰 광장에서 눈앞에서 펼쳐지는 각저 겨루기 묘기를 봤다(西京賦雲 臨回望之廣場 呈角抵之妙戲)."라는 기록이 있다. 주석을 보면, 각저는 놀이나 연

17) 角抵 漢武 帝元封二年春 始作角抵戲 應劭曰角技也 抵相觸也 文穎曰 此樂為抵者 兩相當也 角力 角技藝射禦 故為角抵 蓋雜伎樂也 顏師古曰抵當也 非謂抵觸 文說是也; 角力記의 名目.

18) 至元封六年夏 京師民觀角 抵於上林 平樂觀 至元 帝初元五年罷此戲也 今觀 諸公注解角字義晦昧 蓋角與榷沽同用也 比較量之 謂也 角量其抵觸 此則相才費也 兩兩相當 則今之 步打拔河也 疑漢世力夫相對以手擊格 謂之角抵也 後世變體 逐一一出場也; 角力記의 名目.

무(演武)를 의미하며, 두 사람이 조를 이루어 겨루는 각력이라고 하였다.[19]

각저에는 상대와 부딪혀서 겨루는 맨손무예와 연무 형태의 시연이나 시범 등의 잡기악이 있었다. 당시에 각저의 각의 의미가 모호했으며, 각저의 범주에 각력을 두었던 것을 알 수 있다.

각력(角力)

각력은 힘을 비교하는 것으로 숙련과 기예의 뛰어남을 겨루는 것이다. 이때 각 글자에는 비교의 의미가 내포되어 있다. 이러한 내용은 『진서(晉書)』에서 볼 수 있는데, 기록에 따르면 각은 힘을 겨루는 교력(校力)이라고 하였다. 앞서 언급한 바와 같이 이러한 맨손무예 명칭에는 일반적으로 통용된 표준어와 방언이 있다. 표준어는 앞서 언급한 상비이며, 방언은 상박(相撲)이었다. 각지에서는 풍습이나 관습에 따라 명칭을 달리했는데, 많은 이에 익숙한 명칭으로 상비가 있었으며, 들어도 잘 알지 못하는 명칭으로 상박(相撲)이 있었다. 상비는 당시 일반적인 표준어로 통용되었다.

하세가와 아키라(長穀川明)는 일본의 스모 또는 각력의 의미를 제대로 알려면 고대 중국 시기별 각력, 수박, 솔교 등에 대한 명칭의 변화를 파악해야 한다고 하였다. 각력은 각저, 곡저 등 다양한 명칭으로 기록되었으며, 일부 명칭이 무악(武樂)이나 기예를 포함해 폭넓게 사용되었다. 그래서 이러한 각력의 의미를 제대로 파악하기 위해서는 시대별 관련 명칭을 이해해야 한다고 하였다. 그가 연구하고 정리한 내용은 다음의 내용과 같다.

- 하 · 상 · 주(夏商周)시대: 각력(角力), 수박(手搏)
- 춘추전국 · 진 · 한 · 삼국(春秋戰國, 秦, 漢, 三國)시대: 각저(角抵), 곡저(穀抵), 각력(角力), 수박(手搏)
- 양진 · 남북조(兩晉, 南北朝)시대: 각저(角抵), 각력(角力), 상박(相撲), 상차(相扠), 상비(相庳), 수박(手搏), 상전(相轉)

19) 西京賦雲 臨回望之廣 場 呈角抵之妙戲 注角抵戲也 今人兩兩相當 角力也; 角力記의 名目.

• 수 · 당 · 오대십국(隋, 唐, 五代十國)시대: 각저(角抵), 각력(角力), 상박(相撲), 수박(手搏), 상박(相搏), 백타(白打)

• 송(宋)시대: 각저(角抵), 각력(角力), 상박(相撲), 쟁교(爭交), 수박(手搏)

• 금 · 원(金元)시대: 각저(角抵), 각력(角力), 상박(相撲), 솔교(摔跤), 상박(相搏), 패가(孛可), 발리속(跋裏速)

• 명(明)시대: 각저(角抵), 각력(角力), 솔교(摔跤)

• 청(淸)시대: 각저(角抵), 각력(角力), 상박(相撲), 솔교(摔跤), 관교(貫交), 포보(布庫), 포가(布可), 발리속(跋裏速), 솔각(摔脚), 관교(貫跤)[20]

하세가와는 금 · 원나라 시기 이후에 나타나는 발리속(跋裏速)이나 패가(孛可) 등도 유사한 명칭으로 볼 수 있는데, 다른 명칭과 확연하게 달리 표현된 것은 몽골어와 여진족의 말이 포함되었기 때문이라고 하였다. 그는 오래전부터 문헌에 출현한 단어는 각력과 각저이며, 이후 상박이 추가되어 청나라 말기까지 사용되었으나, 근대에 들어와서 솔교가 일반적인 명칭으로 자리 잡았다고 하였다.[21] 또 김광언은 한나라 시기부터 각저는 광의적 의미로 산악이나 백희를 이르는 말로 사용되었는데, 각저(角觝)는 연희(演戱)이고 각저(角抵)는 씨름이라는 설이 이로부터 나왔다고 하였다.[22] 고대 중국에서 각저는 씨름과 같은 맨손무예였으며, 잡기를 포함한 다양한 볼거리를 공연하는 연희를 의미하였다.

이러한 일본의 각력이나 각저(角抵, 角觝)에 대한 사전적 의미를 살펴보면, “각력은 힘을 겨루는 것이나 스모(相撲)를 가리킨다.”[23], “각저는 짐승의 뿔 형태를 쓰고 상대와 겨루는 것을 말한다. 저(抵)는 힘을 모아 다른 사람과 부딪치는 것을 의미하며, 밀어내는 의미가 내포되어 있다. 저(觝)에는 머리를 낮게 하여 적에게 덤벼드는 것을 말하며, 저(抵)와 의미가 같다.”[24]고 기록되어 있다. 특히 니이타 이치로(新田一郎)는 “각력은 힘을 겨루는 경기, 각저는 힘찬 모습을 보여주는

20) 長谷川明, 앞의 책, 125－126쪽.
21) 長谷川明, 위의 책, 121쪽
22) 김광언, 앞의 책, 268쪽.
23) 白川靜, 『字通』. (平凡社, 1997), 160쪽.
24) 白川靜, 위의 책, 103쪽.

곡예 및 기예를 겨루는 경기를 가리킬 때 사용한 말이다. 양쪽 모두 본래의 의미는 특정한 양식을 가진 격투 경기를 가리키는 것이 아니라 일반적 격투기 또는 기예를 의미하는 한자로 쓰였다"[25]고 주장하였다. 그는 각력이나 각저가 무예 기예적 의미가 강하다고 하였다. 이는 일본에서는 비교적 무예적 요소에 무게를 둔 각력이 행해진 것으로 보인다.

고대사회부터 중국이나 일본에서는 각력, 각저 등의 명칭이 빈번하게 사용되었다. 일본에서는 19세기 말까지 스모 이외에 각력과 각저가 동의어로 사용되었다. 고대사회에서는 다양한 형태의 겨루기, 또는 곡예적인 잡기 등을 각력이라고 하였다. 그래서 근대까지 각력 명칭으로 통용되었던 맨손 기예는 반드시 그 형태가 같은 것으로 단정 짓기 어렵다. 전호태도 각저나 상박은 오늘날 씨름, 택견으로 나뉘어 칭해지는 힘겨루기 기술을 통칭하는 명칭이라고 하였다.[26] 고대 시기의 각저, 각력, 상박 등의 명칭은 시기별로, 지역별로 다양한 형태로 사용되었다. 그래서 이러한 명칭을 단적인 관점에서 명명할 수 없으며, 시기별 배경과 특징에 따라서 다양한 형태로 계승되어 온 것을 알 수 있다.

3. 몽골의 부흐

부흐의 기원

부흐는 몽골의 대표적인 맨손무예로 현재까지 대중이 흥미를 가지고 즐기는 무예이자 스포츠이다. 몽골의 대표적인 축제 중 하나인 나담축제에서 거행되는 3종 경기 가운데 가장 중심을 이루는 무예 스포츠라고 할 수 있다.[27]

몽골 부흐의 기원이 되는 북방민족의 격투기가 역사상 처음 출현한 것은 흉노이다. 흉노족이 오늘날의 부흐와 같은 격투기를 즐겼다는 기록은 1955년에서 1957년 사이에 협서성(陜西省) 장안(長安)의 객성장(客省莊) 제140호 고분에서 출

25) 新田一郎, 『相撲の歴史』. (山川出版社, 1994), 29－30쪽.
26) 전호태, 〈고구려 각저총 벽화 연구〉, 『미술자료』. 57, (국립중앙박물관, 1996), 15쪽.
27) 박환영, 『몽몰의 전통과 민속보기』. (박이정, 2008), 146쪽; 신현덕, 『신현덕의 몽골풍속기』. (혜안, 1999), 241쪽; 유원수, 『몽골의 언어와 문화』. (소나무, 2009), 232쪽; 이안나, 『몽골의 생활과 전통』. (민속원, 2014), 137쪽 등.

토된 각저 동패(角觝銅牌)이며, 여기에 격투기 장면이 새겨져 있다.28) 또한 베를린 동양미술관에 소장하고 있는 동패에서도 격투하는 모습도 똑같이 새겨져 있는 것으로 봐서 당시 이것이 대량으로 생산되었으며, 이를 통해서 부흐가 성행했던 것을 추정할 수 있다. 중국의 샤오원량(邵文良)은 이 동패에 새겨진 인물들을 보고 흉노족이라고 확언하지는 않았지만, 이러한 투각(透刻) 장식품이 내몽골에서도 출토된 적이 있어 북방 소수민족의 부흐 활동을 표현한 것이라고 하였다.29) 이러한 선행연구의 성과를 토대로 한·중·일 삼국의 연구가들도 이들은 한족(漢族)이 아니고 북방 민족인 흉노족이라고 추정하는 견해가 우세한 편이다.30)

또 정연학은 동패의 격투 모습과 19세기 말에 나온 『동국세시기』의 「단오조(端午條)」에서 볼 수 있는 씨름방식 내용과 비교하여 "오른쪽 사람의 자세가 샅바를 매지 않은 점을 제외하고는 우리네 씨름과 같다."라고 언급하였다. 그리고 두 사람의 얼굴과 머리 모양, 옷과 말을 묶어 놓은 방법을 통해 흉노족의 기사나 유목민의 씨름으로, 이 형태는 중국 전역에 통용된 씨름이 아니라 북방지역에 성행하던 부흐라고 하였다. 그가 북방민족의 씨름은 흉노족으로부터 시작되었다고 주장한 점31)은 주목할 만하다. 실크로드를 통한 동아시아의 문화교류사적 측면에서 부흐와 씨름의 연관성을 찾는다면, 고구려 고분벽화의 각저총과 몽골의 부흐와는 반드시 어떤 문화적, 또는 교류사적 연관성을 보여주는 사료로 추정해도 무방해 보인다. 특히 일본 대다수 민속학자나 스포츠 역사 연구가들이 스모(相撲)의 원류를 이 부흐에서 찾고 있는 것도 이러한 점을 뒷받침해 주고 있다.

1931년에는 요나라의 수도였던 요양시에서 발굴된 팔각형 백자에도 격투기 모습이 그려져 있다. 이 도자기는 일본학자인 도리이 류조(鳥居龍蔵, 1870－1953)32)가 다른 유물들과 함께 발굴하였다. 일제강점기에 한반도의 고분들을 조사하

28) 박원길b, 앞의 글, 155－156쪽.

29) 曽麗卿 外訳, 邵文良 編著, 『中國古代のスポーツ』. (ベースボールマガジン社, 1985), 26쪽.

30) 金啓綜, 〈中國式摔跤源出契丹, 蒙古考〉, 『漢南集』. (內蒙古大學出版社, 1991), 527쪽; 長穀川明, 앞의 책, 138쪽; 朝克圖, 入口豊, 太田順康, 앞의 글, 150쪽; 鄭然鶴, 앞의 글, 649쪽.

31) 鄭然鶴, 위의 글, 647쪽.

32) 도리이 류조는 최신의 기술을 적극적으로 도입한 민속학자였다. 1896년의 대만 조사에서 처음으로 사진기를 사용, 1904년의 오키나와 조사에서는 축음기를 도입하여 민요 등을 녹음하였다. 그는 민간의 연구자이기도 하여, 민간의 입장을 관철한 학자였다. 한편, 일본의

며 문화재 발굴에 깊이 관여했던 도리이는 이 유물에 대해 다음과 같이 설명하였다. "요나라(916-1125) 태자가 거처하던 건물의 둑을 축조했을 때 쌓은 성내의 진흙을 걷어내는 중에 이 팔각형 도자기가 발견되었다. 이 도자기의 위쪽 여덟 면에는 화조(花鳥)가 그려져 있었고, 가운데의 여덟 면에는 각각 소년들의 모습이 그려져 있어 자세히 관찰한 결과, 각저였다. 첫 번째는 두 소년이 깍지를 끼고 앉아서 시합을 기다리고 있으며, 두 번째는 손을 들고 발을 움직이고 있다. 세 번째는 경기가 막 시작되려는 순간이며, 네 번째는 서로 껴안고 힘을 쓰는 장면으로 왼쪽 아이가 두 손으로 상대를 잡고 다리로 넘기려는 자세를 하고 있다. 그리고 아이들은 배두렁이(여름에 배와 가슴만 가리는 옷)를 입고 있다."[33]

이를 인용한 정연학은 당시까지 출토된 문물 중에서 상의를 입고 경기하는 모습은 거란인의 부흐에서 처음으로 볼 수 있다고 하였다. 이 모습은 몽골의 부흐 선수가 사슴, 낙타, 소가죽 등으로 만든 조끼를 입고 경기하는 전통에 따른 것[34]이라고 주장하였다.

흉노족들이 다양한 놀이나 유희를 즐겼다는 사실은 『후한서』의 흉노전 기록에서 확인할 수 있는데, 천신제를 지낼 때 모든 부락 회의에서 정사를 토의하고 난 후, 말 또는 낙타를 달리게 하고 즐겼다고 기록되어 있다.[35] 나담은 기마유목민 특유의 축제로서, 그 전통성을 엿볼 수 있는데, 원나라 때에는 이미 국가적 제례로 정비되었고, 청나라 때에는 몇 지역이 연합하여 개최하는 대규모 나담이 정례화되었다. 특히 세 종목 중에서 부흐는 참가 선수들의 행위에서 보듯 제례와 밀접한 관련을 맺고 있어 말달리기와 활쏘기는 종목에서 빠져도 부흐는 절대 빠질

식민지 정책에 가담하였다는 평가가 지배적인데, 1910년의 한일병합 후의 조선에 대한 조사와 시베리아 침략, 만주국 건설에 따른 만주 조사 등은 일본의 제국주의 정책에 따른 것으로 알려져 있다.

33) 鳥居龍蔵, 〈契丹の角觝〉, 『鳥居龍蔵全集』. (朝日新聞社, 1975), 53쪽; 金啓綜, 앞의 글, 231-232; 鄭然鶴, 위의 글, 671쪽; 朝克圖, 入口豊, 太田順康, 〈ブフ(モンゴル相撲)の現代化に関する研究: 伝統文化としてのブフの形成〉, 『大阪教育大學紀要』. 第51巻 第1號, (大阪教育大學, 2002), 150-151쪽.

34) 鄭然鶴, 위의 글, 671쪽.

35) 匈奴俗 歲有三龍祠 常以正月五月九日戊日祭天神 …(중략)… 因會諸部議國事 走馬及鬪駱駝爲樂(박원길a, 앞의 글, 47쪽); 小長穀有紀, 〈モンゴルのナーダム祭り〉, 『Arctic Circle』. (北方文化振興協會, 1996), 4쪽.

수 없었다고 하였다.36) 부흐는 시대에 따라서 다양한 형태가 출현하였다. 현재는 오늘날의 나담에서 선보이는 할하 체르부 바릴당(Халх цэрвуу барилдаан)이 주를 이루게 되었다.

징기스칸의 대몽골제국 건국과 부흐

13세기는 몽골인에게 새로운 역사이자 특별한 시대였다. 1206년 징기스칸은 대몽골제국을 세웠으며, 이에 따라 몽골 민족이 새롭게 구성되고 몽골이라는 이름을 전 세계에 알리게 되었다. 징기스칸 시대의 부흐와 관련된 기록은 『몽골비사』에서 볼 수 있는데, 당시 부흐가 개인 간의 결투를 넘어서 부족과 부족 간의 실력을 겨루는 중요한 행사로써 부족의 명예나 공동체의 운명을 결정짓는 상징적 결투 무예였다.37) 『몽골비사』의 209절에서 칭기스칸이 네 명의 신복인 쿠빌라이, 젤메, 제베, 수베에데이를 칭송하는 대목에서 "그대는 역사(力士)의 목덜미를, 장사의 엉덩이를 눌러주었다."라고 한 기록을 볼 수 있다.38) 그 후에도 우구데이칸이 호라산을 정복한 후에 역사들을 궁정으로 불러들여 부흐를 개최하였는데, 칸을 대표해서 내보낸 역사를 이긴 타지크 출신의 필라(Fila)를 높이 평가하여 큰 상을 내렸다고 하였다.39) 오고디칸 앞에서 페르시아인 역사와 몽골인 역사가 부흐를 하였는데, 역시 상대를 쓰러뜨린 후 눌러서 꼼짝 못하게 하려 했다는 경기 형태를 보여주는 기록도 있다.40) 이와 같이 두 사람이 격투할 때 상대를 한 손으로

36) Р. Галиндэв, 『Эриин гурван наадам』. (Улаанбаатар, 1978)

37) "징기스칸이 하루는 배다른 동생인 벨구테이(Belgütei)와 주르킨(Jürkin) 부족의 부리 보코(Büri bökö, 보코는 장사 또는 역사)에게 부흐를 시켰다. 부리장사는 주르킨에 있었다. 부리장사는 벨구테이를 한쪽 손으로만 잡고 한쪽 다리로만 걸어도 쓰러뜨리고 꼼짝 못하게 눌러 이긴 적이 있었다. 부리장사는 주르킨 부족의 역사(力士)였다. 부리장사는 다른 사람에게 져 본 적이 없는 사람이지만 일부러 쓰러져 주었다. 그럼에도 불구하고 벨구테이가 누를 수 없었지만, 어깨로 누르고 엉덩이 위로 올라타서 곁눈질해 징기스칸을 보니 그는 자신의 아랫입술을 깨물었다. 벨구테이는 그 뜻을 알아차리고 그의 위로 올라타 양쪽 옷깃을 엇걸어 잡아당기며 무릎으로 눌러 등허리를 분질러 버렸다. 등허리가 꺾인 부리장사는 '나는 벨구테이 따위에게 지지 않을 사람이다. 그러나 칸의 후광이 무서워서 꾀를 내어 넘어지고 꾸물거리다 내 목숨에까지 화가 이르렀다'고 말하고 죽어갔다. 벨구테이는 그의 등허리를 세차게 당긴 뒤 끌어다 버리고 말았다"

38) 유원수 역주, 앞의 책, 211쪽.

39) 김장구, 이평래 역, 앞의 책, 164쪽.

40) 佐口秀訳注, ドーソン著, 『モンゴル帝國史』. (平凡社, 1968); 冨川力道, 앞의 글, 44쪽.

잡고 한쪽 발로 눕혀놓고, 움직이지 못하도록 눌렀다고 기록된 점에서 부흐의 승부를 결정짓는 방식을 짐작할 수 있다. 13세기경까지 부흐는 오늘날 레슬링의 자유형 경기와 비슷하게 상대를 넘어뜨리고 어깨를 지면에 눌러야 이기는 경기방식이 주를 이루었다.

새로운 전환기인 15세기의 부흐

몽골의 맨손무예 부흐는 15세기 초를 기점으로 새로운 형태의 변화가 일기 시작하였다. 티무르제국의 2대째 칸이었던 Pir Mehmet가 스페인 사절을 초대해 부흐를 시연을 하도록 명령했는데, 이때 역사들은 상반신에 가죽으로 만든 소매가 없는 상의를 착용하였고, 상대를 붙잡고 지면에 던져 넘어뜨려서 승부를 겨루었던 것이 그 계기가 되었다. 위의 글에 나타난 의상을 보면, 현재 우주무친에서 행하는 부흐선수가 착용하는 상의와 유사하였다. 또 부흐를 겨루는 방법도 지면에 넘어뜨리는 방법으로 승부를 결정짓는 점과 떨어져서 시작하는 형태가 주류를 이루게 되었다.[41] 이러한 변화에 대해 김계종(金啓孮)은 원나라 세조 이후에 서북쪽에 위치한 몽골국과의 관계가 단절되었는데, 동북지역 왕들의 반란이 진압된 후에 그 지역에서 활발히 거행되던 부흐가 도입되어 기존의 부흐와 방식이 바뀌었기 때문이라 지적하였다.[42] 이는 몽골국의 권력의 중심점이 바뀌면서 그 지역에서 행해진 부흐가 주류로 부상하면서 변화된 것을 고려할 수 있다.

몽골은 지역이 매우 넓어서 지리적 특성상 다양한 경기 방식의 부흐가 존재하였다. 일본의 도미카와 리키도(冨川力道)에 따르면, 지역적 특성과 방식에 따라 흉노형 부흐[43]에 속하는 것에는 오이라트(Ойрдын)[44]라 불리는 서몽골 지역에 사는 종족 간에 행해진 보호 놀롤동(бух ноолдоон)[45], 부리야트(Буряадууд)[46]와 더

41) 楊兆鈞 譯, Klaviyo 저, 『克拉維約東使記』. (商務印書館, 1997), 142; バー·ボルドーb, 〈ブフ(モンゴル相撲)の諸相: 研究史への批判的視點から〉, 『千葉大學社會文化科學研究』. 第2號, (千葉大學大學院, 1998), 299쪽.
42) 金啓孮, 〈中國式摔跤源出契丹, 蒙古考〉, 『內蒙古大學學報』. (內蒙古大學校, 1979), 237쪽.
43) 두 어깨를 땅에다 눌러야만 이기는 경기방식이 주를 이루고 있다.
44) 몽골국의 서부와 신장위구르 지역을 말한다.
45) 이 지역의 부흐는 거의가 팬티만을 입고 경기한다.
46) 러시아 영내 자치공화국의 몽골족을 말한다. 이 부흐는 상체에는 아무것도 입지 않고 숄보르(шулбуур)라는 은제의 둥근 장식들이 박힌 짧은 팬티와 관모가 달린 장화를 신고 싸운

르버트(Дөрвөд) 지역에서 행해졌던 조랄당 놀롤동(Зууралдан ноолодоон)이 있었다.

흉노형 부흐는 대체로 오이라트 지역에서 거행하는 부흐로 각 지방마다 약간씩 차이는 있지만, 상의를 벗고 바지만을 입은 상태에서 머리를 아래로 향한 채 바지나 허리에 맨 띠를 붙잡고 경기를 시작해 두 어깨를 땅에 닿게 하는 것으로 승부를 가린다. 거란형[47]에 속하는 부흐는 오늘날의 울란바타르시 나담축제에서 거행되는 방식으로 몽골국의 국기인 할하 체르부 바릴당과 내몽골에서 활발하게 거행되는 살랍힐레흐 바릴당(Шалавхийлхбарилдаан барилдаан)이다. 현재 행해지고 있는 할하부흐 체제가 성립된 시기는 17세기부터로 알려져 있다.[48] 이러한 부흐 방식을 통상적으로 우루무친 부흐라 하는데, 현재 일반 몽골 대중이 좋아하는 부흐의 주류로 정착되었다. 거란형 부흐는 지역마다 조금씩 복장의 차이는 있지만 대부분 장군모(장진 마루가이), 전문 상의(조독)와 하의(쇼닥), 신발(고탈)을 착용한다는 점에서 비슷하다. 조독과 쇼닥은 역사의 아름다운 육체를 표현하는 것이며, 기술을 사용할 때 최적의 조건을 갖추기 위해서이다. 이 부흐의 특징은 다리의 힘을 기르기 위해 전통 신발을 신고, 조끼와 하의를 모두 입은 채 손과 발을 모두 이용해 상대편을 땅에 넘어뜨려서 승부를 가리는 점이다. 몽골고원을 중심으로 거행되는 방식이다. 특이점은 보호 놀롤동은 일본의 스모와 동일하게 선수들은 팬티만 걸치고 승부를 겨루는 것이다.

여기에 내몽골의 서부지역에 속한 오르도스(Ордосбэхин барилдаан)와 샤르보르지역의 부흐[49]는 우리의 씨름과 유사하게 띠를 어깨에서 X자로 묶고 한쪽 무릎을 굽히고 시작하는 우젬친(Узэмчин бэхийн барилдаан)[50] 부흐 등이 있다.[51]

다. 서로 이마를 맞댄 상태에서 어깨를 대고 시작하지만, 오이도스 부흐와는 달리 무릎 이상의 부위가 지면에 닿으면 패하는 경기방식을 취하고 있다.

47) 넘어뜨리기만 하면 이기는 방식을 말한다.

48) バー·ボルドーb, 앞의 글, 299쪽; 新吉楽夫, 〈内モンログにおける民族問題の現狀と課題: ブフ(内モンゴル相撲)を事例として〉,『政経論集』. 第22號, (國士舘大學大學院, 2019), 35쪽.

49) 오르도스 부흐는 유도복과 같은 바지와 장화를 신고 띠를 어깨에 X자로 걸고 서로 붙잡고 경기한다. 왼손을 어깨 위에 올리고 오른손을 겨드랑이에 고정한다. 하지만, 띠를 잡은 손은 바꿀 수 없다. 샤루보르 부흐는 띠를 매고 서로 붙잡고 하는 방식에서 우리 씨름, 또는 오키나와(沖縄) 씨름인 시마(シマ)와 매우 비슷하다. 상대를 던져서 쓰러뜨리는 것으로 승패를 가른다.

50) 이 부흐는 규칙과 의상 등이 여타 부흐와는 전혀 다른 성격을 갖고 있다. 이 부흐의 특징

몽골의 부흐는 8개 정도의 조금씩 다른 경기방식의 힘겨루기로 행해지고 있으며, 경기 형태도 처음부터 붙잡고 겨루는 방식과 떨어져서 겨루는 방식으로 나뉘어져 있다. 또 선수들의 복장이나 경기 시작 전에 출전할 때 추는 매 춤의 형태도 다양한 의미를 내포하고 있다. 그러나 경기장의 규격이나 경기 시간이 정해지지 않은 상태에서 상대와 일정한 간격을 두거나 띠를 잡고 힘을 겨루는 몽골인의 부흐는 법칙과 기술은 물론, 각 동작이 지닌 세부적인 습속까지 거의 모두 현재까지 전승되고 있다. 이러한 특징이 내포된 부흐는 세계에서 그 유래를 찾기 힘들 정도로 전통성을 지닌 힘겨루기라고 칭송된다. 현재 몽골에서 국민 모두의 사랑을 받는 무예 스포츠로서 성행하고 있다.

현재 정기적으로 개최되고 있는 나담축제는 그 전통성과 무형문화의 유산적인 가치를 인정받아 2010년에는 유네스코 인류무형문화유산으로 등재되어 몽골과 아시아를 넘어서 세계를 대표하는 축제로 자리 잡았다. 특히 이 축제의 주인공인 부흐는 남성들의 힘겨루기로, 고대부터 민간신앙으로 자리 잡은 샤머니즘과 깊은 관계를 맺어 왔으며, 공동체적 의례로서 역사들의 신체 표현으로 신령 또는 그것이 빙의하는 매개체로 인식하여 온 경향마저 농후해 보인다. 역사들의 신체에는 신성성이 내포되어 있다고 믿는 한편, 그 제의적 행사를 통해 특별한 존재 양상을 표출하고 보여주는 우월적 신체로 추앙되어 현재에 이르고 있다.

4. 중국의 솔각

중국의 솔각은 중국을 대표하는 전통무예이며, 다른 무예보다 이론 체계를 상대적으로 빠르게 갖추었다. 솔각과 유사 명칭인 각저(角抵)는 기원전의 문헌인 『술이기(述異記)』의 「진조충(晉祖沖)」에서 볼 수 있다.[52] 이후 이러한 각저와 유사

은 손은 손으로, 발은 발로만 겨룬다는 점이다. 즉, 손으로는 상대의 조도크(상의)만을 잡을 수 있고, 허리 아래를 잡으면 실격된다. 우젬친 부흐에서 주로 사용되는 기술은 발과 관련된 기술로 대표적인 것이 발로 미는 기술(Хэлээр хаях мэх)이다(박원길c, 〈몽골 축제: 할흐 몽골의 씨름에 대하여〉, 『중앙민속학』. (중앙대학교 한국문화유산연구소편, 2001)에서 인용).

51) 冨川力道, 앞의 글(2001), 42－43쪽; 박원길b, 앞의 글, 165쪽.

52) 中華民國 教育部體育司, 『中國武術史料集刊(5)』, (中華民國 教育部體育司, 1980), 2쪽; 秦

한 각저(角觝), 각저(角牴), 각력(角力), 교력(校力), 교력(較力), 상박(相摶), 상박(相撲), 쟁교(爭交), 솔각(摔角), 솔교(摔跤) 등의 명칭이 출현하였다.[53] 특히 문헌에 다양한 명칭으로 볼 수 있는 솔각과 관련된 내용은 1786년 고서 수집가 오익봉(吳翌鳳)이 우연히 『각력기(角力記)』를 발견하고 세간에 알려지면서 새로운 국면을 맞이하게 되었다. 『각력기』에는 춘추전국시대(春秋戰國時代)부터 오대십국(五代十國)까지 각력의 역사를 기록하고 있으며, 9세기 후기 조로자(調露子)가 편찬한 것으로 추정되고 있다.[54] 『각력기』는 현존하는 중국 무예서 중에 가장 오래된 문헌이다.[55] 이 문헌이 중국을 물론 한국과 일본 무예계의 관심을 받게 된 것은 씨름이나 스모와 관련된 내용이 기록되어 있기 때문이다.

고대시기의 솔각

고대 중국에서 맨손무예는 각저(角抵)와 수박(手搏), 상박(相摶, 相撲), 솔각(率角) 등으로 다양하게 불리었다. 대표적으로 각저라는 용어를 많이 사용하였는데, 넓은 의미의 각저는 기원전부터 중국의 잡기 및 예능의 총칭이며, 좁은 의미로는 두 사람이 마주 대하고 온 힘과 기술을 사용하여 자웅을 겨루는 일종의 레슬링과 같은 맨손무예 활동을 말하였다.

중국 맨손무예의 기록을 보면, 남북조(南北朝, 422－589)시기에 임방(任昉)이 저술한 『술이기(述異記)』에 다음과 같이 쓰여 있다. "진한(秦漢) 때에 치우씨(蚩尤氏)는 귀밑머리가 검과 같고 머리에 뿔이 달렸으며, 헌원(軒轅, 황제)과 싸울 때 뿔로 공격했으며 누구도 그에 맞설 수 없다. 지금 기주(冀州)에는 치우희(蚩尤戲)라는 놀이가 있는데, 백성들이 머리에 소뿔을 붙인 가면을 쓰고 맞섰으며, 예전부터 유래된 것"[56]이라는 맨손무예와 관련된 전설이 기록되어 있다. 당시 서민들은 이것을 각저(角抵) 또는 치유희(蚩尤戲)라고 불렀고, 황제와 치우가 싸우는 격투기였

漢間 說蚩尤耳 髮如劍戟 頭有角 與軒轅鬪 以角抵人 人不能向.

53) 中華民國 敎育部體育司, 『中國武術史料集刊(5)』, (中華民國 敎育部體育司, 1980), 2쪽－8쪽

54) 宋史·藝文志·卷五; 角力記·序; 餘水淸, 2006; 周偉良, 2020; 박귀순, 2020b.

55) (角力記; 翁士勳, 1988a, 2000b; 郭志禹, 2007; 박귀순, 2020b).

56) 『述異記』 中記 : "奏漢間說, 蚩尤氏耳鬢如劍戟, 頭有角, 與軒轅鬥, 以角抵人, 人不能向. 今翼州有樂名蚩尤戲, 其兩兩三三, 頭戴牛角以相抵, 漢造角抵戲, 蓋其遺制也.

던 것으로 전해지고 있다. 푸키펭(傳起鳳, 傳騰龍) 등은 "각저는 지금부터 5,000년 전의 룽산문화(龍山文化)[57]가 화려하게 꽃피웠던 시절에도 있었던 무예이다. 어떠한 형상이든지 무력으로 힘을 겨루는 대결"[58]이라고 풀이하였다. 따라서 이러한 기록들을 근거로 치우희가 중국 고대 맨손무예의 시초로 인정되었으며, 이때부터 권박(拳搏)과 각력이 맨손무예로서 어느 정도 체계를 갖추기 시작하였다.

각저는 전국시대에 기원했으며, 양한(兩漢, B.C. 206－8) 시기부터 유행하였다. 『한서(漢書)』 권32 「형법지(刑法志)」를 보면, "춘추시대 이후에 강국은 약국을 멸망시키고, 대국은 소국을 삼켜 몇 나라만이 서로 다투는 전국시대가 되었다. 각국은 점점 군사를 훈련하는 예의(禮儀)를 확장하였고, 이것을 보는 것을 즐거움으로 삼았으며, 각력으로 상대에게 자신의 무력을 자랑하였다. 진(秦)에서는 이름을 바꾸어 각저라 하였는데, 선왕의 사례와 같이 음악(淫樂, 음탕한 풍악)에 빠졌다."고 하였다.[59] 각저는 전국시대에 이미 활발히 성행된 것을 알 수 있다. 특히 동방의 6국인 초, 제, 위, 조, 연, 한나라에서 활발히 행해진 것으로 전해지고 있지만, 전국시대 이전의 문헌 기록은 아직 발견되지 않고 있다.

기원전 11세기인 주(周)나라 초반기에 맨손무예는 군사훈련 과목 중의 하나였다. 『예기(禮記)』 「월령(月令)」에 따르면 "겨울이 오는 첫째 달에 … (중략) … 왕은 장수들에게 무예를 가르치고 활과 각력을 연습하라고 명했다."라고 기록되어 있다.[60] 당시에는 무기가 성능이 우수하지 못했기 때문에 활쏘기와 각력은 군사훈련의 중요한 과목이었던 것으로 생각되었다.

각저는 한대에 이르러 매우 보편화되었고, 기주 일대에서 자주 각저 대회가 열렸다. "사람들은 삼삼오오 모여서 머리에 짐승의 뿔을 쓰고 서로 대결하였는데

---

57) 중국의 황허[黃河] 유역에서 기원전 3000년에서 기원전 2000년 무렵까지 존재했던 신석기 시대 후기의 문화로서 흑도(黑陶)와 회도(灰陶)를 특징으로 한다. 1928년 산둥성(山東省) 장추시(章丘市) 룽산전(龍山鎭) 청쯔야(城子崖)에서 맨 처음으로 유적(遺蹟)이 발견되어 룽산문화(龍山文化)라 명명되었다. 1931년에 허난성(河南省) 안양(安陽)의 허우강(後岡) 유적에서 양사오문화(仰韶文化)의 지층과 상(商) 시대의 문화층 사이에서 룽산문화의 유적이 발견되어 이 문화의 연대적 위치가 확인되었다(『네이버 지식백과』. (두산백과) 참조).

58) 傳起鳳, 傳騰龍著, 岡田陽一訳, 『中國芸能史』. (三一書房, 1993), 20쪽.

59) 『漢書』 刑法志: 春秋之後, 滅弱吞小, 並爲戰國, 稍增講武之禮, 以爲戲樂, 用相誇視. 而秦更名角抵, 先王之禮沒於淫樂中矣.

60) 『禮記·月令』: 孟冬之月, ……天子 乃命將帥講武, 習射禦角力.

이를 치우희라고 한다."라는 기록을 근거로 치우희로도 불렸다. 또 각저를 할 때 분장을 하기도 했는데, 각저가 이미 매우 오락성이 짙은 유희 활동이었던 것을 보여주는 대목이다. 『한서』의 「무제기」에는 "무제 삼 년 봄에 각저희를 하였는데, 삼백리 안에 있는 이들이 모두 보러 왔다. 여름에 수도의 백성들이 상림 평악관에서 각저를 구경하였다."라고 기록되어 있다.[61] 당시 백성들이 각저희를 매우 좋아해 삼백리 머나먼 길을 걸어와 각저희를 구경하였다. 당시 공연장으로 평악관(平樂觀)이 있었는데, 황실의 일원이나 외지에서 온 손님, 수도 일대의 백성들이 평악관에서 구경하였다.

고대 황제들은 각저를 즐겼는데, 서한(西漢, B.C. 206－25)의 선제, 성제, 동한(東漢, 25－220)의 명제, 순제 등이 이에 속하였다. 반면 경원제나 애제 등은 과도한 각저 열기를 인해서 금지시키기도 했으나, 잘 지켜지지 않다가 다시 개최되니 그 위세가 줄어들지 않았다고 한다. 이처럼 각저는 양한 시대에 더욱 많은 사람이 즐기는 무예로 자리 잡게 되었다. 또 왕기의 『삼재도회』[62]에서 병사들이 각저를 훈련에 응용하였고, 서로 그 재주와 힘을 겨루는 모습을 볼거리로 보여주는 풍속이 있었다는 기록을 볼 수 있다. 이러한 각저는 한나라 때부터 용맹한 군사를 기르는 훈련항목과 더불어 왕과 무장들이 보고 즐기던 볼거리로도 거행된 사실을 추정할 수 있다.

한나라의 각저 기록으로는 『사기(史記)』의 「대완열전(大宛列傳)」이 있다. "안식국(安息國)의 여헌(黎軒, 한나라 때 서역의 나라 이름)에 거주하며 요술을 잘하는 사람을 한나라에 바쳤는데, 이때 마침 천자께서 바다로 사냥하러 다니다가 외국에서 온 손님에게 대각저(大觳抵)에 여러 괴물이 나와 기이한 싸움판을 벌인다는 것을 알았고, 이에 요술하는 사람의 재주를 더하니 각저의 기이한 행위가 해마다 점점 변하여 더욱 흥성함이 이것에서 비롯되었다."[63]고 하였다. 동한(東漢) 말기의 문영(文穎)은 『한서』에 각주를 달면서 각저에 대해 다음과 같이 자세한 설명을 덧붙였다. "이 음악을 각저라 부르게 된 것은 두 사람씩 짝을 지어 힘을 겨루기도

61) 『漢書』: 元封二年 春 作角抵戲 三百裏內皆來觀.
62) 『三才圖會』: 角觝今相撲也 史記秦二世在甘泉宮 作樂角觝戰國時增講武以爲戲樂相誇角其材力 以相觝鬪兩兩相當也漢武帝好之佛在世時提婆與諸力士相撲無對.
63) 鄧綏甯, 강계철역, 『中國戲劇史』. (명지출판사, 1993), 20쪽.

하고, 기예나 사어(射禦, 활쏘기와 말타기)를 겨루기도 하였다. 그래서 각저 명칭이 붙었는데 잡기악(雜技樂)의 일종으로 파유희(巴俞戱), 어룡만연(魚龍蔓延) 같은 종류이다. 하나라에서는 뒤에 평락관이라는 이름으로 바꾸었다."라고 기록하였다. 이 시대의 각저는 단순히 잡기로만 포괄할 수 없고, 가무나 간단한 희극 등도 가리켰지만, 당 및 송나라 이후에 잡기라는 명칭이 사용되면서 오로지 솔교만을 가리키는 대명사로 자리 잡게 되었다. 이러한 기록들을 근거로 김학주는 "대체로 각저희는 원래 희(戱)자가 군사와 관계가 있는 글자로 두 사람이 몸을 부딪치며 힘을 겨루는 씨름과 비슷한 놀이였다. 그것이 무예나 재주를 겨루는 것으로 발전하고, 나중에는 서로 싸우거나 겨루는 형식이 남아 있는 놀이나 가무희로까지 발전하여 마침내는 여러 가지 잡기와 놀이 및 가무까지도 다 포함하는 말로 발전한 것"[64]으로 설명하였다.

각저는 위진남북조시기까지 이어지며 각력희, 각희(角戱) 등 다른 명칭도 출현하였다. 서진(西晉) 사람인 우박(虞溥)의 『강표전(江表傳)』, 남조(南朝) 사람인 양임방(梁任昉)의 『술이기』, 당나라 방현령 등이 함께 저술한 『진서(晉書)』에서 각저에 관한 또 다른 기록을 볼 수 있다. 이 시기의 문헌 중에는 상박(相撲)이라는 단어도 등장하는데, 『각력기』에서 인용한 『형초세시기』에는 "형초 지방의 사람은 오월 중에 서로 짝을 이루어 겨루는 놀이를 하는데, 이를 상박이라고 한다."고 했으며, 『태평어람(太平禦覽)』에서는 『진서(晉書)』에서 "양성 태수가 조류자를 나무라며 말하기를 "경의 사람들은 영천 사람들이 상박을 하는 것만 못하구나. 상박을 잘하지 못하니 양국의 우열을 가리기에도 부족하다."고 말한 것을 인용하였다.[65] 이 시기의 각저는 주로 오락 활동이었다. 서민뿐만 아니라 궁궐에도 있었는데 춘추전국시대의 각력을 계승한 것이었다.

수·당나라 솔각

수·당나라에도 각저는 흥성하였다. 『수서(隋書)』의 「양제기(梁帝記)」에 "각저는 단문 거리에서 크게 열렸는데, 천하의 기이한 재주가 모두 모였으며 한 달이

64) 김학주, 『중국 고대의 가무희』. (明文堂, 2015), 135쪽.
65) 國家體委武術研究院 編. 『中國武術史』, (人民體育出版社, 1997). 283쪽.

지나서야 끝이 났다."는 기록이 있다. 『수서』의 「유욱전」에는 "근래로 모든 읍의 백성들이 매년 정월 십오일이 되면 각저놀이를 하는데 번갈아 가며 서로 뽐내고 경쟁하는 것이 돈을 낭비하기에 이르렀다(糜費財力)"[66]고 하였다. 이를 통해 수나라 때 각저희의 규모가 컸을 뿐만 아니라 그 경비의 지출도 만만치 않았음을 반영한다. 당나라 시대에는 상박(相撲) 역시 각저라고 불리었다. 각저는 봄가을 두 계절에 열렸으며 매년 일월 십오일과 칠월 십오일 중원절이 힘을 겨루는 날이었다. 『오흥잡록(吳興雜錄)』에 기록하기를 "당나라에서는 7월 중원절에 통속적으로 힘을 겨루고 각저하는 것(角力相撲)을 좋아했다."라고 하였다. 당나라의 제왕 또한 각저를 매우 좋아하였다. 『각력기』에는 "당나라 황제 중에서 경종이 삼전을 거느리고 각저희를 관람하였는데 늦게서야 끝이 났다. 목종은 즉위한 첫해에 신책군에 거동하여 각력희를 관람한 후 연회가 모두 끝났다."고 기록되어 있다.[67] 이후의 문종, 희종과 같은 황제들도 모두 각저 보는 것을 좋아하여 궁중에 그들을 위해 조직된 각저 공연단이 있었다. 당나라 때 각저는 군사를 훈련시키는 종목이자 놀이 중 하나였다. 금위군은 각저를 매우 잘했는데, 황제가 매번 방문하여 각저를 보았다고 하였다.

양진, 남북조시대에 쇠퇴하였던 각저 활동은 수, 당, 오대십국 시대에 다시 부흥하여 한동안 성행하게 된다. 수문제 시대에 각저를 금지한 적이 있었는데, 앞에서 기술한 『수서』의 「유욱전」에 보면, 잡기 백희를 금지한다(禁雜伎百戲)는 해산 명령을 내린 기록이 있다. 당시 수문제가 각저를 금지한 이유는 사치스럽고 국고를 낭비하여 검소함을 장려했던 자신의 주장과 다르기 때문이었고, 다른 한편으로는 그가 거듭 명령한 군대양성과 무기 제조 금지라는 정책으로 민간인 사병의 무기 소지 금지(戎旅軍器 皆宜停罷) 명령과 관련이 있었다. 그러나 이러한 금지령은 얼마 되지 않아 지켜지지 않게 되었다.

각저는 수양제 시대에 다시금 부활하여 성행하게 되는데 황제 자신도 각저를 상당히 좋아했다고 한다. 『수서』의 「양제기」를 보면, "대업 16년(611년) 봄 정

66) 『隋書』 柳彧傳: 雲, 柳彧曾上書稱: "見近代以來. 都邑百姓每至正月十五日, 作角抵之戲, 遞相誇競, 至於糜費財力, 上奏請禁絕之".

67) 『角力記』: 唐寶曆中, 敬宗禦三殿, 觀角抵戲, 一更三點方罷. 穆宗即位初年, 幸神策軍, 觀角力戲, 日宴方罷.

월 정축(丁醜)에 각저 경기가 단문 길에서 열렸고, 천하의 기예 공연들은 그달 말까지 계속되었으며, 황제도 여러 번 은밀히 행차하여 구경한 적이 있었다."라고 기록되어 있다.[68] 이러한 각저의 성행이 중단될 수 없었던 것은 통치자와 백성들 모두가 각저를 좋아하고 즐겼기 때문이었다.

오대십국 시기에 각저를 좋아하는 왕들이 많았다. 오월의 무숙왕 전유는 젊은 시절에 용맹하였고, 임협을 좋아하였다고 기록되어 있다. 당나라 말에 탁월한 상박기예(相撲技藝)로 이름을 날렸던 몽만영은 당나라가 멸망한 후 전유의 부하로 들어갔다. 전유는 그에게 후한 대우를 해주었다. 이때의 몽만영은 이미 나이가 많았지만, 경기에 나가면 우승했으며 왕은 그에게 다른 이들을 가르치라고 명하였다. 또 이청주라는 사람이 있었는데 각력 시합에서 그를 이길 수 있는 사람이 없었지만, 이후에 그도 전유의 신하로 들어갔다. 이는 전유가 씨름을 좋아했고 씨름 인재도 아꼈다는 사실을 잘 보여준다. 촉 전기의 순정공(前蜀順正公) 왕연은 상박인술(相撲人述)을 봉상지역 이무정에게 증정하여 우호적인 관계를 표했다. 이를 통해 이무정도 상박을 좋아했다는 사실을 알 수 있다. 남당의 통치자 이승, 이종, 이욱도 상박을 좋아하였다. 오대십국 시대에 각저에 빠진 통치자 중에 가장 전형적인 사람은 후당(後唐)의 장종 이존욱이었다. 이와 같이 고대 왕 중에 각저를 싫어했던 왕을 찾는 것이 쉬울 정도로 관심이 높았던 것으로 보인다.

『책부원구(册府元龜)』의 「제왕부연향(帝王部宴享)」에 따르면, 동광 3년(서기 925년) 2월, 왕(이존욱)이 업(鄴)에서 행궁의 격구장에서 격구(擊毬)를 했는데, 황제와 대신들을 공봉(供奉)하였고 정주 왕도의 금안어마(金鞍禦馬)를 하사받았다. 왕도의 무덕전산의 정선교방에서 연회를 열었고 백희 및 각저 공연을 관람했으며 밤이 되어서야 끝났다.[69] 동광 2년에 왕(이존욱)은 우무위상 장군 이존현과 수박(手搏)을 겨뤘는데 이존현은 전력을 다하지 않았다. 왕은 "만약 경이 짐을 이긴다면 번진(蕃鎮)을 하사하도록 하지."라고 하였고, 그는 명에 따라 왕을 넘어뜨리기만 하

68) 『隋書』 煬帝紀: 大業六年(公元 611年) 春正月丁醜, 角抵大戱於端門街, 天下奇伎, 異藝畢集, 終月而罷, 帝數微服往觀之.

69) 『册府元龜 · 帝王部'宴享』: 同光三年〈公元925年〉二月, "帝(李存勖〉在鄴, 業已擊球於行宮之鞠場; 諸皇帝從臣等供奉, 賜定州王都金鞍禦馬, 鞠罷. 宴王都於武德殿之山亭宣教坊, 樂陣百戱, 俳優角抵, 夜漏一鼓方罷."

였다. …… (중략) …… 왕은 이존현을 노용행군사마로 임명했으며, 10일 뒤 절도사로 부임하게 되었다. 왕은 "수박의 약속을 짐은 깨지 않소."라고 말하였다. 이러한 기록을 통해서 왕이 각저를 자주 관람했을 뿐만 아니라 직접 참가하여 즐기기도 했던 것을 알 수 있다. 『구오대사(舊五代史)』에도 이 사실이 기록되어 있다. "이존현은 어릴 적부터 각저에 재능이 있었다. 처음에 장종은 번왕의 저택에서 연회마다 개인적으로 왕욱과 각저 승부를 겨뤘는데, 항상 왕욱이 패하였다. 왕은 자신만만하게 이존현에게 "경과 씨름 한판 해서 만약에 경이 이기면 군(郡) 하나를 하사하지."[70]라고 말했다. 곧바로 시합에 들어갔고 이존현이 우승하여 위주의 자사(蔚州刺史)가 되었다. 이 두 기록의 절도사 또는 자사를 임명하는 이야기는 관직을 걸고 왕과 신하가 각저를 했다는 사실을 보여준다. 비록 비현실적 이야기지만, 당시 통치자들이 각저를 얼마나 좋아했는지를 알 수 있는 대목들이다.

수·당·오대십국 시기에는 민간에서도 각저 활동이 보편적인 일이 되었다. 『수서(隋書)』의 「유욱전(柳彧傳)」에 따르면, 도읍과 외지에서는 정월 대보름에 사람들이 모여 각저를 구경했는데 북 두드리는 소리가 하늘을 찔렀고, 횃불은 땅을 밝혔다고 하였다.[71] 『각력기』에 따르면, "하남에는 장종의 풍속이 있었는데, 옛날 사람들의 습관이었다. 또 오릉, 파양(鄱陽), 형초에서는 5월이면 큰 성회가 있었고 수상경기인 경조(競渡)와 길거리에선 상관(相摜)을 즐겼다고 한다. 소위 촉도지풍(蜀都之風)이 있어서 ??위사는 저잣거리의 용장자(勇壯者)를 모집하였다. 돈을 거두어 술과 음식을 준비하며 대략 상원절까지 학사산 앞 평원에서 경기하였다. 그때가 되면 풀이 자라나고 사람들이 많이 모여들며 일연(日宴)까지 공연을 하고 떠났다. 혹은 우승한 자는 사에서 상품을 주어 말 타고 갈 수도 있었다. 길이 막히도록 구경꾼이 많았으며 거리에는 사람이 없었다. 정월 상원부터 시작하여 5월에 끝났다.[72] 이를 통해 관중들이 각저장으로 몰려들어 응원하며 격앙된 감정을 표

---

70) 『舊五代史 · 李存賢傳』: 存賢少有材力, 善角抵. 初, 莊宗在藩邸, 每宴, 私與王鬱角抵鬥勝, 鬱頻不勝. 莊宗自矜其能, 謂存賢曰 : '與爾一搏, 如勝, 賞爾一郡.' 即時角抵. 存賢勝, 得蔚州刺史.

71) 『隋書 · 柳彧傳』: 京邑外州, 每以正月望夜於塞陌聚戲朋遊, 鳴鼓聒天, 燎炬照地.

72) 『角力記』: 河南有莊宗之遺俗, 故人多習焉. "又雲" : 五陵丶鄱陽, 荊楚之間, 五月盛集, 水嬉則競渡, 街房則相摜爲樂. "又有所謂" 蜀都之風, 口口爲社, 募橋市勇壯者, 斂錢備酒食, 約至上元, 會於學社山前平原作場, 於時新草如苗, 口侯人交, 多至日宴, 方了一對, 相決而去. 或贏

출하기도 하고, 경기의 지속 시간이 길고 상금이 풍부했었다는 것을 알 수 있다.

각저는 명절에 행해진 관람 행사로 자리 잡았다. 『유양잡조(酉陽雜俎)』에는 "경주의 백성 학유량은 성격이 거칠고 사투(私鬥)에 용감하였다. 무종 회창 2년(서기 842) 한식일에 그는 교외에서 축국(蹴鞠)과 각력을 하였다."[73]라고 기록되어 있다. 『각력기』에도 "문종 개성 한식절에 왕은 근정루에서 각저를 관람하였다."[74]라고 기록되어 있다. 『구오대사』의 「전유전」에는 "당시 8월 18일마다 절강에서 썰물이 들어왔고 간조(看潮)를 했다. 이날에 전유는 무조건 신하에게 연회를 열 것을 명했으며 조두(潮頭)가 상박(相撲)을 하였다."[75] 『각력기』에서 촉도지풍(蜀都之風)은 각저였고, 상원절에 거행되었다.[76] 오릉, 파양(鄱陽), 형초 사이에서 5월 단오절이면 큰 성회가 있었고, 경도(競渡)와 함께 상박이 행해진 것을 알 수 있다. 『오흥잡록』에도 "운당(雲唐) 시기 7월 중원절에 각력과 상박 경기가 있었다."라고 기록되어 있다.[77] 『수서』의 「유욱전」에도 "도읍 백성들이 정월 15 원소절에 각저 경기를 구경했다."고 기록되어 있다.[78] 각력과 상박은 5월 단오나 7월 중원절에 세습풍속이나 놀이 일환으로 행해진 것을 알 수 있다.

또 『문헌통고(文獻通考)』의 「악고(樂考)」에 따르면, 각력 경기에서 선수들은 옷을 벗고 서로 싸워 승부를 가려야 한다고 하였다.[79] 또한 『당음계섬(唐音癸籤)』에 따르면, 경기가 끝날 때마다 좌우군은 북을 치고 다음 선수들의 경기가 시작을 알려야 한다고 하였다.[80] 이 시기에는 각력이 비교적 체계적으로 행해진 것으로 보인다.

이러한 고대 시기의 맨손무예는 각저, 각력, 수박, 상박(相搏), 상박(相撲) 등으로 명명되었다. 사료들에 따르면, 이들은 명칭만 다를 뿐 같은 신체활동이었고

者社出物賞之, 采馬擁之而去. 觀者如堵, 巷無居人. 從正月上元, 至五月方罷.

73) 『酉陽雜俎』: 荊州百姓郝惟諒, 性忿率, 勇於私鬥. 武宗會昌二年(公元842年) 寒食日, 其徒施遊於郊外, 蹴鞠, 角力.

74) 『角力記』: 文宗開成中寒食節, 禦勤政樓, 觀角抵.

75) 『舊五代史』 錢鏐傳雲: "當時每值八月十八日, 浙江壓潮水大至, 謂之看潮." 這一天錢 "必命僚屬登樓而宴, 及潮頭已過, 即鬥牛, 然後相撲."

76) 『角力記』: "蜀都之風" 的摔跤比賽, 是在上元節舉行.

77) 『吳興雜錄』 雲唐時 "七月中元節", 也舉行角力相撲活動.

78) 『隋書』 柳彧傳: 則稱都邑百姓 "作角抵之戲", 在正月十五日, 是元宵節.

79) 『續文獻通考』 樂考雲: "角力戲, 壯士裸袒相搏而角勝負. 每群戲既畢, 左右軍擂大鼓而引之."

80) 『唐音癸籤』 載. "凡陳諸戲畢, 左右軍槌大鼓, 引壯士裸袒相搏較力, 以分勝負."

혹은 다른 시기 또는 지역의 다른 명칭이었다. 이러한 각저는 수박류(手搏之類)에 속했으며, 수, 당, 오대십국 시기에 이미 여러 명칭으로 사용되었다. 『신, 구당서』에는 각저에 관한 기록들이 주를 이루었으며, 『자치통감(資治通鑒)』에는 주로 수박이라 하였다. 예를 들어, 『구당서 · 목종기(舊唐書 · 穆宗紀)』에는 목종이 "좌신책군들에게 각저 및 여러 공연을 관람하게 하였다."[81]라고 기록되어 있다. 나아가 『자치통감』에서는 "좌신책군들은 수박 공연을 관람하였다."[82]고 하였다. 이 시기에는 각저에 주먹질이 더해져 각저는 더욱 격렬해졌음을 알 수 있다. 당의 경종 때에 각저 경기에서 "뼈가 부러지고 팔이 부러진 사람들이 있었는데 늦은 시간까지 부상자가 나왔다."라는 기록이 있다. 『신당서(新唐書)』「환자열전(宦者列傳)」에 따르면, "내적선미전(內籍宣微殿) 또는 교방에도 신책군과 포졸 및 향군의 여오도령(閭惡少年)들이 각저를 즐겼다. 사방에서 이 소식을 듣고 서로 왕궁에 들어가려 하였는데, 각저 경기를 진행하는 궁전에서는 끊어진 팔과 피가 있었다."[83]

당나라 때에는 전문적인 각저 조직이 출현하였다. 희종 함통은 소아원(小兒園)을 지나가며 족구를 하는 광경을 보았다. 권구와 탄조가 왕의 시중을 들었는데, 이들은 각저 조직인 상박붕(相撲朋)에 들어갔는데, 나이는 14~15세 정도였다. 소종(昭宗) 이화(李曄) 때에도 소위 상박붕(相撲朋)류의 조직이 있었다. 소아원은 각저, 상박을 비롯한 잡극을 공연하는 인재들을 양성하는 기관으로 볼 수 있으며 상박붕은 전문 인재들을 모으는 단체 혹은 기관으로 고려된다.[84] 이러한 단체나 기관은 당시 각저의 왕이나 대중의 관심에 따라서 설립된 것으로 이를 계기로 각저는 더욱 성행하게 되었다.

『신당서』「병지(兵志)」에 따르면, "건장한 자는 각저, 줄다리기, 교목(翹木), 강철(杠鐵) 공연을 했다."[85]라고 기록되어 있다. 병사들은 다양한 선택을 할 수 있었으며, 이에 따른 역할이 결정되었던 것으로 보인다. 『당어림(唐語林)』을 보면,

---

81) 『舊唐書』 穆宗紀: 幸左神策軍, 觀角抵及雜戱.
82) 『資治通鑒』: 上幸左神策軍, 觀手搏雜戱.
83) 『新唐書』 宦者列傳: 內籍宣微殿, 或教坊, 然皆出神策隸卒或裏閭惡少年, 常與狎習殿中, 爲戱樂, 四方聞之, 爭以蹟勇進於帝. 嘗閱角抵三殿, 有斷臂流血廷中.
84) 國家體委武術研究院編. 앞의 책, 287쪽.
85) 『新唐書』 兵志: 由於兵制的"變廢", 原來的兵士只好隨其所長而改行, "壯者爲角抵丶拔河, 翹木丶杠鐵之戱".

"이상(李相)이 대량을 도찰할 때 진해군에 발궤(拔撅)와 각저를 할 수 있는 건장한 병사 4명(부창용, 심만석, 풍오천, 전자도)이 들어왔다는 소식을 들었다. 다음 날 운동장에서 늙은 소의 힘줄을 구웠는데 유괴(瘤魁)의 모양과 비슷했으며 바닥에 있는 그릇에 놓고 병사들에게 상으로 먹으라 주었다. 심만석 등 3명은 고기가 단단하고 굵은 것을 보고 바로 먹지 못했다. 풍오천 혼자 눈을 감고 입을 벌려 두 손으로 고기를 잡고 허겁지겁 먹었다. 이상은 진정한 남자라고 말했다. 또 그에게 각저희를 보여달라 하였는데, 모두를 제치고 풍오천이 이겼다."라고 하였다.[86] 이 기록을 통해서 군대에서 많은 각저 능력자가 나올 수 있었던 것은 당나라의 군대 훈련에는 각저 과목이 있었고, 병사들은 오랫동안 각저 훈련을 했다는 것을 알 수 있다.

송·원나라 솔각

솔각, 상박이 민간에서 성행한 것은 송나라 이후에 이르러서였다. 당시 이미 각저사(社), 상박사(社) 등의 전문 집단이 생겨났으며, 단원들은 이를 본업으로 삼았다. 궁정에서 상박을 하는 사람을 내등자(內等子)라고 불렀는데, 군대에서 선발되었으며, 좌우군 편제에 속했다. 민간에서 시범하는 사람들은 와시상박수(瓦市相撲手)라고 불렸는데, 이들은 기예를 팔아 생활하는 사람들이었다. 이들은 통상 재래시장이나 임시 시장에서 시범을 보였다. 남송 오자목의 『몽양록(夢粱彔)』「각저(角抵)」에는 "상박의 다른 이름으로 쟁교(爭交)라고 부르기도 한다."고 기록되어 있다.[87] 이처럼 송나라 시기에 상박은 각저 또는 쟁교라고 불렸다. 송나라 고승(高承)의 저서인 『사물기원(事物紀源)』 9권에 따르면 "각저는 지금의 상박이다."[88]라고 하였다. 그리고 내득옹(耐得翁)의 저서인 『도성기승(都城紀勝)』에서도 "상박, 각저는 각저 놀이이다."라고 하였다.[89]

---

86) 『唐語林』: 李相紳督大梁, 聞鎮海軍進健卒四人, 一日富倉龍, 二日沈萬石, 三日馮五千, 四日錢子濤, 悉能拔撅, 角抵之戲. 翌日於球場內搞勞, 以老牛筋皮爲炙, 狀瘤魁之欒, 坐於地茵大柈令食之. 萬石等三人視炙堅粗, 莫敢就食. 獨五千瞑目張口, 兩手捧炙, 如虎咽肉. 相日:"真壯士也! 又令試角抵戲, 倉龍等亦不利, 獨五千勝之."

87) 國家體委武術研究院 編. 앞의 책, 290쪽.

88) 『事物紀源』: 角抵, 今相撲也°.

89) 『都城紀勝』: 相撲, 爭交, 謂之角抵之戲°.

이 시기에는 각저 활동이 성행했는데, 왕궁 연회의 오락 공연이었을 뿐만 아니라 도읍의 민중들에게도 환영을 받았다. 이 시기에 상박은 남자 외에 여자도 참가할 수 있었다. 『몽량록』「각저」에도 이와 관련된 내용을 볼 수 있는데, "항성(杭城)에는 주급쾌, 동급쾌, 왕급쾌, 적모주초, 주망동, 정견대, 철조공한통왕, 양장각 등 및 여점, 새관색, 효삼낭, 흑사저 등의 여성들이 있었고, 여러 고을의 광장에서 경기하였다."고 하였다.[90] 송나라 각저 활동은 두 종류로 부분할 수 있다. 하나는 평상시에 유흥가(瓦舍) 등 평민들의 오락 활동 공간에서 했던 공연적 성격의 분류이다. 다른 하나는 정식으로 무대에서 무예를 겨루는 종류가 있다. 『몽량록』 20권 각저에는 "만약 호국사 남고봉 야외무대의 경기를 논한다면, 반드시 각 군현에서 힘이 가장 강한 자를 뽑아야 상을 탈 수 있다. 예를 들면 1등은 깃발, 은컵, 비단, 비단옷, 돈, 말 등의 상품이 있다."라고 기록되어 있다.[91] 각저가 이미 경기 무예로 자리매김했으며, 우수한 경우에는 다양한 상품 혹은 관직 등이 수여되었다.

당시 각저 경기는 체급 구분을 두지 않았다. 순발력과 힘으로 승부를 냈으며, 기교를 중시하였다.[92] 이때 정식적으로 규칙이 있었는데, 이를 사조(社條)라고 하였다. 사조 중에 가장 중요한 것은 공평한 경쟁을 보장하는 것으로 부정행위를 금지하였다. 시합에서 규칙을 집행하는 심판은 부서(部署)라고 불렀다. 부서는 시합 전에 양 선수에게 규칙을 정확히 알려줘야 하였다. 위의 내용들을 미루어 보면 송나라 때의 각저, 상박은 비교적 완전한 체계가 형성되었고 무대 경기 형태의 무예가 이미 형성되었다는 사실을 알 수 있다.

---

90) 『夢粱錄 · 角抵』: "杭城有周急快´ 董急快, 王急快´ 赤毛朱超´ 周忙幢´ 鄭件大´ 鐵稍工韓通住´ 楊長腳等, 及'女颭'賽關索´ 囂三娘丶黑四姐等女眾, 俱瓦市諸郡爭勝, 以爲雄偉耳° .

91) 『夢粱錄 · 角抵』: 若論護國寺南高峰露台爭交, 須擇諸州郡膂力高強, 天下無對者, 方可奪其賞° 如頭賞者, 旗帳, 銀杯, 彩緞, 錦襖, 官會, 馬匹而已° .

92) 『角力記 · 述旨』: (宋調露子『角力記 · 述旨』中說: "夫角力者, 宣勇氣, 量巧智也° 然以決勝負, 騁矯捷, 使觀之者遠怯懦, 成壯夫, 已勇快也° 使之能鬥敵者, 至敢死者° 人之教勇, 無勇不至° 斯亦兵陣之權輿, 競爭之萌漸° "각력을 하는 자는 용기와 순발력이 있어야 한다. 승부를 겨룰 때 민첩해야 하며 구경꾼들에게 나약함을 드러내지 않고 용감한 대장부의 면모를 보여주어야 한다. 적과 싸울 수 있는 자는 죽음을 두려워하지 않게 된다. 용감함을 배우면 용기가 오게 마련이다. 이는 병법의 시작이며 전투의 예방이다.")

요·금·원나라 시기에는 각저가 보편화되었다. 요나라 때에 황후를 봉할 때는 반드시 백희, 각저, 말놀이를 갖추어 즐겁게 하도록 하였다. 금나라 때에는 조정에서 각저를 잘하는 자들을 뽑아 시위(侍衛)로 세웠다. 원나라 때는 각저를 몽골족 남자아이들의 3가지 기예 중 하나로 하였는데, 당시 남자아이들만 각저를 한 것이 아니라 여자아이들까지도 각저에 능하였다.[93] 송나라에서는 남녀 모두 각저에 참여하였는데, 이후 요·금·원나라 시기에도 남녀 구분을 두지 않고 각저를 참여하고 즐겼던 것을 알 수 있다.

명·청나라 솔각

명나라 시기에 들어서면서 전대를 계승하면서도 또 다른 양상의 각저가 출현하였다. 명나라 무종은 일찍이 강빈(江彬)을 시켜 군대를 이끌고 가서 진영을 운영하는 법을 배우고, 말 타고 활 쏘는 것을 비롯해서 각저희를 하도록 명령하였다. 각저는 당시 병사들이 훈련하는 데 중요한 사항 중 하나였다. 이 시기에 각저는 솔교라고도 불리었으며, 궁중, 민간, 군대를 막론하고 여전히 흥행하였다. 명나라 개국 군주 주원장(朱元璋)이 민간에서 지낼 때 권박(拳搏)을 수련했다고 한다. 주원장은 예전에 ······ (중략) ······ 길에서 저주(滁州)의 진야선(陳也先)을 만나서 단상에 올라가 스스로를 권법과 봉술에 대적할 이가 없다고 하였다. 주원장은 무대에 올라가 그와 무예를 겨루었으며 그를 땅에 내던졌다.[94] 명의 개국 왕이었던 주원장은 맨손무예 권박을 수련했는데, 각저나 솔교와 유사하였다.

각저는 명나라 때 주요한 군사훈련의 수단 중 하나였다. 『명사기사본말(明史紀事本末)』 「강빈간전(江彬奸佞)」의 기록을 살펴보면, 강빈이 이끄는 서북 정예병은 몸집이 크고 완력이 세어 무종이 남경에 도착했을 때에 힘과 용기만 믿고 제멋대로 굴었다(仗恃勇力 橫行不法). 그러자 어사 조백암(喬白岩)이 남방의 교사들에게 명을 내려 가장 키가 작지만 민첩하며 용맹한 이들을 백 명 뽑아 매일 강제독과 수련장에 나와 무예를 겨루도록 하였다. 남인들은 가볍고 민첩하며 나는 듯이

93) 國家體委武術研究院編. 앞의 책, 291쪽.

94) 『古今圖書集成·山川典·武當山部』: 朱元璋未遇時, 諸太和進香回, 路遇滁州陳也先, 登台自稱拳棒無敵, 俄摔也先.

걸었다. 북인들은 거칠었으며 맞붙어 싸우려고 하면 키가 작은 남인들에게 옆구리를 맞거나 허리와 가랑이를 맞았고, 북인들은 모두 몸을 뒤집으며 뻣뻣하게 넘어졌다.[95] 남쪽과 북쪽 병사는 보기에 모두 상박(相撲)에 능해 보였다. 북쪽 병사가 힘에 특출났다면 남쪽 병사들은 민첩함으로 승리를 얻어냈다. 이처럼 명나라 때는 상박을 할 때 때때로 여전히 주먹으로 때리고 발로 차는 방법이 섞여 있었다. 명 때에 각저, 상박은 힘으로 겨루거나 넘어뜨리는 외에도 주먹과 발을 사용한 기예가 더해진 것을 알 수 있다.

청나라 시기에 들어서면서 각저나 상박을 솔교라고 불리었다. 여진족이 중국 중원에 들어오면서 여진족의 솔교 역시 자연스럽게 들어오게 되었다. 당시 궁궐과 민간에서는 솔교에 흥미가 있는 사람이 증가하였다. 조정에는 솔교 전문가가 있었는데, 이들을 관교(官跤)라고 하였다. 또 솔교를 잘하는 사람을 포고(布庫)라고 했는데, 백성들은 박호(撲戶)라고 불렀다. 조정에는 포고 및 관련 항목이나 업무 등을 관리하는 전문기구가 있었는데 이를 선포영(善拍營)이라고 하였다. 포고는 기술이 높고 낮음에 따라 1, 2, 3등급으로 나누었고, 이 등급에 따라서 돈과 양식을 받았다. 그들의 임무는 솔교 방법을 연구하고, 이를 훈련하는 데 있었다. 포고들은 조정에서 연회가 있을 때마다 연정에 나와 기예를 선보였다.

중국의 맨손무예는 고대에는 각저, 상박, 권박 등으로 불리었으나, 명·청나라 때부터 솔교 혹은 솔각이라는 명칭이 출현하면서 근대에 전승되었다. 솔각은 이러한 각저, 상박 등과 같이 두 사람이 힘이나 기예를 겨루는 무예나 놀이를 통칭하는 명칭으로 자리를 잡게 되었다. 이러한 명칭은 현재까지 계승되어 사용되고 있다.

5. 한국의 씨름

한국의 씨름은 우리 전통문화의 하나로 고대부터 계승되어왔다. 씨름은 2018년 11월 남북 공동으로 유네스코 인류무형문화유산 대표목록으로 등재되었다. 이러

95)『明史紀事本末·江彬奸佞』: 嘗於西內練兵, 令江彬率兵入, 學營陳, 校騎射, 或時爲角抵之戲. 上戎服臨之, 銃炮之聲不絕於中.

한 공동등재는 세계유산과 무형문화유산, 세계기록유산을 통틀어 남북이 공동으로 등재한 첫 사례이기도 하다. 등재 정식 명칭은 씨름 한국의 전통 레슬링(Traditional Korean Wrestling, Ssirum/Ssireum)이었다.[96]

한국 씨름의 기원은 명확하지 않지만, 각저총이나 장천 1호분을 근거로 고대부터 계승되어 온 것으로 알려져 있다. 4세기경으로 추정되는 고구려 각저총 벽화에 두 명의 인물이 서로 맞잡고 힘을 겨루는 정경이 그려져 있다. 장천 1호 무덤에서도 이러한 유사한 장면을 볼 수 있다. 또 씨름이 중국 영향을 받고 도입되었는데, 이와 관련된 최초의 기록은 『후한서(後漢書)』의 「동이열전(東夷列傳)」으로, 한(漢)나라의 순제가 부여 왕이 경사(京師)로 왔을 때 그에게 처음 소개한 내용이다.[97] 당시 소개되었던 각저의 형식이나 내용은 구체적으로 확인할 수 없지만, 기원전에 이미 맨손무예인 각저가 소개된 것을 알 수 있다. 이후 씨름과 관련된 기록은 『고려사(高麗史)』나 『조선왕조실록(朝鮮王朝實錄)』에서 볼 수 있다. 씨름의 기원이나 유래가 명확하지 않지만, 중국의 영향이나 교류가 있었던 것으로 보이며, 역사 전개 과정 속에서 한국의 문화가 내포된 독특한 특징이 내재되어 현재에 이르고 있다. 일제강점기와 같은 특수한 상황에 따라 씨름은 금지나 단절이 되기도 했지만, 명실상부한 한국 전통무예로서 자리매김하고 있다.

한국에서 씨름과 관련된 최초 기록은 4세기경으로 추정하고 있는 고구려(高句麗) 고분인 각저총(角抵塚) 벽화이며, 문헌 기록은 『고려사』 권(卷) 31이다. 또한 한국의 무예 연구가 허인욱은 씨름 명칭이 최초 한글로 표기된 것은 1447년에 간행된 『석보상절(釋譜詳節)』에서라고 하였다. 세종의 명령으로 소헌왕후(昭憲王後) 심씨(沈氏)의 명복을 빌기 위해 간행된 『석보상절(釋譜詳節)』 제3권의 기록에서 실흠을 찾을 수 있는데, "조달이와 난다가 서로 씨름하니 둘의 힘이 같거늘 태자가 둘을 잡아 함께 넘어뜨리며 대신 염광(?)이라 하리."로 풀이하였다.[98] 이어서 숙종 3년(1677)에 간행된 중국어 학습서인 『박통사언해(樸通事諺解)』에도 시름과 시

96) 유네스코와 유산, https://heritage.unesco.or.kr/.

97) 『後漢書』의 〈東夷列傳〉: 順帝 永和元年 其王來朝京師 帝作黃門鼓吹 角抵戲以遣之.

98) 調達이와 難陀왜 서르 실흠ᄒᆞ니 둘희 히미 ᄀᆞᆮ거늘 太子 둘흘 자바 한ᄢᅴ 그 우리와 ᄃᆞ시며 大臣 炎光이라 호리(허인욱, 『(옛 그림에서 만난) 우리무예 풍속사』. (푸른역사, 2005), 291쪽).

ᄅᆞᆷ이 기록되어 있으며, 숙종 16년(1690)에 천문과 지리, 기후 등을 한글로 풀이한 『역어류해(譯語類解)』와 만주어 사전인 『한청문감(漢淸文鑑)』에 '실홈ᄒᆞ다', '실홈ᄒᆞᄂᆞᆫ 사람(撩跤人)'이란 기록을 볼 수 있다. 정조의 명령으로 간행된 『무예도보통지』에는 씨ᄅᆞᆷ으로 기록되어 있다. 순조 2년(1802)에 간행된 『물보(物譜)』에는 "角抵라 쓰고 ㅄ ㅣ름이라 표기하였다"[99]. 그리고 김광언은 1463년에 간행된 『법화경언해』를 인용해 "상박은 실홈이라(相撲은 低角也) 하며, 실홈이 실홈으로 바뀌었다"고 하였다.[100] 조선 초기에는 씨름이 실흠으로 표기되었다고 한다. 지금까지 많은 연구에서 각저나 각희 등 한자어의 어원에 대한 다양한 해석이 이루어졌지만, 한글로 기록된 씨름 명칭은 매우 드물게 발견되고 있다. 이는 씨름이 기록문자를 거의 남기지 못한 민중들이 즐겼던 전통적 민속무예, 또는 유희라는 역사성을 지녔기 때문인 것으로 보인다. 그리고 씨름 발음이나 표기 방법이 지역 색채가 내포된 방언이나 글을 남긴 인물에 따라 달랐기 때문으로 추정할 수 있다.

삼국시대 씨름[101]

삼국시대의 씨름과 관련된 기록은 중국 문헌을 통해서 확인할 수 있다. 중국의 역사서 『三國志(삼국지)』나 『後漢書(후한서)』를 보면 "고구려인은 기력이 있고 힘이 세다."[102]는 기록이 있다. 이 기록을 통해서 고구려인이 씨름을 즐겼다는 사실을 알 수 있다. 지금까지 연구자들은 이 고분을 씨름이나 수박희의 근거로 두고 연구해 오고 있다. 그러나 한국의 씨름(角觝戲)과 가장 직접적이고 오래된 기록은 『후한서(後漢書)』 「동이전(東夷傳)」의 부여국조(夫餘國條)이며, 그 내용은 다음과 같다.

"순제(順帝)의 영화 원년(136)에 그 왕(부여)이 서울(경사)에 내조했을 때 순제가 황문고취(黃門鼓吹)하고 각저희(角觝戲) 시연자를 파견하였다."[103]

---

99) 이가원, 〈물보(物譜)와 실학사상(實學思想)〉, 『인문과학』. 5, (연세대학교인문학연구원, 1960), 95쪽; 허인욱, 위의 책, 292쪽.

100) 김광언, 앞의 책, 263쪽.

101) 황의룡, 「씨름의 유래와 경기방법」, 민족통일체육연구원 편저, 『남북통일기반조성과 민족전통체육』. (사람과사람, 2004), 30－63쪽을 보완하고 수정하여 기술한다.

102) 『三國志』 魏志 東夷傳과 『後漢書』 東夷傳 高句麗條.

103) 『後漢書』 東夷傳 夫餘國條: 順帝 永和元年(136) 其王來朝京師 帝作黃門鼓吹 角觝戲以遺之(내용확인)(김효경, 앞의 글, 8쪽).

이 기록을 통해서 중국의 한나라 왕이었던 순제가 부여 왕이 자기 나라를 방문했을 때 연회를 열어 환영 행사를 개최했으며, 이때 각저희 시연 명령을 한 것을 알 수 있다. 학계에서는 이 기록에 보이는 각저희에 관해 쟁론이 일어 왔는데, 당시 파견된 이가 각저(씨름)를 할 수 있는 사람 여부에 관한 것이었다.[104] 당시 각저희는 부여 왕이 경사로서 중국 조정을 방문한 것에 대한 순제의 호의라고 생각된다. 그러나 각저희의 구체적인 형태나 내용을 파악하기는 어렵다. 김효경은 이때의 각저희는 백희를 가리키는 말로 힘겨루기(각력)가 포함되어 있다고 하였다. 순제가 부여 왕에게 베푼 연회 중에 각저희는 중국의 씨름을 포함한 백희라고 하며, 생존을 위한 자연발생적인 요소가 강하므로 한반도 내부에도 씨름이 존재했을 가능성이 농후하다고 주장하였다.[105] 이러한 기록은 중국 각저가 부여 왕에게 소개되었던 점과 중국 영향이 있었던 점을 뒷받침한다.

중국의 길림성 환인과 집안 지역 그리고 북한의 평양과 황해도 안약 지역에 고구려가 남긴 다양한 고분벽화가 집중적으로 분포하고 있다. 이 벽화들은 2004년에 유네스코 세계문화유산으로 등재되어 한민족의 위대함을 보여주고 있다. 그 속에서 고구려인의 생활상과 정신을 볼 수 있으며, 특히 씨름이라는 한국 전통 신체활동 모습이 생생하게 표현되어 있다. 고구려 고분벽화에는 각저총[106]과 장천1호분에 두 사람이 서로 맞잡고 힘을 겨루는 장면이 그려져 있으며, 이는 현재의 씨름 모습과 유사한 모습이다. 또 안악 3호분과 무용총의 널방천장고임에도 유사한 그림이 그려져 있는데, 이 그림은 수박으로 이해되고 있다.

고구려의 각저총은 오늘날의 씨름방식과 가장 유사하게 그려져 있어 현존하는 씨름 자료 가운데 가장 오래된 직접적 기록이라는 점에서 역사적인 의미가 있

104) 중앙대학교 한국문화유산연구소, 〈고대·중세 씨름의 역사〉, 『씨름』, (문화재청, 2017), 17쪽.

105) 이어서 김효경은 전경욱의 연구를 인용하여 각저지희(角觝之戲)는 짐승가면놀이, 남자가 여자복장을 하는 행렬용 가무놀이, 창우놀이, 배우잡기 등을 총망라하는 포괄적인 명칭으로 사용하였다고 했다. 각저희의 의미는 송나라에 이르러 본래의 힘겨루기(角力)로 환원된다. 이처럼 각저가 중시된 것은 다른 산악백희 종목에서 씨름이 차지하는 위상이 높았기 때문이다. 진시황이 각저를 중요하게 여겼기에 6국의 모든 기예를 진나라의 대표적 기예로 총괄했기 때문으로 보았다(김효경, 위의 글, 8-9쪽).

106) 이 무덤은 일제강점기인 1935년에 일본인 이케우치 히로시(池內宏)가 처음 조사했을 때 널방 왼쪽 벽에 두 역사가 씨름하는 모습이 그려져 있어 각저총이라 이름 붙였다고 한다(나영일b, 앞의 글, 20쪽).

다. 널방 왼쪽 동남 벽의 오른편에 있는 씨름 그림은 왼쪽에 커다란 나무 한 그루에 검은 새가 앉아 있고, 중앙 부분에 씨름하는 두 사람이 서로 맞잡고 있으며, 이를 바라보는 지팡이를 짚고 머리를 길게 늘어트린 노인 한 사람, 나무 밑에는 곰과 호랑이로 보이는 두 마리의 동물, 역사들과 노인 사이의 허공에는 구름무늬가 그려져 있다. 씨름하는 두 사람이 중앙에 그려져 있는데, 씨름이 주요한 벽화 내용이었기에 각저총이라 이름 붙였을 것으로 추정된다. 그리고 씨름하는 두 사람 가운데 한 사람은 보통의 고구려인의 얼굴 모양을 하고 있으나 얼굴을 오른쪽으로 향하고 있는 사람은 눈이 크고 코가 높은 생김새로 보아 서역인(胡人)으로 이해하고 있다.[107]

5세기 중엽에 그려진 것으로 알려진 장천1호분 벽화의 씨름은 백희기악도와 함께 그려져 있다. 전실 북쪽에 사람들이 벌이는 곡예와 악기를 연주하는 모습 등이 그려져 있는 백희기악도 왼쪽 위에 상투를 튼 두 사람이 허리 부분에만 옷을 걸친 나체로 서로 맞잡고 있는 모습에서 오늘날의 씨름과 동일함을 느낄 수 있다. 김광언은 각저총과 장천1호분의 씨름을 보고 고구려의 남녀가 모두 허리에 띠를 두른 점을 고려해 보면 이 자세가 띠씨름이라는 것을 알 수 있다.[108] 덧붙여 당시 고구려인들이 즐기던 씨름은 다른 유희들과 함께 연희 속의 한 장면으로 공연되었을 것으로 추정된다.

지금까지 각저총과 장천1호분에서 씨름하고 있는 두 사람을 많은 연구 성과에서 한쪽 사람을 서역인으로 보고 이 행위가 그들 간의 교류라고 추정하고 있다.[109] 또 내륙 아시아 민족들의 장례식에서 행해진 씨름 풍습과 관련된 연구와 일본에서 『日本書記(일본서기)』 중의 씨름(角力) 기록이 장례와 관련된 행사의 하나로 인식되고 있다는 점[110]을 고려하면, 벽화 속의 씨름 장면들은 장례를 치를

107) 김광언, 『동아시아의 놀이』. (민속원, 2004), 265쪽; 전호태, 〈고구려 각저총 벽화 연구〉, 『미술자료』. 57, (국립중앙박물관, 1996), 15－17쪽.

108) 김광언, 위의 책, 264쪽.

109) 박승한, 『씨름』. (지역발전연구센터출판부, 1994), 10쪽; 김효경, 앞의 글, 13쪽; 임영애, 앞의 글, 159－161쪽; 전호태a, 앞의 글, 13쪽; 전호태e, 〈고분벽화로 본 고구려와 중앙아시아의 교류〉, 『한국고대사연구』. 68, (한국고대사학회, 2012), 140－141쪽 등이 있다. 더불어서 안악3호분의 수박희를 하고 있는 두 사람 중에 한 사람은 코가 유난히 높고 눈도 커 서역인으로 파악하고 있다.

때 행하는 의식 중의 하나로 그려졌을 것으로 보는 견해가 대다수를 차지하고 있다.

1990년대까지 씨름의 기원은 각저총에 근거를 두고, 그 기원으로 여기는 인식이 주를 이루어 왔다. 그러나 이진수는 중국과 일본 자료를 비교, 검토한 후에 또 다른 주장을 펼쳤다. 앞서 언급한 바와 같이 『후한서』 동이전의 부여국조에 "부여의 왕을 접대하기 위한 연희의 하나로 황문고취[111]와 각저희가 등장한다. 그는 왜 각저희가 부여 왕을 환영하는 연회에서 거행되었는지 의문을 제시하였다. 그는 중국 황제의 이름을 빌려 부여의 풍속을 간접적으로 표기한 것으로 이해해야 한다고 하였다. 부여의 왕이 먼 낙양까지 방문하였으므로 환영을 겸한 공통의 주제로 마련한 것이 바로 각저희였다. 만약 우리가 『후한서』의 이 대목을 부여 씨름의 이해를 위한 발판으로 삼는다면 고구려 씨름도 이것과 동일한 시간대에서 이해되어야 할 것이고, 우리 씨름의 기원도 그 절대 연도를 훨씬 낮추어 잡아야 할 것"[112]이라고 주장하였다. 이러한 그의 주장은 설득력이 있으며, 다양한 관점에서 재검토되어야 할 것이다.

최근까지 백제 사회에서 어떠한 형태의 무예를 즐겼는지 자료나 유물이 발견되지 않아 고구려와 신라의 유물을 통해 그 양상을 추정할 뿐이었다. 이와 관련된 내용이 『일본사기(日本書記)』에 하나의 기록으로 전해지는데, 현 단계에서 찾아볼 수 있는 유일한 기록이다. "교코쿠키(皇極紀) 원년(642년) 7월에 일어난 일로 백제에서 온 사절단 지적(智積)과 교기(翹岐) 등을 응접하는 연회석에서 여흥을 위해 힘이 센 자들(건아, 궁궐의 무관이나 병사)을 불러 스모(角力)를 행하게 했으며, 향연이 끝나자 사신이 물러갔다."라고 기록되어 있다[113]. 여기서 교기(翹岐)는 백제의 왕족으로 정쟁에서 패하는 바람에 같은 해에 일본으로 추방된 인물이지만,

---

110) 斎藤忠, 〈高句麗古墳壁畫にあらわれた葬禮儀禮について〉, 『朝鮮學報』. 91, (朝鮮學會, 1979), 11쪽; 寒川恒夫, 〈葬禮相撲の系譜〉, 『한·일 비교민속놀이론』. (민속원, 1997), 45－52쪽.

111) 황문고취란 중국 한나라 때에 왕의 행차 등의 궁중의식이 벌어질 때 군악 계통의 악기편성을 일컫는 고취의 일종을 말한다. 황문고취는 천자가 군신을 위해 베푸는 잔치 때에 연주되는 곳이다(나영일a, 앞의 글, 9쪽).

112) 이진수, 『한국고대스포츠연구』. (교학연구사, 1996), 206－207쪽.

113) 乙亥 嚮百済使人大佐平智積等於朝 乃命健兒相博於翹岐前 智積等 宴畢而退拜翹岐門(『日本書記』. 巻第24 皇極天皇 元年 秋 7月).: 新田一郎, 『相撲の歴史』. (山川出版社, 1994), 29－30쪽; 長谷川明, 앞의 책, 64쪽.

일본 천황은 그를 귀하게 대접하였다. 당해 5월에는 기사(騎射, 말 타고 활 쏘는 무예)를 보여주고 마음을 달래주었다고 기록될 정도였으니 씨름을 보여준 것도 사실로 받아들일 수 있다. 이 기록을 통해 백제에도 씨름이 존재했을 가능성은 추정되지만, 앞서 언급한 바와 같이 씨름의 형태나 내용 등 그 진상을 파악하기는 어렵다.

현재까지 삼국시대의 씨름과 관련된 사료는 많지 않지만, 고구려와 동일한 언어문화를 공유하였던 백제나 신라에서 씨름과 같은 격투기가 존재했을 가능성을 고려할 수 있다. 이러한 신체 무예는 중국과 일본 등과의 빈번한 교류를 통해 상호 간에 영향이나 교류 가능성도 추정할 수 있다.

고려시대 씨름

한국 문헌에서 최초로 씨름과 관련된 기록을 볼 수 있는 『고려사(高麗史)』이다. 『고려사』 충혜왕조(忠惠王條)의 충숙왕후(忠肅王後) 8년(1339) 3월 조를 보면, "삼월에 왕은 정무를 배전과 주주 등에게 맡기고 날마다 내시와 더불어 각력희를 해서 상하 구분이 없고 예절이 없었다."[114]고 기록되어 있다. 충혜왕후 4년(1343) 2월 조에는 "갑진일에 왕이 용사를 거느리고 씨름 놀이(角觝戲)를 구경하였다."[115]라고 기록하고 있으며, 5월 조에는 "신묘일에 공주가 연경궁으로 거처를 옮기니 왕이 연회를 베풀어 위로하여 주고 밤에는 씨름 놀이(角觝戲)를 구경하였다".[116]라고 되어 있다. 11월 조에는 "11월 병인날에 왕이 고총보와 더불어 시가의 누각에 좌정하여 격구(擊毬)와 씨름 놀이(角觝戲)를 구경하고 용사들에게 삼베를 하사하였다."[117]고 기록되어 있다. 『고려사』에는 관련된 기록 4개가 전해지고 있다. 조성환은 3월과 2월의 기록은 연등회와 관계가 있으며, 5월의 기록은 단오, 11월의 기록은 팔관회와 밀접한 관련성을 가지고 있다고 주장한다.[118] 그는 『고려사』의 각저희 기록은 씨름뿐 아니라 여러 가지 종목이 포함된 한바탕의 놀이판이라

114) 三月 王 委機務於嬖臣佺裴朱柱等 日與內竪 爲角力戲 無上下禮.
115) 癸未四年 春二月甲辰 王率勇士 觀角觝戲.
116) 辛卯 公主移禦延慶宮 王置酒慰之 夜觀角觝戲.
117) 十一月丙寅 王與高龍普 禦市街樓 觀擊毬及 角紙戲 賜勇士布無算.
118) 조성환, 앞의 글(1988), 434쪽.

하였다.[119] 그동안 씨름계에서 주장해 왔던 각력희나 각저희는 단지 무예 요소를 갖춘 씨름일 뿐만 아니라 왕실과 귀족들의 볼거리용 유희 씨름이기도 하였다고 생각된다.

공민왕 때에 씨름이 뛰어난 관직을 받기도 하였다. 고려시대에는 씨름 잘하는 사람을 용사(勇士)라고 불렀으며, 씨름이 용사를 뽑는 기준이 되기도 하였다. 공민왕 14년(1365)에 "박강(樸強)이 용력이 있다는 말을 들었으며, 그가 그의 아버지를 업고 다니던 공로를 생각하여, 그를 불러 힘이 센 시위군(侍衛軍)과 씨름을 시켰더니 시위군이 잇달아 넘어지매, 상은 기뻐하여 늠미(廩米)를 내리고 바로 중랑장(中郎將)에 재수하여 숙위(宿衛)에 소속시켰다."라는 기록이 있다.[120] 씨름은 힘을 겨루는 형태로 이를 잘한다는 것은 힘이 세다는 것과 상통하였다. 당시 힘이 센 이를 용사라고 부를 정도로 무사를 중요하게 여겼음을 알 수 있다.

반면, 이러한 기록을 근거로 씨름이 몽고에서 전파되었다는 주장이 대두되기도 하였다. 당시 정치적으로 대륙을 손에 넣은 원나라의 힘에 눌려 고려는 원나라의 속국이 되었기 때문에 왕자가 태어나면 원나라의 궁궐에서 생활하거나 원나라 공주 또는 친척들과 정략으로 결혼하는 일이 자주 일어났다. 정략결혼으로 원나라 공주가 개성에서 살게 되면서 몽골 의상이나 풍습이 일반 서민들에게까지 영향을 끼쳐 한동안 유행하였다는 점, 또 당시 충숙왕이 원나라의 간섭에 염증을 느껴 왕위를 양위하기 바로 직전이라는 정치적 배경 때문에, 충숙왕이나 충혜왕조에만 씨름 기록이 보이는 것은 몽골 씨름이 유행하였기 때문이라고 주장하는 연구가 발표되기도 하였다. 한편, 고려시대에는 씨름과 자주 비교되는 수박희 기록이 씨름과 관련된 기록보다 더 많이 보이고 있으며, 이 단어들이 매우 애매하게 표현된 것이 많기 때문[121]에 확실하게 단정 짓기 어렵다.

고려시대의 씨름과 관련된 기록이 많지 않기 때문에 수련 형태나 경기방식 등을 구체적으로 파악하기가 쉽지 않다. 그러나 궁궐 내의 왕이 내시와 씨름을 즐겼다는 사실과 시가(市街)에서도 행해졌다는 사실을 통해 귀족들의 의상이나 풍습

---

119) 김광언, 앞의 책, 266쪽; 심승구, 〈씨름의 정체성과 유산 가치〉, 『비교민속학』. (비교민속학회, 2018), 150쪽.

120) 『陽村集』. 傳類, 司宰少監 樸強之傳(김효경, 앞의 글, 19쪽 재인용); 김광언, 앞의 책, 266쪽.

121) 나영일b, 앞의 글, 19쪽.

이 일반 서민들에게까지 보급되어 고려사회에서 유행했을 가능성을 추정할 수 있다. 궁궐 내에서 행한 연회의 한 종목으로 지배계급에서부터 일반 서민까지 다양한 계층에서 씨름이 행해졌던 것으로 보인다.

조선시대 씨름

조선에 들어오면 씨름에 관한 기록이 눈에 띄게 많아졌다. 조선 전기의 씨름은 왕실의 오락 놀이 중 하나였다. 『조선왕조실록』에는 씨름 기록이 많이 나오는데, 『세종실록(世宗實錄)』 권4의 원년(1419) 6월 15일 조를 보면, "상왕과 왕은 저자도(楮子島)에 행차해 중류에 배를 띄우고 종친과 함께 주연을 베풀고, 곧이어 각력희(角力戱)를 보았다."라고 기록하고 있다. 또 1426년 3월 25일 조에는 "명나라 사신이 목멱산(木覓山)에 올라 도성과 한강을 굽어보고 말하기를, "정말 좋은 땅이라." 하며 인하여 활을 쏘고 역사들에게 각력(角力)을 시켰다."라고 하였다. 1430년 조에는 "형조에서 아뢰기를 안음현(安陰縣) 사람인 박영봉과 감부개가 서로 장난삼아 씨름하다가 잘못하여 부개를 죽였으니, 율이 교형에 해당한다고 하니 명하기를 1등을 감하여 장사치에게 돈을 받아 주도록 하라."라고 기록되어 있다. 1431년 3월 조에 "경회루 북쪽에 행차하여 종친들의 활 쏘는 재주를 구경하고 역사 안사의(安思義) 등에게 씨름을 하게 한 후 차등을 두어 하사하였다."는 기록이 보인다. 이러한 기록들에서 왕과 종친들의 연회가 끝나고 병사들에게 씨름을 하게 했으며, 중국 사신을 대접하기 위한 향연에서 씨름 경기를 볼거리로 제공하였음을 엿볼 수 있다.

이순신 장군의 『난중일기(亂中日記)』에서도 씨름 기록을 볼 수 있는데, 1592년에 발발한 임진왜란의 휴전 기간에 즐긴 놀이가 씨름이며, 일반 병사뿐만 아니라 장수들까지도 씨름을 즐기면서 전쟁의 불안과 고통을 잊을 수 있었다고 하였다. 병사들에게 씨름은 배 위에서의 육탄전에 대비한 군사훈련의 일환이었으며, 오랫동안 바다를 지켜온 군사들을 위로하고 사기를 높이기 위한 오락 수단의 일환이었다. 조선의 씨름 기록을 분석한 김효경은 "각저, 또는 각저희라는 한자의 사용례를 보면, 조선 사회의 씨름은 두 사람이 각을 잡고 서서 다리 힘을 겨루는 놀이이자 경기로, 특히 힘을 겨루는 방식으로 육체적 힘인 여력(膂力)의 강함을 분별하기 위한 놀이문화였다."[122]고 결론지었다. 씨름은 두 사람의 힘겨루기를 기반으로 하는 놀이나 경기로서 행해진 것을 알 수 있다.

16세기 이후부터 씨름은 세시풍속으로 완전히 자리 잡게 되었다. 고위 관료였던 소세양(1486-1562)이 쓴 시에는 "오늘이 바로 단오이니 소년들이 무리 지어 즐겁게 노네. 거리마다 앞을 다투어 씨름하고 나무마다 그네를 뛰네. 술잔에 창포를 띄워 따뜻하고 문에는 애호를 엮어 달았네. 노인들이 하는 것이 무엇인가? 밤새도록 책을 덮고 잠자는 것이네."라고 하여 한성 거리에서 씨름과 그네를 뛰는 모습을 시로 표현하였다.[123] 또 비슷한 시기의 이문건이 쓴 일기(李文楗, 1494-1567)에도 씨름과 관련된 내용이 전해지는데, "길(吉, 저자의 아들로 보임)이 씨름을 보고 매우 즐거워 껑충껑충 뛰어다녔다."[124]라고 하였다. 이 외에도 『명종실록(明宗實錄)』 1560년 5월 조에는 "단오날에 동궁별감인 박천환(樸千環)이 시강원(侍講院)에 와서 호소하기를 어제 원계검(元繼儉)의 집으로 심부름을 가던 중 길에서 양반 행색을 한 유생이 씨름을 하자고 했는데, 들어주지 않는다고 노하여 의복과 갓을 찢고 심지어 글까지 찢어버렸다고 하였다. 임금께서 그 사람들을 추궁하였는데 사실은 박천환이 먼저 유생들을 때리고 욕하고 씨름하자 하였으니 이 무슨 풍속인가?" 하였다. 이 일로 인해 사헌부에서는 씨름 금지령을 내렸다. 『현종실록(顯宗實錄)』 1664년 정월 조에는 "광주 저자도(楮子島)에서 씨름으로 겨루었으나, 이기지 못함에 노하여 칼로 찔러 죽였다."라고 하였다. 기록을 보면, 씨름이 과열된 나머지 상대를 죽이는 살인으로까지 번진 사건이 발생하였다. 또한 유몽인(柳夢寅, 1559-1623)이 남긴 『어우야담(於於野談)』 권4 사회편(社會編)에는 "정읍, 용안, 함열 세 고을 사이 광장에서 7월 15일에 호남 온 도내의 힘센 사람들이 양식을 싸서 모여들어 씨름을 겨루는데, 한 중이 힘이 뛰어나므로 도내의 씨름꾼이 싸워도 당하는 자가 없어 마침내 씨름판을 휩쓸었다."[125]고 기록되어 있다. 이러한 기록을 통해서 조선 전기에 씨름은 서민들에게 보급되어 단오절, 백중, 중추와 같은

122) 김효경, 〈조선시대 씨름의 전승양상〉, 『국가무형문화재 씨름』. (문화재청, 2017), 44쪽.
123) 蘇世讓, 『陽穀先生集』. 卷六, 詩, 端午(심승구, 앞의 글, 152쪽 인용).
124) 이복규, 『묵재일기에 나타난 조선전기의 민속』. (민속원, 1999), 234-235쪽.
125) 김효경, 앞의 책, 45쪽.

절기에 거행되는 세습풍속의 유희로 정착하게 되었다. 반면 과도한 씨름 겨루기로 사망하는 사고도 나는 등 사회적으로 적지 않은 폐단을 낳기도 하여 금지령을 내리기도 했지만, 잘 지켜지지 않았던 것으로 보인다.

세시풍속과 관련된 씨름 기록으로 조선 정조 때의 홍석모(洪錫謨)가 지은 『동국세시기(東國歲時記)』와 조선 현종 때의 유득공(柳得恭)이 지은 『경도잡지(京都雜誌)』[126]가 대표적이다. 『동국세시기』 5월 단오조(端午條)에는 "젊은이들이 남산의 왜성대나 북악산의 신무문 뒤에 모여서 씨름 승부를 겨룬다. 씨름하는 방법은 두 사람이 서로 마주 보고 구부리고 각자 오른손으로 상대방의 허리를 잡고 왼손으로는 상대방의 오른쪽 다리를 잡고 일시에 일어나며 상대를 번쩍 들어 메친다. 그리하여 넘어지는 이가 진다. 안걸이, 바깥 걸이, 둘러메치기 등 다양한 기술이 있다. 그중에 힘이 세고 손이 민첩하여 재치 있게 구사하여 많이 이기는 사람을 판막음(都結局)이라고 한다. 중국 사람들은 우리 씨름을 고려기(高麗技)라고도 하고, 또는 요교(撩跤)라고도 한다. 단오날에 하는 씨름 놀이는 매우 성하여 경향 각지에서 성행한다. …… (중략) …… 장평자(張平子)가 지은 『서경부(西京賦)』에 각저묘기를 드러냈다는 구절이 있다. 이것으로 미루어 볼 때 각저는 한나라 때 이미 존재한 것을 알 수 있으며, 오늘날의 우리 씨름과 비슷한 것이다." 그리고 7월 칠석조에도 "충청도 풍속에 15일에는 노소를 막론하고 거리에 나가 배불리 먹고 마시며 흥겹게 놀고, 또 씨름 놀이도 한다. 또한 월내(月內)에는 충청도 풍속에 16일에는 씨름판을 벌이고 술과 음식을 차려 먹고 즐긴다. 농한기를 맞아 그동안의 노고를 풀고자 하는 것인데 해마다 이렇게 한다."고 기록되어 있다. 『경도잡지』의 단오조에도 "서울 안 소년들이 남산 밑에 모여들어 씨름을 한다."고 기록되어 있다.[127] 씨름은 세시풍속이나 놀이 일환으로 정기적 혹 비정기적으로 행해진 것을 알 수 있다.

조선의 풍속화에도 씨름 그림이 그려져 있다. 고구려 고분벽화와는 달리 유

126) 이 책은 두 권으로 분리했는데 제1권은 「풍속편」으로 우리나라의 의복, 음식, 주택, 서화 등 문물제도에 대해 19개 항목으로 분류, 기술하였고, 제2권은 「세시편」으로 서울의 세시풍속을 19개 항목으로 분류, 서술하였다. 『동국세시기』보다 약 30년 정도 앞서서 저술되었다. 그 내용에 있어 연원을 모두 중국의 풍속에서 찾고 있다는 점은 동일하다.

127) 崔大林, 『新譯 東國歲時記』. (弘新문화사, 1989), 86-93.

숙의 「대쾌도」, 김홍도의 「씨름도」, 김준근의 「각저」 등에는 가느다란 끈을 다리에 걸치고 서로 맞잡고 씨름하는 장면들이 그려져 있다. 이후 1910년에 일본인이 한반도를 여행하며 그린 「조선풍속화보(朝鮮風俗畫譜)」에도 두 사람이 얇은 끈을 서로의 오른쪽 다리에 걸치고 씨름하고 있는 모습을 볼 수 있다.128) 조선 후기에 들어오면서, 씨름의 형태나 방식을 결정짓는 샅바에 대한 자료가 그림으로 전해지기 시작하였다. 이 샅바의 등장으로 지역적으로 조금씩 다르게 나타나는 다양한 씨름방식이 꽤 오랫동안 지속되었다는 사실을 뒷받침할 수 있게 되었다. 그리고 이러한 씨름방식은 20세기 이후에 전통 스포츠로서 씨름 경기가 근대적 통일을 이루는 데 매우 중요한 근간을 형성하게 되었다.

6. 일본의 스모

스모의 기원 및 어원 탄생에 관한 기록

일본의 스모(相撲)와 관련된 가장 오래된 기록은 『고사기(古事記)』의 「出雲の譲り(나라 양도)」에서 볼 수 있다. 스모 명칭은 역경(力競)이라고 기록되어 있다. 역경은 규칙이 있는 스모는 아니지만, 상대의 손을 잡아서 승부를 결정하는 것으로 스모 형태라고 할 수 있다.129) 일본의 최초 한문 사전인 『왜명류취초(倭名類聚鈔)』에서도 상박(相撲, 스모)과 관련된 기록을 볼 수 있다. 사전에는 상박을 스마히라고 하며 현재의 스모와 표현이 달랐지만, 한자는 동일하였다.130) 구체적인 내용은 후술하겠지만, 스모 명칭이 시기에 달리하기도 하였다. 다른 국가에 비해 비교적 체계적으로 전승되고 있으며, 경기씨름, 축제씨름, 제례씨름으로 구분할 수 있다. 경기씨름은 잘 알려진 오오즈모(大相撲)와 같은 프로나 아마씨름 경기대회이다. 축제 씨름은 신사나 사찰 등에서 연례나 특정 행사를 위한 일환으로 행해지는 씨름이다. 스모라는 명칭에 대해서 『화명초(和名鈔)』131)를 보면, 스마히(須末

128) 이 풍속화보는 김준근의 풍속화를 모사한 것으로 알려져 있다(中村金城, 『朝鮮風俗書譜』. (富裏昇進堂, 1910), 40쪽).
129) 土屋喜敬, 『ものと人間の文化史 相撲』, (法政大學出版局, 2017), 9쪽.
130) 田中守, 『武道を知る』, (不昧堂出版, 2000), 74쪽.
131) 화명초(和名抄)는 통사적으로 『倭名類聚抄(와묘루이쥬쇼)』를 줄인 명칭이다. 헤이안시대

比) 또는 고부시우찌(古布志宇知) 등으로 표현되어 있으나 일정한 시간이 지난 후에는 스모로 통일되었다.[132] 스모는 농경사회였던 일본 고대사회에 다양한 절기와 행사 때에 이루어지기도 했으며, 세쯔에즈모(節會相撲)와 같이 풍작을 기원하거나 수확을 축하하는 등과 같은 제례 행사의 일환으로 이루어졌다.[133] 스모라는 말은 바로 코교쿠(皇極天皇, 재위 : 642－645)가 집권하고 있던 642년 7월 조에 19일에 백제로부터 사절단인 지적(智積) 등이 들어오고, 22일에는 교기(翹岐)에게 향응을 접대하는 자리에서 여흥으로 건아(스모인)들에게 스모를 하게 하였다고 기록되어 있다. 교기는 백제의 왕족으로 정권을 잡는 데 실패하고 같은 해 1월에 가족과 40여 명의 가신들을 거느린 채 일본으로 도망간 인물이다. 일본 왕이 거처를 내주고 망명자로 극진히 대접했다고 한다. 5월에는 기사(騎射)를 보여주며 위로했다.[134] 이후 이때와 거의 같은 시기에 신뢰할 수 있는 스모 기록으로 2개 정도가 더 나타난다. 앞에서 설명한 『왜명류집초(倭名類輯鈔)』의 상박에 스마이, 상차부에 고부시우찌라고 기록되어 전해진다.

그러면 중국에서 상박(相撲)이라는 명칭이 고문헌에 처음으로 나타난 시기는 진(晉)나라 때이다. 그때부터 수나라와 당나라까지 각저가 상박이라 불리며 매우 활발히 거행되었다.[135] 일본에서 격투기와 관련된 기록 중에서 가장 오래된 것으로 『고사기(古事記)』의 '쿠니유즈리(國讓り, 국가 양도)'라는 설화를 들고 있다. 그 내용을 보면, 다케미카즈라노카미(建御雷神)와 다케미나카타노카미(建御名方神)는 천명이나 끌 수 있는 커다란 바위를 가볍게 다룰 정도의 대단한 완력의 소유자였으나, 다케미카즈라노카미는 다케미나카타노카미의 손을 붙잡고 마치 약한 갈대

(平安時代)의 분류체를 한화(漢和, 중국과 일본)어로 대조한 사전이 931－938년경에 발간되었다. 약 2,600개 단어의 한어(漢語)를 분류해 그 글자의 사례와 어역을 한어로부터 일본어로 인용해 주에 자음과 화훈(和訓)을 기록하였다. 한어의 원적을 인용해 학문적으로 권위를 부여하여 사전과 같은 하나의 표준으로 후세대에 큰 영향을 미치고 있다. 전체 10권과 20권으로 나누어 간행되었는데, 20권에서는 한어 32부 249문을 표출하여 음과 그 뜻을 정리하였고, 만엽가나로 훈독을 붙여서 문자의 기원을 주석한 것이다(田中守, 藤堂良明, 東憲一, 村田直樹 共著, 《武道を知る》. (不昧堂出版, 2000), 74쪽).

132) 山田知子, 《相撲の民俗史》. (東京書籍, 1996), 14쪽.

133) 飯田道夫, 《相撲節會: 大相撲の源流》. (人文書院, 2000), 23쪽.

134) 長穀川明, 《相撲の誕生》. (青弓社, 2000), 63－64쪽.

135) 周偉良, 〈中國古代角抵相撲考略〉, 《體育史論文集》. 1, (文物出版社, 1985).

를 잡아 부러뜨리듯이 가볍게 던져버렸고, 이에 다케미나카타노카미가 놀라서 나가노(長野) 지역으로 도망가자 다케미카즈라노카미가 맹렬히 뒤쫓아가서 제압하고 그 지역(국가)을 양도받았다는 내용이다. 장사로 소문난 신들이 서로 힘겨루기를 하였다[136]는 설화로 봐서 스모와 비슷한 격투기로 지역 지배권을 양도할 정도였다고 해석하고 있다.

또 하나는 『일본서기(日本書記)』에 국가 양도를 해결할 방법의 하나로 이즈모국(出雲國)을 정복하러 갈 신을 선발하기 위해 고황산영존(高皇産靈尊)이 모든 신을 모아 놓고 상의하던 중 많은 신들이 일치하여 후츠누시노카미(經津主神, 경진주신)[137]를 추천하자 다케미카즈치노카미가 앞으로 나와 당당하게 자신이 출정하고 싶다고 하였다. 이에 고황산영존이 크게 감격하여 이즈모국에 출정을 허락하였다고 한다.[138]

또 다른 기록으로는 제11대 천황으로 기록된 스이닌천황(垂仁天皇, 연대불명) 23년 7월의 일로 다이마노케하야(當麻蹶速)와 노미노스쿠네(野見宿禰)가 결투를 벌였던 내용이다.[139] 『화명초(和名鈔)』의 기록에 따르면, 야마토쿠니(大和國)의 다이마무라(當麻村)라는 지역은 일찍부터 대륙과 동아시아 반도에서 이주해 온 도래인(渡來人)이 많이 정착한 곳이다. 이 지역에 살던 케하야는 대단한 완력의 소유자로, 설화에 따르면 그는 동아시아로부터 도래한 민족이 즐겨 사용하는 구(鉤; 낫과 창의 형태)라는 무기를 잘 다루는 사람으로 자신에게 도전하는 상대가 있다면 생사를 걸고 얼마든지, 언제든지 도전에 응하겠다고 호언장담하는 인물이었다. 스이닌 천황이 이런 케하야의 오만함이 싫어 군신들을 모아 놓고 그에게 대항할 수 있는 인물이 없는가 하고 묻자, 한 신하가 이즈모국에 사는 노미노스쿠네가 힘이 세다고 추천하였다. 천황은 즉시 스쿠네를 불러들여 케하야와 힘겨루기를 하도록 명령하였다. 스쿠네와 케하야가 결투에서 서로 발을 들어 올려 찬 결과 힘이 더

136) 和歌森太郎, 앞의 책, 320쪽; 長穀川明, 앞의 책, 14－19쪽.
137) 후츠누시노카미(経津主神)는 일본 신화에 등장하는 신이다. 『일본서기(日本書紀)』에만 등장하고, 『고사기(古事記)』에는 등장하지 않는다. 다른 이름으로는 이와시누시(イワシヌシ)라고도 한다.
138) 鈴鹿千代乃, 《神道民俗芸能の源流》. (國書刊行會, 1988), 31쪽.
139) 山下晉司, 《儀禮の政治學: インドネシア·トラジャの動態的民族誌》. (弘文堂, 1988), 6쪽.

강했던 스쿠네가 케하야의 늑골을 부러뜨린 후 허리를 짓밟아 죽이게 되었다. 천황은 그 공덕으로 케하야의 영토를 빼앗아 스쿠네에게 하사하고, 그를 조정에서 일하도록 배려하였다. 이를 계기로 스쿠네는 후세에 스모의 조상으로 추앙받게 되었다. 이러한 신화가 말해주듯 지금도 고시오레(腰折, 허리꺽기)라는 지역명이 옛날 이즈모국에 남아 있다고 한다.140)

또 하나의 설화로는 여성 스모(女相撲)가 등장하는 기록인데, 『일본서기』 제14권의 유랴쿠천황(雄略天皇)141) 13년(469년경) 9월에 생긴 일이다.

> "가을인 9월에 목공인 이나베 마네(韋那部真根)는 손도끼로 돌 받침대 위의 나무를 자르고 있었다. 온종일 나무를 잘라도 단 한 번도 잘못 내려치는 일이 없었다. 그곳에 나타난 천황이 진기하다고 생각해 그에게 물었다. "너는 손도끼를 한 번도 잘못 내려친 적이 없느냐?" 그러자 마네가 "결코 한 번도 없습니다."라고 대답하자 천황은 곧바로 시중드는 여자들을 불러서 옷을 벗기고 속옷(ふんどし)만 입힌 채 그의 앞에서 스모를 하게 했다. 마네는 손을 멈추고 그 장면을 본 후 다시 나무를 잘랐으나 도중에 잘못하여 받침돌을 내려치고 말았다. 천황은 "넌 천황인 나를 무서워하지 않고 우러러보는 마음도 없이 가볍게 대답하더니, 어디서 굴러온 놈이냐?" 하며 형리(刑吏)에게 그를 포박해 들판에서 죽일 것을 명하였다. 이 이야기를 들은 동료 목공들이 그의 처량한 신세를 한탄하는 노래를 부르자 천황이 이 노래를 듣고 황급게 사형을 멈추게 했다."142)

---

140) 山田知子, 앞의 책, 16쪽.

141) 『일본서기』와 『고서기』에 의하면, 친형인 20대 안코천황(安康天皇)의 죽음으로 왕위에 올랐다. 반항하는 지방 호족들을 무력으로 굴복시키고 야마토(大和) 정권의 힘을 비약적으로 확대시켜 강력한 전제군주로서 군림하였다고 한다. 이 시기까지의 일본(倭國)은 각 지역의 유력한 호족들이 다스리던 연합체였지만, 유랴쿠천황의 등장으로 호족들을 통치하는 힘을 가지게 되어 천황을 중심으로 한 중앙집권체제가 시작되었다고 보는 견해가 지배적이다. 사이타마현(埼玉県)과 구마모토현(熊本県)에서 발견된 출토품 중에 은상감(銀象嵌)이라 새겨진 대검에 유랴쿠천황의 휘(諱)인 '와카타케루(ワカタケル)'가 발견되어 고고학에서 천황의 실재를 입증하였다. 또한 중국의 『송서(宋書)』·『양서(梁書)』에서 왜(倭)의 5대 왕 중에 무(武)로 비정되었다. 5세기 말에 재위한 천황으로 추정되고 있다.

142) 横山健堂, 《日本相撲史》. (富山房, 1943), 149쪽; 長穀川明, 앞의 책, 54－61쪽; 亀井好恵, 《女相撲民俗誌: 越境する芸能》. (慶友社, 2012), 15쪽.

이 기록을 앞의 두 설화와 비교해 보면 스모(相撲)라는 단어[143]를 정확히 사용하고 있다는 점이 특징이다. 현재까지 상박이라 기록한 것으로는 이것이 첫 사례로 알려져 있다. 이 기록은 비록 후대인들이 지어낸 설화 이야기로 추정되고 있으나, 천황이 궁녀들에게 속옷만 입혀 스모를 하게 했다는 것은 당시 천황의 폭력적인 성격을 묘사하는 데 스모가 사용되었고, 천황을 비롯한 남성들이 여성들에게 스모와 같은 격투기를 시키며 즐겼다는 점을 알 수 있어 천황과 스모의 밀접한 관계성이 추정되기도 한다.

농경민족인 일본에서는 농작물의 풍년과 흉년은 생활에 밀접한 영향을 미쳤기 때문에 율령국가의 귀족들은 농작물의 풍년과 흉년을 미리 알기 위한 점복(占蔔)으로 스모가 이용되었는데, 이를 세치에즈모(節會相撲), 또는 스마이노세치(相撲節)라고 부른다.[144] 그러나 율령국가 의례의 하나로 세치에즈모가 연행되기 이전부터 스모는 일본 각 지역에 존재하였다. 5세기에서 6세기에 걸쳐 장식 수예품이나 스모선수의 모습을 한 토용이 각지에서 발견[145]되면서 이를 뒷받침해 주고 있다. 이것들은 거의 벗은 몸에 속옷만 걸친 것들이 대부분이다. 스모의 형태가 나체에 속옷만을 걸치고 거행된다는 이미지를 떠올린다면 쉽게 알 수 있다.

중세 스모

앞서 언급한 바와 같이 점복으로 스모가 활용된 세치에즈모 기록은 쇼무천황(聖武天皇) 시대인 734년 7월 7일의 기록을 꼽고 있다. 이 기록 이후부터 세치에즈모가 궁중 행사로 자리 잡게 되면서 793년경이 되면 세치에즈모가 연중행사로 정례화된 것으로 보고 있다. 여기서 세치에(節會)란 절회를 말하는데, 이는 계절이 바뀌는 변화에 적응하고 다가올 절기를 축하하기 위해 만든 정월 초하루(元旦)와 단오(端午), 중양(重陽)과 같은 24절기를 뜻한다.

그러면 세치에즈모는 왜 7월 7일(칠석)에 거행하는 행사로 결정되었을까?

143) 일본에서 스모경기를 가리키는 단어로 상박(相撲)과 각력(角力)이라는 단어가 제2차 세계대전이 끝나는 시점까지 병행해서 사용되었다. 현대사회에서는 주로 상박을 사용하고 있다.
144) 新田一郎a, 앞의 책, 24쪽.
145) 塚田良道, 앞의 글, 201－214쪽; 大日方克己,《古代國家と年中行事》. (吉川弘文館, 1993), 122－123쪽.

『쇼쿠니혼키(續日本紀)』[146]의 719년 7월 조에 보면, 가을 7월의 신묘(辛卯)일에 처음으로 스마이노츠카사(相撲司, 스모 관리인)를 둔다는 기록이 나타나기 때문에 처음으로 스모가 7월의 궁중 행사로 인정되었고, 이를 담당하는 전문 관리를 두었다는 해석이 가능하다. 또 734년 7월 7일 조에는 "天皇觀 相撲戲(후략)."라 하여 천황이 스모 놀이를 관전한다고 기록되어 있다. 칠석과 스모의 결합을 나타내는 이 기록들을 통해 8세기에 들어와 궁주에서 세치에즈모가 정착한 것으로 보고 있다.[147] 고대 일본에서 7월 칠석은 일 년 중에 전반기를 마무리하는 절기로 농작물의 성장을 기리고 후반기의 풍작을 기원하는 시기였기 때문에 매우 중요하게 여기며 성대한 잔치를 벌이는 게 다반사였다. 관습적으로 7월경에 거행했던 스모 대회를 궁중 행사로 정하려면 절기와 연결해 생각해야 하는데 7월 절기라 하면 칠석이 대표적인 날이었기 때문에 스모절로 칠석을 택하였던 것으로 보고 있다.[148] 이러한 사회적 과정을 거쳐 중세사회에 세치에즈모가 확실하게 궁중행사로 자리매김하는데, 세치에즈모는 전국의 각 지역으로부터 역사(力士)를 불러들이는 부령사(部令使)가 지역에 파견되어 역사를 선발하면서 시작되었다. 그중에서 가장 강한 34명의 역사가 선발되고, 시합 당일에는 천황이 지켜보는 가운데 동서(좌우)로 17개 조로 나뉘어 약한 역사부터 강한 역사 순으로 대항전이 시작된다.[149] 이를 계기로 천황의 스모 관람이 사기에 종종 등장하게 되고 세치에즈모가 상시적인 행사로 자리 잡으면서 868년부터 스모행사를 병부성(兵部省)이 관장하게 된다. 이처럼 스모는 8세기경부터 왕이나 귀족들의 볼거리용 기예로 정착하여 상대방에게 상처를 입히지 않는 방향으로 전개되어 갔다. 이 궁궐행사는 민간에도 그대로 전해진다. 중세시대의 서민들 유희를 파악할 수 있는 『鳥獸戲畫(쵸쥬기가)』[150]라는 두루마리에도 스모 장면이 묘사되어 있는 것을 보면, 일반 대중

---

146) 『쇼쿠일본기(続日本紀)』는 헤이안시대 초기에 편찬된 칙선사서(勅撰史書, 천황의 명령에 의해 편찬된 사서)이다. 『일본서기(日本書紀)』를 이은 6개국 역사를 기록하였다. 스가노노마미치(菅野真道) 등에 의해 797년에 완성되었다. 몬무천황(文武天皇, 697)에서 칸무천황(桓武天皇, 791年) 때까지의 95년간이 기록되어 있으며 전체 40권으로 구성되어 있다. 나라시대(奈良時代)를 알 수 있는 기본사료로 그 가치를 인정받고 있다.

147) 大日方克己, 앞의 책, 117쪽.

148) 長穀川明, 앞의 책, 29－30쪽; 新田一郎, 《相撲: その歴史と技法》. (日本武道館, 2015), 30－32쪽.

149) 飯田道夫, 앞의 책, 38쪽.

들에게도 스모는 관심 있는 행위로 자리매김하게 된다.

앞의 그림들과 같이 중세에는 오늘날과 같은 도효(土俵, 경기장)가 없었기 때문에 지면에 손이 닿든지 무릎이 먼저 닿게 되면 승부에서 지는 방식으로 진행되었다. 다리 기술을 이용해 바깥다리걸기, 안다리걸기, 끌어당기기, 목잡아 던지기와 같은 던지기 기술이 주를 이루었는데, 유술과 비슷한 형태를 보였다. 머리카락을 잡는다든지 주먹으로 상대를 가격한다든지 발로 차는 기술은 금지되었고, 복장은 국부만을 가린 속옷(たふさぎ, 다후사기라 부름)을 허리에 두르고 경기에 임하였다. 이 천은 마(麻)를 재료로 만들어졌으며, 허리에 고정시키는 얇은 끈으로 매듭을 엮는 정도였다. 가끔 까마귀 모양의 모자를 쓰고 스모를 하기도 하였다. 승부의 판정은 좌우 근위부에 있는 귀족이 담당하였으나 역사들을 응원하는 사람들이 이겼다고 소리치면서 춤을 추는 행위가 벌어지기도 한다. 그러나 상대방이 거부하여 승패에 대한 다툼이 발생하면 최종적으로 천황이 판정을 내렸다.[151)]

11세기의 『신사루가쿠키(新猿楽記)』[152)]를 보면 사루가쿠(猿楽)[153)]를 연희하면서 그 세부 종목 중의 하나로 혼자하는 스모(히토리스마이, 獨相撲)를 무대에 올리기도 한다. 이 극은 연기자가 혼자서 여러 스모장면 동작을 코믹하게 보여주는 것으로, 스모가 이미 헤이안시대의 궁중 예능의 한 종목으로 자리매김하고 있었음을 보여준다. 이처럼 스모는 왕과 군신들의 볼거리용 기예로 궁중 예능화 단계로 접어들고 있음을 보여주는 좋은 사례이다. 이후 세치에즈모는 군신들이 천황과 함께 스모를 관람하며 즐기는 행사로 정착하였다. 일정한 조건을 토대로 정례화된 행사로 반복되는 가운데 다양한 의례 양식을 받아들이면서 스모의 기술도 어느 정도 윤곽을 드러내게 되었다.

이와 더불어 스모인의 정착화 또는 전문화도 빠르게 진행되었다. 기량이 뛰

150) 辻惟雄監修, 《鳥獣戲畫》. (博雅堂出版, 2011), 6쪽.

151) 岸野雄三, 앞의 책, 122－123쪽.

152) 『신사루가쿠키(新猿楽記)』는 헤이안시대 중기의 학자였던 후지와라노아키히라(藤原明衡)가 쓴 작품이다. 교토의 사루가쿠(猿楽)를 온 가족이 보고 쓴 내용이 주를 이룬다. 당시의 세상 돌아가는 이야기와 직업, 예능, 유희, 문물 등을 자세히 기록하였다. 사루가쿠의 명인들에 대한 비평도 곁들였다.

153) 사루가쿠(猿楽)는 무로마치시대에 성립한 일본의 전통예능 종목 중에 하나이다. 노(能)는 에도시대까지 사루가쿠라 불렸으며 쿄겐(狂言)과 함께 노가쿠(能楽)로 총칭되기 시작한 것은 메이지(明治) 이후의 일이다.

어난 스모인은 계속 행사에 초대되어 경험을 쌓게 되고, 의례에 관한 내용을 숙지하는 가운데 동일한 상대와의 대결이 중복되는 일이 잦아졌다. 기술적으로 상호 적응단계에 접어들고, 이러한 스모인들이 최고의 지위를 차지하게 되면서 뛰어난 스모인의 모델로 추앙받게 되었다. 중세의 뛰어난 스모인들이 알려지게 된 계기는 『고콘쵸몬슈(古今著聞集)』[154]나 『콘쟈쿠모노가타리슈(今昔物語集)』[155]에 수록된 설화가 전국으로 전파되었기 때문이다.

궁중에서 벌였던 세치에즈모가 민간으로 전파되어 11세기 이후부터는 사찰이나 신사에서 봉납스모(奉納相撲)가 거행되었다. 이와시방생회(石清水放生會)가 동물의 살생을 막기 위해 벌인 방생과 스모경기가 지역민들의 관심을 끌기 위해 거행되었던 행사를 기원으로 보고 있다. 또한 스모의 승부는 이기는 쪽에 풍년이 든다고 믿었기 때문에 풍년을 기원하는 의례와 더불어 1년 동안의 운수를 점치는 연중행사로도 열렸다. 이 행사는 미나모토(源) 가문과 타이라(平) 가문의 권력 다툼이 격렬하게 전개되었던 1174년에 잠시 중지되지만, 이후 약 400년 동안 계속되었다.

세치에즈모는 전국의 역사들이 교토의 천황 거처에 모여서 거행하는 행사였기 때문에, 여기에서 형성되고 발전된 많은 작법과 기술 등은 일본 전역으로 퍼져나가는 데 중요한 역할을 하면서 13세기 이후에는 전국 각지의 신사와 사찰에서 스모를 신에게 바치는 봉납 행사로 거행되기 시작하였다. 이때부터 일정한 액수의 금품을 받고 스모만을 전문으로 하는 집단이 생겨났다.[156] 전문 스모선수가

154) 『고콘쵸몬슈(古今著聞集)』는 가마쿠라시대인 13세기 전반에 살았던 다치바나 나리스에(橘成季)에 의해 편찬된 세속설화집이다. 단순히 『쵸몬슈(著聞集)』라고도 한다. 사실을 토대로 고금의 설화를 집대성함으로써 회고적(懷古的)인 사상을 현재에 전해주고 있다. 전체 20권의 30편, 726개의 이야기로 구성되어 있어 『곤쟈쿠모노가타리슈(今昔物語集)』를 계승해 주는 설화집이다. 1254년 10월경에 완성되었고, 나중에 증보되었다.

155) 『콘쟈쿠모노가타리슈(今昔物語集)』는 헤이안시대 말기에 성립된 것으로 추정되는 설화집이다. 전체 31권으로 되어 있으나 8권과 18권, 21권은 현재까지 발견되지 않고 있다. 이 명칭은 각 설화 모두가 '지금은 옛날'이라는 서론으로 시작된다는 점에서 유래한 편의적인 통칭이다. 내용에 11세기 후반에 일어난 대규모 전란이었던 젠쿠넹노에키(前九年の役, 헤이안시대 후반에 동북지방(東北地方)에서 일어난 전란)와 고산넹노에키(後三年の役, 헤이안시대 후반에 동북지방을 무대로 벌어졌던 전란)에 관한 설화를 수록하려고 한 행적이 보이기 때문에 1120년 이후에 편찬된 것으로 추정한다.

156) 日本武道館, 《日本武道年鑑》. (講談社, 1978), 201쪽; 新田一郎b, 《相撲: その歷史と技法》. (日本武道館, 2016), 189쪽.

되어 생계를 꾸리는 집단이 번성하게 되었다.

무로마치(室町, 1336－1573)시대 후반으로 들어와 사회가 안정 국면으로 접어들면서 이전의 전쟁 중에 위축되었던 서민들의 에너지가 분출하기 시작하였다. 이러한 서민적 욕구를 충족시키기 위해 오다 노부나가(小田信長)와 도요토미 히데요시(豊臣秀吉)와 같은 장군들은 스모를 적극적으로 장려하였다. 특히 오다는 스모를 매우 좋아하여 1578년에 아즈치성(安土城)에 1,500명의 역사를 모아 놓고 아침부터 저녁까지 스모경기를 개최하였는데, 승리한 역사에게는 활을 상으로 수여하였다. 이 의식은 오늘날의 오즈모대회 첫날에 요코즈나(천하장사)의 지위를 가진 선수가 커다란 활을 등에 지고 유미토리(弓取) 의식을 선보이며 예전의 풍습을 계승하는 의식을 치렀다.

근·현대 스모

에도시대의 다이묘(大名)들은 스모경기에서 좋은 성적을 거둔 역사들에게 봉록을 지급하고 자신의 부하로 삼았다. 자신의 집에서 숙식을 제공하고 수시로 스모경기를 벌이게 하여 이를 관람하고 즐기는 일을 오락으로 삼았다. 지역의 다이묘들은 경쟁적으로 스모인을 자신의 부하로 고용해 세력을 과시하는 체제를 도모하면서 스모인들의 생활도 안정을 찾게 되었다. 이러한 스모는 에도시대에 들어와 무사들과 공가들의 즐기는 여흥으로 자리 잡았고, 여기에 전통 악과 가무 등 여러 가지 예능을 덧붙여 흥행물로서의 스모를 보고 즐기게 되었다. 에도시대 무사의 무예와 예능은 문무의 도(文武之道)로서 장려되었다. 근대사회로 전환되면서 메이지라는 새로운 시대로 접어들어 스모는 경기장과 경기방식을 체계화, 정형화해 좀 더 객관적이고 합리적인 경기 형태로 거듭났다. 즉, 에도시대 후반기부터 안정된 흥행체제를 보여주며 발전을 거듭했던 스모는 구미지역의 스포츠라는 새로운 문화현상과 관념에 노출되면서 커다란 변화를 경험하게 되었다. 신체활동을 통한 금전적 이득을 취하지 않는 아마추어선수의 등장, 그리고 관객들이 기대하는 변화 요소와 승패에 따라 우승을 경쟁하는 경기스포츠와 같은 요소 및 제도가 곧바로 오즈모(大相撲)[157]에 침투하게 되었다. 그러면서 스모는 전근대 사회를 뛰어넘어 프로스포츠와 같은 흥행방식을 취하면서도 일본의 국기로 불리게 되었다.

한편 아마추어스모(학생스모)는 1890년대 초반에 지금의 동경대학교 교양학부의 전신인 제일고등학교에서 스모부가 운영되었던 기록이 있어, 이것이 가장 빠른 사례로 알려져 있다. 그 후 1946년에 일본스모연맹이 설립되면서 아마추어 학생스모가 활성화되었다.[158] 1992년에 국제스모연맹이 설립되어 세계스모선수권대회가 개최되는 등 스모의 세계화를 위해 힘쓰고 있다.[159] 이와 더불어 스모를 올림픽 정식종목으로 채택하기 위한 국제활동도 벌어지고 있지만, 현대스포츠로서의 무예가 갖추어야 할 체급과 이에 따른 규정, 선수양성 문제 등을 해결하는 문제가 쉽지 않아 많은 어려움을 겪고 있다. 일본스모는 일본인이라는 민족을 대표하는 경기 무예로 변화하여 전통적 예의와 형식, 복장이나 머리모양, 그리고 운영조직 등이 독특한 전통 방식을 계승하고 있지만, 최근에는 선수 저변이 엷어지고, 사회적으로 대중의 인기가 급격히 하락하는 추세를 보이고 있다. 단적인 예로, 최고 권위와 실력을 나타내는 요코즈나(横綱, 천하장사)가 외국 출신 선수들로 채워지는 등의 문제가 겹치며 예전의 인기를 누리지 못하고 있는 형편이다.

일본 학계에서는 1960년대 이후 전국에서 발견되는 다양한 토용(하니와)을 연구하던 고고학계는 일본의 고대 스모의 원류는 동아시아의 북방문화, 특히 한반도의 고구려문화와 깊은 관련을 맺고 있다고 보고, 스모인의 모습을 한 토용은 사자(死者)의 진혼을 위한 장례의식과 매우 깊이 관련된 성격을 가지고 있다고 발표하였다. 이후 스모토용과 동아시아 세계에서의 전파와 그 흐름을 밝히는 과정에서 반나체와 맨발로 행하는 스모선수들의 자세가 동아시아에서의 공통된 특질이란 점을 제시하였다. 또한 이 외에도 기미네(基峰修)에 따르면 일본 스모선수들의 머리모양과 고구려 고분벽화에 그려진 머리모양을 비교해 봤을 때, 스모선수

157) 오즈모(大相撲, おおずもう)란 현재 일본스모협회가 주관하는 최고 권위의 스모대회를 총칭한다. 일반적으로 역사(力士)들의 대결이나 경기 등은 스모란 말로 모두 통용되지만, 공익재단법인인 일본스모협회가 주관하는 오즈모(스모에 대(大)자를 붙여 오즈모라 부름)는 스모 흥행에 있어서 최고대회를 가리키는 단어로 사용되고 있다. 1927년 도쿄스모협회와 오사카스모협회가 해산하고 대일본스모협회가 새롭게 탄생하면서 최고의 권위를 자랑하는 스모조직으로 정착해 오늘에 이르고 있다.

158) 和歌森太郎,《歴史研究と民族學》. (弘文堂, 1969), 312쪽.

159) 岸野雄三,《最新スポーツ大事典》. (大修館書店, 1987), 115쪽.

의 머리모양은 중국과 한반도에서 전래된 문화의 특질을 가지고 있기 때문에 도래문화의 예능과 관련 있다는 근거 중에 하나이다. 특히 나라현(奈良県)에 있는 호류지(法隆寺)의 역사상과 두공(枓栱)을 떠받드는 자귀상의 우람한 용체는 마치 고구려 고분벽화에 그려진 역사들과 공통되는 요소를 가지고 있다고 주장하고, 일본의 스모 토용에 미친 북방대륙의 영향이 크다는 점을 강조하였다.[160] 한편, 스모의 원류를 북방계와 남방계로 나누어 연구할 필요가 있다는 지적도 제기되었다. 이렇게 주장하는 이들은 바로 앞의 기록에서 보는 두 사람의 대결 모습에서 그 근거를 찾는다. 양자가 서로 발을 들어 올려 싸웠고, 패자의 허리를 밟아 죽였다는 내용에서 알 수 있듯이 이는 오늘날 사람들이 의식하는 현대의 스모와는 전혀 다른 격심한 타격전의 모습이었기 때문이다. 즉, 이러한 격투 모습으로 인해 그동안 일본 스모의 원류로 알려져 있던 몽고의 부흐나 한반도의 씨름과는 다른 남방계(동남아시아)의 격투기와 비슷한 모습을 띠고 있다는 주장이 설득력을 얻었다. 따라서 최근의 일본학계에서는 스모의 원형을 다양한 관점에서 찾아야 한다는 주장도 제기되고 있다.

7. 나가며

한국, 중국, 일본, 몽골의 맨손무예는 상호 간의 영향이나 교류 과정 중에 각 지역이나 국가의 특징이 내포되어 전개되었다. 그 대표적인 것으로 한국에는 씨름, 중국에는 각력, 각저, 솔교 등의 솔각, 일본의 스모, 몽골의 부흐가 있다. 이러한 맨손무예는 자국 지역이나 국가에 기원을 두고 형성되기도 하였지만, 상호 간의 영향이나 교류 과정 중에 새로운 형태로 변화되기도 하였다.

한국의 씨름은 한국의 역사와 함께 해왔다. 전통 맨손무예, 놀이, 세시풍속의

160) 青木豊, 〈力士埴輪〉, 《國學院大學考古學資料館紀要》. 3, (國學院大學考古學資料館, 1987), 237－238쪽; 森貞次郎, 〈角抵源流考〉, 《日本民族·文化の生成: 永井昌文教授退官記念論文集1巻》. (六興出版, 1988), 617－632쪽; 塚田良道, 〈力士埴輪の系譜について〉, 《同志社大學考古學シリーズⅣ: 考古學と技術》. (同志社大學考古學シリーズⅣ刊行會, 1988), 201－214쪽; 基峰修, 〈力士考: 考古資料分析による扁平髷の解釈〉, 《人間社會環境研究》. 32, (金沢大學大學院人間社會環境研究科, 2016), 101쪽.

일환 등으로 행해졌으며, 직접 참여하는 신체활동, 시연을 관람하는 관람형 등의 형태가 있었다. 씨름은 기원은 고구려 고분벽화에서 찾을 수 있으며, 서역과의 교류 가능성도 추정할 수 있다. 또한 실크로드로 연결된 교류사적 무형 유물적 관점에서도 페르시아, 아랍, 몽골, 중국 등과의 영향 혹은 교류 가능성을 고려할 수 있다.

중국에는 다양한 유파와 문파의 맨손무예가 존재했는데, 그중에 한국 씨름과 유사한 맨손무예로 각저, 수박, 상박, 솔각 등의 명칭으로 불린 무예가 있다. 현재 솔각으로 총칭되고 있지만, 시대별 다양한 명칭으로 사용되어 전승되었다. 솔각은 씨름과 같이 두 사람이 마주 보고 힘이나 기예를 겨루는 것으로 때론 손이나 발을 사용하기도 하였다. 이 기원을 살펴보면, 고대 서주시대의 병사 훈련의 일환으로 행해진 것에서 찾을 수 있었다. 진·한나라에는 민간에서도 크게 유행하는 신체문화로서 자리잡았다. 이후 북방 민족의 침입으로 형성된 남북조시대와 이를 재통일한 수·당나라 시대에는 황제의 호위병을 선발하는 기준적 수단이기도 했으며, 오락적 신체문화로서 점차 발전하였다. 이후 송나라에서는 오락 유흥의 하나로 더욱 발전하였고, 여성 역사가 출현하기도 하였다. 원조에서는 군사훈련과 전문적인 관람적 오락 유흥의 방법으로 남녀 역사의 활동이 활발해졌다. 또 민간에서도 이러한 솔각이 대중적으로 보급되었다. 이후 명조와 만주족인 청나라의 맨손무예는 북방의 방식으로 채용되었다. 청나라 때에는 각저를 솔교라고 불리기도 하였다. 당시 왕족이나 민간 모두 솔교에 흥미를 가지고 즐겼다. 이러한 솔각은 북방 민족의 솔교 영향이 있기도 했으며, 한국이나 일본에 영향을 주기도 하였다.

일본의 스모는 고대사회부터 격투기의 하나로 설화로 전해지는 국가 양도를 위한 힘겨루기를 토대로 삼으며 전개되었다. 중세의 헤이안시대에 들어와 역사서에 기록되는 등 사회 속의 무예로 자리 잡아 가는 한편, 천황과 군신들의 볼거리로 주목받았으며, 연중행사로 정례화되어 세치에즈모로 이어졌다. 근세 에도시대에는 사회의 경제적 여건이 좋아짐에 따라 신사의 봉공 행사로 자리 잡게 되었으며, 간진즈모라는 이름으로 서민들에게도 사랑받는 무예로 자리매김하였다. 현재 스모는 일본의 전통무예로서 대중의 사랑을 받으며, 계승되고 있다.

몽골의 부흐는 징기스칸 이전부터 실천적, 군사적 훈련으로 훈련되어 전승되었다. 드넓은 초원에서 생활하는 민족적, 지리적 특성상, 다양한 형태의 부흐가 존재하였다. 특히 부흐는 몽골 민족의 정신세계와 깊은 관련성이 있으며, 일상적인 생활 무예로서도 뿌리 깊은 문화적 전통을 지니고 있다. 몽골의 부흐는 지역적 다양화와 더불어 북방 유목민족과 거란족 등 왕권이 빈번하게 바뀌어 가는 격변의 정치 상황에 따라 경기방식이나 형태가 조금씩 달라져 왔지만, 15세기경부터는 경기형식과 복장, 경기 전후의 퍼포먼스 등이 정비된 것을 알 수 있었다. 오늘날에는 몽골의 각 지역에서 거행되는 오보제나 나담축제를 주된 전승 모체로 삼아 몽골인의 정체성을 확인하고 강화하는 데 중요한 역할을 담당하였다. 이러한 의미에서 2010년에는 유네스코 인류무형문화유산으로 등재되었다. 나담축제 속의 주요한 종목인 부흐는 남성들의 힘겨루기로서, 그들의 신체에 신성성이 내포되어 있다고 믿으며, 제의적 행사를 통해 특별한 존재 양상을 표출하고 있다. 이러한 부흐 경기 형태나 방법은 앞서 언급한 한국, 중국, 일본의 맨손무예와 다소 달리하지만, 그 두 사람이 힘 혹은 기예를 겨루는 특징적 내용에는 공통점이 있었다.

이상과 같이 한국, 중국, 일본, 몽골의 맨손무예인 씨름, 솔각, 스모, 부흐를 살펴보았다. 두 사람이 마주하여 힘이나 기예를 겨루는 점에서 유사한 점을 볼 수 있었지만, 각국의 사회적·문화적 특징이 내포된 독특한 맨손무예로 형성, 전개되었다. 특히 실크로드는 통해서 맨손무예의 영향이나 교류의 가능성을 확인할 수 있었다. 예를 들어 고구려의 각저총에는 씨름과 비슷한 그림이 그려져 있었는데, 한 사람은 전형적인 고구려인의 모습을 하고 있는 반면, 다른 한 사람은 코가 크게 그려져 있어 서역 계통의 인물로 추정되었다. 이러한 서역인 모습의 그림은 다른 기록에서도 볼 수 있었는데, 돈황 249호 석굴의 수렵도에서였다. 또 다른 근거로 흉노 지역에서 출토한 청동 장식품에도 씨름과 유사한 그림이 새겨져 있었다.[161] 이러한 근거를 토대로 한국은 중국과 일본 그리고 몽골은 물론 다양한 중앙아시아 국가와의 맨손무예 영향이나 교류를 고려할 수 있다.

161) 한·중·일의 여러 학자들은 이 동패에 그려진 인물들이 같은 모습으로 힘을 겨루고 있지만 두 사람 모두 한족(漢族)은 아니고, 북방민족인 흉노족일 것이라고 추정하는 견해가 우세하다(金啓踪, 〈中國式摔跤源出契丹, 蒙古考〉, 《漢南集》. (內蒙古大學出版社, 1991), 527쪽; 長穀川明, 《相撲の誕生》. (新潮社, 1993), 137쪽; 朝克圖, 入口豊, 太田順康, 〈ブフ(モンゴル相撲)の現代化に関する研究(Ⅰ)〉, 《大阪教育大學紀要》. 51(1), (大阪教育大學, 2002), 150쪽; 鄭然鶴, 앞의 글, 649쪽).

제2장 한국, 일본, 중국의 병기무예 교류사: 궁술을 중심으로

1. 들어가며

서양과 동양 모두 과거에서부터 근대에 이르기까지 무수히 많은 전쟁을 경험했다. 현대의 전쟁은 신형 무기와 원자핵으로 짧은 시간에 많은 인명을 살상할 수 있는 데 반하여, 과거의 전쟁은 육박전이 주류를 이루어 창과 검, 화살 등을 이용한 원시 형태로 싸웠다. 이처럼 과거에는 전쟁의 역사 속에서 민족이나 국가 간에 승리를 위하여 많은 무기를 개발하고 발전시켜 왔다. 그중에서도 '활'에 대한 역사 및 변천은 기원전부터 전해져 내려오고 있다.

궁술이라 일컫는 활과 화살은 언제 어디서 사용되기 시작하였는지 그 연원을 정확히 파악하기는 힘들다. 세계 각지에서 자생적으로 탄생해 발전된 것인지, 그 기원이 어느 한 지역에 있는 것인지에 대해서는 알 수 없으나 여러 가지 유물을 통해 활과 화살은 이미 구석기 시대 말부터 동아시아의 여러 민족이 사용해 왔다. 신석기시대에 이르러 활은 수렵민족들 사이에 급속히 보급되어 사냥은 물론 외부의 적을 방어하는 용도로도 사용되었다. 처음에는 수렵을 위한 생활 도구로 제작되었다가 사회가 형성되면서 점차 전쟁 무기로 발전하였고, 활의 쓰임새가 커지게 되었다.[1)]

활이 공격무기로 위력을 발휘하자, 고대인들은 타민족과의 전투 혹은 전쟁에

1) 허인욱, 《옛 그림에서 만난 우리 무예 풍속사》. (도서출판 푸른역사, 2005), 109쪽.

서 이기기 위해 활의 제작 기술과 활을 다루는 능력을 향상시키는 데 주력한다. 활이 주요한 공격무기로 인정받으면서 기능이 우수한 활을 만들어내고 이 활을 잘 다루는 부족이 패권을 차지하기에 이른다. 따라서 많은 부족은 활을 다루기에 힘을 기울였고, 그러한 노력으로 궁술은 민족과 지역별로 다양하게 개발되고 발전되어 왔다.[2] 특히 인류의 활 문화는 전통문화의 중요한 구성요소이며, 과거 속에서 정치, 민속, 예절, 교육, 군사 등과 같은 여러 방면에 영향을 미쳤다. 원시시대의 활과 화살은 생존을 위한 도구였고, 고대와 중세사회에 들어와서는 전쟁에 필요한 효과적인 무기로 대두되었으며, 이를 위한 군사교육의 중요한 부분으로 활용되었다. 근대와 현대사회에 들어와서는 세계인이 겨루는 놀이적 요소를 지닌 스포츠로 자리 잡았다.

활과 화살에 관한 고고학적 조사에 따르면, 이미 구석기시대 말부터 동아시아의 여러 민족은 활을 사용하였다. 신석기시대에 이르면 활은 수렵민족들 사이에서 급속히 보급되어 사냥은 물론 외적 방어용으로도 사용되었다. 처음에는 먹을 것을 얻기 위한 생활 도구로 창안되었다가 점차 전쟁 무기로 발전하면서 활의 쓰임새가 커졌던 것이다.[3]

활과 화살의 발명에 의해 동물을 사냥하는 기술이 비약적으로 발전하면서 인류는 만물의 우위에 서게 되었다. 그 덕분에 활은 수렵뿐만 아니라 고대 인류의 전투무기로서도 없어서는 안 될 필수품의 하나가 되었다. 이처럼 활이 공격무기로 위력을 발휘하자 고대인들은 타민족과의 패권경쟁에서 승리하여 타민족을 지배하기 위해 활의 제작기술과 활을 다루는 솜씨를 발전시키는 데 주력하였다. 활이 중요 공격무기로 인정받은 고대에서는 타민족보다 기능이 우수한 활을 만들어내고 이 활을 잘 다루는 부족이 지역 패권을 차지하였다. 그리하여 각 부족은 활을 다루기에 힘을 기울였고, 활은 민족과 지역별로 다양하게 개발되었다.[4]

활과 화살은 일부 종족을 제외하고는 세계의 거의 모든 종족이나 민족에서 볼 수 있는 문화이지만, 그 방법이나 구조적 형태 등은 각각의 풍토와 지리, 역사

---

2) 손환, 〈한국에 있어 활쏘기의 변천과정에 관한 연구〉, 《체육과학회지》. 14(1), (한국체육과학회, 2005), 25쪽.
3) 허인욱, 앞의 책, 109쪽.
4) 손환, 앞의 글, 24쪽.

적 흐름 속에서 독자적인 문화조성형태를 보이면서 발전해 왔다. 다시 말해서 활과 화살에 관련된 문화는 전 세계에 분포되어 있으며 매우 오래되고 세밀한 독특한 역사성을 지니고 있다.

우선 세계 각지에 분포되어 있는 활의 공통점을 살펴보자. 석기시대로 거슬러 올라가면 당시 활은 칼의 기원과 마찬가지로 동물을 사냥하기 위한 목적으로 만들어졌다. 최초에는 돌의 앞부분을 깎아서 날카롭게 한 돌도끼나 석창(石槍)을 만들어 사용하였지만, 이보다 먼 거리에 있는 생물을 획득하기 위한 안전한 사냥도구로 활과 화살이 발명되었던 것이다. 또 인간보다 강력한 신체조건을 가진 맹수를 상대하기 위해서는 안전한 거리에서 자신을 보호하는 사냥법을 고안하게 되었고, 이러한 인간의 지혜로 인해 창출된 것이 활의 발명이었다. 이 활의 발명은 보편적인 활의 기원이라고 할 수 있다. 특히 구석기시대 말기에는 동아시아와 중앙아시아를 비롯한 실크로드를 통해 교류하고 있던 각 지역의 민족들에게 활과 화살이 전래되어 그것을 다양하게 사용해 오기도 했다.

세계의 활을 보면, 활의 우측면에 화살을 걸어 사용하여 엄지손가락을 호라줄에 걸고 나머지 손가락으로 지탱하는 몽골형과 활의 좌측면에 화살을 걸어 엄지손가락은 사용하지 않고 나머지 손가락을 사용하여 화살을 당기는 유럽형으로 나눌 수 있다. 또 활의 길이의 차이에 따라 대체로 장궁(長弓)과 단궁(短弓)으로 분류하기도 한다. 일본에서는 활의 기원을 대부분 아시아 대륙에 두고 있으며, 중국에서 받아들인 몽골계통에 속하는 궁술로 인정하고 있다. 장궁과 단궁을 구별하는 기준에 관해서는 여러 설이 있지만, 일본에서는 활의 길이 약 1.82m를 기준점으로 삼아 이보다 짧으면 단궁, 길면 장궁으로 취급했다.

2. 한국 궁술의 역사와 특징

한국에서 활쏘기는 활과 화살을 사용해 표적을 맞히는 경기다. 예로부터 활쏘기는 사예(射藝)라 하여 선비가 반드시 익혀야 할 무예의 하나로 인식되었고, 대중적인 전통놀이이자 무예로 널리 인정받아 왔다. 활쏘기는 사대부를 중심으로

광범위하게 전승되었으며, 지금도 전국의 사정(射亭)에서 활쏘는 모습을 볼 수 있다.[5]

우리나라에서 활쏘기는 고대로부터 주요한 무예의 하나였으며, 사대부를 중심으로 기품 있는 운동 또는 놀이로서 광범위하게 전승되었다. 활은 시대에 따라 형태의 변화와 제작 기술의 진보가 이루어졌고, 전시용, 수렵용, 연악용(宴樂用), 습사용 등으로 그 종류를 구분할 수 있다. 이에 따라 정량궁(正兩弓), 예궁(禮弓), 목궁(木弓), 철궁(鐵弓), 철태궁(철태궁), 고궁(고궁), 각국(角弓) 등 7종류가 있었으나, 신식무기의 발달로 현재 각궁만이 전해지고 있다.[6]

우리 민족의 활쏘기의 역사를 살펴보면, B.C. 5－4,000년경인 신석기시대 말기부터 현재의 중국 동해안 일대와 남만주, 발해만 일대, 그리고 한반도 전역에 걸쳐서 거주하던 동이족(東夷族)들은 나름의 문화권을 형성하여 타문화권과 교류를 시작했다. 또 동이족은 큰 활을 매우 잘 썼던 민족으로 각종 역사서에 기록되고 있다. 동이족에서 이(夷)는 궁(弓)과 대(大)의 합자로 이루어진 글자다. 즉, 동이족이란 중국 입장에서 동쪽에 사는 큰 활을 잘 쏜 민족이란 뜻으로 쓰였다.

당시의 백성들은 전투원의 역할을 할 수 있어야 했기에 무예는 당시인의 삶 그 자체였고 생존을 위한 기술이었다. 부족국가시대에는 개인과 국가 모두에게 필요한 전쟁을 위한 무예는 당연히 생존을 위한 일상적 필요 조건이었다. 『진서(晉書)』의 「동이전」 마한조(馬韓條)에 마한 사람들은 활과 방패, 창과 큰 방패(櫓)를 잘 쓰고, 비록 싸움에서 지더라도 서로 존귀하게 여긴다고 하여 무인 정신의 예절도 나타나고 있다. 우리 부족국가의 활쏘기에 관한 기록을 찾아볼 수 있는데, 『삼국지(三國志)』 「위서(魏書)」 「동이전」 부여조에 따르면, "활, 화살, 칼, 창(弓矢刀矛)으로 병기를 삼고 집집마다 제각기 갑옷(鎧仗: 개장)을 갖고 있다."고 하였다. 이러한 기록을 통해 당시 활쏘기가 매우 활발하였음을 알 수 있다.

이러한 활쏘기는 삼국시대에 들어 무예 훈련, 인재 등용, 경기대회와 놀이의 성격을 띠게 된다. 삼국에서는 각 무예와 관련된 교육이 이루어졌는데, 대표적으로 고구려의 경당(扃堂)과 신라의 화랑도의 체제가 있다. 고구려의 교육기관이었던 경당에서 이루어진 주된 교육은 경서와 활쏘기였다. 『구당서(舊唐書)』를 보면

5) 허인욱, 《옛 그림에서 만난 우리 무예 풍속사》, (푸른역사, 2005), 109쪽.
6) 손환, 앞의 글, 25쪽.

"풍속이 서적을 좋아하여 귀족의 집안이나 짐승을 기르는 집안이나 마찬가지이며 거리에 큰 집을 지어 이를 '경당'이라 하고, 미혼의 청년들이 여기에서 밤낮으로 독서하고 습사한다."고 되어 있다.[7)]

신라에는 6세기 전후로부터 10세기까지 귀족이나 왕족의 청소년 단체 조직이었던 화랑제도가 있었는데, 이들은 평상시에는 심신을 단련하고 교양을 쌓으며 사회생활의 규범을 배우고 국가 비상시에는 전투원으로서 사회의 중심인물을 양성하는 집단이었다. 이들은 단체생활을 통해 심신을 연마하였고 검술, 기창술, 궁술, 기마술 등의 무예를 수련하였다.[8)]

백제의 경우도 신라의 화랑이나 고구려의 경당과 같은 제도가 있었을 것이다. 그러나 아직 어떠한 이름과 모습으로 존재하였는지는 알 수가 없다. 다만 말타고 활쏘기와 활쏘기는 고구려나 신라에 못지않게 많이 하였다는 사실은 확인할 수 있다. 『수서(隨書)』에는 백제 풍속으로 기사(騎射)를 숭상한다고 하였다. 『삼국사기』에 의하면, 236년에 고이왕(古尒王: ?－286)은 40마리의 사슴을 맞추기도 하였는데, 242년에 서문(西門)에서 활쏘기를 구경하였다는 기록이 있다. 또 비류왕(比流王: 304－344)의 경우, 320년에 궁 서쪽에 사대(射臺)를 만들고 매달 초하루와 보름에 활쏘기 연습을 하였다는 기록이 있고, 아신왕(阿莘王: ?－405)도 398년에 그곳에서 활쏘기를 연습시켰다는 기록이 나와 있는 것을 보면 백제에도 무사들을 위한 수련 장소로서 서대(西臺) 또는 서문이라고 하는 곳에 활터를 만들고, 그들을 교육시켰을 것이라는 사실을 넉넉히 짐작할 수 있다.[9)]

고구려 건국신화에 보이는 동명성왕은 성이 고씨이고 이름은 주몽이다. 주몽(朱蒙)이란 이름은 부여말로 '활을 잘 쏘는 명궁수(善射者)'를 뜻한다. 그는 나이 일곱 살에 스스로 활과 화살을 만들어 쏘았는데 백발백중이었다고 한다.[10)] 또 주몽이 부여에서 탈출하여 졸본천 부근의 비류국(沸流國) 왕인 송양(松讓)과 활을 쏘아

---

7) 俗愛書籍, 至於衡門廝養之家, 各於街衢造大屋, 謂之扃堂, 子弟未婚之前, 晝夜於此讀書習射(《舊唐書》 卷一百九十九上 列傳 第一百四十九上 東夷 高麗, 한국사데이터베이스(http://db.history.go.kr/) 2017.10.22.검색); 하남길, 《체육사신론》. (경상대학교출판사, 2010), 572－574쪽.
8) 문화체육관광부, 《전통무예 지도자 연수교재》. (문화체육관광부, 2012), 134쪽.
9) 문화체육관광부, 앞의 책, 134쪽.
10) 《三國史記》 13권 고구려 본기 시조 동명성왕조.

재주를 겨루는 이야기가 나오고[11], 고려의 이규보에 의해 편찬된『동국이상국집(東國李相國集)』에는 이와 관련한 구체적인 내용이 다음과 같이 구체적으로 설명되어 있다.[12]

> 비류왕 송양(松讓)이 나와 사냥하다가 왕의 용모가 비상함을 보고 이끌어 함께 앉아서, "바다 한쪽에 치우쳐 있어 일찍이 군자(君子)를 만나보지 못하였는데, 오늘 우연히 만났으니 얼마나 다행한 일인가. 그대는 어떠한 사람이며 어느 곳에서 왔는가?" 하니, 왕이, "과인은 천제의 손자요 서국(西國)의 왕이다. 감히 묻노니 군왕은 누구의 후손인가?" 하니, 송양이, "나는 선인(仙人)의 후손인데 여러 대 왕노릇을 하였다. 지금 지방이 대단히 작아서 나누어 두 왕이 될 수 없고 그대는 나라를 만든 지가 얼마 되지 않았으니, 나의 부속국이 되는 것이 좋을 것이다." 하였다. 왕이, "과인은 천제의 뒤를 이었지마는 지금 왕은 신(神)의 자손도 아니면서 억지로 왕이라 칭호하니, 만일 내게 복종하지 않으면 하늘이 반드시 죽일 것이다." 하였다. 송양은 왕이 여러 번 천제의 손자라 자칭하는 것을 듣고 마음에 의심을 품어 그 재주를 시험하고자 하여, "왕과 활쏘기를 원하노라." 하고, 그린 사슴을 1백 보 안에 놓고 쏘았는데 그 화살이 사슴 배꼽에 들어가지 않았는데도 힘에 겨워하였다. 왕이 사람을 시켜 옥가락지[玉指環]를 가져다가 1백 보 밖에 달아매고 쏘았는데 기왓장 부서지듯 깨지니 송양이 크게 놀랐다.

주몽은 백 보 밖에서 옥가락지를 꿰뚫는 솜씨를 발휘하여 자신이 천제의 손자라는 사실을 밝히고 그곳을 고구려의 터전으로 잡았다. 이처럼 활쏘기는 우리 민족이 부족국가부터 삼국시대로 이어져 오면서 익혀야 할 필수 무예로 여겼다. 이후 고려시대에 들어서도 활쏘기를 계승하며, 널리 권장하였다. 국가에서도 병사나 관료들에게 궁술을 익히도록 하였고, 신라시대 궁술로 인재를 뽑던 전통도 계승되었다.[13]

---

11) 《三國史記》 13권 고구려 본기 시조 동명성왕조.
12) 문화체육관광부, 앞의 책, 127－128쪽.
13) 하남길, 《체육사신론》. (경상대학교 출판부, 2010), 588쪽.

『고려사』에는 「현종(顯宗) 9년(1018)」 9월에 왕이 선화문(宣化門)에 가서 3위(衛)·응양군(鷹揚軍)·공신자손(功臣子孫) 및 문무 6품 이하로서 무예가 있는 자들을 모아 시험하여 등급(科等)을 정하였다는 기록이 있다.[14] 또 1029년에 현종은 문관 4품 이상, 60세까지는 교외에 나아가 활쏘기를 하도록 하였으며, 1086년에 선종은 양경의 무관을 서울에 불러 동정(東庭)에서 궁사들을 사열하였고, 12월에는 문관의 경우도 무관과 같이 하게 하였다. 예종 역시 1105년부터 1122년까지 재위기간 동안 문무 신하와 시종관들에게 활쏘기를 시켰으며, 잘 쏘는 자에게 상을 주어 궁술을 장려하였다. 이후 1091년에 선종은 사장(射場)을 설치하도록 명령을 했으며, 모든 군졸이 익히도록 하였고 과녁을 맞히는 자에게는 상을 주도록 하였다. 『고려사(高麗史)』 「병지(兵志)」의 기록에 따르면, 당시 활쏘기의 능력은 관직의 임용과 녹봉에까지 영향을 미쳤으며, 중요한 자질로 평가되었다.[15] 그리고 각종 군부대의 편제에 신기(神騎)반, 신보(神步)반, 경궁(梗弓)반, 정노(精弩)반, 석투(石投)반 강노(剛弩), 사궁(射弓), 발화(發火)반 등의 특과병이 있었는데, 이 중 활쏘기와 관련하여 경궁반, 정노반, 강노반, 사궁반이 있음을 확인할 수 있다. 나아가 활쏘기는 서로 내기를 걸고 경쟁하는 행위도 많이 이루어졌다. 특히 음식을 걸고 활쏘기로 무예를 익히는 자는 돈과 물건을 걸어도 죄가 없다고 할 정도로 활쏘기의 무예적 가치를 높이 샀음을 알 수 있다.[16] 이처럼 고려사회의 활쏘기는 무관뿐만 아니라 문관에게까지 활쏘기를 시켰다. 당시 무예훈련의 일환으로 국방력 강화라는 차원에서 활쏘기가 장려되기도 했지만, 경기적인 요소를 포함하고 있기도 하였다.

조선의 궁술은 무인에게는 무과시험의 한 과목으로서 중요하게 다루어졌을 뿐만 아니라, 문인에게는 덕을 함양하거나 덕을 평가하는 수단으로 사용되었기에 국가적으로나 교육적으로 권장되었다. 군사들의 활쏘기 훈련을 적극적으로 장려하기 위해 서울에 8곳의 사정(射亭)과와 궁 안에 2곳의 사정을 설치하였다.[17] 사정은 사전적인 의미로는 한량들이 어울려 놀기 위하여 활터에 세운 정자라는 뜻

14) 《高麗史》 81권, 지 권35.
15) 한국체육사학회, 《한국체육사》. (대한미디어, 2015), 47－48쪽.
16) 문화체육관광부, 앞의 책, 151쪽.
17) 《世宗實錄》 67권, 세종 17년 1월 6일 무인 1번째 기사.

이다. 그러나 조선 시대에는 무예를 교육하고 무사를 양성하기 위한 장소로 활용되었다. 이러한 내용은 세종실록을 통해 알 수 있다.

> 세종 17년 왕은 활쏘기(射御)의 시급한 급무를 의당 강습하여야 할 것이다. 그러나 수많은 군사들이 모두 훈련관에 모여 활쏘기를 연습하기 때문에, 하루 동안 연습하는 것이 수십 명에 불과하여 한낱 활쏘기 연습의 이름만이 있을 뿐, 그 실효가 없으니, 이제부터 궁성 안과 민가가 희소한 곳에 사장(射場)을 설치하고 군사들을 나누어 집합하게 하여 활쏘기 훈련을 권장 시험하게 하되 …… (하략) ……[18]

당시 무사를 양성하기 위한 공식적인 교육기관은 훈련원(訓鍊院)이었지만, 전국적인 무사 양성 기능을 대신했던 장소가 사정이었던 것을 알 수 있다.

조선 사회에서 활쏘기는 무인과 문인, 그리고 일반 백성들도 익히고 즐겨 했으며, 일반 백성들은 사정(射亭)을 중심으로 활동이 이루어졌다. 또 경기적 성격을 띤 대회인 편사(便射)가 실시되기도 하였다. 편사는 팀을 구성하여 실시하던 활쏘기 대회였다. 5인 이상으로 편을 나누어 활을 쏘는 경기를 말하는데 당시 단체대항전을 개최하고 경기를 하는 것이 지금의 스포츠 단계까지 발전된 것으로 보인다.[19] 편사는 상무정신의 함양에도 의미가 있지만, 여가활동을 위한 활동과 조직의 결성, 그리고 경기와 규칙 등으로 미루어 보아 사회체육의 하나인 클럽활동으로도 볼 수 있다.[20]

활쏘기는 소양 교육의 일환으로 장려되기도 하였다. 성균관에서는 대사례(大射禮)를 행하였고 교육적 성격을 띠고 정착되었다. 성균관은 문묘(文廟), 명륜당(明倫堂) 등을 비롯하여 교육에 필요한 13종의 건물이 있었으며, 육일각(六一閣)에서 활쏘기 교육이 실시되었나. 육일은 육예(六藝)의 하나였다는 뜻이며, 대사례도 육일각에서 실시되었다. 대사례에는 우수한 활쏘기 실력자가 나라의 제사에 참례할 인물로 뽑혔다. 즉, 성균관의 유생들도 활쏘기 훈련을 하였던 것으로 고려할 수

---

18) 하남길, 앞의 책, 159－600쪽.
19) 하남길, 위의 책, 607쪽.
20) 김상철,《궁술의 사적 고찰》. (용인대학교 무도연구지 8권 1호, 1997), 41쪽.

있다. 또 향교에서도 일종의 과외활동으로 활쏘기 활동과 경기가 장려되었다. 태조가 즉위한 이후 전국의 주, 부, 군, 현에 향교가 설립되어 경서를 가르쳤고, 해마다 춘추 두 차례 향사례에서 술을 먹으며 활쏘기와 음악을 즐겼다.[21]

고려와 마찬가지로 조선에서도 무사를 선발하는 각종 무과 시험제도가 마련되었는데, 활쏘기도 그 일환으로 행해졌다. 무과는 고등무관시험으로 고려 말기에 시행되어 조선으로 계승되었다. 무과는 소과, 대과의 구분 없이 초시(初試: 230명), 복시(覆試: 28명), 전시(殿試: 28명, 갑 3, 을 5, 병 20)의 3단계의 시험이 있었다. 시험과목은 활쏘기, 기창(騎槍), 격구(擊毬), 조총(鳥銃) 등의 무예 종목과 경서, 병서 등이었다.[22]

조선에서는 각종 무과를 800번 실시하였고, 무과에서는 활쏘기는 가장 중요한 시험과목이었다. 활쏘기는 조선 왕으로부터 일반 무사들에 이르기까지 그리고 심지어는 문관과 일반 양민에 이르기까지 가장 기본적인 신체활동으로서 예의 작법이고 놀이이며 심신단련 수단이었다.[23]

서민들의 활쏘기는 풍속화에서 많이 볼 수 있다. 김홍도의 풍속화첩은 관이나 활터로 보이는 곳에서 관군의 훈련 모습을 나타내고 있으며, 전복을 입은 교관의 입회하에 상투만 틀어 올리고 갓은 쓰지 않았으며 바지저고리를 입고 바지에는 윗대님을 하고 오른팔에는 손목에서 약간 위쪽으로 팔찌를 한 서민풍의 성인 남성들이 차례로 활을 쏘고 있는 번상병(番上兵) 제도의 군사훈련으로서의 활쏘기를 묘사하였다. 그림은 직접 자세를 교정해 주는 마치 활쏘기 교수법을 보는 듯하다. 활을 쏘기 전 화살 고르기에서 화살이 곧은가를 확인하고 활시위를 교정하는 등 준비과정과 군관의 갓, 눈동자의 시선 처리 등도 잘 표현하고 있다.[24] 이처럼 조선의 활쏘기는 무사들에게는 군사훈련이었고, 체력단련수단이었으며, 문관들도

---

21) 하남길, 앞의 책, 602－603쪽.

22) 文武科初重試, 欲於一時親試, 文科則令時散中直以下, 武科則時散保義以下, 許赴試° 文科初試館試漢城試, 以策問各取五十人° 武科初試觀試, 以步射一百五十步´ 騎射弄槍擊毬, 取一百人° 殿試, 文科初重試, 以表策取之° 武科初重試, 以二百步´ 一百五十步´ 七十步, 騎射´ 弄槍´ 擊毬取之(《世宗實錄》 35권, 세종 9년 3월 3일 신묘 2번째 기사), 하남길, 앞의 책, 597쪽.

23) 나영일, 《武科總要에 보이는 활쏘기》, 《스포츠인류학연구》. 12(1), (한국스포츠인류학회, 2017), 47쪽.

24) 최미애, 〈회화에 나타난 한국 전통 활쏘기의 특성〉, 《한국체육학회지》. 47(5), (한국체육학회, 2008), 5쪽.

당연히 해야만 하는 교양과목이었다.

구한말과 일제강점기에는 서구의 근대스포츠 도입과 일제의 탄압에 의해 우리나라의 전통무예를 수련하기는 힘든 여건이었다. 그러나 활쏘기에 뜻있는 사람들이 모여 1928년에 조선궁술연구회를 조직하여 전국적인 궁술대회를 개최하기 시작하였다. 당시에 동아일보를 비롯한 신문사들의 지원으로 조선적이면서 대중적인 무예로 자리 잡게 되었다. 당시의 대회는 전통스포츠로서의 편사대회와 근대적인 스포츠가 결합된 형태로 발전하게 된다. 그리고 일제가 전쟁을 격화시킨 1940년 이후에는 궁술의 경우에도 거의 실시할 수가 없었다.[25)]

고종이 1899년에 활쏘기를 장려한 이후로 일제강점기인 1940년대에 200여 개의 사정에 1만여 명의 회원이 있을 정도로 전국적으로 활쏘기는 전통스포츠로 자리매김하였다. 당시 신문기사에서 97개의 각종 대회가 있었고, 활을 쏘는 사람들은 거의 6,000여 명에 달하였으며, 관중들은 3,000명에서 1만 명이 모일 정도로 성황을 이루었다. 일제의 식민지 정책하에서 활쏘기는 역설적이게도 장려된 면이 있었으나, 한편으로는 흥행화되고 오락화되고 도덕적으로 타락하는 현상도 만연하였다.[26)]

3. 일본 궁술의 역사와 특징

일본의 활과 화살의 역사도 매우 오래되어 태고부터 수렵의 도구로, 또는 전쟁이나 싸움의 무기로 이용되었다. 고대사회가 구성된 이후에 활과 화살이 지니는 위력을 숭상하게 되었고, 이를 토착 신앙과 연결시켜서 신기(神器), 또는 성기(聖器)로 상징되는 대상으로 삼았다. 즉, 인간의 손이 잘 닿지 않는 곳을 뛰어다니거나 날아다니는 동물을 포획하기 위해, 또는 싸움의 대상으로 대두된 인간을 무찌르기 위한 지혜의 산물로 활과 화살이 발명되었지만, 그것이 갖는 위력에 동화되어 궁중이나 지배계층의 중요한 의례행사의 하나로 활과 화살이 숭배의 대상으로 자리 잡았다.

25) 문화체육관광부, 위의 책, 178쪽.
26) 문화체육관광부, 위의 책, 178쪽.

고대사회부터 일본인들이 장궁을 사용하고 있었다는 실증적 자료는 3세기 후반경에 기록된 것으로 알려진 중국의 『삼국지(三國志)』 「위지왜인전(魏志倭人傳)」에 나타난 문장으로 파악할 수 있다.27) 특히 일본의 『고지키(古事記)』와 같은 사서에서 보면, 사상적, 또는 문화적인 관점에서 활과 화살을 숭상해 치루는 자라이(射禮)라는 의례를 정치적, 종교적으로 중요한 위치를 차지하게 되었다. 중세에 들어와서도 궁중의 귀족이나 무가들이 거행한 의례에서 자라이가 더욱 중시되기도 하였다. 자라이는 중국문화의 영향을 강하게 받은 것으로 유교 사상과 활이 자연스럽게 연결된 의례로 발전해 궁정 사회와 지배계급의 활과 화살에 매우 큰 영향을 주었다.28) 다시 말해서 당시 중국에서 활은 육예(예, 악, 사, 어, 서, 수)의 하나로 숭상되어 인간이 수양해야 할 무예의 도로써 중시되었기 때문에 그 사상이 그대로 전파되어 일본에서의 궁술은 예 사상에 충실한 무술로 자리 잡게 되었다. 그리고 오랜 시간 동안 사예(射藝) 사상에 영향을 받은 일본의 궁술은 '대일본무덕회'가 발족한 후인 1934년에 활을 쏘는 방법에 관한 통일작업을 도모하기 위해 '궁도요칙(弓道要則)'이 제정되며 근대 스포츠로 변화하기 시작하여 궁술에서 궁도(弓道)로 호칭을 바꾸며 20세기의 일본 무도로 정착하게 된다.29)

일본 고대사회의 궁술은 예전부터 인간의 살아가기 위한 식물채취나 동물사냥 등의 먹을 것을 얻는 데 이용하거나 가족과 부족, 사회의 방어와 보호 혹은 영토 확장을 위한 전쟁이나 전투에서 유용한 병기 무예로 자리매김하였다.

일본의 활은 지역적인 특성에 따라서 중국에서 발생한 몽골계통의 활에 기원을 두고 있다. 활의 길이는 약 2m에 달하는 장궁 형태이다. 일본에서 석기 말기에 제작된 것으로 알려진 동탁에 그려진 수렵의 밑 부분에 손잡이가 있는 장궁이 발견되기도 하였다. 이것은 야요이식 토기(弥生式土器)를 사용한 시대로 추정되며 검게 칠한 둥그런 나무의 장궁이 통나무 사이에 놓여있었다.30) 즉, 기원전인

27) "(전략)…木弓短下長上竹箭或鐵鏃或骨鏃(목궁으로 밑은 짧고 위는 길다. 철로 만든 촉 혹은 뼈로 만든 촉을 쓴다)…(후략).

28) 国際武道大学附属武道·スポーツ科学研究所, 《武道の歴史とその精神》. (港北出版, 2013), 112쪽.

29) 入江康平, 〈「弓道要則」の普及に関する研究〉, 《東京教育大学体育学部紀要》, 15, (東京教育大学体育学部, 1976), 60쪽.

30) 松尾牧則, 《弓道: その歴史と技法》. (日本武道館, 2013), 52쪽.

죠몬(縄文, B.C. 14,000년경－B.C. 10세기)시대부터 고분(古墳, 4세기 중엽－7세기)시대의 유물에서 발견된 활의 특징을 보면, 활이 변형되지 않도록 나무껍질을 벗기거나 끈을 감기도 하고, 옻칠을 하여 오랜 기간 사용할 수 있도록 만든 활들이 많이 발견되고 있다. 나아가 야요이시대 초기부터 활의 구조에 큰 변화가 일어났는데, 그것은 사냥을 목적으로 한 도구에서 전쟁을 목적으로 한 도구의 활로 분화하는 시기가 야요이 중기라는 점이 밝혀지기도 하였다.[31]

일본의 활과 화살은 중국의 영향을 많이 받아서 4－5세기 경에 『예기(礼記)』의 사례(射礼)사상을 받아들이는 등 커다란 영향을 미쳤다는 점은 현재 통용되고 있는 『궁도독본(弓道読本)』에도 기록되어 있을 정도이다. 하지만 기원전인 일본의 죠몬시대의 활은 단궁도 많이 볼 수 있다. 야요이(弥生, B.C. 10－B.C. 3)시대로 들어서면서 활의 길이가 길어지는 경향이 나타난다고 보고는 있지만, 현재 발견되는 활의 유물을 검토해 보면 반드시 그렇지만은 않다.[32] 다시 말해서 죠몬시대의 활의 길이는 50cm 이하의 것에서부터 175cm 정도의 활도 발견되고 있어 한마디로 장궁, 또는 단궁으로 나누어 정의하기가 어렵기 때문이다. 따라서 기원전의 일본의 활은 평균적으로 152cm 정도의 길이였다는 주장이 신뢰를 얻고 있다.

일본은 4세기경부터 궁사의 위엄이 있고 높은 인격을 고양해야 한다는 사상, 중국의 궁사에서 말하는 "활을 쏘는 것은 군자의 끊임없는 투쟁이 된다."는 활과 관련한 의례 사상이 전해지게 되면서 일본 조정에서는 국가를 위해 거행하는 행사에 이를 받아들여 자라이(射礼)라는 의례로 재탄생시킨다.[33] 잠깐 그 내용을 살펴보면, 중국의 서주(西周)시기에 학교 교육은 육예(禮, 樂, 射, 御, 書, 數)를 기반으로 이루어졌으며, 궁술은 육예에 포함되는 중요한 교육과정이다. 궁술은 예사(禮射)로 간주하고 서주의 궁정과 사대부들 사이에 광범위하게 실시되었다. 예사는 엄격한 등급으로 구성된 예의에 따라 구성한 궁술 활동을 가리켰다. 이때의 특징

31) 片岡生悟, 〈縄文·弥生時代の弓矢について: 完形出土品を中心とした分析と考察〉, 《東京大学考古学研究室研究紀要》. 33, (東京大学大学院人文社会系研究科 · 文学部考古学研究室, 2020), 69쪽.

32) 松本武彦, 〈原始古代における弓の発達:とくに弭の形態を中心に〉, 《待兼山論集:史学編》. 第18号, (大阪大学校, 1984), 1－3쪽.

33) 黒須憲, 松尾牧則, 〈日本弓術における中国弓術の影響: 礼記射義について〉, 《武道学研究》.35, (日本武道学会, 2002), 42쪽.

은 사술(射術)과 예악이 서로 결합하여 사례(射禮)를 구성하였다는 점을 들 수 있다.

『예기(禮記)』「사례(射禮)」의 기록을 살펴보면, “사(射)는 남자가 하는 일이다. 그래서 예악으로 단장하며 그것을 섬기는 데 예악을 다하고 덕행을 세우는 것으로 수를 세는 것은 궁술 만한 것이 없다. 그래서 성왕은 이것을 권하였다.”[34]라고 하였다. 당시의 사례로는 대사(大射)[35], 빈사(賓射)[36], 연사(燕射)[37], 향사(乡射)[38]가 있었다. 일본의 지배층들은 이러한 사례 사상을 적극적으로 받아들여 자신들의 의례문화로 재탄생시키는 데 탁월한 재능을 보였다. 가마쿠라와 같은 무가가 지배하는 시대에 들어오면 활과 화살에 대한 사례의식을 재해석하여 자신들의 무가 사상과 연결시켜 에도(江戸, 1600–1867)시대 말기까지 거행하게 된다. 일본인들은 대륙으로부터 활을 제조하는 기술도 받아들였으나 자신들의 환경[39]에 맞춰서 쉽게 구할 수 있는 대나무를 사용하도록 수정하고 보완해 만들었다. 10세기경의 후세다케유미(伏竹弓, 복죽활)와 12세기경의 삼마이우치유미(三枚打弓, 삼매타활) 등은 중국에서 합성한 화살을 만드는 기술이 도입된 후에 대나무와 나무를 접착시켜서 만든 활이 일본의 전통 활로 자리 잡게 된 점[40]을 보아도 쉽게 알 수 있다.

일본의 자연풍토에서는 이러한 소재를 구하기 어렵기도 하고, 또 고온다습한 기후에서 동물성 소재로 활을 만든다는 것은 쉽게 파손되거나 부식될 염려가 있

34) 《禮記》〈射禮〉: 射者 男子之事也. 因而饰之以礼乐也. 故事之尽礼乐而可数为以立德行者 莫若射. 故圣王务焉.

35) 천자와 제후가 성대한 제사를 거행하기 전에 제사에 참여하는 사람을 선발하기 위해 거행한 사례.

36) 제후가 천자를 뵙거나 혹은 제후가 서로 인사를 할 때 거행하는 사례.

37) 천자, 제후가 쉬고 즐기는 연회 때 하는 사례.

38) 마을의 대부가 향음주례(乡饮酒礼)를 거행할 때 하는 사례이며, 마을 사람들이 모일 때 연회에서 음식을 즐기고 궁술 실력을 비교하는 대중성을 가진 궁술 연습 활동이다.

39) 섬나라 특유의 고온다습한 기후로 인해 활이나 화살이 쉽게 변형되거나 파손, 부식되는 것을 막기 위해 대나무를 덧대거나 옻칠을 하는 등의 개조가 계속된 결과로 보인다.

40) 옛부터 일본의 활의 길이는 단궁과 장궁 등 다양했다. 죠몬과 야요이시대의 유물 속에서 발견된 활의 길이는 90cm에서 156cm 정도의 것들이 발견되었지만, 나라(奈良) 시대에 들어와 약 2.21m로 정착해 오늘에 이르고 있다. 활 구조의 변천을 보면, 처음에는 통나무로 만든 목궁이 주를 이루었지만, 헤이안시대 중기에는 통나무 목궁의 바깥쪽에 대나무를 붙인 복죽활(伏竹弓, 후세다케유미)을 만들었고, 헤이안 말기에는 활 안쪽에 대나무를 붙인 삼마이우치유미(三枚打ち弓)가 고안되었다. 그 후에 측면에도 대나무를 붙인 시호치쿠유미(四方竹弓)가 개발되었다. 더 나아가 활의 심을 대나무를 잘게 자른 것을 안쪽과 바깥쪽, 측면에 부착시킨 히고이리유미(ヒゴ入り弓)를 만들어 사용하게 되었다.

었다. 그래서 이러한 문제를 해결하기 위한 방책, 그리고 어디서나 쉽게 구할 수 있는 재료로 대나무와 목재를 섞어서 만드는 방법을 고안해 냈다. 그러나 목재와 대나무는 동물성 소재보다는 탄성이 약하기 때문에 파손을 방지하기 위해 길게 만들 수밖에 없었고, 길게 만들면 반발력이 감퇴하기 때문에 활의 이곳저곳에 미묘한 장치를 달아 강약을 조절함과 더불어 손잡이 부분을 정 가운데보다 밑으로 내려서 잡는 법을 고안해 냈던 것이다. 즉, 활의 길이가 길어져 화살의 반발력이 감소하는 약점을 방지하기 위해 자세를 교정함과 동시에 손잡이의 위치를 중앙보다 밑으로 내리는 매우 특이한 궁법을 만들게 되었다. 다시 말해서 장궁이 만들어진 초창기에는 활의 가운데 부분을 잡고 화살을 걸어 쏘았지만, 화살을 당기게 되면 활이 길어서 균형이 잘 맞지 않는다. 그래서 점차 활의 밑부분에서 약 3분의 1에 위치한 곳에 화살을 걸어 쏘도록 개선하였다. 또 화살촉은 흑요석(黑曜石)을 사용하였으며, 이것을 야지리(鏃)라 불렀다. 이후 4－5세기에 들어와 야마토(大和) 정권이 출현하게 되면서 점차 통일국가로서의 기틀을 마련하기 시작하였고, 치안 유지와 국방을 위한 전문적인 사회지배계층이 자리를 잡게 되면서 점차 군사 조직이 탄생하게 되었다. 그리고 활과 화살은 당시의 병사들에게는 가장 중요한 무기로 인식되었다.[41] 이 점이 일본 고대사회에서 궁도의 기원을 찾는 데 중요한 단초로 작용하고 있다.

일본의 활은 3세기 즈음에 중국과 연결된 한반도나 바다를 통해서 대륙문화가 유입되면서 크게 영향을 받았다. 당시 중국에는 궁사(弓射)와 관련된 문헌이나 자료가 많았는데, 다양한 교류 과정 중에서 이것들이 도입되었다고 보는 것이 타당할 것이다.[42] 이때까지 수렵이나 전투 및 전쟁에서 발휘하는 기예였던 활에 사회적 도덕성과 사상적 배경이 포함되기 시작하였다. 또 야요이시대의 중기에는 청동기의 생산기술이 발달하게 되어 동으로 만든 화살촉이 많이 만들어졌다. 이후에 철제 화살촉이 만들어져 무기로서의 강력한 유효성을 발휘하게 되었다. 그러면 활과 화살의 원리를 확대해 보면, 화살보다도 강력하게 더 먼 거리에 있는 물체를 맞추기 위한 무기로 이시유미(弩) 또는 석궁(石弓)이 발명되었다. 이시유미

41) 魚住孝至, 〈武道の比較文化論的研究〉, 《武道学研究》. 44(3), (日本武道学会, 2012), 119쪽.
42) 藤原稜三, 《格闘技の歴史》. (ベースボールマガジン社, 1990), 438－440쪽.

(석궁)는 나중에 총이 탄생하는 데 큰 역할을 하는 활로 알려져 있는데, 석궁은 통상적인 활보다도 비거리가 길고, 명중의 비율이 높고, 파괴력이 더욱 세고, 동시에 여러 발의 화살을 발사할 수 있다. 더구나 보편적인 활에 비해 그 조작법이 간단하여 곧바로 습득할 수 있기 때문에 기원전부터 동아시아에서 많이 사용되었다. 또 중세 유럽에서도 크로스보(crossbow)[43]가 대규모 전투에 활발히 이용되었고, 중국을 비롯해 동아시아에서는 고대부터 근세까지 오랜 시간 동안에 전장에서 사용되었다.

일본의 석궁은 아스카시대(飛鳥時代, 592－710)인 618년에 고구려의 사신이 일본 왕에게 보낸 선물이었다는 기록이 『일본서기(日本書紀)』[44]에 기록되어 있기도 하지만, 그 이전의 야요이시대에 이미 중국과 한반도로 이어진 대륙으로부터 전래되었다는 점은 많은 일본인이 인식하고 있는 사실이다. 이처럼 실크로드와 한반도를 통한 일본과 대륙 간의 문화 교류사는 이루 헤아릴 수 없을 정도의 다양한 것들이 전파, 보급되었다는 점을 상기하면 쉽게 알 수 있을 것이다.

7세기경부터 일본 조정에서는 연중행사로 중국에서 배운 사례(射禮)가 성행하였다. 헤이안(平安, 645－1160)시대에 동국(東國, 지금의 관동지방)을 제압한 미나모토(源) 가문과 서국(西國, 지금의 관서지방)에 세력을 펼치고 있던 타이라(平)라는 두 가문은 격렬한 권력 다툼을 전개하였다. 당시의 전쟁에서는 개전 초기에 각각의 대장이 앞으로 나와 자신의 이름과 성을 크게 부른 후, 화살을 쏘아 전쟁의 시작을 알리는 방식으로 벌어졌다. 그 다음에는 말을 타고 활과 도검으로 승부를 겨루었다. 이때 말을 타고 활을 쏘는 것을 기사(騎射)라고 했으며 중세 무사들의 아주 중요한 전투 형태였다.[45]

즉, 무사는 기마전을 특기로 하는 집단이었다. 말 그대로 기마전은 기동력이 매우 중요했기 때문에 말을 타는 기술에 의해 전쟁의 승패가 결정되는 경우가 대부분이었다. 따라서 각지에서 전개되는 전투에서 기사에 의한 승리 전법이 중요

---

43) 유럽에 살던 사람들이 사용한 활의 일종으로, 전용 화살을 탄력성이 높은 활시위에 의해 발사되는 무기를 가리킨다. 한자권에서 석궁(石弓)이라 부르는 활의 구조와 거의 같은 것을 말한다.
44) 入江康平, 앞의 책, 36쪽.
45) 日本武道館, 앞의 책, 23쪽; 田中守 共著, 앞의 책, 69쪽.

시되었으며, 갑옷으로 무장한 무사들이 자신들만의 독특한 방어법으로 전투를 벌이는 일이 보편화되었다. 그래서 이 시기에는 궁마일체(弓馬一體)라고 하여 활을 쏘는 기술과 말을 다루는 기술연마가 주목을 받았다. 당시의 말은 현재의 경마에 사용되는 말과 같이 빠른 말이 아니라 다리가 짧은 중형마(中型馬)가 주류였다. 물론 지상전에서 활에 의한 합전(合戰)도 벌어졌지만, 전투의 주역은 역시 기사였다. 게다가 무사들은 자신들의 명예를 대단히 중요하게 생각하였기 때문에 적의 대장을 공격할 경우에는 특별한 화살을 사용해야 했는데, 세 사람이 화살을 당겨 쏘는 이른바 3인 장궁(三人張弓)을 사용하였다. 말의 기동력이 살아 있고, 궁시(弓矢)에 의한 도구가 어우러진 기사합전(騎射合戰)이라는 강력한 전법이 전쟁의 승리를 좌지우지하게 되었다.[46] 그 후 전쟁이 없을 때의 활과 화살을 이용한 수렵 활동은 고대사회의 귀족이나 무사들에게 일상적인 유희로 자리 잡아 평상시에도 활과 화살을 가지고 노는 일이 자주 일어날 정도로 친숙해지게 되었다.

미나모토 가문과 타이라 가문의 권력 전쟁이 종식된 이후에 미나모토 가문의 요리모토가 가마쿠라(鎌倉, 1185−1333)에 막부를 설치하여 권검상무(勸儉尙武)[47]라는 정신을 내세우고 무사 정권을 성립시키자 무사들은 무예 수련에 더욱 정진하게 되었다. 특히 궁마의 단련은 궁마일체, 또는 궁마지도(弓馬之道)로 숭상해 매우 중요하게 인식하였다. 궁마지도는 무사가 평소에 말을 타고 활을 쏘는 무예 수련을 게을리하면 안 되고, 여기에 주군을 위하여 목숨을 바쳐 싸우는 정신을 잊어서는 안 된다는 도(道)를 숭상하는 뜻이 담겨 있었던 것이다.[48]

중세에 행해진 궁마의 단련 방법으로 말을 타고 활을 쏘는 야부사메(流鏑馬)[49]와 가사가케(笠懸)가 유행하였다.[50] 개를 풀어 놓고 말로 뒤쫓아 사냥하는

46) 田中守 共著, 앞의 책, 69쪽.

47) 잘 움직이고 근검절약함에 노력하고 무용(武勇)을 존경하는 데 전력을 다할 것. 무사로 살아가는 생활 태도로 중시되었던 사상이다.

48) 国際武道大学附属武道·スポーツ科学研究所, 앞의 책, 120쪽.

49) 야부사메(流鏑馬)란 7세기 말부터 거행되어 왔지만, 형식이나 방법이 완성되는 것은 헤이안시대로 후지와라노 히데사토(藤原秀郷)에 의해 규정되었다고 알려져 있다. 현재의 야부사메는 약 218m의 직선거리에서 말을 타고 달려가면서 세 개의 표적을 순서대로 맞추는 경기이다.

50) 가사가케(笠懸)는 원거리와 짧은 거리의 경기가 있는데, 109m의 직선거리를 말을 타고 달리며 표적을 맞춘다. 원거리 가사가케는 약 20m 앞의 표적을 맞춘다. 짧은 가사가케는 지

이누오오모노(犬追物), 야산에서 야생동물을 사냥하는 마키가리(巻狩)[51] 등도 활발히 거행되었다. 그러나 기사(騎射)는 기동력을 살리는 데는 효과적이지만 전쟁 시에는 달리는 말 위에서 활을 쏘아야 했기 때문에 활을 충분히 잡아당기지 못하는 약점이 있었다. 여기에 투구를 써야 했기 때문에 자세가 앞으로 기울어지기 때문에 적을 향해 정확히 발사하기가 어려웠다. 그러므로 평상시에 무사들은 야부사메나 가사가케 등과 같은 유희적 요소를 포함한 실전적 훈련에 매진해야만 했다.[52]

앞에서 설명한 바와 같이 야부사메는 복장을 갖추어 입고 말을 달려서 세 개의 표적을 맞추는 방식이었다. 달리는 말 위에서 활을 쏘아 목표를 맞춘다는 것은 그리 쉬운 일은 아니었다. 가사가케는 야부사메보다는 쉬운 방식으로 말을 타고 20m 정도에 떨어진 표적을 명중시키는 방식이었다. 이누오우모노는 말을 타고 지면에 그려진 원을 달리는 개를 활로 쏘아 맞히는 방식이었다. 움직이는 동물을 화살로 맞힌다는 것은 매우 어려운 것으로 가장 난이도가 높은 활쏘기 훈련이었다. 화살은 날아가면서 소리를 내는 명시를 사용하였고, 앞에서 말한 야지리를 같이 사용하기도 하였다. 당시의 무사는 자신이 사는 집안에 말을 사육할 정도였고, 매일 실전을 대비한 기사 훈련을 게을리하지 않았다.[53] 그리고 무사를 시종처럼 부리던 귀족이나 왕족들은 궁중에 모여 무사들이 평소에 훈련으로 쌓은 다양한 기사술(騎射術)을 서로 경쟁시키며 볼거리로 즐기게 되었다.

유감스럽게도 가마쿠라시대의 사법(射法)과 사술(射術)에 대한 문헌 기록은 전해지지 않고 있다. 무로마치(室町, 1336－1573)시대에 들어와 겨우 단편적인 기술이 전해지고 있을 뿐이다. 그러나 가마쿠라 막부 정권이 안정되면서 궁술은 전쟁을 위한 수단에서 서로 경쟁하는 경기 규칙이 만들어지며, 이를 지켜보고 즐기는 볼거리로서의 도오시야(通し矢, 통과하는 화살이라는 의미)[54]로 변용되어 갔다.

근거리의 표적을 맞추는 경기이다.

51) 마키가리(巻狩)란 중세시대에 여흥이나 신사에서 거행된 제례, 군사훈련을 위해 거행된 사냥놀이의 일종이다. 사슴이나 멧돼지 등이 살고 있는 사냥터를 많은 사람들이 사방에서 포위하고, 그 포위망을 좁혀가며 사냥감을 쫓아 화살로 맞추는 대규모 집단사냥을 말한다.

52) 国際武道大学附属武道·スポーツ科学研究所, 앞의 책, 118쪽.

53) 今村嘉雄外編, 《日本武道全集: 第3巻 弓術·馬術》. (人物往来社, 1976), 46쪽.

54) 도오시야(通し矢)는 궁술의 한 종목이다. 모모야마시대(桃山時代)와 도요코미 히데요시(豊

도오시야는 무로마치시대에 교토의 33간당(間堂, 33칸 방)에서 시작된 것이 점차 경기를 위한 방식으로 정착되었다. 경기 방식은 약 120m 앞에 있는 과녁을 쏘아 맞히는 것으로 당일 낮부터 다음날 정오까지 몇 개의 화살을 명중시키는가를 겨루는 경기였다. 화살의 스피드가 너무 빨라 5m 높이의 지붕에 맞는다든지 마루를 맞추는 경우에는 무효로 하였고, 잠을 자지 않고 계속해서 활을 쏘는 매우 힘든 경기였다. 당시의 각 번(藩)에서는 전문적인 사수를 양성하여 자신들의 번의 명예를 걸고 참가하였다. 특히 도쿠가와 가문 중에서도 기주번(紀州藩)과 오하리(尾張)의 경쟁은 매우 치열하여 그 기록이 아직도 사람들의 입에 오르내리고 있을 정도인데, 그 내용은 다음과 같다. “1669년 호시노(星野)라는 사수는 하루 내내 10,542개의 화살을 쏘아 그중에서 8,000개를 성공시켰다고 한다. 이 기록은 당시에는 영원히 깨지지 않을 정도였지만, 기주번의 와사라는 사수가 1686년에 13,053개의 화살 중에서 8,133개의 화살을 성공시켜 기주번의 명예를 높였다고 한다. 이 기록은 약 7초에 한 개의 화살을 쏘았다는 것을 의미한다.”[55] 도오시야라고 부르는 이 경쟁 유희는 평화로운 시대에 각 지역의 번의 명예를 걸고 경쟁함으로써 병기 무예가 볼거리와 같은 성격을 띠는 놀이로 변용되는 의미를 함축한다는 점에 주목할 필요가 있다.

일본 궁도는 이처럼 보사(步射)와 기사(騎射), 당사(當射)의 세 종류로 나뉘어 발전하였다. 보사는 원래 나라(奈良, 645－856)시대에 조정에서 큰 활쏘기 대회로 거행되기 시작하였다. 이 행사는 헤이안시대에는 자라이(射禮, 사례)라 부르기도 하였다.[56] 가마쿠라시대에 보사의 표적으로 이용된 것으로 사슴(草鹿)[57] 모양과

臣秀吉)에 의해 천하통일이 이루어진 안즈모모야마(安土桃山時代)시대의 일본문화로 알려져 있다. 도오시야(通し矢)는 도샤(堂射)와 도마에(堂前)라고도 한다. 교토렌카오인(京都蓮華王院, 三十三間堂)의 본당 서쪽의 처마 밑(길이 약 121m)에서 남쪽에서 북쪽으로 활을 쏘아 표적을 맞히는 경쟁놀이이다. 도오시야(通し矢)라는 말에서 알 수 있듯이 ‘칸칸으로 만든 방을 통과한다’는 의미로 불렀다. 강한 활은 강하게 쏘지 않으면 도저히 방들을 통과할 수 없기 때문에 궁술의 명인들이 명예를 걸고 경쟁하였다고 한다.

55) 田中守 共著, 앞의 책, 70－71쪽.

56) 山田奨治, 〈神話としての弓と禅〉, 《日本研究》. (国際日本文化研究センター紀要, 1999), 18쪽.

57) 보사(步射)할 때 사용하는 표적을 말한다. 나무로 사슴 표적을 만들어 가죽이나 끈으로 팽팽하게 당겨서 속에 무명을 넣어 매달은 것.

둥근 원 모양, 큰 표적을 사용했는데, 이를 표적의 삼물(三物)이라 하였다. 보사는 무예 수련이 아닌 놀이적 요소가 강해서 서민들 사이에서도 자주 거행되었다.

앞에서 고찰한 바와 같이 기사는 말 위에서 활을 쏘는 행위를 말하는데, 궁술과 마술을 합쳐서 궁마술이라고도 불렀다. 활과 말을 이용한 훈련기술을 통해 정신성을 높이고 무사의 도의(道義)를 확립하려 했던 무사들은 심신의 단련 및 전투기술로 기사 종목을 많이 수행하게 되었다. 즉, 무가 정권이 확립된 가마쿠라시대에 활을 수련하는 일은 무사의 필수 활동이었던 야부사메와 가사가키, 이누오우모노와 함께 무사들이 지녀야 할 세 가지(騎射三物) 기술이라 하여 무예의 일환으로 수련했다는 것이 당시 사료인 『아즈마카가미(吾妻鏡)』[58]에도 자세히 기록되어 있을 정도로 사회적으로 주목을 받았다. 그 후에 이것들은 궁중이나 사회지배층들의 볼거리로 정착하여 많은 사람들 앞에서 보여주는 놀이적 의미로 벌어지게 되었던 것이다.

4. 중국 궁술의 역사와 특징

중국은 세계적으로 궁술의 유래가 오래된 나라 가운데 하나이다. 구석기 시대 이래 사용된 흔적을 여러 곳에서 확인할 수 있다. 약 28,700년 전의 산서성(山西省) 삭현(朔縣)에서 출토된 문물에서 돌로 만든 화살촉과 가죽으로 만들어진 활 시위가 발견되었는데, 이는 당시 인류가 활과 화살을 제작하여 수렵과 사냥 등을 위해 궁술을 활용했음을 알 수 있다.[59] 문헌상으로는 서주시대에 궁술은 귀족들의 기본적인 무예이자 가장 중요한 교양 가운데 하나였다. 대사(大射), 연사(燕射), 향사(鄉射) 등의 예사(禮射)가 발달했으며, 각 학교에서는 기본적으로 궁술을 가르쳤다. 특히 궁술은 덕을 보는 수단의 하나이자 유교 육례(六禮)의 하나로 발달하

58) 아즈마카가미(吾妻鏡)는 1180년부터 1266년까지 87년간 막부의 사적을 편년체로 기록한 사료이다. 이 사료의 가치에 대해 일본 내에서도 여러 평가가 존재한다. 무가 정권 수립의 과정이나 내분, 다툼에 대한 기록이 많고 무사들의 생활 양상을 알 수 있는 사료로 주목받고 있다.

59) 陸敬嚴, 《中國古代兵器》. (西安交通大學出版社, 1993), 137쪽; 鄭文翰, 《軍事大辭典》. (海辭書出版社, 1992), 311쪽.

여 유교의 발달과 함께 널리 보급되었다. 또 흉노의 기사법에 대항하기 위해 강노(强弩)를 만들어 중국 활의 약점을 보강하기 시작하였다. 이후 활은 노와 함께 장병기로서 큰 효과를 보았을 뿐 아니라 총포가 등장한 이후에도 한동안 이를 보완하는 무기로 기능하였다.

중국에서 활과 화살은 정확히 언제부터 사용되었는지 알 수 없지만, 출토된 유물과 기록을 통해 대략적인 시기를 추정할 수 있다. 산서성(山西省) 삭현(朔縣)에서 출토된 치유인(峙裕人)들의 유물에서 돌을 갈아서 만든 화살촉이 발견되면서 28,700년 전에 존재한 사실을 확인할 수 있다.[60]

또 기원전 15,000년 전에 암석화(岩石画)에 활을 사용하여 동물을 사냥하는 모습을 볼 수 있다. 또 하란산(贺兰山) 암석화 중에 호랑이 쏘기, 양 쏘기, 차렵(车猎), 부락전쟁, 궁술 연습, 활과 화살 무용, 활과 화살 숭배 등 활과 화살을 제재로 한 암석화가 있다. 이러한 암석화는 이 시기 활과 화살이 생활과 전쟁 속에서의 지위가 진일보하여 견고해졌으며 초보적 단계의 예기(礼器) 기능을 갖추었다는 것을 보여준다.[61] 활과 화살에 대한 최초의 기록은 『오월춘추(吴越春秋)』의 「탄가(弹歌)」에 "단죽, 서죽. 비토, 축육(断竹, 续竹° 飞土, 逐肉)"이라 되어있다.[62]

원시사회에서 궁술은 사람들이 수렵생활을 하는 데 필요한 기술의 일종이었다. 궁술은 부족과 국가가 형성되면서 패권을 차지하기 위한 대규모 전쟁의 출현에 따라 수렵생활의 기술일 뿐만 아니라 군사적 기술이 되기도 했다.

상시기에 군사적인 주요 보직은 귀족으로 구성되었다. 따라서 귀족의 자제들은 반드시 궁술을 배우고 훈련해야 했으며, 전문적으로 궁술을 담당하고 교육하는 관직을 두었는데 '사(射)'라고 불렀다.[63] 하나라와 상나라의 학교에서는 문무겸습(文武兼習)의 제도를 실행하였으나, 무(武)에 편중되었다. 궁술은 무예 교육의 중요한 내용이었다. 당시 전문적으로 궁술을 가르치는 학교가 있었는데, 이를 '서(序)'라고 불렀다.[64]

60) 中華文化通志編委會 編, 《中華文化通志》. (上海出版社, 1998), 175쪽.
61) 韓氷雪, 앞의 책, 8쪽.
62) 汤一许, 王一凯, 〈射艺演进与价值回归研究〉, 《第1回禮射國際學術研討會論文集》. (2017), 363쪽.
63) 汤一许, 王一凯, 위의 글, 363쪽.

서주(西周)시기에 학교 교육과정은 육예를 기반으로 이루어졌으며, 궁술은 육예에 포함되는 중요한 교육 과정이었다. 궁술은 예사(禮射)활동으로서, 서주시기 궁정과 사대부들 사이에서 광범위하게 존재했다. 예사는 엄격한 등급의 예의에 따라 구성한 궁술 활동이다. 이 시기의 특징은 사술(射術)과 예악(禮樂)이 서로 결합하여 사례(射禮)를 형성하였다는 점이다. 『예기 사례(禮記 射禮)』에서 살펴보면, "사(射)는 남자의 일이다. 그래서 예악으로 단장하며 그것을 섬기는 데 예악을 다하고 덕행을 세우는 것으로 수를 세는 것은 궁술만한 것이 없다. 그래서 성왕은 이것을 권하였다."[65]라고 하였다. 당시의 사례는 대사(大射)[66], 빈사(宾射)[67], 연사(燕射)[68], 향사(乡射)[69]가 있었다.

서주의 육예의 하나인 사술(射術)은 춘추전국시대에서도 여전히 중요한 무예였다. 당시 현명한 선비를 높이 길러내고자 하는 사회 풍조에서 고급 사술을 가진 인물을 중시하는 풍조가 있었다. 또 춘추전국시대에는 통치계급에서 궁술을 장려하도록 하였는데, 이것은 부국강병과 자신의 통치 지위를 공고히 하려는 것이었다. 그리고 이 시기에 이미 총을 쏘는 것과 같이 팔을 올리고 방아쇠를 당기면 발사가 되는 기계화된 활 형태의 노(弩)가 등장하기 시작한다.

진한(秦漢) 시기의 궁술은 여전히 군사훈련의 중요한 무술 수단이었다. 활궁술의 기예는 기사(騎射)와 보사(步射)로 나뉘었고, 기병, 보병 그리고 수병 모두 궁술과 노(弩)의 훈련을 받아야 했다. 한나라는 진나라의 제도를 계승하여 군대 내에 노병(弩兵)을 설치하고 이후 기병을 크게 발전시켰다. 매년 흉노에 대항하여 기사의 기예 수준을 높였으며 동시에 민간에도 궁술을 연습하는 풍조가 퍼져 사예(射艺)가 홍성하였다. 이시기의 궁술은 기사와 보사의 두 가지 종류로 나눌 수

---

64) 魏大鸿, 〈简论弓箭的起源及其在古代中国的发展〉, 《荆州师范学院学报》. 5, (2001), 104－106쪽.

65) 《禮記 射禮》: 射者, 男子之事也. 因而饰之以礼乐也, 故事之尽礼乐而可数为以立德行者, 莫若射. 故圣王务焉.

66) 천자와 제후가 성대한 제사를 거행하기 전에 제사에 참여하는 사람을 선발하기 위해 거행한 사례.

67) 제후가 천자를 뵙거나 혹은 제후가 서로 인사를 할 때 거행하는 사례.

68) 천자, 제후가 쉬고 즐기는 연회 때 하는 사례.

69) 마을의 대부가 향음주례(乡饮酒礼)를 거행할 때 하는 사례이며 마을 사람들이 모일 때 연회에서 음식을 즐기고 궁술 실력을 비교하는 대중성을 가진 궁술 연습 활동.

있다. 기사는 전쟁을 할 때와 귀족들이 사냥할 때 자주 볼 수 있으며, 보사는 비교적 보편적이었다.

『사기(史记)』「이장군열전(李将军列传)」의 기록에서 이광의 뛰어난 궁술 실력을 볼 수 있다.[70] 후한(後漢)에는 진총이라는 사람이 있었는데, 노를 쏘는 기예 수준이 매우 높아 백발백중이었다고 전해지며, 삼국 시기 위나라의 조비(曹丕)는 6세에 활 쏘는 법을 익혔으며, 8세에는 말을 타고 쏠 수 있었고, 황제가 된 후에도 사냥을 하면서 신체를 단련하였다고 전해진다. 한대에는 이미 한 번에 여러 개의 화살을 쏠 수 있는 연노(連弩)를 개발하였다. 제갈량이 일찍이 개조하여 '원융(元戎)' 노(弩)를 만들었는데 8촌 길이의 철노(鐵弩) 화살을 한 번에 10개씩 쏠 수 있도록 만들어 이 시기에 전문적인 활쏘기 도구들이 개발되기 시작하였다.[71]

수나라가 무력으로 천하를 통일하여 서진(西晋) 이래 300년의 분할되었던 상태를 합치니 진한 이후 중국에 또 한 번의 통일이 실현되었다. 수나라의 무공은 탁월하였으며 궁술은 꾸준히 성행하였다. 당나라는 수나라를 멸망시킨 후, 그 제도를 답습하였으며 무과시험을 증설하여 궁술이 인재선발 시험의 표준 중 하나가 되도록 했다.[72] 당대 시인 영호초(令狐楚)는 『少年行(소년행)』에서 "반드시 궁술로 공명을 얻어야 한다."라고[73] 언급하였는데, 이는 궁술이 무과시험 중에서 얼마나 중요한지를 알 수 있는 대목이다.

수와 당나라 시기의 군대에서는 궁술이 광범위하게 개진되었는데, 군대 내의 모든 사병이 활 하나와 30개의 화살을 갖추도록 하였다. 수나라 문제(文帝)는 일찍이 사궁(射宮)에서 백관들에게 궁술 시연을 하라고 명령을 내렸고, 당나라 태종 이세민은 기병을 소집하여 궁 주변에서 궁술을 연습하여 외부 침입을 대비하도록 지시하고 궁술이 우수한 자에게는 궁도(弓刀)와 비단을 하사하였다고 한다.[74] 특

---

70) 《史记 李将军列传》: 广家世世受射° 孝文帝十四年, 匈奴大入萧关, 而广以良家子从军击胡, 用善骑射, 杀首虏多, 为汉中郎.
이광의 집은 대대로 궁술 교육을 받았다. 효문제 14년 흉노가 소관(萧关)을 침입하자 이광은 집안사람들로 적을 공격했으며 우수한 말 타기와 궁술을 사용하여 적장을 죽이고 포로를 많이 사로잡아 한중랑(汉中郎)이 되었다.

71) 中華文化通志編委會 編, 앞의 책, 180쪽.

72) 韓氷雪, 彭林, 앞의 책, 10－11쪽.

73) 《少年行》: 须凭弓箭得功名.

74) 党德洲, 〈弓箭的起源与历史流变〉, 《兰台世界》. (2010), 73쪽.

히 당나라에서는 전문적으로 궁술 이론과 기술에 대한 저작물이 나오기 시작하였다.

요나라, 원나라 그리고 금나라에서도 궁술이 성행하였으며, 특히 역사가들은 금나라와 원나라를 기사(騎射)가 세운 나라라고 부를 정도였다. 원나라의 군대는 막강한 군사력을 통해 말 위에서 활을 잘 쏘는 군대를 양성하였고, 아시아는 물론 유럽에까지 진격하여 전투력을 발휘하고 영토를 확장하였다. 요나라와 금나라도 옛 선조들의 무예 기술을 이어받아 궁술의 기량을 더욱 발전시켰으며, 비가 내리기를 기원하는 의식으로 버드나무 가지를 쏘는 풍습 등이 성행하였다. 특히 거란족이 세운 요나라는 '사목토(射木兔)'라는 기념일에 궁술 시합이 성행하였으며, 3월 3일 상사절(上巳節)에는 토끼를 쏘고, 9월 9일 중양절(重阳節)에는 호랑이를 쏘는 무예 연습을 하였다고 전한다.[75]

송나라는 건국 이후 외부 침략에 대비해 강력한 군대를 육성했고 무기제작의 수준은 큰 발전을 이루었으며 활 역시 많은 발전을 했다. 장거리 무기로는 신비궁(神臂弓), 신기노(神机弩), 상자노(床子弩)가 있는데 발사 거리가 가장 멀게는 천 걸음까지도 갔다. 당시 잦은 외세 침략 때문에 민간에도 궁술은 보편화되었다. 이에 더해 송나라에는 궁사 둔전제도(屯田制度)가 설치되었는데 밭을 주는 방식으로 변경을 지키는 궁전수를 모집하는 것이다.[76] 이처럼 송나라는 선진시기의 대사례를 부흥시키고자 하였다. 『송사(宋史)』「대사의(大射仪)」에서는 "大射之礼, 废于五季, 太宗命有司草定仪注"라고 하였고, 관부에서는 일찍이 『교법격병도상(教法格并图像)』을 배포하고 이것을 사용하여 보사와 기사를 지도하였으며 궁술 활동을 널리 보급하였다.

명나라와 청나라는 궁술을 무과 시험의 중요한 시험과목으로 배치하였고 말타기와 함께 중요한 과목으로 다루었다. 명나라 태조는 조정에서 대사례(大射禮)를 실시하였는데, 오색으로 되어있는 표범 과녁은 1품과 2품이 사용하였고, 삼색으로 되어있는 새의 과녁은 3품에서 5품이 사용했으며, 이색으로 되어있는 여우 과녁은 6품에서 9품의 벼슬이 사용하였다. 그리고 색이 없는 과녁은 문무관의 자제나 선비들이 시용하여 대사례를 실시하였다. 청나라의 무과 시험은 말에서 나

75) 國家體委武術研究院 編,《中國武術史》. (人民體育出版社, 1997), 88쪽.
76) 韓氷雪, 彭林, 앞의 책, 11쪽.

무를 쏘는 거리가 35보이고 세 발을 맞추어야 합격이 주어진다. 또 무인들이 문과시험에 참가하더라도 반드시 기사(騎射) 시험을 보도록 규정하고 있다. 그러나 1901년 청나라 군대는 활과 화살의 퇴출을 선포하였고, 역사의 무대에서 활과 화살을 정식으로 군대의 영역 밖으로 퇴출시켰다.77)

명나라는 주나라 이래로 가장 예사를 중시한 왕조였다. 건국 초기에 명 태조 주원장은 문무겸비의 정치이념을 주장했으며 문인들의 궁술을 제창했다. 『명사(明史)』의 기록에는 "태조는 선왕이 사예를 폐지한 지 오래되어 활쏘기는 무예에 종사하는 사람들만 배우게 되었고 문필에 종사하는 선비들은 잘 모른다고 하였다. 그리하여 국학 및 군현의 생도들에게 사예를 배우라 명했고 만천하에 이를 알렸다."라고78) 되어있다. 명나라 왕조는 대사례의 부흥을 매우 중시하여 『명사』에 "왕이 제사를 지낼 때마다 먼저 사예를 진행하였다."라고79) 기록하였다. 이처럼 명나라 시기의 학교에서는 선진 육예의 학문을 교육했으며 또한 사포(射圃)80)를 만들어 궁술 연습과 향사례를 거행하는 공간으로 사용했다.

명나라 시기에는 예제(礼制)를 중시하였으며 사례(射礼)가 크게 흥하였고 사례에 대한 많은 문헌이 집필되었다. 동시에 전국적으로 관덕정을 많이 지어 문인들이 궁술 연습을 하는 풍조를 더욱 농후하게 하였으며 많은 문무를 겸비한 대학자와 용맹한 장수를 만들어내는 동시에 예사문화(礼射文化)의 부흥을 가져왔다.

청나라 통치자는 왕조를 건립한 후 국어기사(国语骑射)를81) 널리 시행하였으며 군사(军射)를 숭배하였다. 황족은 궁술을 매일 꼭 연습해야 하는 과목으로 보았으며 그래서 청대 황제와 왕들은 거의 모두 궁술이 뛰어났다. 왕공 귀족의 정원 안에는 사포(射圃)를 만들어 두고 평소에 궁술을 연습하였으며 친구가 오면 술을

---

77) 韓氷雪, 彭林, 앞의 책, 13－14쪽.

78) 《明史》: 太祖又以先王射礼久废, 弧矢之事专习于武夫, 儿文士多未解° 乃诏国学及郡县生员皆令习射, 颁仪式于天下°

79) 《明史》: 凡郊庙祭祀, 先期行大射礼.

80) 궁술을 익히는 곳.

81) 국어기사는 팔기군의 필수 의무이다. 청나라는 만주어를 모국어로 정했고 또 청어라고도 불리며 기사를 나라의 근본으로 생각했다. 만주 통치 정권의 탄탄한 기반 및 확대를 위해 문주 팔기군 관병들을 청나라의 군사적 핵심으로 했고 청 황제는 '국어기사'를 팔기의 기본으로 규정했다. 이때의 기사는 말을 타며 활을 쏘는 것을 의미하지 않고 기마와 궁술의 두 가지 기능을 나타내는 것이다.

마시고 시를 지으며 활기로 흥을 돋웠다.

명과 청나라의 두 왕조에서 무과 시험은 궁술을 중시했으며 명대에는 기사는 4발을 맞출 것을 요구했고 보사(步射)는 2발을 맞추어야 시험에 합격했다. 청대에는 기사와 보사에 대해 상응하는 요구를 할 뿐만 아니라 역궁(力弓) 시험을 증설했다. 두 왕조의 무과시험은 무과시험을 겨냥한 서적들의 출현을 촉진시켰고, 그래서 명·청나라에 사서(射书)의 총량은 한조시기 이후로 나온 사서의 47%를 차지할 정도였다.[82] 1901년, 청나라 군대는 활과 화살의 군대 퇴출을 선포하였고, 역사의 무대에서 활과 화살을 정식으로 군대에서 제외하였다.

중화민국 시기에 활과 화살은 군대에서 제외되면서 궁술은 빠르게 쇠퇴하였고, 궁술을 즐기는 인구수도 점차 줄어들기 시작하였다. 그러나 학술영역에서 민족 무예에 관심이 깊은 인재들이 배출되어 예사(禮射)에 관한 연구는 더욱 학술적으로 발전하기 시작하였다. 그리고 중국인민공화국이 1949년에 출범하여 전통유희 공연 속에서 전통 궁술을 실시하였고, 일부 애호가들 사이에서 궁술이 전개되었다. 1957년 북경체육관에서 전국 궁술대회가 열렸고, 1959년에 서양식 궁술이 도입되었다.

주목할 점은 궁술이 교육의 일환으로 시행되었다는 것이다. 연경대학에서는 전통 궁술 과목을 개설했고, 금릉여자학원에서도 궁술 과목이 생겼다. 이를 바탕으로 1990년대 민간에서 궁술이 꾸준히 이루어졌으며, 2000년대 초반에는 서개재(徐介才)에 의해 민간 궁술의 이론과 실습이 빠르게 발전하였다. 2005년 중국의 활과 화살이 세계문화유산으로 지정되어 세계인들이 중국의 활 문화에 관심을 갖게 되었다. 2009년에 중국에서는 제1회 전통궁술연구토론회가 북경에서 열렸다. 이는 전통 궁술의 부흥과 예사문화 발전의 기념비적인 사건이 되었다. 2014년 8월에 중국궁술협회는 전통 궁술에 대한 지부를 설립하였다. 현재 중국에서 활과 화살 생산 공장들은 하얼빈, 북경, 서주, 푸양(阜阳), 태주(泰州), 녕덕(宁德) 등의 지역에 집중되어있다. 중국이 제작하는 활과 화살은 세계에서도 점차 인정받고 있으며, 매년 수천 개의 중국 전통 활이 해외로 보급되고 있으며, 많은 외국인이

82) 中華文化通志編委會 編, 앞의 책, 180쪽.

중국의 예사를 배우기 위해 방문하고 있다.

5. 나가며

고대사회의 궁술은 생활과 밀접한 관련을 맺으며 유용한 도구로 활용되었고, 부족과 국가가 형성되면서 국방력 강화 등을 위해 익혀야 하는 중요한 무예 중의 하나였다. 인간이 자신의 몸을 지키고, 상대방을 무찌르기 위해 발명한 활은 점차 군사훈련과 체력단련을 위해 활용되었으며, 사대부를 중심으로 기품 있는 운동, 또는 한가한 시간에 즐기는 놀이로서 광범위하게 보급되었다. 나아가 인간교육을 위한 수단으로 활용되거나 우수한 인재를 등용하기 위한 과거 시험 과목의 하나로 자리 잡았다.

우리나라에서 활쏘기는 고대로부터 전쟁에 필요한 중요한 무예의 하나였으며, 사대부를 중심으로 기품 있는 운동 또는 놀이로서 광범위하게 전승되었다. 활은 시대에 따라 형태 변화와 제작기술이 진보하였는데 전시용, 수렵용, 연악용(宴樂用), 습사용 등으로 그 종류를 구분할 수 있다. 이에 따라 정량궁(正兩弓), 예궁(禮弓), 목궁(木弓), 철궁(鐵弓), 철태궁(鐵胎弓), 고궁, 각궁(角弓) 등 7종류가 있었으나 신식무기의 발달로 현재 각궁만이 전해지고 있다.

중국의 활은 직궁과 만궁으로 구분할 수 있다. 직궁은 곧은 나뭇가지나 죽편의 활시위를 설치한 것이며, 만궁은 휘어진 재료를 반대 방향으로 굽혀 활시위를 설치함으로써 뛰어난 탄성을 갖도록 한 활이었다. 이밖에 제작방법에 따라 활을 단체궁과 강화궁, 합성궁의 3가지로 구분한다. 그리고 활은 크기와 길이로 분류되는데 일반적으로 사용되는 대궁(大弓)의 길이는 성인의 신장과 거의 같았고, 소궁은 주로 기병(騎兵)들이 사용하였다. 고대 중국의 북방과 서북방에 살던 유목민들은 대부분 짧은 활을 사용하였고, 동남지역의 소수민족들은 대부분 긴 활을 사용하는 차이를 보였다.

일본 궁술은 고대 중국과 몽골의 궁사(弓射) 사상의 영향을 크게 받았으며, 봉건사회였던 죠몬시대부터 야요이시대를 거치는 동안에 일상적인 수렵 도구에서 전쟁이라는 투쟁의 도구로 발전하였다. 그 후 초기 국가라는 구조가 형성되고 나라를 다스리는 조정에서 활과 화살을 종교적 의례의 일환으로 수용하며 신비한 기기로 취급되었다. 이때부터 일본만의 독자적인 형태인 장궁이 탄생하였고, 화살을 발사하는 데 필요한 탄성과 평형성을 높이기 위해 활의 3분의 1 정도의 밑 지점에서 화살을 발사하도록 개조하여 사용되었다.

무사들이 정치적 영향력을 발휘하기 시작하였던 헤이안시대 중기부터 무사 집단인 무가(武家)들이 집권했던 가마쿠라시대와 무로마치시대에 걸쳐 다양한 전투나 전쟁 중에 사용된 활은 무기의 최우선적 중요 자리를 차지하였다. 에도시대에 들어오면서 지배층들의 심신 수양과 기예의 탐구를 통해서 예도의 세계를 더욱 다듬고 발전시키는 반면에 궁술의 실천을 무사가 갖추어야 할 덕목으로 삼는 다던가 궁사와 양생을 연결한 새로운 건강관리 방법 등을 추구하면서 일본 궁술 문화의 다양한 특성을 탄생시켰다.

특히, 일본인들은 고대 시대부터 중국과 한국의 궁술을 적극적으로 수용하는 한편, 고온다습한 지리적·환경적 특성에 맞게 나무와 대나무를 적절하게 혼합해 탄력성과 파손을 줄이는 적합한 활과 화살을 제작·사용해 왔다. 여기에 중국의 사례 사상을 받아들여 조정에서 거행하는 자라이라는 의례로 재생산해 자신들의 무가 사상과 연결해 발전시켜 왔던 것이다.

활이 공격무기로 위력을 발휘하자, 고대인들은 타민족과의 전투 혹은 전쟁에서에서 승리를 위해 활의 제작기술과 활을 다루는 솜씨를 발전시키는 데 주력하였다. 활이 주요한 공격무기로 인정받으면서 기능이 우수한 활을 만들어내고 이 활을 잘 다루는 부족이 패권을 차지하였다. 그리하여 각 부족은 활을 다루기에 힘을 기울였고, 활은 민족과 지역별로 다양하게 개발되었다. 특히 활 문화는 전통문화의 중요한 구성성분이며, 과거의 역사 속에서 정치, 민속, 예의, 교육, 군사 등 여러 방면에 영향을 미쳤다고 할 수 있다. 다시 말하면, 활은 원시시대에는 생존을 위한 도구였고 고대와 중세사회에서는 효과적인 무기와 교육의 한 방면으로 활용되었다. 근대와 현대사회에 들어서면서는 유희와 스포츠라는 성격을 띠면서 전개되었다.

제3장

몽골, 중국, 한국, 일본의 샤머니즘과 전통춤 문화

1. 들어가며

춤은 인류의 역사와 더불어 시작되었다. 춤은 신체라는 표현 매개체를 통해 정신과 결합하여 하나의 문화를 만든다. 대부분의 문화권에서 정신은 영혼 혹은 자아로 존재의 비물질적인 무형(無形)의 실체를 지칭한다. 신체와 정신은 물질과 비물질이라는 이분법적인 원리로 분리하는데 동북아시아에서는 이를 구분하여 이해하지 않는다. 모든 만물에 영혼 즉 정신이 깃들어있다고 보고 이를 신의 개념으로 해석한다.

고대사회에서 인간은 자연적인 존재와 자연현상을 이해하고 경외감을 나타내며 끊임없이 신에게 의존해 왔다. 삶을 살아가기 위해서는 여러 전염병이나 홍수, 기근, 화재와 같은 이해할 수 없는 혼돈과 무질서를 이해 가능한 것으로 전환해야 한다. 이 전환의 과정에 있어 꼭 필요한 것이 신의 존재이다. 신에게 바치는 모든 의식의 주요 관심사는 바로 인간과 신의 소통이다. 의식을 진행하는 매개의 역할은 사제(샤먼)가 한다. 이때 사제는 그들만의 특별한 몸짓, 즉 춤과 노래로 신을 부르는데 이러한 모든 주술적 행위들을 가리켜 샤머니즘이라 한다.

샤머니즘은 시베리아의 원주민인 퉁구스족의 토착어 '샤먼(shaman)'에서 유래된 것으로 우리 말로는 '무속(巫俗)'이라 한다. '샤먼'은 퉁구스족의 주술사를 의미하는 것으로 제의를 주관하는 사제를 지칭한다. 중국에서는 여성 샤먼을 '무

(巫)', 남성 샤먼은 '격(覡)'으로 부르기도 하며, 한국은 '무당'이라 통칭한다. 몽골은 '이두겐'이라 하는데 점차 남녀로 나뉘어 남성 샤먼은 '버' 또는 '자이롱', 여성 샤먼은 '오드강'이라 하였다. 샤먼은 춤과 노래를 통해 신을 접하고 신탁을 수행한다.

샤먼을 중심으로 한 샤머니즘은 고대부터 인간의 가장 오래된 민간신앙의 대표적 형태라 할 수 있는데, 인간의 본능적 움직임의 욕구를 지닌 원시적 예술형태로 신앙적 성격을 띤 공동체의 성격을 지닌다. 즉, 샤머니즘은 각 나라의 민족문화, 민중문화, 전통문화 등 고유문화의 정체성과 원형을 담고 있는 대표적 현상이라 할 수 있다.

고대부터 공동의 문화권을 형성한 동북아시아는 동서의 문화적 교류로 수용, 변형, 생성 등의 과정을 통해 각자 자국만의 독특한 전통문화를 발전시켜 나갔다. 특히 동서문화 교류의 가교역할을 담당한 중국부터 몽골, 한국, 일본이 하나의 공통된 문화권을 형성할 수 있었던 것은 바로 실크로드가 있었기 때문이다. 실크로드를 통해 새로운 문물, 문화, 종교(불교)를 수용 및 전파하며 민족적 고유문화를 형성하였다. 이는 각 민족의 샤머니즘 문화에도 영향을 미쳤다. 중국의 '나희', 몽골의 무속 의례, 한국의 '굿', 일본의 '가구라'에서 불교와 샤머니즘의 상관성을 찾아볼 수 있다.

본 연구에서는 실크로드 문화권의 몽골과 중국, 한국, 일본별 샤머니즘 문화를 담당해 온 샤먼춤의 의미와 유형의 상호 연관성을 비교하고자 한다. 이는 실크로드를 통해 외래문화와의 교류가 집대성된 동북아시아의 샤머니즘과 춤 문화를 이해하는 토대가 될 것이다.

2. 몽골의 샤머니즘과 전통춤 문화

몽골의 샤머니즘

샤머니즘을 연구하는 몽골의 학자들은 종교적 신념의 발생 시기를 최대 7,000년에서 최소 5,000년 전으로 추정하고 있다.[1] 몽골 샤머니즘의 기록은 B.C.

3세기경 흉노제국을 기점으로 국가가 형성된 시기에 시작되었다. 학자들은 고대 국가 건립 시기를 샤머니즘의 번영기라고 정의한다. 샤머니즘의 기록은 중국 정사인 『위서(魏書)』, 『북사(北史)』, 『남제서(南齊書)』, 『양서(梁書)』, 『한서(漢書)』 등에서 찾아볼 수 있다.

유라시아와 몽골고원에서 번성과 쇠퇴, 소멸될 수도 있는 오랜 기간에도 샤머니즘의 주체와 행위의 본질은 크게 변하지 않았다.[2] 몽골의 현존하는 가장 오래된 역사서 『몽골비사(Bkyuklsy yeew mk.xkk)』에 의하면 국가의 여러 대소사에 무당(샤먼)이 참여했다는 기록[3]이 있다. 몽골인들은 하늘과 땅을 숭배하고 이를 향한 주문, 주술, 점복, 예언을 매우 중시하였다.[4] 하늘(텡게리), 샤머니즘과 관련된 종교적 내용이 종종 등장한다.

이후 선비의 시조 설화나 탄생설화에서도 샤머니즘을 찾을 수 있다. 한 가지 예로, '베키'라는 칭호를 가진 이들이 12명 등장한다. 이들은 샤먼적 성향을 지니며 샤먼 무리에서도 권위 있는 자에게 부여된 칭호라는 것을 사료를 통해 추측할 수 있다.[5]

징기스칸의 사후, 제국은 분리되고 손자인 쿠빌라이가 원나라를 건국하였다. 이 시기 쿠빌라이칸이 라마불교를 신봉하는 바람에 샤머니즘은 크게 변질되었다. 라마불교의 영향으로 샤머니즘은 크게 두 갈래로 분리되었는데, 하나는 불교의 사상과 세계관을 받아들여 불교의 일부가 된 '황무당'이고, 다른 하나는 고유한 샤머니즘 사상을 그대로 유지하는 '흑무당'이다.[6] 이러한 분파는 유목민족의 오랜 전통과 고유한 샤머니즘을 쇠퇴하게 하였다.[7]

---

1) 어거트니 푸레브 〈몽골 무교(巫敎)의 신령(神靈), 옹고드(Ongod)의 특징〉, 고려대 민족문화연구원 민속학연구소편, 《몽골의 무속과 민속》, (월인. 2001), 12쪽.
2) 박원길, 〈북방샤머니즘의 역사적 특징〉, 《몽골학》, 38. (한국몽골학회, 2014), 7쪽.
3) 『몽골비사(Bkyuklsy yeew mk.xkk)』는 칭기스칸의 삶을 중심으로 심도 있게 기록한 역사서로 저자는 불분명하며, 저술 시기는 1240년대쯤으로 추정되고 있다(고려대 민족문화연구원 민속학연구소편, 《몽골의 무속과 민속》, (월인. 2001), 22쪽).
4) 플라노 카르피니, 윌리엄 루브룩, 김호동 역, 《몽골제국기행》, (까치글방, 2015), 59쪽; 김호동외 3인 역, 르네 그루쎄 저, 《유라시아 유목제국사》, (사계절, 1998), 147쪽.
5) 박원길, 《유라시아 초원제국의 샤머니즘》. (민속원, 2001), 298쪽.
6) 이주혜, 김태양, 〈몽골의 샤마니즘 의식으로써의 춤: 샤만춤과 홍그리부지그를 중심으로〉, 《몽골학》. 61. (한국몽골학회, 2020), 169쪽.
7) 고려대 민족문화연구원 민속학연구소편, 《몽골의 무속과 민속》, (월인. 2001), 24쪽.

근·현대 이후 몽골의 샤머니즘은 정체기에 빠졌다. 1921년 인민정부수립 이후 1990년 사회주의가 무너지기 전까지 모든 종교에 대한 탄압으로 인해 샤머니즘과 샤먼의 규모 또한 대거 축소되었다고 전해진다.8)

몽골의 사제를 지칭하는 샤먼은 이두겐(N;outy)이라 불리다가 점차 남자 샤먼은 짜이랑(Pgajgy), 여자 샤먼은 오뜨강(E;ugy)이라 부르게 되었다.9) 또한 검은색(무서움) 쪽 무당, 흰색(친절함) 쪽 무당 등 성격에 따라 색을 구별하여 지칭하기도 하였다.10) 남성과 여성의 샤먼은 북을 두드리며 여러 가지 동작들을 수반하면서 그들의 얼굴을 바꿔가며 움직임과 그들의 영혼을 표현한다. 샤먼 춤은 강신하기 전, 후로 나눈다. 강신하기 전에는 샤먼 춤, 강신한 후에는 신령 춤으로 나타나는데, 전통 민속무용으로 간주되는 춤들은 강신한 후 추어지는 신령 춤을 가리킨다. 신령 춤은 기술적인 면을 강조한 것이 아니라 의식을 넘어선 본능적인 움직임이다. 상체와 어깨를 들썩이거나 도약과 도무하는 역동적인 움직임은 한국의 굿에서 무당이 접신하였을 때 보여주는 형태와 매우 유사하다.

샤먼 춤

샤먼 춤은 샤먼이 의례, 의식의 한 부분으로서 북을 두드리고 춤을 추는 행위에서 유래되어 온 것으로 추정한다. 샤머니즘을 연구한 학자들에 의하면, 샤먼 춤에 관하여 정의하면서 몽골의 샤머니즘은 예술의 모든 요소들을 모두 포함하는 복합 예술이라고 강조하였다. 다시 말해서 시와 노래, 춤, 명상, 행위예술 등이 모두 포함되어 있다.11)

---

8) 김문영, 조우현, 김기선, 〈몽골 샤먼 복식의 고찰〉, 《몽골학》. 15. (한국몽골학회, 2003), 211쪽; 장장식, 전경욱, 〈동몽골 보리야드 족의 샤머니즘〉, 고려대 민족문화연구원 민속학연구소편, 《몽골의 무속과 민속》. (월인, 2001), 169쪽.

9) 어트거니 푸레브, 앞의 글, 12－13쪽; 박환영, 〈몽골 샤머니즘 속의 여성민속 고찰〉, 《몽골학》. 37, (한국몽골학회, 2014), 2쪽.

10) 허스바야르, 〈몽골 춤 연구: 역사와 문화적 특징을 중심으로〉, 미간행 석사학위논문, (한국종합예술학교, 2011), 20쪽.

11) 문화예술연구소, 《Бүжиг: Соёл урлагийн тайлбар толь》. Мөнхийн үсэг, (2018), 36－37쪽; Т.Цэцэгжаргал, 〈Монголын бүжгийн түүхэн уламжлал, хөгжлийн шинэ хандлага〉, Ш.Эрдэнэцэцэг 외 3인 《Монгол бүжиг－сургалт, судалгаа, дэг зохиомж》. (Жиком пресс, 2017), 286－287쪽.

샤먼 춤은 처음부터 보는 이들에게 예술적으로 아름다워 보이도록 추는 춤이 아니라, 반대로 근엄하고 무거운 느낌, 때로는 신비스럽고 다소 무섭기도 한 춤이다. 그도 그럴 것이 샤먼 춤은 샤먼들이 맑은 맨정신에 춤을 추는 것이 아니라 신기가 내려 어떠한 경지에 이르러 무아지경 상태에서 나오는 춤사위이다. 하지만 그렇다고 해서 춤이 무질서하고 난잡한 형태가 되지 않는 이유는 장신구를 달랑거리거나 북을 두드리며 그에 맞는 속도와 강세, 크고 작은 춤사위를 가지고 있기 때문이라고 보고 있다.12)

샤먼의 의식과 관련된 춤인 안다이(Андай) 혹은 안다이부지그(Андай бүжиг)는 샤머니즘의 치료와 관련된 의식을 묘사한 것으로 원나라 시대에 연행되었다고 기록되어 있다.13) 안다이부지그는 노래, 시, 춤이 조화를 이루는 복합 예술이라고 정의하는데, 집단으로 원을 이루어 동시에 노래 부르고 춤을 춘다. 심적, 신체적으로 아픈 여성을 원 중앙에 두고 그의 회복을 비는 춤이다.14) 춤동작 중 손에 수건을 들고 흔들며 발을 굴리는 동작은 악귀나 악령들을 물리치고자 하는 의미를 지닌다. 춤을 추는 시기는 사계절 중 따뜻한 봄으로 7일에서 21일, 길게는 기약없이 그 이상까지도 추곤 한다.15)

오늘날 샤먼 춤은 의례, 의식의 행위가 아닌 전통문화의 하나로 인식되고 있다.

훙그리부지그(북춤, хэнгэрэг бүжиг)

훙그리부지그의 훙그리는 북을 의미한다. 훙그리부지그란 북을 두드리거나 흔드는 등 북을 이용한 춤이라 할 수 있다. 몽골의 춤 중 가장 많이 등장하는 악기가 북이다. 북소리의 강약에 맞추어 높이 뛰거나 돌기 등의 춤사위로 유목문화 생활양식과 밀접한 야생동물이나 새를 따라 묘사하거나 춤을 추는 사람의 마음을 표현한다.16)

북을 춤과 함께 사용하였던 역사적 근거는 중국의 몇몇 사료에서 찾아볼 수

12) 문화예술연구소, 위의 책, 37쪽.
13) 문화예술연구소, 위의 책, 8쪽.
14) 문화예술연구소, 위의 책, 8쪽.
15) 문화예술연구소, 위의 책, 8-9쪽.
16) http://www.solongonews.mn/content/read/34815.htm(2019.12.20.검색).

있다. 중국 사료에 의하면, 흉노인들에게 잡혔던 중국 사신들이 돌아와 기록하기를 흉노인들은 전통적으로 초르(цуур/피리와 유사한 악기)와 박 흉그리(бага хэнгэрэг)를 주로 연주하였으며, 잠이 들기 힘들 정도로 크고 작은 연주를 계속했다고 한다.[17] 즉, 그 옛날을 확실히 밝혀내기는 힘들지만, 현재에서 재구성할 수 있는 사료와 유적 등에서 흉노인들이 노래를 부르며 춤을 추고 악기를 연주했다는 것의 매우 자세한 기록과 증거들을 찾을 수 있다. 또 옛 사료에 부족 집단이 둥글게 모여 춤을 출 때 다양한 음색의 북 여러 개를 강약으로 치며, 그에 맞추어 춤을 추었다는 기록도 있다. 춤이 최고조에 도달했을 때에는 거세게 치는 북소리에 맞추어 무아지경에 도달하기도 했다는 것 또한 알 수 있다.[18]

몽골 전통 악단 및 공연에서 또한 북의 역할은 매우 중요하고 특별하다. 북의 크기는 이흐(их), 돈드(дунд), 지찍(жижиг) 3가지로 나눌 수 있다. 지역과 부족에 따라 상이할 수 있지만, 이흐 흉그리의 경우 얇은 소가죽으로 만들고, 돈드, 지찍 흉그리는 염소 피막으로 만드는 것이 대표적이다. 뿐만 아니라 사슴 피막으로 만들기도 하는데, 남무(南舞)는 숫사슴, 여무(女舞)는 암사슴 피막으로 만들어 구분하는 경우도 있다.[19] 북을 치는 채의 경우, 버드나무나 잣나무로 봉을 만들고, 채 끝을 부드러운 쿠션으로 두른다.[20] 몽골족의 북은 다른 돌궐, 퉁구스나 야쿠트 민족의 북에 비해 조금 작다는 특징이 있다.[21]

이 외에도, 타악기인 북을 크기와 색깔, 용도에 따라 아래와 같이 다양하게 나눌 수 있다. 예를 들면, 답시흐(давших хэнгэрэг), 아로르히브테(арур хэвтээ хэнгэрэг), 아양가트(аянгат хэнгэрэг), 조(зуу хэнгэрэг), 야로(яруу хэнгэрэг), 박 흉그리(бага хэнгэрэг) 등이 있다. 아로르히브테 흉그리[22]는 길이로는 46~56cm, 중앙이 둥그렇게 돌출되어 가장자리로는 빗각으로 내려오는 형태를 띠는 북이다. 이렇듯

---

17) Т.Цэцэгжаргал, 〈Монголын бүжгийн түүхэн уламжлал, хөгжлийн шинэ хандлага〉, Ш.Эрдэнэцэцэг 외 3인 《Монгол бүжиг－сургалт, судалгаа, дэг зохиомж》. (Жиком пресс, 2017), 279쪽.

18) http://www.urlag.mn/post/381.htm; https://mn.eferrit.com/discover－the－praise－dancing/(2019.12.24.검색).

19) http://www.sonin.mn/news/culture/2649(2019.12.27.검색).

20) http://www.urlag.mn/post/4223.htm(2019.12.23.검색).

21) 박원길, 《유라시아 초원제국의 샤머니즘》. (민속원, 2001), 400쪽.

22) https://mongoltoli.mn/dictionary/detail/7232(2019.12.23.검색).

깊은 울림을 내는 북은 처음에 하늘의 소리를 따라 만들어졌다고 하는 설화도 있다.[23] 역사 속 유라시아 대초원을 배경으로 치열하게 하나로 모여 화합하다 흩어져 대항하고 싸우던 부족과 나라 시기에 몽골족이 전쟁을 시작하기 전 소가죽으로 만든 북을 두드리던 것에서 유래했다고 한다.[24] 반면, 정병호는 「몽골 춤 연구」에서 흉그리부지그는 본래 샤먼춤에서 유래했다고 주장하였다. 이것이 후손에 전래하여 민속춤의 하나로 자리하게 되고, 남성들이 많이 추는 춤이 되었다고 한다.[25]

기본적으로 몽골의 전통춤을 이야기할 때 그들의 민속적인 특성 중 샤머니즘과의 연관성을 무시할 수 없을 것이다. 이미 샤머니즘은 몽골인의 사고와 사상 깊숙이 녹아내려 있는 매우 근본적인 요소이다. 몽골의 많은 학자들은 고대 몽골 민속춤이 남녀 샤먼들이 북을 두드리며 갖가지 표정과 춤사위, 행위를 하던 굿의 형식에서 비롯되었거나 밀접한 연관성이 있다고 입을 모아 말한다.[26] 이에 대한 반대 이견도 있다. 샤먼의 굿과 무가에서 등장하는 다소 정리되지 못한 춤사위, 몇 안 되는 형태의 고착된 손과 발놀림을 예로 들며 모든 몽골 춤의 기본이 샤머니즘에서 유래했다고 보기 힘들다는 학자도 있는데, 샤머니즘과 샤먼의 의례 의식 속 행위가 어떠한 모양으로라도 몽골 춤의 기반이 되고, 몽골 춤 발전에 영향을 끼친 것은 맞을지 모르나 샤먼의 행위를 온전한 춤, 춤사위라고 단정 짓긴 어려우며, 몽골 춤 전부를 의미하지 않는다[27]고 주장하였다. 전쟁에 나가기 전 북을 두드리던 것, 전쟁의 승리를 빌고 신의 가호를 구하는 것도 샤먼의 의식 중 하나이다. 샤머니즘의 영향력은 유라시아 대지의 북방민족이 유목생활을 하며 자연을 숭배해 온 것에서 비롯된 너무나 당연한 전통문화이다. 몽골인들에게 샤머니즘은 고유의 역사, 문화, 예술을 형성하는 데 지대한 영향력이 될 수밖에 없었을 것이다. 한 가지 안타까운 점은 춤사위나 동작들에 대해 자세히 서술한 기록은 찾아보기 힘들다는 것이다.

---

23) http://www.urlag.mn/post/4223.htm(2019.12.23.검색).
24) http://www.urlag.mn/post/4223.htm(2019.12.23.검색).
25) 정병호, 앞의 글, 241쪽.
26) 허스바야르, 앞의 글, 19－20쪽.
27) С.Мэндээ, 〈Монголын бүжгийн дэг зохиомж〉, Ш.Эрдэнэцэцэг 외 3인, 《Монгол бүжиг : сургалт, судалгаа, дэг зохиомж》. (Жиком пресс, 2017), 194쪽.

3. 중국의 샤머니즘과 전통춤 문화

중국의 샤머니즘 문화

실크로드 문화권에서 중국의 샤머니즘은 지리적, 문화적으로 매우 중요하다. 중앙아시아, 동남아시아, 인도, 시베리아 등과 연결되어 있으며, 한자문화권의 한국과 일본과도 밀접한 관련이 있다. 샤머니즘은 종교문화에만 국한되지 않고 이와 관련된 전통적 민족문화 전반의 기층을 이루고 있다. 그렇기에 중국의 샤머니즘에 관한 역사, 지역적 특징, 신앙, 의식 등 전반적인 민족문화에 대한 이해가 필요하다.

고대 중국의 '샤먼'은 사제를 지칭하는 것으로 무(巫), 무현(巫現), 무사(巫師), 살만(薩滿)으로 해석할 수 있으며, 소수민족의 언어로 이족(彝族)의 수니(이족어로 흥분하는 자), 먼바족(門巴族)의 덩롱칸(먼바어로 덩은 귀신, 롱칸은 보내준다는 뜻으로 귀신을 보내주는 사람)[28] 등을 말한다. '샤먼'이라는 단어가 지역, 문화에 따라 여러 의미로 사용되고 있었음을 보여준다. 현재 중국 학계에서는 무(巫)와 살만(薩滿)을 가장 많이 사용하고 있으나 전 세계 학계에서는 북방 퉁구스족의 토착어 '샤먼'으로 통용되고 있다.

중국 내 가장 많이 통용되는 무(巫)는 고대 문자인 갑골문자와 금문에서 비롯되었다. 갑골문자에 의하면 무(舞) 자의 시초는 무(巫)이며, 그리고 무(巫) 자의 형상은 협(夾) 또는 상(爽)이다. 이 글자에서 사람이 소꼬리나 새의 깃을 들고 춤을 추는 형상을 나타내는 것으로 보아 무(舞)와 무(巫)가 원래 같은 의미의 글자였다는 것을 알 수 있다.[29]

무격이 소꼬리나 새의 깃털을 갖고 춤을 추었다는 것은 『시경(詩經)』에서도 찾아볼 수 있다. 「완구(宛丘)」라는 시에서는 "덩덩 북을 치며 완구 아래에서 노는데 겨울 여름도 없이 백로 깃을 들고 춤추네"라는 구절이 있다. 이 시에 나오는 북과 부(缶)와 백로 깃은 무들이 사용하던 주구(呪具)이며, 이 시는 무녀가 굿을

---

28) 崔埈, 〈중국의 샤머니즘 개념 형성과 전개〉, 《샤머니즘연구》. 5, (한국샤머니즘학회, 2003), 16쪽에서 재인용.
29) 이병옥, 〈고대 한국무용사 연구〉, 미간행 박사학위논문. (경기대학교, 1993), 20쪽.

무(巫)의 갑골문자[30]

무(巫)의 금문[31]

하며 춤을 추는 것을 보고 그 아름다움을 노래한 것이다.[32] 이런 내용을 보면 무(巫)라는 글자가 바로 무(舞)와 깊은 관련이 있고, 춤을 추는 형상을 문자화했다는 것을 알 수 있다. 이처럼 중국학계에서는 무(巫)와 무(舞)를 하나의 뿌리에서 나온 글자로 보고 있다. 왕국유(王國維)의 『송원희곡사(宋元戲曲史』에 의하면 "노래와 춤이 일어남은 그 시원이 예전의 무당에 있지 아니한가?"[33]라고 서술되어 있다. 무당이 노래와 춤으로 신을 불러낸다는 것으로 해석할 수 있다. 학계에서는 당시 갑골문을 사용한 상나라는 제정일치 사회로 왕이 무당의 역할을 하였다고 추정한다. 왕은 신탁을 내리는 주체이며 의식을 행하는 과정에는 춤과 노래, 술이 중요한 역할을 하였을 것이다.

고대사회에서 제의를 지낼 때 축문을 읽고 기도를 드리는 것 외에도 춤을 춰서 강신(降神)한다는 것[34]은 중국의 『설문해자』[35] 주석에도 잘 나타나 있다. 단

30) 출처: http://zidiantong.com(1899년에 발견된 갑골문자는 청동기 시기에 사용됐던 문자로 유추된다. 중국 학계에서는 대략 기원전 13세기로 추정하고 있다. 상(商) 왕조가 이 시기에 속한다).

31) 출처: http://zidiantong.com(금문(金文)은 갑골문자 이후 등장한 문자로 주나라 시기에 사용되었다).

32) 김학주, 《중국 고대의 가무희》. (민음사, 1994), 94쪽.

33) 歌舞之興, 基始于古之巫乎(崔埈, 앞의 글, 18쪽).

34) 서재선, 〈중국 문자에서 본 제사문화에 관한 고찰: 〈설문해자〉의 '示部'를 중심으로〉, 《동북아 문화연구》. 17, (동북아시아문화학회, 2008), 268쪽.

35) 『설문해자(說文解字)』는 후한(後漢) 때인 100년 허신(許愼)이 편찬한 책으로 고대 한자의 뿌리를 설명하고 있다. 한나라 이전의 한자의 뜻을 알 수 있어서 중국 문자학의 출발점으로 삼고 있다. 이 때문에 어떤 한자 뜻을 제대로 읽기 위해서는 『설문해자』가 연구의 기초 텍스트가 되고 있다. 『설문해자(說文解字)』는 본문이 14권과 그 외 서목 1권으로 구성돼 있으며 9,353개의 글자가 수록되어 있다. 당시 통용된 모든 한자 9,353자를 540부(部)로

옥재(段玉裁)의 『설문해자 주(說文解字 注)』[36]에는 무(巫)에 대한 각주로 "無舞皆與巫疊韵"라고 서술되어 있다. 고대 중국에서 춤의 뜻으로 사용된 무(無)와 나중에 춤이라는 의미를 지닌 문자인 무(舞)가 모두 무(巫)와 '운모(韻母)'[37]가 같다는 것이다. 이런 해석은 무(舞)가 무(巫)와 무(無)가 동일한 뿌리에서 나왔음을 보여준다. 왕국유는 「송원희곡고」(앞쪽에 『송원희곡사(宋元戲曲史)』)에서 "무격은 고대의 제왕인 소호(小皞) 이전부터 있었으며 문화의 발전과 오랜 역사를 갖는다. 무격이 신을 섬길 때에는 반드시 가무를 사용하였다."[38]라고 설명하고 있다. 춤의 역사가 무(巫)에서 비롯됐다는 점을 설명하는 구절이다.

『상서(尙書)』에는 "늘 궁(宮)에서 춤추고 실(室)에서 술에 취해 노래하니 당시에 이를 무풍(巫風)이라 하였다."는 구절이 있다. 굴원의 「구가」에는 "옛날 초나라 남영의 고을과 원수, 상수 지방은, 풍속이 귀신을 믿고 제사를 좋아했다. 그들이 제사를 지낼 적에는 반드시 무격(巫覡)으로 하여금 음악을 짓게 하여 가무로써 귀신을 즐겁게 하도록 하였다."라고 노래하였다. 이런 고대의 무풍(巫風)은 제사의 의례가 정비되면서 점차 약해졌다.

상나라의 멸망 이후 주나라 왕조가 들어서면서 무(巫)는 위계가 낮아지고 권력은 축소되었다. 상 왕조 시기에 왕은 제의의 최고 신격으로 인간세계와 신의 세계의 가교역할을 담당하는 샤먼이라는 개념에서 점차 확대되었다. 음양오행 사상이 구체화되어 오제(五帝)라는 개념이 형성되면서 제에 대한 관념이 철학과 종교 측면에서 중요한 내용으로 자리 잡았다. 그러나 주 왕조는 '천(天)'을 최고의 신격으로 두고 왕실에 권위를 부여하는 힘으로 간주하여 왕을 하늘의 아들(天子)로 보았다. 한나라에는 무(巫)와 축(祝)이 분리되면서 유교적 가치관에 올바르지 않다고 하여 부정적인 종교 행위로 치부되었다. 이에 무당의 위치는 더욱 격하되었다.

분류했다(민성희, 〈설문해자로 본 고대 춤의 근원〉, 《한국무용연구》. 33(3), (한국무용연구학회, 2015), 59쪽).

36) 『설문해자』의 가장 정확한 주석으로 평가받는 청나라 단옥재(段玉裁)의 『설문해자 주(說文解字注)』 역시 『한한대역 단옥재주 설문해자 1』로 2015년에 처음으로 번역 발간되었다. 아직은 전체 내용을 번역 출간하기에 많은 시간과 연구가 필요하다(민성희, 위의 글, 61쪽).

37) 출처: http://dic.daum.net/index.do
운모는 한어(漢語)의 음절을 이루는 성모(聲母), 개음(介音), 운복(韻腹), 운미(韻尾) 중에서 어두 자음(語頭子音)인 성모(聲母)를 제외한 나머지 부분을 말한다.

38) 왕국유, 오수경 역, 《송원희곡고》. (소명출판사, 2014), 48쪽.

중국의 고대사회는 샤머니즘에 기반한 종교문화를 기반으로 한다. 중국의 샤머니즘은 황하(黃河)를 중심으로 한 북방과 장강(長江) 이남을 중심으로 한 남방으로 나뉘어 전개되었다. 북방을 배경으로 성립된 상나라, 주나라, 한나라와 같은 중앙왕조는 상나라 멸망 이후 두 가지 양상을 띠게 된다. 주체인 한족은 무(巫)문화에서 벗어나 도교, 불교 등의 문화로 전환하였으며, 다른 북방 민족은 무교에서 살만교로 발전하였다.[39] 반면 초나라 왕조의 배경이 된 남방은 여전히 무(巫)문화를 그대로 유지하였다. 이는 중앙에 비해 경제, 사회, 문화적으로 모든 것이 뒤떨어져 받아들이는 것이 부족하거나 늦기 때문이다. 북방 민족의 경우에는 실크로드가 무(巫)문화에 많은 영향을 미쳤다면 남방은 크게 영향을 받지 않았음을 나타낸다.

현대 중국학계에서 샤머니즘을 바라보는 시각은 미신, 원시종교로 보는 것이 일반적인 견해이다. 원시종교는 토템숭배, 자연숭배, 조상숭배, 천신숭배의 단계를 거친다. 이는 중국의 종교 진화론에 바탕을 둔 것으로 토템과 자연, 조상숭배는 무교로 보고 샤머니즘이라 지칭하며, 자연과 조상, 천신숭배는 살만교로 분리하여 무교보다 진화된 종교로 제한하였다. 중국 샤머니즘의 변천은 각 지역의 경제, 사회, 정치, 문화와 매우 밀접한 관계를 지니고 있으므로 일부 학자들은 현존하는 유풍(遺風)이 살만교의 흔적일 뿐 샤머니즘은 소멸되었다고 주장한다. 반면 이러한 유풍을 긍정적으로 바라보는 학자들은 이를 전통문화의 근간으로 보고 있다.

중국의 샤머니즘 춤의 종류

1) 공작무(孔雀舞)

중국은 한족(漢族)과 55개의 소수민족으로 이루어진 다민족 국가이다. 대표적인 소수민족에는 몽골족(蒙古族), 회족(回族), 장족(藏族), 태족(傣族), 위구르족(维吾尔族), 조선족(朝鮮族), 묘족(苗族), 와족(佤族), 하니족(哈尼族), 이족(彝族) 등이 있다.

이 중에 태족은 중국 서남 외곽에 있는 원남(云南) 난창강(瀾沧江)의 중하류

39) 崔埈, 앞의 글, 23쪽.

에 위치한 서쌍판납(西双版纳) 지역에 거주하는 오래된 민족이다. 태족은 그들만의 고대 문헌을 보유하고 있고, 그 시작을 알리는 기록이 나뭇잎에 기록되어 있는 등 인도와도 비슷한 문화를 가진 민족이다. 태족은 중국 원남성 외에도 태국 북부와 미얀마 동북부, 라오스, 인도, 베트남에도 언어와 풍속이 거의 비슷한 민족이 살고 있다. 이는 근대 국가 개념이 성립되기 전 태족이 중국 남부와 동남아, 인도 일대를 이동하며 살았기 때문이다.

공작무에 대한 최초의 기록은 당사(唐史)인 『신당서(新唐書)』[40]에 나와 있다. 『신당서』 222권 중 하권의 「남만열전(南蠻列傳)」에 의하면, 당대 정원(貞元) 16년인 800년에 표국(驃國, 骠國)[41]은 장안에 관찰사를 파견하여 기예를 보여주도록 하였다. 그 내용이 "孔雀王, 骠云桃台"로 적혀 있는데, 여기서 공작왕(孔雀王)은 공작새의 형태를 모방한 전통 악무를 말하며, 이것은 원남지역의 공작새 춤과 매우 유사한 형태를 가리킨다. 또한 '공작도태(孔雀跳台)'는 공작새가 도약하는 것을 의미하는데, 공작무를 말하는 것이다. 이것은 4000여 년 전, 또는 그 이전부터 원남지역에 거주하던 민족들과 이웃 국가들이 문화적으로 교류하였음을 엿볼 수 있다. 남만은 현재의 미얀마에 속하는 지역이다.

전통 공작무와 현재 공작무의 공연형식은 큰 차이가 있다. 우선 전통적인 공작무는 독무의 경우에는 남성만 춤을 출 수 있고 여성은 남성과 함께 2인무일 때만 출 수 있다. 음악은 북과 징 등의 타악기로 반주했다. 또 전통적인 공작무는 '날개틀 공작무'와 '공수 공작무'의 두 가지로 나뉘는데, 공수 공작무는 날개틀 공작무에서 변화한 춤이다.

공연 때에는 공작 모양의 장식을 머리에 달고, 어깨에는 부녀자가 어깨에 걸치던 복식의 일종인 연꽃잎 모양의 운견(云肩, 부녀자가 어깨에 걸치던 복식)을 걸치

40) 《신당서(新唐書)》는 북송 인종이 《구당서(舊唐書)》의 내용 왜곡과 부실함을 문제 삼아 구양수(歐陽修), 송기(宋祁) 등에게 명하여 16(1044−1060)년에 걸쳐 완성한 당 역사를 서술한 책이다. 중국 기전체 사서인 24사(二十四史) 가운데 하나이며, 당의 건국(618)부터 멸망(907)까지의 사실을 기록했다. 225권으로 구성되어 있다.

41) 표국(驃國)은 7세기에서 9세기까지 있었던 퓨족 국가이다. 현재 미얀마(缅甸)에 속하며, 티베트 버마계의 언어를 사용하는 '퓨'라는 민족이 2세기경부터 9세기까지 이라와디강 중류에 성읍국가를 형성했다. 표국은 중국 문헌에 표(驃/漂/剽)라고 기록되어 있으며, 힌두교와 불교를 믿었다. 9세기 중엽에 중국 원남지역에 있던 남조가 쳐들어오는 바람에 멸망하였다.

고 얼굴에는 보살 가면을 썼다. 혼자서 출 때는 여자 가면, 두 명이 함께 출 때는 남자와 여자 가면을 썼다. 또 공작 날개를 표현하는 틀을 어깨에 지고 공작이 하늘을 날듯이 자유자재로 춤을 추었다. 이러한 공작무의 동작은 태족 무용의 예술적 특징이 집약되어 있다고 할 수 있는데, 주로 손과 다리, 머리 등의 동작을 이용하며 표현한다. 양쪽 다리를 바깥쪽으로 벌리고 무릎을 올렸다 내리는 동작을 취하는 등 몸과 팔은 삼도만(三道弯)의 여러 가지 자세를 취한다. 삼도만이란 공작의 자태를 모방한 동작으로 태족 무용의 기본자세이며, 가슴을 펴고 턱을 약간 위로 드는 자세를 말한다. 다리의 다채로운 동작과 종아리의 정교하고 세밀한 움직임, 그리고 각각의 손짓 동작을 말한다. 손짓 동작은 자세마다 달라지며, 그 의미 또한 각기 다르다. 삼도만 자세와 부드러운 눈빛, 그리고 힘찬 동작은 공작무의 동적인 리듬감과 정적인 아름다움을 잘 드러내 준다. 특히 전통적인 삼도만은 주로 횡적인 자세로 구성되어 있는데, 불교와 동남아 무용 문화의 영향을 받아 종교적인 색채가 강하기 때문이다.

불교 전파는 인도와 미얀마문화를 태족 무용 속에 받아들이게 했고, 이는 공작무에도 큰 영향을 미쳤다.[42] 불교 사상의 전파는 공작의 신성한 이미지가 인도에서 중국으로 넘어왔다는 것을 의미하는 것이기도 했다. 여기에 공작무의 유래와 관련된 태족 전설이 있는데, 그 내용을 보면 다음과 같다. 석가모니가 성대한 불사(佛事)[43]를 벌여 많은 사람, 귀신, 동물, 그리고 사람의 얼굴을 하고, 발은 새 형상인 동물 인면조가 와서 축하하였다. 이때 인면조가 춤을 추니 사람들이 이를 보고 배운 것이 바로 공작무라 한다. 이처럼 태족에게 공작무는 석가모니가 불사를 치를 때 추는 무용으로 신성하고 존엄성을 가지고 있다. 인도와 미얀마의 문화가 전파됨으로써 공작이라는 소재는 물론이거니와 공연형식, 추임새, 손짓 등 많은 요소가 태족 무용으로 흡수되었다. 태족의 공작무는 기존의 단순한 동물모방이라는 토테미즘에 국한되지 않고 인도의 불교와 함께 예술로 승화된 춤이라 평가된다. 샤머니즘과 불교가 융합된 예술이라 할 수 있다.

42) 구체적으로 미얀마의 가필압락(哥必压洛), 인도의 파라다무(婆罗多舞)를 말하는데, 두 무용 모두 웅크린 자세로 시작하며 삼도만 자세를 취한다.

43) 흔히 사찰의 건조, 불상의 조상, 불화의 조성 등을 가리키나 넓게는 승려에 대한 공양이나 각종 불교 행사들을 가리키기도 한다.

공작무와 관련된 이야기는 태족뿐만 아니라 미얀마, 태국, 라오스, 인도 등 중국 이외의 동남아시아 여러 나라에 전해지고 있다. 태족만의 문화로 한정하기보다는 동북아시아, 중앙유라시아, 동남아시아를 아우르는 외래문화와의 교류가 집대성된 결과이자 문화 전파자와 같은 역할을 담당해 왔음도 주목할 필요가 있다. 중국에서는 이러한 소수민족의 무용을 중국민족민간무용[44]이라 한다.

2) 살오이등(유목민 춤)

중국의 몽골고원은 북방유목민족의 문화예술 발상지다. 몽골고원은 이곳에서 생활하던 씨족(氏族)과 부락, 그리고 민족들에게 수렵과 유목, 그리고 목축을 할 수 있는 중요한 경제 활동지이며, 춤을 통해서 자신의 건강한 생명을 확인하고 종족을 보존하며 생활의 안전과 풍요를 기원하는 제의의 장소였다.[45] 그중 살오이등(薩吾爾登)은 신장(新疆) 몽골계 오이라트(衛拉特)부족 가운데 토르구트(土爾扈特)부의 춤으로 남녀노소 모두 추는 가장 대중적인 민간무용이다. 유목생활 중에 느끼는 희로애락을 표현[46]하는 살오이등은 춤과 노래, 악기연주가 융합된 종합예술이다. 살오이등은 오락성을 지닌 민간무용일 뿐만 아니라 원시종교의 모습도 지니고 있다.

몽골족의 신앙과 그와 관련된 실행의식은 조상숭배에서 비롯된 '샤머니즘'의 범주에 속한다. 조상의 모습을 형상화한 '옹고트(ongghot)'라는 우상 여러 개가 가족이 생활하는 파오 안에 모셔져 있었는데, 몽골족에게는 이 우상을 잘 받들어 모시면 보호를 받는다는 사상이 있었다. 이보다 더욱 공을 들이는 것도 있었다. 몽골족의 초자연적 조직체계의 최상부에 있는 것은 '쿠케 텡그리(Koke Tengri, 푸른 하늘)' 또는 '몽케 텡그리(Mongke Tengri, 영원한 하늘)'였다. 땅과 풍요의 신은 대개가 그렇듯이 여신이었고, '이투겐'(Itugen)이라 불렸다. 하늘 아래에는 일상생활에

44) 소수민족의 문화가 융성하게 된 계기는 중화인민공화국이 1949년 10월 1일 수립된 이후부터이다. 옛날의 것을 오늘의 현실에 맞게 받아들이자는 중국공산당의 문화예술정책 방침에 따라 백화제방(百花齊放)·백가쟁명(百家爭鳴)과 다음에 이어진 고위금용(古爲今用)·양위중용(洋爲中用)이라는 정부의 문화예술 발전 방침에 따라 소수민족의 민족민간무용은 급속하게 발전하였다.

45) 朋, 烏恩,《蒙古族文化研究》. (內蒙古教育出版社, 2007), 56－76쪽.

46) 哈斯烏拉,《蒙古族舞蹈藝術》. (中國文聯出版社, 1999), 38쪽.

서 더욱 긴요한 영혼들의 세계가 있었다. '샤먼'은 인간과 이 신비한 세상 사이의 중개자 역할을 했다. 샤먼은 사회에서 높은 지위에 있었고, 흰옷을 입고 백마를 탔으며, 자신을 상징하는 지팡이와 북을 소지하고 다녔다. 이러한 모습은 한국의 고구려 벽화에서도 찾아볼 수 있다. 동북아시아에서 나타나는 공통적인 샤먼의 모습을 보여주고 있다. 샤먼의 역할은 영혼과의 중재, 각종 액막이, 가축·사냥꾼·아이들에 대한 축복 기원, 앞날에 대한 예언 등이었다. 예언은 양의 어깨뼈를 태워서 그 균열이 발생한 모양을 살피는 방식으로 이루어졌다.[47]

살오이등 춤은 오이라트 몽골족의 특유한 춤이자 문화이다. 북방 사람들의 생활방식이나 신앙심을 고스란히 담고 있어 몸으로 표현한 기록으로서의 가치를 지닌 살오이등은 자연숭배와 종교적 의미도 지니고 있다.

고대사회에서 자연과 동물은 사람이 살아가는 중요한 조건 중 하나였다. 그만큼 그들은 자연에 의존하였기에 자연현상 및 동물에 대해 이해하는 것이 삶의 필수 요건이었다. 그러한 인간 심리는 자연현상 및 동물을 형상적으로 모방하는 형태를 보이게 된다. 이는 토테미즘인 샤머니즘을 나타낸다. 대표적인 살오이등을 살펴보면 다음과 같다.

① 애래데비리그(愛來德比裏格) 살오이등

'애래(愛來)'는 독수리라는 뜻으로 '데비리그(德比裏格)'는 독수리가 날개를 튼다는 뜻이다. 이것은 살오이등의 입문 동작이다. 이로부터 모든 동작이 날짐승의 움직임을 흉내 내는 것이며, 하늘과 점점 가까워진다는 느낌을 환기한다.

② 교열하르(交熱哈爾) 살오이등

발랑 하길락(巴爾郎哈吉樂) 살오이등, 바리진켈(巴裏進克爾) 살오이등, 엘조리드고태샤르가(額若裏得哥太沙爾嘎) 살오이등, 모인신니지락(莫仁新尼地樂) 살오이등, 사이한쟈오두엘(塞汗叫讀爾) 살오이등 등을 포함하는 상위의 개념이다. 이런 살오이등의 주된 특징은 말의 걸음걸이와 양식을 본떠서 말춤을 추는 것이다.

47) 권용철 역, 데이비드 O. 모건 저, 《몽골족의 역사》. (모노그래프, 2012), 77쪽.

③ 우여크테커(烏如克特可) 살오이등

‘우여크(烏如克)’는 회갈색을 뜻하며, ‘테커(特可)’는 숫염소라는 뜻이다. 즉 ‘회갈색 숫염소의 살오이등’을 의미한다. 중원에 사는 사람들이 집집마다 돼지를 키우듯 유목민에게 염소는 없으면 안 되는 가축이다. ‘우여크테커’는 여러 가지 살오이등 중에 제일 특별하고 신화 이야기로 가득한 춤이다. 이 세 가지 살오이등은 동물의 여러 가지 자세를 흉내 내는 해학적인 특징을 보인다.

살오이등은 12가지 동작과 그에 어울리는 12가지 악곡으로 다양한 형식을 가지고 있다. 살오이등을 통해서 몽골족들의 전통적인 생활 습관과 정신세계를 파악할 수 있다. 오이라트 몽골족은 자연과 동물에 대한 세심한 관찰과 체험을 살오이등이라는 예술적 형식을 통해 생생하게 표현했다. 무용에서의 소박함, 순수함, 자연스러움은 몽골족의 자연관과 심미관을 반영하였다.

민간에서 오래전부터 전해 내려온 춤은 대부분 샤머니즘을 나타내는 신화나 전설을 지니고 있다. 살오이등은 구전으로 전해 내려온 전설과 구체적인 춤 자세의 설명까지 포함하고 있다. 민간 설화에 따르면 소녀가 처음으로 춘 살오이등 춤은 단순히 쓰러진 새끼 양 한 마리를 살리려고 한 행위였다고 한다. 죽어버린 그 새끼 양은 몇 달만 더 있으면 젖을 짜서 전방에서 적과 싸우고 있는 병사들에게 식량을 공급해 줄 수 있었다. 그래서 처음에는 쓰러진 가축들을 위해 춤을 춘 것이다. 가축들은 죽었지만, 영혼은 아직 살아있다고 믿었기 때문이다. 춤을 통해서 그들의 혼을 다시 불러오려고 한 것이다. 그런데 이 춤을 추고 나서 초원에는 가축들이 많이 모이기 시작하고 어디선가 매도 날아왔다. 마치 어려운 지경을 겪고 있는 사람들을 보호하러 온 것만 같았다. 그 이후로 살오이등 춤에서는 전사한 병사들의 모습도 형상화되기 시작했다. 여러 가축과 사람이 어울려 서로의 모습을 구분할 수가 없게 되었다. 살오이등의 연행은 생명이 끊임없이 생장하고 번성한 것을 보여준다. 이때부터 살오이등은 사람들에게 영혼이 몸에 붙은 느낌을 주기 시작했다. 한 번의 연행에서 춤을 추는 사람은 단지 몇십 명뿐이지만, 수천만 명의 사람들이 함께 추는 것과 같은 의미를 내재하게 되었다. 잦은 전쟁과 이주에 따라 신장위구르 자치구 서북부에 있는 이리(伊犁)까지 전파되면서 살오이등의 형식은 더 다양해졌다. 인간과 동물뿐만 아니라 여성적인 요소도 많이 포함되어 '소매 살오이등', '수건 살오이등', '물결 살오이등' 등 다양한 살오이등이 생겨났다. 그러면서 점차 예전과 다르게 용맹함과 온유, 속도와 여유로움, 호방함과 진정함이 한데 어우러진 의미구조를 갖추게 되어 사람들에게 호소하는 매력도가 높아졌다.

4. 한국의 샤머니즘과 전통춤 문화

한국의 샤머니즘 문화

한국의 샤머니즘은 고대 제의의 잔존형태인 무속 의례의 기본형식에서 찾아볼 수 있다. 제의는 청신(請神), 공연(供宴), 기원(祈願), 송신(送神)의 과정으로 구성되어 있으며, 그 사이에 신화(神話), 축사(逐邪), 무용(舞踊), 연극적 의례 요소들이 삽입되어 있다[48]는 사실에서 제의와 춤의 연관성이 분명하게 드러난다.[49]

한국의 제천의식에 있어 주로 인용되는 중국의 역사서는 대부분 『삼국지(三國志)』와 『후한서(後漢書)』에 국한된다. 우리나라의 대표적인 역사서인 『삼국사기(三國史記)』와 『삼국유사(三國遺事)』가 일부 기술하지 못한 부여와 고구려의 고대사가 『삼국지』 제30권 「위서 동이전」 제30과 『후한서』 제85권 「동이열전」 제75에 자세히 기술되어 있기 때문이다.

한국의 고대 제천의식 중 부여의 영고(迎鼓)와 삼한의 계절제는 한국의 샤머니즘 문화를 가장 잘 보여주고 있다. 『삼국지』에 의하면 부여의 영고를 다음과 같이 기술하고 있다.

> 은나라 달력으로 정월에 하늘에 제사를 지낸다. 나라에서 대회가 열리면 날마다 먹고 마시며 노래하고 춤을 춘다. 이를 '영고'라고 한다. 이때 감옥에서는 형벌을 다스리지 않고 죄수들을 풀어준다.[50]

48) 현용준, 《무속신호와 문헌신화》, (집문당, 1992), 444－445쪽.
49) 김효분, 〈한국 제의식(祭儀式)에 나타난 가무적(歌舞的) 요소: 신화, 고대제의(古代祭儀), 팔관회(八關會)를 중심으로〉, 《대한무용학회논문집》, 35, (대한무용학회, 2003), 57－85쪽.
50) 以殷正月祭天, 國中大會, 連日飮食歌舞, 名曰迎鼓, 於是時斷刑獄, 解囚徒(《三國志》 제30권

『후한서(後漢書)』에 기록된 영고의 설명도 『삼국지』와 거의 유사하다. 제천의식을 지내는 며칠 동안 사람들은 춤추고 노래했다. 여기에서 춤은 제천의례 때 제단이라는 제한된 공간에서 펼쳐지는 전문 무용수의 춤과는 다른 성격을 갖고 있다고 볼 수 있다. 제천의례는 여기에 참여하는 사람들 모두가 춤을 췄다는 것이다. 김영희, 김매자(1995)는 『한국무용사』에서 부여의 영고에 대해 "원시 집단무용의 원형이 아니었는가 싶다."라고 해석하였다.51) 가무가 소수의 특정 집단이 아니라 전체 민중이 함께 참여한 행위였음을 설명하고 있다.

부여의 영고에서 원시적 종합예술의 모습을 유추할 수 있다. 사람들은 스스로 춤을 추면서 다른 사람의 춤을 보는 즐거움을 만끽했다. 영고는 맞이굿(迎神祭)과 같은 성격의 의식도 북으로 신을 맞이한다는 의미를 지닌 영고(迎鼓)라는 명칭에서 유추해 볼 수 있다. 특히 북이라는 악기는 신을 부를 때 모든 사람이 즐길 수 있는 악기이다. 북을 두드리며 추는 춤은 몽골의 샤머니즘 춤인 횽그리부지그에서도 나타난다. 동북아시아의 샤머니즘에서 북이 지닌 상징성은 매우 유사한 면을 보인다.

삼한 중 가장 큰 마한은 부여의 영고보다 훨씬 더 뚜렷한 의례의식을 가지고 있었다. 『삼국지』와 『후한서(後漢書)』에 의하면, 해마다 5월의 씨뿌리기와 10월의 수확할 때에 신에게 제사를 지내고 모두 모여 밤낮으로 음주가무를 즐긴다고 기록되어 있다. 의례의식을 지낸 후 뒤풀이 형식의 축제를 즐기는 전형적인 샤머니즘 문화를 보여주고 있다. 의례를 주관하는 사람은 '천군(天君)'인데, 이것은 샤먼, 즉 무당을 의미한다. 마한은 정치와 제사가 분리된 부족국가로 천군이 다스리는 성역을 소도(蘇塗)라 하였다. 소도에는 큰 나무를 세우고 북과 방울을 매달아 놓고 의례를 지냈는데, 이 형태는 중국과 몽골의 샤머니즘 문화에서도 비슷한 형태를 찾아볼 수 있다.

『삼국지』에 의하면 춤의 형태에 관해 "수십 명이 땅을 밟으며 낮추었다 올렸다 하기도 하고 손과 발을 서로 맞추는데 그 박자와 리듬이 마치 탁무(鐸舞)와 같

위서 오환선비동이전 제30).

51) 민성희, 〈삼국지와 후한서에 나타난 한국춤〉, 《한국체육학회지》. 49(6), (한국체육학회, 2010), 542쪽.

다"[52]고 기록되어 있다. 탁무란 중국의 한나라와 위나라 시기의 속악(俗樂) 중에 민속무용으로 탁(鐸)을 들고 추는 춤을 말한다. 탁은 중국의 『고금악록(古今樂錄)』에서는 쇠로 만든 큰 방울을 뜻하였다. 중국 무용사에서 『당서(唐書)』「악지(樂志)」와 『고금악록(古今樂錄)』의 기록을 근거로 탁무는 큰 방울을 손에 들고 추는 한나라의 무악으로 설명하고 있다. 고대 중국인들의 눈에는 마한의 제천의례에서 발로 땅을 밟으며 손과 발을 서로 맞추며 추는 춤이 중국의 탁무와 비슷하다고 본 것이다.

실제로 한국의 대전시 괴정동(지금의 서구 내동)에서 1967년 동(銅)으로 만든 큰 방울(탁)이 2점 발굴되었다. 제작연대는 서기전 4세기로 추정되어 청동기 시대 이후에도 큰 방울이 줄곧 만들어져왔음을 보여준다. 마한에 탁무가 행해졌다는 사실을 염두에 둘 때, 동탁이 발견된 이곳이 이후에 마한의 한 지역이었다는 사실을 고려해야 한다. 즉, 『삼국지』에 기록된 탁무와 대전 괴정동의 동탁과 연관지어 생각해 볼 수 있다. 동탁이라는 발굴유물로 유추할 때 제의를 주관하는 천군의 지휘에 따라 동탁에 박자를 맞추어 함께 춤을 췄다고 해석할 수 있을 것이다.

마한의 계절제는 종교적 제의와 축제가 결합된 전형적인 농업사회의 샤머니즘 문화를 보여주고 있다. 이러한 고대 무속 의례의 흔적은 현재 행하는 굿을 통해서 유추할 수 있다. 굿은 원시시대인 기원전 3-4세기경부터 자연발생하였으며, 한국에 불교가 전래되는 과정에서 민간신앙과 결합함으로써 샤머니즘 성격을 띠는 대표적인 의식 무용으로 굳어지게 되었다. 불교가 민중 속으로 들어와 무속신앙과 더더욱 습합됨에 따라 굿에 지대한 영향을 미치면서, 그 영향은 무무(巫舞), 민속춤에서 구체적으로 찾아볼 수 있다. 무속은 문학, 미술, 무용, 음악 등 다양한 형태의 예술로 지금까지 전승되고 있으며, 우리 민족의 기층 신앙으로 자리잡아 전통문화예술의 원류라고 할 수 있다.

박진태는 굿이란 신이 인간 세상에 왔다가 가는 과정을 연출하는 것이고 신의 현신은 빙의와 가면, 인형 그리고 가장 등의 방법으로 표현된다고 하였다. 빙의는 신이 인간의 몸이나 물체에 접신하는 방식이며, 가면은 인간이 신의 얼굴을

---

52) 其舞, 數十人俱起相隨, 踏地低昂, 手足相應, 節奏有似鐸舞(《三國志》 제30권 위서 오환선비동이전 제30).

조형화한 것이다. 무당은 빙의로 인해 직접 신으로 변신하기도 하고, 신대를 이용하여 간접적으로 신을 강신시키기도 하였으며, 무당이 아닌 민간인도 신에게 접신되기도 한다.[53] 굿의 형태는 자연환경과 사회의 변화, 생활풍습 등에 의하여 각기 다른 형태로 나타났으며, 인간의 사고와 사회적 성격에 따라 독특한 특성을 지니며 발전하였다. 오늘날 굿은 무속의 한 의례로 종교보다는 전통문화로서 그 입지가 더 공고히 자리 잡고 있다.

경기도 도당(都堂)굿

국가무형문화재 제98호(1990.10.10. 지정)인 경기도 도당굿은 경기(京畿)지역(서울 외곽지역)에 전승되는 마을굿으로, 마을의 안녕과 태평, 풍요를 기원하는 굿이다. 현재는 마을굿의 경기도당굿 모습보다 보존회를 중심으로 전승되는 전통문화의 성격이 더 강하다.

고대 마한의 샤머니즘 유풍이라 할 수 있는 경기도당굿은 한강을 중심으로 한강 이북 지역의 강신무(降神巫)[54]에 의한 도당굿과 한강 이남 지역의 세습무(世襲巫)[55]에 의한 도당굿으로 구분된다. 현재의 도당굿은 한강 이남(경기 남부) 지역의 세습무를 지칭한다.

도당굿을 주관하는 무당, 즉 샤먼은 남무(男巫)인 '화랭이'[56] 또는 '산이(사니)'[57]와 여무(女巫)인 '미지'[58]로 구분한다. 화랭이는 어려서부터 굿판에서 성장하여 무가(巫歌)뿐만 아니라 재담, 춤, 악기연주 등 뛰어난 재능을 갖추고 있으므로, 이들이 주도하는 도당굿은 노래와 춤이 중심을 이룬다.[59]

도당굿은 각 거리별 장단과 춤에 무속적 의미를 지닌다. 장단에는 춤을 위한 반주 장단과 무가를 위한 반주 장단이 확연하게 구분되며, 기악과 결합된 반주 형

---

53) 박진태, 《한국 탈놀이의 미학》. (태학사, 2014), 34-67쪽.
54) 강신무는 신병이라 불리는 종교체험을 거쳐 무당인 된 종교인을 말한다.
55) 세습무는 부모로부터 무당의 신분이나 직능을 물려받은 무당, 종교인을 말한다.
56) 화랭이는 무악(巫樂)을 집안 대대로 세습하는 남성 악사를 일컬으며, 신라 화랑에서 유래된 용어이다. 이와 같은 의미로 산이(사니)로 지칭하기도 한다.
57) '사니'라고도 씀. 무악을 집안 대대로 세습하는 남성 악사를 일컫는 용어이다.
58) 미지는 집안 대대로 세습하는 여성 무녀를 일컫는다.
59) 김헌선, 《경기도 도당굿: 중요무형문화재 제98호》. (국립문화재연구소, 1999), 4쪽.

태와 기악 없이 장구로만 반주되는 형태로 구성되어 있다. 예를 들어 부정굿의 춤을 위한 반주장단에서 부정놀이장단에 맞춰 춤을 추는 경우는 기악 없이 장구로만 반주되고, 자진굿거리장단에 맞춰 춤을 추면 기악으로 반주된다. 부정놀이장단은 부채와 방울을 들고 춤을 추며 신을 모시는 청신(請神)의 의미를, 자진굿거리장단은 무구(巫具)를 놀리거나 공수를 주는 다양한 연행으로 신을 즐겁게 하는 오신(娛神)의 의미를 지닌다. 춤의 연행방식에 따라 장단에 변화를 주는 것이다. 또 샤먼이 미지(여무)인지 화랭이, 또는 산이(남무)인지에 따라 반주 장단이 다르다. 즉, 연행자와 연행방식에 따라 장단이 다르다. 이처럼 춤과 노래에 따라 장단이 다양한 것은 굿 연행의 주도적인 역할을 화랭이(산이)가 하고 있기 때문이다.

경기도당굿의 손굿 무가를 살펴보면 서역과의 관련성을 찾아볼 수 있다. 무가의 내용에 "강남에서 조선국으로 건너온 손님신"이 나오는데 손님신은 마마 또는 천연두라 불리는 질병을 의미한다. 강남은 서쪽(서천)을 뜻하는데 지역에 따라 호구(虎口), 별성 등으로 불린다. 모든 굿의 절차에 손굿이 있는데 경기도당굿에만 손굿을 한 후 손님노정기를 한다. 손님노정기의 무가 내용을 살펴보면, 손님은 강남에서 압록강, 평양을 거쳐 한양으로 들어온다. 이는 서역의 문화가 어떠한 경로를 통해 들어 왔는지를 유추해 볼 수 있다.

현재 샤머니즘 문화를 여러 관점으로 접근할 수 있는 경기도당굿 같은 마을굿이 점점 사라져 가는 것은 매우 안타까운 일이다. 단지 전통문화의 공연물이라는 역할에 치우친다면 마을굿이 지닌 의미와 상징이 점차 변질되어 버리지 않을까 우려된다.

진오귀굿

사령(死靈)굿은 대체로 중부지역에서는 '진오기' 또는 '상문풀이'라 하고, 남부지역에서는 '씻김굿' 또는 '오구굿'이라고 하며 전해진다.[60] 서울과 경기지역에서는 '진오귀굿'이나 '새남굿', 경상도와 강원도, 충청도 지역에서는 '오구굿', 호남지역에서는 '씻김굿', 제주도는 '시왕맞이', 평안도는 '다리굿', 함경도는 '망묵굿'이라

60) 김숙, 〈서울 진오귀굿의 춤 연구〉, 《이화체육논집》. 5, (이화여자대학교체육대학보건체육연구소, 2001), 47쪽.

하여 지역마다 다른 용어를 사용하고 있으나 모두 망자를 위한 굿을 지칭한다.

진오귀굿은 망자의 원혼을 해원하고 업보를 소멸시켜 깨끗한 상태로 저세상에 정주하도록 하는, 즉 극락왕생(極樂往生)을 기원하는 굿이다.[61] 극락왕생은 원래, 윤회의 고통에서 벗어나기를 발원한다는 내용을 핵심으로 하는 불교 용어지만 무속에서도 그대로 사용하고 있다. 불교에서도 생전예수재(生前預修齋), 영산재(靈山齋), 수륙재(水陸齋) 등과 같이 망자 천도를 위한 제의가 있는데 이는 무속의 진오귀굿과 서로 상당한 영향 관계 속에 있다고 볼 수 있다.

진오귀는 한자에서 유래된 것이 아니라 순수 우리말이다. 퉁구스족의 언어 가운데도 'orgi'는 해가 지는 서방 하계의 뜻을 가지고 있으며, 샤먼이 저승을 드나드는 굿을 'orgiski'라고도 하며 '오구굿'이니 하는 것은 바로 이 퉁구스어와 그 어원을 같이 하는 말로 보인다.[62] 서울과 경기지역에서는 때때로 진오귀를 지노귀, 진오기 등으로 표기[63]하기도 하며 한자로는 '指路鬼'라고 쓰기도 한다.[64] 진오기는 죽은 지 얼마 되지 않은 사람을 위한 굿으로 진은 아직 마르지 않은[65]이라는 의미를 지닌다.

진오귀굿은 샤먼, 즉 무당에 의해 주관되는데 굿의 목적을 달성하기 위해서는 춤의 역할이 매우 중요하다. 진오귀굿의 춤은 여러 가지 굿의 형태를 포함하고 있는데, 그중에서 도령춤은 바리공주가 망자의 극락왕생을 인도하는 과정을 모두 춤으로 표현하고 있다. 각 거리마다 연행되는 춤과 노래는 신과 교섭하여 신을 즐겁게 하는 것에 있다. 단군신화의 기록에도 '굿'이란 무당이 가무오신(歌舞娛神)을 비는 제의로 기술되어 있다. 이는 춤을 통해서 신을 맞이하고 즐겁게 하며 신의 뜻대로 모든 일을 이루어 망자를 보내는 것이다. 특히 서울 진오귀굿 춤은 자유로운 형식으로 즉흥성을 발휘하기도 하는데 강신무가 주관하는 종교의식에서 춤의 본질인 탈아의 경지, 즉 엑스타시스(ekstasis)를 경험한다. 한국적 신체활동이 움직

61) 조흥윤, 《한국의 샤마니즘》. (서울대학교출판부, 1999), 23쪽.
62) 김숙, 앞의 글, 48쪽.
63) 조흥윤, 《서울 진오귀굿》. (열화당, 1993), 78쪽.
64) 임학선, 〈진오귀굿의 무당춤에 대한 고찰〉, 미간행 석사학위논문. (이화여자대학교대학원, 1975), 5쪽.
65) 임학선, 앞의 글, 5쪽.

임을 통한 절정 체험을 중요시한다는 정체성을 가지고 있다고 볼 때, 이렇듯 춤을 통해 망아적 상태로까지 몰입하게 되는 것은 단지 움직임을 통한 몰입의 경지를 지나 열락의 경지에서 기(氣)를 체험하는 것까지 이를 수 있다.[66)]

진오귀굿의 중심이 되는 재차(祭次)는 죽은 영이 돌아와 넋두리하는 '영의'란 것과 망령을 잡아가는 '사자놀음', 그리고 말미를 드린다 하여 '바리공주'의 본생을 풀이하는 긴 서사무가를 읊는 대목이다.[67)] 여기에서 무당은 죽은 이의 원한을 풀어주기 위해서 옷을 들고 춤을 추는데, 못다 산 죽음의 억울함을 넋두리로 나타낸다. 진오귀굿에서 넋두리가 행해질 때 무당이 긴 광목이나 삼배를 가르면서 저승으로 가는 길 안내를 하는데, 이때 영을 상징하는 넋전을 들고 극락문을 지나간다. 시왕다리를 가른다고도 하는 배를 찢는 장면은 이승길과 저승길을 갈라서 저승으로 인도하는 의미를 담고 있다. 특히 이 장면은 전형적인 춤의 형식을 갖추고 있어 오늘날 전통문화의 공연물로 자주 등장하였다.

5. 일본의 샤머니즘 전통춤 문화

일본의 샤머니즘 문화

일본의 샤머니즘은 슈겐도(修驗道), 신종교, 신도(神道)에서 관찰된다. 슈겐도는 일본의 토착 산악신앙에 북방의 샤머니즘과 불교(밀교), 도교, 신도의 전통을 혼합하여 헤이안(平安, 794-1192)시대에 형성된 종교체계[68)]로 슈겐종(修驗宗)이라고도 한다. 수행을 통하여 번뇌를 떨치고 깨달음을 경험한 힘을 얻는다는 의미를 지닌다. 슈겐도는 신도(神道)와 불교의 습합을 근간으로 두고 있으나 교리와 수행체계는 불교(밀교)에 더 가깝다. 그러나 일반적인 밀교와는 달리 입산 수행을 강조한다. 수행은 산악도로를 따라 쥬쿠(宿)라고 불리는 성지를 순례하면서 경전을 외우는 것이다. 이는 애니미즘의 산악 숭배신앙의 영향을 받은 것으로, 산 자체가

66) 이철진, 김정명, 〈한국전통춤 해석에 관한 연구: 현상학적 분석〉, 《한국체육학회지》, 39(3), (한국체육학회, 2000), 79쪽.
67) 김숙, 앞의 글, 8쪽.
68) 박규태, 〈일본의 샤머니즘 개념형성과 전개〉, 《샤머니즘연구》, 5, (한국샤머니즘학회, 2003), 40쪽.

부처 또는 신성한 성지로 상징되기에 입산만으로도 본존불(本尊佛)인 대일여래(大日如來)[69]와 일체화되어 해탈을 추구하였다고 본다.

슈겐도의 산악 행자, 즉 샤먼을 슈겐자(修驗者) 또는 야마부시(山伏)[70]라 하는데, 이들은 고통에 빠진 중생들을 구하기 위하여 각종 주술을 연마하고, 신사에서 제사를 주관하거나 민간에서 병든 이들을 고치는 의식을 행한다. 슈겐자의 주술적, 종교적 활동은 서민들의 종교생활에도 깊이 관여하는 한편 마츠리, 예능, 문예에도 큰 영향을 미치는 등 일본의 민속종교 형성에 결정적인 요인으로 작용했다.[71]

일본의 신종교는 샤먼적 직능자가 교조가 되는 경우가 많으며, 실제로 종교집단을 형성하였음에도 불구하고 샤머니즘 의례가 행해지고 있다. 신종교 교조들의 특징을 보면 대다수가 교조가 되기 전 신체적·정신적 이상 현상들을 겪는데 이는 한국의 굿(강신무)에서 샤먼(무당)으로 입문하기 전에 겪는 현상들과 유사하다. 신령이 빙의된 사람은 '오비야유루시'라는 주술적인 치병 의례를 거행함으로써 교조로 입문하게 된다.[72] 신종교 교조의 상당수가 교조가 되기 전에 다양한 민속종교의 영향을 받으면서 지역사회 내에서 샤먼으로서의 지위를 확립하였다. 하지만 교조와 샤먼은 영적 권능이 발현되는 형태에 있어 차이가 있다. 샤먼은 신령을 영적 권능의 원천으로 삼고 독립적인 활동을 할 수 있는 반면에 교조는 영적 권능인 신과의 일치를 통해 교의라는 형태로 언어화되고 정당화되기에 샤먼과는 구별되는 종교 지도자가 되는 것이다. 신종교는 샤머니즘의 의례적 요소를 지닌 종교라 할 수 있다.

신도(神道)는 일본의 고유한 민족종교로, 일본의 문화와 정신세계에 지대한 영향을 미친 다신교(多神敎)이다. 일본 본토와 아이누족(アイヌ族, 홋카이도(北海道)와 사할린, 쿠릴열도 등지에 분포하는 소수민족)은 '야오요로즈노카미(八百万の神)'라고

---

69) 불교(밀교)에서 대일여래(大日如來) 또는 비로자나(Vairocana)로 불리는 부처는 삼신불(三身佛), 즉 법신불(空), 보신불(性), 화신불(相) 중 공(空)을 상징하는 법신불이다. 우주 만물의 빛의 원천으로 태양을 상징한다.

70) 야마부시란 산(山: 야마)에서 엎드려(伏し) 수행하기에 붙여진 이름이다.

71) 박규태, 앞의 글, 40-41쪽.

72) 박규태, 위의 글, 45쪽.

하는 수많은 신의 존재를 믿고 있었다.[73] 일본 고대 역사서인 『고지키(古事記)』에도 '카미'의 명칭이 붙어있는 말이 약 백여 종에 이르고 있으며 자연현상이나 자연물에 붙여진 것뿐만 아니라, 위인·영웅·귀족 등이 신이 되기도 하였다.[74]

신도라는 한자화된 일본어가 문헌상 최초로 기록된 것은 720년에 집필된 『니혼쇼키(日本書紀)』이다.[75] 여기에는 "천황은 불교를 믿고 신도를 존중한다(天皇信仏法尊神道)."라고 나온다.[76] 이를 통해 신도와 불교가 공존하는 형태로 숭상되어 왔다는 것을 짐작할 수 있다. 이 시기의 신도는 종교의식, 신(神), 신사(神社) 등을 의미했으나 10세기 무렵부터는 '신불습합설(神佛習合說)'로 불교의 영향 속에서 이론 체계를 구축하였으며, 12세기 후반 이후부터 특정 종교를 표현하는 용어로 사용되기 시작하였다.

신도는 일본 민족의 신에 관한 관념에 입각하여 일본에서 자연 발생한 전통적인 민중 종교로 교리보다는 제사와 의례를 중시하고 있다. 단적으로 일본의 농경사회를 보여주는 곡물신(穀靈)과 조상신(祖靈)에 대한 신앙을 내포하고 있다. 신도는 일본의 지리적 풍토에서 생겨났고 민족의 역사와 함께 성쇠를 거듭해 온 종교문화이며 생활과 밀착된 전통문화이다. 일본 민속학의 창시자 야나기다 구니오(柳田國男, 1875-1962)를 비롯한 많은 학자들이 신도를 '일본인의 고유한 신앙'으로 설명해 왔다. 이는 신도가 슈겐도와 신종교보다 일본의 원시종교에 더 근접해 있음을 보여준다. 신도의 대표적인 의례가 가구라이다.

고대 일본의 문헌에 등장하는 무녀(샤먼)는 일본어로 '미코(巫女)', 한자로 무녀, 신자(神子), 무자(巫子) 등 다양하게 표기한다.[77] 무녀는 접신을 통해 주술적 염력을 지닌 여성을 지칭하는데 궁정이나 신사에 소속되어 방울을 울리고 부채를 들며 신악(神樂)을 추는[78] 신사무녀(神社巫女)와 이곳저곳을 돌아다니며 서민을 살

---

73) 이복임, 〈한국의 무속신앙과 일본 신도(神道)에 대한 연구〉, 《일본문화학보》, 75, (한국일본문화학회, 2017), 338쪽.
74) 이복임, 위의 글, 338쪽.
75) 『일본서기(日本書紀)』의 요우메이천황(用明天皇, 540-587)과 관련된 한 문장에 처음으로 등장한다.
76) 이복임, 위의 글, 349쪽.
77) 박규태, 앞의 글, 34쪽.
78) 현재의 신사무녀는 영적 존재와 교류하는 기능이 결핍되어 있으며 고대 무녀의 전통을 계승하고 있지 않다.

피며 제문을 외거나 사령의 공수에 종사하는 민간 무녀[79]로 구분된다.

기록에 의하면 서민들 사이에서 무녀가 등장하는 기록은 11세기로 신사의 무녀보다 늦게 나타나지만, 그들이 신사 무녀의 후예인지는 아직 분명하게 밝혀지지 않았다. 하지만, 야나기타 구니오(柳田国男)는 민간 무녀와 신사 무녀의 근원이 하나임을 주장[80]한 바 있으며, 민속학자인 사쿠라이 토쿠타로(桜井徳太郎, 1917－2007)도 신사 무녀가 불교와 신도의 영향으로 현재의 민간 무녀로 변화하였다[81]고 주장하였다.

한국과 일본의 기층문화를 연구해 온 요다 치호코(依田千百子, 1943－)는 일본 샤머니즘에 관해 다음과 같이 피력하였다.

> 고전에 등장하는 신사무녀는 원래 한반도에서 들어온 북방계 샤머니즘이었으며 한반도에서는 이미 공수를 실시하는 남방계 샤머니즘과 습합한 상태로 일본으로 전파되었다. 따라서 일본 샤머니즘은 선주민이 지니고 있던 남방계 빙령 문화의 토대 위에 한반도에서 남방계 샤머니즘과 습합한 북방계 샤머니즘이 들어오면서 형성된 복잡한 샤머니즘이라는 것이다.[82]

이러한 시각에서 보면 일본과 한국의 샤머니즘은 기층문화 차원에서 연결되어 있다고 할 수 있다. 동북아시아의 샤머니즘 문화가 서로 연계되어 있음을 보여주고 있다.

---

79) 桜井徳太郎, 「巫女」, 『日本民俗事典』. (弘文堂, 1996), 617쪽.

80) 柳田國男, 〈「妹の力」「巫女考」〉, 『定本柳田國男集』. 第9巻, (筑摩書房, 1970).: 세키네 히데유키, 〈한일 무속 사자의례의 기원과 복장〉, 《일본문화연구》, 24, (동아시아일본학회, 2007), 272쪽.

81) “본래 고대 샤먼은 신사(神社) 제의의 의례 집행자인 동시에 공동체의 종교적 신앙을 지도하여 사람들을 구제하는 종교적 기능을 가지고 있었다. 그러나 신사의 관료화가 진행되면서 전자의 역할을 하는 샤먼은 단순한 의례 제전의 집행자인 사제자로 전락하면서 후자의 측면은 승려나 행자, 기도사 등의 소위 민간의 종교적 직능자에게 위양하게 되었다. 그리고 신사와 불교의 역할 분담이 형성되면서 장제(葬祭)와 같은 죽음에 관한 일은 신사의 관할에서 제외되었으며 게다가 민간 무녀가 신탁을 전해주는 것이 금지되면서 민간 무녀는 오로지 사령을 초래하는 영매가 되면서 살림을 하는 신세로 떨어졌다. 이어서 원래 일본 전국에서 볼 수 있었던 민간 무녀가 오늘날 혼슈의 북단과 남서제도에 산재하는 정도까지 쇠퇴하였다.”(桜井徳太郎, 『東アジアの民俗宗教』. (吉川弘文館, 1987), 620쪽.

82) 依田千百子, 「朝鮮半島と日本のシャーマニズムの比較」, 諏訪春雄. 川村湊編, 『アジア稲作文化と日本』. (雄山閣, 1996), 178－179쪽.

가구라(神楽)

가구라는 일본 고유의 신앙인 신도의 제례 의식을 예능화한 것이다. 신의 음악(神楽)이라는 한자를 빌려 쓰고 있지만, 본래의 의미는 제의에서 신을 모시는 자리, 신이 좌정할 자리를 의미한다. 신이 좌정하는 자리(神座)[83]라는 의미가 확대되어 신을 모시고 연행되는 가무를 가구라로 일컫는다.

가구라는 신사(神社)에서 음악과 춤을 추며 신의 축복을 기원하는 가장 오래된 종교 의례이며 민속예능이다. 일반적으로 일본 각 지역의 축제인 마츠리(祭り)의 일부로 행해진 연행 예능을 가리키기도 하고, 매년 또는 몇 년에 한 번씩 일정한 시기에 신을 불러 행하는 일종의 진혼의례라고도 한다. 이는 가구라가 지니고 있는 제의와 예술 측면에서 바라본 해석이다.[84] 또 마이(舞い)에 속하는 가구라는 궁중음악인 가가쿠(雅樂)의 영향을 받았으나, 진혼(鎭魂)과 초혼(招魂)의 신에게 제의를 올리는 일본 전통의 예능으로, 마을을 지켜주는 우지가미(氏神)[85]에 지내는 제사인 마을 제의(洞祭り)에서 행해졌다는 점을 간과해서 안 된다.[86]

가구라는 일본에서 가장 오래된 예능 형태로 나라(奈良, 645-856)시대부터 기록이 전해지고 있으나 그 계보나 실상은 명확하지 않은 것이 사실이다. 그러나 가구라와 관련해서 기술된 기록으로 그 기원을 두 가지로 나눈다면, 가구라는 『고지키(古事記)』와 『니혼쇼키』에 따르면 아메노우즈메(天鈿女命, あめのうずめ)가 신들린 춤을 춘 것이 기원이 되었다는 설과 아메노우즈메의 후손인 사루메노기미(猿女君)가 궁중의 진혼 의식과 관계된 제례에 그 기원을 두고 있다는 설로 요약할 수 있다. 신들린 춤은 마이(舞い)라고 하며 '회전하다'라는 뜻의 '마와루(廻る)'에서 왔다. 가구라는 마이(舞い)에 속한다고 볼 수 있다.

---

83) 신좌(神座)라 쓰고 가무쿠라, 또는 가미쿠라로 읽음(本田安次, 〈祭と神楽〉, 《日本の古典芸能1》. (平凡社, 1969), 59쪽).

84) 강인숙, 〈일본 카구라(神楽)의 문화적 배경〉, 《대한무용학회논문집》. 57, (대한무용학회, 2008), 3쪽.

85) 우지가미란 같은 마을에 사는 사람들이 공동으로 제사를 지내는 신도의 신을 말한다. 같은 씨신(氏神)의 주변에 살며, 그 신을 신앙하는 모든 사람을 씨자(氏子)로 삼는다. 이 씨신을 제사 지내는 신사를 씨사(氏社)라 한다.

86) 福田アジオ 外編著, 《日本民俗大事典》. (吉川弘文館, 1999), 217쪽.

가구라는 궁중에서 행해지는 것과 지방에서 행해진 것으로 구분할 수 있다. 궁중에서 행해진 가구라는 고정된 양식으로 정착되어 전승된 것에 비하여 각 지방에서 행해진 가구라는 연행방식이나 연행 절차가 다양하기 때문에 특정한 기준으로 분류하기가 쉽지 않다. 이는 지방에서 행해진 가구라와 관련된 연구가 가구라 연구 분야 중에서 가장 늦게 시작된 분야이기도 하고, 앞서 언급한 바와 같이 분류 기준이 명확하지 않기 때문에 현 단계에서 지방에서 행해진 가구라에 관해서 확실하게 언급하기란 조금 어렵다. 또한 미가구라(御神樂, 이하 궁중 가구라를 '미가구라'라 표기), 즉 궁중에서 행해진 가구라에 비해서 지방에서 행해진 가구라가 각 지방에 따라 각기 다른 특징을 보이며 다양한 명칭으로 불렸기 때문이다. 일본에서 전승되고 있는 가구라의 종류가 약 3,000여 개가 넘으니 각 지방이나 신사에서 행해지는 가구라의 역사가 그만큼 다양하게 존재한다는 것을 의미한다.

가구라는 형태와 양식, 구조에 있어서 다양성을 보이므로 이를 분류하기란 쉽지 않지만, 가구라를 향유하는 계층, 지역과 형태, 목적, 연령 등에 의해서 분류하기도 한다.[87] 외형적으로 보았을 때는 가가쿠계(雅楽系), 노가쿠계(能楽系), 덴가쿠계(田楽系), 넨부츠계(念仏系), 유다테계(湯立系) 등 다섯 가지로 분류할 수 있으며, 지방에 따라서는 미에현(三重県) 이세(伊勢)계, 도쿄도(東京都) 에도(江戸)계, 시마네현(島根県) 이즈모(出雲系)계 등 세 지역의 세 가지로 분류할 수도 있다. 가장 일반적인 형태인 향유 계층과 연행되는 장소라는 관점에 따라 궁중에서 연행되는 미가구라와 민간에서 행해지는 사토가구라(里神樂)로 분류한다. 사토가구라는 민간 가구라로, 좁은 의미로 일본 관동(関東)지방의 민간 가구라를 가리키기도 하지만, 일반적으로 각 지방에서 행해진 가구라를 말한다. 사토가구라는 무녀 가구라, 이즈모류 가구라, 이세류 가구라, 사자 가구라로 분류하는데, 이는 이미 언급한 바와 같이 일본의 민속학자인 혼다 야스지(本田安次)의 분류를 따른다.

사토가구라는 지방에 따라서 다양한 형태로 연행되는데, 이를 형태에 따른 관점에서 미코가구라(神子神樂), 이세가구라(伊勢神樂), 이즈모가구라(出雲神樂), 시시가구라(獅子神樂)로 구분된다. 샤머니즘적인 요소를 갖는 미코가구라를 제외한

87) 강인숙, 〈일본 카구라(神樂)의 문화적 배경〉, 《대한무용학회논문집》. 57, (대한무용학회, 2008), 5쪽.

이세가구라, 이즈모가구라, 시시가구라는 모두 슈겐도(修験道) 전통에서 비롯된 것이다.

미코가구라(巫女の神楽, 神子神樂, 神懸かり系・早乙女系)는 가구라 중에서 가장 오래된 형태이며, 일본 마쓰리 기간에 신사의 미코(神子, 巫女)에 의해서 행해지는 가구라를 말한다. 미코는 쉽게 말하면 무녀로 인식되는데, 이는 미코의 기원이 일본 신화의 아메노우즈메의 신들린 춤에서 비롯된 것이라고 인식하기 때문이다. 이후 미코가구라는 형식화되고 신사에서 신에게 기원을 드리는 춤으로 발전되었는데, 그 대표적 행사가 나라현(奈良県)에 있는 가스가타이샤(春日大社)이다. 가스가타이샤에서는 무녀의 춤이 오래전부터 행해졌는데, 그 시기는 901－923년으로 헤이안(平安)시대였다. 무녀의 춤인 미코마이(巫女舞)를 하면서 읊은 노래가 『슈이슈(拾遺集)』[88] 9권 102수에 "귀한 오늘 야오토메(八乙女)가 춤을 추시니 신도 어찌 기뻐하지 않을까."[89] 이 노래는 나라현에 있는 가스가타이샤에서 야오토메가 춤을 추었다는 일본의 전통 노래이다. 여기서 야오토메는 신을 섬기며 춤을 추는 소녀를 말한다.

이외에도 헤이안시대 후기에 사루가쿠(猿楽)에 관한 가장 오래된 책이며 수필인 『신사루가키(新猿楽記)』와 비슷한 시기에 간행된 가요집인 『료진히쇼(梁塵秘抄)』에서도 춤추는 무녀와 관련된 내용을 볼 수 있으나, 그 기원을 찾기는 어렵다.

미코가구라는 피리, 북 등을 담당하는 가구라오토코(神楽男), 거문고를 켜는 악사(琴師), 춤을 추는 미코(巫女)로 구성되어 있으며, 미코가구라의 가장 큰 특징은 무녀의 춤사위와 신들림 상태이다.

무녀는 춤과 신내림 상태로 방울이나 부채, 나뭇가지를 들고 무대를 빙글빙글 돌면서 춤을 춘다. 이때 무녀가 손에 쥐는 물건을 도리모노(採物)라고 한다. 또 무녀가 굿을 벌이는 장소인 제장을 빙글빙글 돌면서 춤을 추는 것은 신을 불러오기 위해 제장을 정화시키는 의미를 지닌다. 이때 징이나 북을 치거나 피리를 부는데, 이는 무녀가 신들림 상태로 몰입하는 것을 돕는 것이라 한다. 이후 무녀가 신

88) 『슈이슈(拾遺集)』는 일본 칙선 와카집(勅撰和歌集, 천황이나 상황(上皇)의 명령으로 편찬된 노래집)으로 1006년경 성립되었다고 알려져 있으며, 1300여 수의 와카를 싣고 있다.
89) めづらしきけふのかすがのやをとめを　神もうれしとしのばざらめや.

들림 상태가 되면 스스로 묻고 답하거나 신사의 신관(神官)이 질문하고 답하는 형식을 취하는데, 이것이 미코가구라가 지니고 있는 종교적 특색이라 할 수 있다. 그러나 1870년경 일본에서는 신직연무금지령(神職演舞禁止令)을 내리고 신직(神職)을 담당하는 사람의 가구라마이(神楽舞)를 금지시켰지만, 현재는 각 지방에 따라 전통을 이어가고 있다.

슈겐도의 노(能) 전통에서 비롯된 시시카구라(獅子神樂, 사자가구라)는 불교 교리와 도교 의례가 혼합된 형태의 민간신앙으로 일종의 사자탈을 쓰고 추는 탈춤이다. 사자춤을 가구라로 칭하는 이유는 신이 사자머리를 가무쿠라(神座)로 삼아 내려와서 인간들에게 축복을 가져다 준다고 보기 때문이다. 사자춤은 화재를 예방하고 액을 물리치며 재난이나 질병에서 벗어나기 위해서, 또는 신축 가옥이나 선박이 제조되었을 때 불운을 막고 복을 비는 기도의 의미가 있으며 조상 공양의 목적으로 조상의 무덤에서 연행되기도 한다. 이는 한국의 북청사자놀이에서 사자머리 모양의 가면을 쓰고 악귀를 물리치는 것과 비슷하다.[90] 시시가구라(獅子神楽)의 사자춤은 한국과 중국에서도 연행되고 있는데, 이는 일찍부터 신을 위한 춤의 형태가 상호 교류되고 전승되면서 발전되었다는 사실을 의미한다. 이 하나의 사례에서 보더라도 고대 동서양의 문화교류가 다방면에 걸쳐 활발히 전파되면서 변용, 형태화되었음을 알 수 있다.

현재 가구라는 무대 장식이나 가면, 도리모노, 춤사위 등 여러 제의적 요소와 예능적 요소를 결합하거나 분리하는 수단으로 사용되고 있다. 이는 종교적 기원은 동일하지만, 시대가 흐름에 따라 종교적 성격은 약화되고 예술성이 강화되었다는 것을 의미한다.

6. 나가며

실크로드 문화권의 샤머니즘은 구복제액(求福除厄)을 바라는 염원을 담은 제의의 형식이 전래되어 토속신앙 형태로 그 명맥을 이어왔다. 중국의 나희, 몽골의

90) 高年世, 《韓·日 獅子舞 比較研究: 북청사자놀음과 이세다이카구라(伊勢大神樂)를 중심으로》. 미간행 석사학위논문, (全北大學校대학원, 2006), 1－126쪽.

무속 의례, 한국의 굿, 일본의 가구라는 보편적인 신앙이기보다는 전통문화의 보존이라는 의미에서 그 명맥을 유지하고 있다. 동북아시아 국가들의 샤머니즘 문화는 토속신앙을 바탕으로 유교와 불교의 습합이 만들어 낸 것이다.

중국의 나희, 몽골의 무속 의례, 한국의 굿, 일본의 가쿠라에 나타난 샤머니즘 의례에서 춤은 단독행위만이 아니라 노래와 음악, 춤, 극이 하나로 어우러진 종합적인 예술의 형태로 의례를 행한다는 공통점이 있다. 샤먼, 즉 무당의 역할도 각각의 민족마다 무속 의례가 시대에 흐름에 맞춰 변함으로써 그 전통을 유지하는 데 상당한 영향을 미쳤다. 그리고 각국의 무속 의례가 샤머니즘의 의례적인 면을 바탕으로 점점 주술적인 의미가 상징화되며 오락성과 축제성의 성격을 지닌 예능적인 여러 의식의 형태로 변화되는 것을 보면 시대의 흐름에 맞춰 전통을 벗어나지 않는 틀 안에서 풍습을 이어가며 문화를 형성하여 왔음을 알 수 있다.

민간신앙을 바탕으로 전통을 이어온 중국, 몽골, 한국, 일본의 샤머니즘 의례에서 추는 춤은 각 국가나 민족별로 종교적, 사회적, 예술적 상징성을 지니고 있지만, 춤의 의미에는 큰 차이를 보이지 않는다. 지금까지 한국의 무용학자들 대부분은 "우리의 춤 속에는 단일 민족의 순수한 원형이 그대로 살아 숨 쉬고 있다."는 말을 자주 한다. 그러나 이것은 지나치게 자민족 문화의 우월성에서 벗어나지 못한 주장이다. 우리의 문화는 마치 살아 있는 생명체와 같이 실크로드를 통해 주변의 다양한 민족과 상호 교류한 결과물이기 때문이다. 그것은 몽골족과 중국의 여러 소수민족, 만주와 한반도, 그리고 일본열도와 같은 주변 민족과 이루어진 수없이 많은 교류 속에서 형성되었다. 즉, 우리의 신체문화는 결코 순수한 형태로 존재하고 계승된 것이 아니라 복합형 문화로 형성되었다는 점을 염두에 둘 필요가 있다.

이처럼 동북아시아권에 위치한 중국, 몽골, 한국, 일본은 지리적으로 인접해 있어서 예전부터 다양하고 활발한 문화교류가 이루어져 왔기 때문에 그 흡수나 발전 과정이 매우 비슷하기도 하지만, 한편으로는 자신들만의 독자적 춤 문화로 확립시켜 면면히 계승해 온 것이다.

제4장 중국, 한국, 일본 가면극의 전승 현황 및 교류사

1. 들어가며

가면을 쓰고 행하는 극을 가면극이라 한다. 그러나 가면을 쓴다는 것은 단순한 의미는 아니다. 가면은 일상 공간과의 단절일 수도 있고 신의 공간으로 들어가 소통할 수 있다는 의미일 수도 있다. 따라서 가면은 종교적·주술적인 제의와 연행(燕行) 현장으로의 시도인 것이다. 가면은 사람이나 동물의 얼굴 모양을 만들어, 주로 얼굴에 써서 분장에 사용하는 연극 가면을 말한다. 이러한 가면은 선사시대부터 현대에 이르기까지 긴 역사를 가지고 다양한 양식과 예능을 형성하면서 발전하여 하나의 문화로서 자리 잡았다.[1)]

이러한 가면극은 한국과 중국, 일본 이외에도 티베트, 인도네시아, 태국 등 아시아를 비롯하여 전 세계에서 볼 수 있다. 특히 티베트는 라마교사원에서 전승되는 종교가면극인 참(cham)과 민간에서 전승되는 민속가면극인 라모(lamo)가 있는데, 그 유래나 전승 양상이 동아시아와 다르다.[2)]

가면 문화는 문화교류로 인해 전파되면서 각 나라의 토착문화와 융합하여 발전하기도 하며 다양한 가면 문화를 형성하였다. 그중에 중국의 경극과 나희, 한국의 탈놀이, 일본의 노(能) 등은 그 원류를 거슬러 올라가면 각 가면들과의 유사

1) 전경욱, 《한국가면극: 그 역사와 원리》. (열화당, 1998), 49쪽.
2) 전경욱, 〈티베트 가면극의 역사와 연희양상〉, 《남도민속연구》. 23, (남도민속학회, 2011), 349－383쪽.

성을 찾을 수 있다.[3] 특히 한국, 중국, 일본 등 동아시아 국가들은 가면극에 있어서 매우 유사한 발전 과정을 보인다.[4] 또 동아시아의 가면극은 마을 주민들이 전승하던 가면극과 전문 연희자들이 전승하던 가면극이 있다는 특징도 가지고 있다. 마을 주민의 가면극은 향촌제사활동(鄕村祭祀活動)에서 연행되었던 것으로 각각 자생적이고 향토적인 성격을 띠고 있고, 전문적 연희자는 산악(散樂) 또는 백희(百戲)라고 불리던 동아시아 공동의 연희들이 발전하여 성립된 것이다.

우리 역사의 삼국시대에는 중국으로부터 산악·백희, 또는 산악잡희(山樂雜戲)라고 부르는 연희들이 유입되었다. 안악 제3호분 동수묘(冬壽墓)의 벽화 중에 후실의 가면희도(假面戲圖)[5]에는 서역 출신으로 보이는 춤꾼이 코가 높은 가면을 쓰고 춤을 추고 있는 모습을 확인할 수 있다. 이것은 고구려에 이미 산악백희[6]와 같은 서역과 중국에서 유래한 연희와 가면희가 있었는데, 이때 가면이 함께 유입되었음을 추정할 수 있다. 산악백희 또는 산악잡희라고 불리는 연희는 삼국시대에 중국으로부터 유입되었다. 산악백희 종목에는 곡예와 묘기, 환술, 각종 동물로 분장한 가면희, 각종 동물을 훈련시켜 재주부리게 하기, 인형극, 골계희인 우희, 가무희, 악기 연주 등이 있다.

고려는 물론 조선 왕정에 들어와서도 가무백희, 잡희, 산대잡극, 산대희라고 불리던 연희도 바로 이 산악백희를 계승한 것이었다. 조선에서 중국 사신을 영접할 때 나례도감(儺禮都監)에 동원되어 연희를 펼치던 반인들이 18세기 전반기에 산악백희 계통의 연희와 기존의 가면희를 바탕으로 재창조한 것이 본산대놀이이다.

중국과 우리나라의 나례에서는 산악백희가 연행되었고, 그 연희자들이 후대에 가면극을 성립시켰다. 그래서 우리나라 가면극에 등장하는 인물의 성격과 극적 형식은 나례에 등장하는 인물의 성격 및 구나(驅儺) 형식에 크게 영향을 받은

3) 안영지, 〈한국 하회탈과 일본 노멘(能面)의 형태와 제작기법〉, 미간행 석사학위논문, (고려대학교대학원, 2019). 1쪽.

4) 전경욱, 《한국의 전통연희》. (학고재, 2004), 14–15쪽. 외 다수.

5) 가면희도(假面戲圖)에는 네 사람이 보인다. 세 사람은 각각 긴 퉁소, 완함, 거문고를 연주하고 있으며, 서역 출신으로 보이는 한 사람의 춤꾼은 가면을 쓰고 있다. 춤추는 인물은 붉은 물방울무늬가 있는 터번식의 머리쓰개를 쓰고 있어 이국적으로 느껴지며, 코가 큰 가면을 썼다. 또 다리를 ×자형으로 꼬고 손뼉을 치는 듯한 자세로 춤을 추고 있다. 동수묘 외에 집안현 오회분(五盔墳)의 4호 고분과 5호 고분에서도 가면을 쓴 사람이 발견된다.

6) 본고에서는 산악백희라는 용어가 많이 사용되므로 이 용어를 사용하기로 한다.

것으로 나타난다. 현재 중국에서는 가면극을 나희라고 부르는데, 이는 중국 가면극이 대부분 나례에서 연행되던 나희로부터 발전했기 때문이다. 일본도 동아시아 공동의 연희 문화인 산악백희가 유입된 이후 변화하고 발전하여 후대에 일본의 대표적 전통 연극인 노가쿠(能樂), 노쿄겐(能狂言), 닌교조루리(人形淨瑠璃), 가부키(歌舞伎) 등을 성립시킨 것으로 밝혀졌다. 중국에서는 산악·백희를 담당했던 사람들이 이 연희를 발전시켜 '나희'라는 가면극을 성립시켰고, 일본에서는 사루가쿠(猿樂), 즉 산악을 담당했던 사람들이 '노(能)'라는 가면극을 성립시킨 것처럼, 우리나라에서도 중국 사신을 영접할 때에 나례도감에 동원되어 연희를 펼치던 반인들이 '본산대놀이'를 성립시켰다고 알려져 있다.[7)]

이처럼 동아시아 국가들은 가면극에 있어서 동아시아적 보편성과 함께 한국, 중국, 일본 각 나라의 독자성을 띠고 있다. 이에 동아시아 가면극과 관련된 선행연구가 다수 존재하며, 한국과 중국, 중국과 일본, 한국과 일본 등의 흐름에서 한국, 중국, 일본의 가면극에 대한 동아시아 전반에 관한 연구가 진행되고 있다.[8)]

본 연구는 이를 토대로 앞서 언급한 바와 같이 한국, 중국, 일본 등 동아시아 국가들의 가면극의 유사점과 독창성을 파악하여 한국, 중국, 일본의 가면극이 서로 비교할 수 없는 고유한 가치를 존중하고 아울러 한국 가면극의 위상을 재정립하는 계기를 제공하고자 한다. 또 연구가 가면극의 예술적 가치를 체계화함으로써 한국 가면극의 문화교류사적 연구의 기초자료로 활용될 것으로 기대한다.

2. 중국, 한국, 일본 가면극의 역사적 전개 과정

가면극은 동아시아 국가들에서 매우 유사한 발전 흐름을 보인다. 그 중심에는 산악·백희라는 한국, 중국, 일본 등 동아시아 국가들이 공동으로 보유했던 연희문화가 존재하고 있다.[9)] 이에 대해서 일본의 연극학자인 가와타케 시게토시(河

7) 국사편찬위원회, 《연희, 신명과 축원의 한마당》. (두산동아, 2006), 305쪽.
8) 전경욱, 《동아시아 가면극의 역사와 전승양상》, (집문당, 2017), 1－780쪽. 김학용, 〈한·중·일 가면극 비교연구〉, 《세계문학비교연구》 63, (세계문학비교학회, 2018. 6), 5－24쪽 등 다수.
9) 전경욱, 《한국의 전통연희》. (학고재, 2004), 14 · 15쪽. 참고.

竹繁俊)는 동아시아 공동의 연희 문화인 산악·백희가 일본에 유입된 후 변화하고 발전하여, 후대에 일본의 대표적 전통연극인 노가쿠(能樂), 노쿄겐(能狂言), 닌교조루리(人形淨瑠璃), 가부키(歌舞伎) 등을 성립시켰음을 밝힌 바 있다.[10)]

그러나 산악·백희의 기원이라는 것은 가면극의 기원론 중 하나이며, 이외에 산대희(山臺戲) 기원설, 제의기원설 등으로 분류할 수 있다. 이 중 산대희 기원설은 산대희라는 탈을 쓴 광대가 산대에서 풍악에 맞추어 춤을 추고 재담을 하는 가면극의 기원이 되었다는 것을 말한다. 여기서 산대는 공연용 야외무대로 그 앞에서 연희를 펼치는 행위가 산대희이다. 산대는 동아시아에서 공통적으로 볼 수 있는데, 한국의 산대는 산 모양의 무대 구조물이고, 중국은 산대를 오산(鰲山), 일본에서는 산차(山車, だし)라고 쓴다. 동아시아에서 무대 구조물로 신성한 산(神山)을 설치한 기록은 중국 한대(漢代)부터 발견된다. 산대와 오산은 주로 중국 고대 신화와 신산 항목을 토대로 한 봉래산을 형상화한 것이다. 인도에서는 신을 모신 수레인 신거(神車)나 신을 모신 가마인 신여(神輿)의 행렬의식이 수반되는 종교축제가 보편적으로 전승되고 있으며, 네팔, 일본 등에서는 종교축제 때 신을 신여에 옮겨 모시고 가두행렬을 한다.

다음으로 제의기원설은 다시 무속제의기원설과 풍요제의기원설(풍농굿기원설)로 분류할 수 있는데, 무속제의기원설은 가면극의 기원이 무당이 주재하는 고대의 제의나 마을굿에 있다고 보는 가설이다. 그러나 이 가설은 기록이 있기보다는 전승되는 과정에서 얻어진 주장이며 이론으로 정립되지는 못하고 있다. 이에 여기에서는 세 가지의 기원설 중 산악, 백희, 기악(伎樂)에 관한 기원설을 중심으로 가면극에 대한 기록을 참고해 이것의 기원에 대해서 살펴보고자 한다.

그렇다면, 산악백희는 무엇일까? 산악에서 산(散)이란 잡다한 것, 주변적인 것이라는 의미로 아(雅)나 정(正)의 반대 개념의 사물을 가리키는 말이고, 악(樂)이란 음악만을 한정하는 말이 아니라 노래, 연주, 춤, 연기, 극(劇) 등이 종합적으로 포함된 볼거리를 뜻하며 예능 혹은 연극을 총칭하는 말이다. 다시 말해서, 산악이란 아악(雅樂)이나 정악(正樂)과 같이 엄격한 의식이라기보다는 오락적인 성격이

---

10) 가와타케 시게토시(河竹繁俊), 이응수 역, 《일본연극사》(상). (청우, 2001), 157쪽. 참고.

강한 우스꽝스러운 흉내 내기와 서커스와 같은 신체적인 기술 등 모든 잡예(雜藝)를 가리킨다. 또 백희는 가무백희(歌舞百戲)라 불리며, 기악백희(伎樂百戲), 가무잡희(歌舞雜戲), 백희잡기(百戲雜伎)라고도 한다. 여기서 가무는 노래와 춤을 말하며, 백희는 헤아릴 수 없이 많은 놀이 종목을 뜻한다. 따라서 가무백희는 여러 종류의 악가무(樂歌舞)가 연행되는 놀이를 의미한다. 그러나 산악백희는 함께 언급되는 경우가 많으며, 산악, 백희가무(百戲歌舞), 산악잡희 또는 각저희(角抵戲)라고도 하였다.

이처럼 여러 명칭으로 불리는 산악백희가 각국에서 어떻게 기록되어 있는지, 이를 통해서 한국, 중국, 일본에서 이 연희가 어떻게 진행되었는지 각국의 전개 과정에 대해서 살펴보겠다. 산악백희가 중국에서 한국과 일본에 전해진 연희 종목으로 알려져 있기 때문에 중국의 기록부터 살펴보도록 한다.

중국 가면극의 기원과 전개 과정

산악은 중국 고대의 악무(樂舞)를 지칭하는 용어이며, 본디 중국 주나라(周, B.C. 1046(?)－256)의 민간 악무를 일컫던 말이다. 이와 관련하여 중국의 산악과 관련된 최초의 기록은 주나라의 『주례(周禮)』 춘관(春官)에 보인다. 그 내용을 보면, "모인은 산악에 맞춰 추는 춤과 이악(夷樂)에 맞춰 추는 춤을 가르치는 일을 관장한다."[11]라고 기술하고 있다. 이는 주나라 시대에 이미 산악이 존재하였음을 알 수 있는 대목이다. 여기서 모인은 궁정의 무악 담당 관리인으로 산악과 이악의 교습을 관장했다.

다음으로 후한(後漢, 25－220)의 문인인 장형(張衡, 78－139)의 서경의 풍물을 찬양하는 글인 『서경부(西京賦)』를 보면, 산악의 종목을 소개하고 있다. 여기서 서경(西京)은 지금의 장안(長安)을 말한다. 내용을 보면, 불 토하기(吐火)와 칼 삼키기(呑刀) 등과 같은 기기(奇伎)와 곡예, 그리고 호랑이 · 곰 · 표범 · 용 등 각종 동물로 분장한 가면희(假面戲) 등에 관한 기술이 보인다. 이처럼 산악 · 백희가 가면극의 기원이 되는 근거라 할 수 있을 것이다.

---

11) 旄人, 掌教舞散樂 舞夷樂.

당(唐, 618－907)나라 가공언(賈公彦, ?~?)의 『주례주소(周禮注疏)』를 보면 "산악은 야인 중에 악을 잘하는 사람이며, 그들은 관인이 아니었음으로 '산(散)'이라고 하였다."[12)]라고 하였는데, 이는 산악이 정악(正樂)이 아니었으며 이를 행하는 사람들도 관인(官人)이 아니었다는 의미하는 것이라 할 수 있다.

또 당나라 두우(杜佑, 735－812)가 저술하고 중국 역사상 최초로 형식이 완전히 갖추어진 정치 서적으로 취급되는 『통전(通典)』 「악(樂)」 6권을 보면 백희에 대해서 "북제 무평 연간에 어룡난만(魚龍爛漫), 배우(俳優), 주유(侏儒), 산거(山車), 거상(巨象), 발정(拔井), 종과(種瓜), 살마(殺馬), 박려(剝驢) 등 기괴한 모양새의 이상한 연예 백여 가지가 있었는데 이름을 백희(百戲)라고 하였다."라고 기술하였다. 그리고 산악에 대해서는 "산악이란 것은 잡희로 환술(幻術)이 많았는데 모두 서역에서 나왔고 환술을 잘하는 사람이 중국에 모이면서 시작되었다."[13)] 또 『구당서(舊唐書)』[14)] 「악지(樂志)」를 보면 "무릇 산악잡희에는 환술이 많은데 모두 서역에서 나온 것이다."라고 기록되어 있다.

중국 송나라 때에 왕부(王溥)가 당나라의 법제와 국정에 관하여 서술한『당회요(唐會要)』 33권을 보면, "당나라 이전부터 산악이 있었는데 백희라고도 불리며 그 내용은 배우, 가무, 잡주(雜奏) 등이 있다."고 산악을 설명했다. 여기서 배우라는 것은 연기자라는 의미가 아닌 흉내 낸다는 의미이며, 솟대타기, 칼 던지기, 줄타기, 칼 삼키기(呑刀), 불 토해내기(吐火), 쌍칼 놀리기 등의 곡예와 묘기, 연주 등, 그리고 각종 동물로 분장한 가면희가 있었다. 이러한 가면희 종목이 있었다는 기록을 통해 산악·백희를 가면극의 기원으로 보는 것이다.

이처럼 산악은 중국 고대의 악무를 지칭하는 용어로, 본디 주나라의 민간 악무를 일컫던 말이었다. 이후 남북조시대를 거치면서 수·당나라에서는 주로 백희와 함께 사용되었고, 송·원나라 이후에는 민간예인 또는 민간극단을 가리키는 용

---

12) 散樂, 野人為樂之善者, 以其不在官之員內, 謂之為散.

13) 大抵散樂雜戲多幻術, 皆出西域, 始於善幻人至中國.

14) 『구당서(舊唐書)』는 당나라(唐, 618－907년)의 정사(正史)로 이십사사(二十四史) 가운데 하나이며, 940년에 편찬을 시작해 945년에 완성되었다. 내용은 당 고조의 건국부터 나라가 멸망까지에 21명의 황제(皇帝)가 통치한 290년 동안의 당나라 역사의 기록이다. 장소원 · 가위 · 조희 등이 편찬하고 조영이 감수하였다. 처음에는 『당서』라 했으나, 송대(宋代)에 『당서』를 다시 편찬하였기 때문에 『구당서』라 부르게 되었다.

어로 사용되었다. 백희는 고대의 악무잡기(樂舞雜技)에 대한 총칭으로 중국 원나라 이후에는 개별 연희 종목들을 가리키는 용어들이 주로 사용되면서 백희라는 말은 점차 사용되지 않게 되었다.

한국 가면극의 기원과 전개 과정

다음은 한국에 있어서 산악·백희와 관련된 부분을 살펴보고자 한다. 한국에서는 백희(百戲), 백희잡기(百戲雜技), 잡희(雜戲), 나례(儺禮),[15] 나희(儺戲), 나(儺), 산대희(山臺戲) 등으로 불렸던 연희들은 중국에서는 산악·백희라 하였다. 또 산악·백희는 가무백희로도 불렸는데 이에 대한 기록을 보면 다음과 같다.

『삼국사기(三國史記)』 1권 「신라본기(新羅本紀)」를 보면, "유리이사금(儒理尼師今, B.C. 19-18) 9년 이미 육부(六部)를 정하고 이를 둘로 나누어 왕녀 두 사람으로 하여금 각각 부내(部內) 여자를 거느리어 편을 갈라 짓게 하고 가을 7월 16일로부터 매일 일찍 궁중 뜰에 모여 길쌈을 하여 오후 10시에 파하여 8월 15일에 이르러 그 결과에 따라서 진 쪽이 술과 음식을 차려서 이긴 쪽에게 대접하게 한다. 이때 노래와 춤과 온갖 놀이를 하니, 이를 가배(嘉俳)라 하였다."[16] 여기서 가배는 오늘날의 8월 한가위, 즉 추석을 말한다. 기록을 보면 "가무백희를 모두 연행한다."[17]고 하였다. 여기서 가무는 노래와 춤을 말하며, 백희는 헤아릴 수 없이 많은 놀이를 뜻한다. 따라서 가무백희는 여러 종류의 악가무(樂歌舞)가 연행되는 놀이를 말한다.

다음으로 『삼국사기』 권32 「악지(樂志)」의 신라악(新羅樂)을 보면, 통일신라(698-900) 말기 최치원(崔致遠, 857-908?)이 지은 한시인 『향악잡영(鄕樂雜詠)』[18]이 전해지는데, 이것으로 통일신라시대의 산악·백희의 흐름을 잘 알 수 있다.

『향악잡영』에는 신라의 악무 중에서 '금환(金丸)'은 춤을 추는 사람이 몸을

15) 나례(儺禮)는 귀신을 쫓아내는 종교 의례 중 하나이다.

16) 九年春改六部之名仍賜姓王旣定六部中分爲二使王女二人各率部內女子分朋造黨自秋七月旣望每日早集大部之庭　績麻乙夜而罷至八月十五日考其功之多少負者置酒食以謝勝者於是歌舞百戲皆作謂之嘉俳.

17) 於是歌舞百戲皆作.

18) '향악(鄕樂)'은 외래 악무인 아악(雅樂)과 당악(唐樂)에 대한 민족 악무를 말한다.

회전하면서 금으로 만든 알을 들고 노는 동작과 금환이 던져진 후 공중에서 움직이는 모양을 묘사했다. '월전(月顚)'은 해학과 유머를 표현한 가무이다. '대면(大面)'은 황금색의 가면을 쓴 사람이 진주로 만든 채찍을 쥐고 귀신을 쫓는 형상을 표현한다. '속독(束毒)'은 춤을 추는 사람이 머리를 산발하고 남색의 가면을 쓰고 일군의 대오를 이루어 바람이 부는 모양으로 춤을 추며, 뛰어가고 달려오며, 둥둥 소리가 나는 큰 북의 박자에 맞추어 한 번은 남쪽을 향하여 또 한 번은 북쪽을 향하여 춤을 춘다. '산예(狻猊)'는 서역으로부터 전해진 사자무를 말하는데, 털옷을 입고 머리를 흔들며 꼬리를 흔드는 모양이 백수의 으뜸이라 하였다. 최치원은 이를 오기(五伎)라 하고, 한시로 묘사하였던 것이다. 사자춤인 산예는 서역에서 전해진 악무지만 당시에도 토착화한 악무로 자주 벌어진 듯하다. 그리고 오기는 통일신라시대 이전의 고구려와 백제의 잡희를 계승하거나 통합한 것이라 볼 수 있다. 이와 관련해서는 중국 남조(南朝) 송나라 범엽(范曄: 398－446)이 지은 『후한서(後漢書)』[19) 「동이열전(東夷列傳)」에도 나타난다. 그러므로 신라의 가무백희는 산악·백희와 동일한 것이라 할 수 있다. 또 일본 헤이안시대의 무악, 잡악, 산악 등을 그린 『신서고악도(信西古樂図)』[20)를 보면, 동물 가면을 쓴 '신라박(新羅狛)'이 그려져 있다. 이 '신라박'을 보면 동물 가면뿐만 아니라 동물 형태에 사람이 들어가서 앞다리를 들고 일어서 있는 모습이다. 이러한 자료는 신라에 가면이 존재하였다는 점을 증명하는 실증자료로 서역에서 시작된 사자무가 중국과 한반도를 거쳐 일본까지 전해졌다는 실크로드를 통한 교류사를 잘 설명해 주고 있다.

그렇다면 고구려와 백제의 경우는 어떠할까? 다음에서 살펴보자. 고구려의 잡희는 고구려 고분벽화에서 다수 볼 수 있는데, 그중 황해남도 안악군 오국리에 있는 안악 3호분의 '가면희도'를 보면 퉁소, 거문고 등과 비슷한 현악기 연주에 맞추어 춤추는 사람이 있고, 춤추는 사람은 고구려인의 모습을 하고 있지 않은 외국

19) 흠정 24사 중 세 번째 역사서. 후한의 역사를 다루고 있으며 기전체(紀傳體)로 쓰였다. 본기(本紀) 10권, 열전(列傳) 80권, 지(志) 30권으로 되어 있다. 이 중 본기와 열전은 범엽이 쓴 『후한서』의 것이고, 지(志)는 사마표가 쓴 『속한서(續漢書)』의 것이다.

20) 『신서고악도(信西古樂圖)』는 일본에서 만들어진 두루마리로, 14가지의 악기의 모습과 44가지의 무악(舞樂)과 산악(散樂) 장면이 그려져 있다. 동북아시아의 유희문화를 둘러볼 수 있는 중요한 시각 자료 중 하나이다. 작자와 관련해서는 후지와라노 미치노리(藤原通憲, ?－1159)라는 설이 있지만, 두루마리의 성립연도 등과 관련해서 명확하게 확인하기는 어렵다.

인이거나 탈을 쓴 것으로 보인다. 또 평안북도 대동군에 있는 팔청리벽화에는 뿔나팔 연주, 농환(弄丸), 긴 장대 다리 걷기(高蹺) 외에 두 사람이 검을 들고 대무(臺舞)하는 모습도 등장한다.

백제의 잡희에 관해서는 당나라의 『북사(北史)』[21] 94권 「백제전(百濟傳)」에 보면, 투호(投壺), 저포(樗蒲), 농주(弄珠), 악삭(握槊) 등의 잡희가 있었음을 기록하고 있다.[22]

이후 왕건이 건국한 고려(918－1392)는 통일신라의 가무백희 전통을 계승하였다. 신라(기원전 57－935) 진흥왕(眞興王, 534－576) 때 매년 11월 승려들이 궁정에 모여 팔관회를 열었는데, 이후 불교 제전인 연등회와 토속신에 관한 제전인 팔관회가 신라의 가무백희의 전통을 계승하였다. 가무백희는 팔관회나 연등회 때 연행에서 공연되던 것으로, 주로 궁중행사 때에 벌이던 노래와 춤, 그리고 놀이를 말하는데, 산대잡희, 백희가무, 백희잡기 등으로도 불렀다. 이와 관련해서 고려말의 이색(李穡, 1328－1396)이 지은 한시인 『구나행(驅儺行)』 제15구부터 제28구까지 후반부를 보면, 여러 연희자가 입장하여 상연하던 탈을 쓰고 노는 춤인 백수무(百獸舞, '가면희'라고도 함)가 그려져 있다. 이러한 백수무는 가무백희의 맨 마지막 순서로 거행되었다.

고려의 문화를 기록한 『선화봉사고려도경(宣和奉使高麗圖經)』[23]에는 고려 조정의 악을 담당한 기관 사람들의 숫자 천여 명을 헤아린 후, 덧붙여 "이들을 담당한 백희인들이 수백명이다(其百戱數百人).", "오늘날 고려에는 두 가지 계통의 악이 있는데, 하나는 당악으로 중국의 것이며, 다른 하나는 향악으로 고려의 것이다(今

---

21) 중국 정사 24사 중 하나이다. 북사는 북조(北朝), 즉 북위(北魏), 북주(北周), 북제(北齊), 수(隋) 4개 왕조의 역사를 하나의 기전체 체례로 묶어 정리된 정사로서, 이연수(李延壽)가 643년에 찬술을 시작하여 659년에 완성하였다.

22) 투호(投壺)는 두 사람이 일정한 거리에서 청·홍의 화살을 던져 병 속에 많이 넣는 수효로 승부를 가리는 놀이이다, 저포(樗蒲)는 백제 때에 있었던 놀이의 하나이고, 주사위 같은 것을 나무로 만들어 던져서 그 끝수로 승부를 겨루는 것으로, 윷놀이와 비슷하다. 농주(弄珠)는 나무를 깎아 만든 6~7개의 공을 하나씩 연거푸 높이 던져 올렸다 받았다 하면서 놀리는 공놀이이고, 백제 때부터 있던 것으로 고려 시대에는 백희(百戱)의 하나로, 조선 시대에는 잡희(雜戱)로 행하여졌다. 악삭(握槊)은 민속놀이의 하나이고, 여러 사람이 편을 갈라 차례로 두 개의 주사위를 던져서 나오는 사위대로 말을 써서 먼저 궁에 들여보내는 놀이이다.

23) 1123년 송나라 사절로 고려에 온 서긍(徐兢)이 고려에서 견문한 고려의 여러 가지 실정을 그림과 글로 설명한 책이다. 전40권이며, 일반적으로 줄여서 『고려도경』이라 부른다.

其樂有兩部, 左曰唐樂, 中國之音, 右曰鄕樂, 蓋夷音也).”라고 기록되어 있다. 예종(재위, 1105–1122) 때에 이미 고려의 악무는 당악과 향악으로 나누어져 있었다. 그리고 팔관회와 연등회 때는 “임금 앞에서 백 가지 가무를 올렸다(呈百戱歌舞於前).”는 기록도 전해진다. 이처럼 고려 때에는 보는 사람을 즐겁게 하는 구경거리인 가무백희가 펼쳐졌는데, 이 연희들을 백희, 잡희 또는 산대잡극이라고 불렀다. 여기서 산대는 산 모양으로 꾸민 구조물로 산붕·오산·오붕과 같은 것으로, 고려와 조선에는 국가적인 행사를 위해 넓은 장소에 큰 산대를 하나 또는 여러 개 설치하고 그 무대에서 다양한 공연을 펼쳤다. 산대와 관련해서는 1798년(정조 22)에 이만영이 편찬한 『재물보(才物譜)』에 보면, “산처럼 붕을 엮어 그 안에서 놀이를 베푼다.” 채붕은 “비단을 엮어 붕을 만든다.”라고 기록되어 있다.[24] 여기서 채붕이란 쉽게 말해서 가설무대이자 다양하게 장식된 임시 누각 형태의 무대를 말한다.

산대잡극에는 가면을 쓰고 연희하는 것도 포함되는데, 이에 관해서는 『고려사(高麗史)』 23권 1244년(고종 31) 2월을 보면, “왕이 간소한 연희를 베풀었다. 최이(崔怡, 1356–1426)[25]가 가면을 쓴 연희자들이 하는 잡희를 왕에게 바쳤다. 왕이 그들에게 은병 한 개씩 주고, 또 기생들에게는 각각 비단 두 필씩 주었다.” 고려시대는 통일신라의 오기(五伎), 이때부터 계승된 팔관회와 연등회에서 연행된 가무백희, 나례에서 연행된 산대잡극이 연희되었던 것이다.

이어서 조선에 산악·백희는 어떻게 계승되었는지 살펴보자. 조선은 고려의 나례에서 연행된 산대잡극, 산대잡희 등이 연희되었다. 가무백희를 산대잡극, 나례잡희라 하였고, 이 산대잡극은 다시 규식지희(規式之戱)와 소학지희(笑謔之戱) 등으로 분류하였다. 여기서 규식지희는 국가적인 행사나 외국 사신 등을 영접할 때 행하던 기예적 놀이를 통틀어 일컫는 말이다. 이와 관련된 내용은 『조선왕조실록』 문종(文宗, 1414–1452) 원년인 1452년 6월 10일 조에, “1450년에 중국 사신을 맞이하기 위해 줄타기에 해당하는 주질(注叱), 방울놀이인 농령, 근두(筋斗)라 불린 땅제주, 토화(吐火)로 불린 불놀이와 어룡지희(魚龍之戱), 무동(舞童) 등과 같은 규

24) 山臺結棚如山設戱其中산듸山棚○鰲山. 鰲棚仝綵棚結綵爲棚也.
25) 고려시대 이의방, 정중부, 경대승, 이의민에 이어 무신정권의 최고 권력자가 되어 교정별감을 역임한 최충헌(崔忠獻, 1149–1219년)의 아들 최우(?–1249년)이다.

식이 있는 유희는 예전대로 하도록 명하였다."고 기록되어 있다. 그리고 소학지희는 우희(優戱) 또는 배우희(俳優戱)라고도 하던 것으로, 그 형태는 재담하면서 웃기려고 한 사람이 자문자답할 수도 있고, 여러 명이 배역을 나누어 말을 주고받는 놀이였다.

이러한 형태는 중국 사신을 영접할 때 동원되어 연희를 펼치던 반인(伴人)[26] 들이 18세기 전반기에 산악·백희 계통의 연희와 기존의 가면희들을 바탕으로 창조해 낸 것으로 본산대놀이라 한다. 산대라는 명칭은 가면극의 또 다른 명칭이기도 했다. 현존하는 본산대놀이 계통의 가면극에는 나례의 오방귀, 오방처용무와 가면극의 오방신장무, 나례의 사자춤과 가면극의 사자춤, 나례의 소매와 가면극의 소무(小巫)·소무각시, 나례의 처용과 가면극의 취발이·노장, 나례의 대면·귀신과 가면극의 말뚝이·양반, 나례의 구나형식과 팔먹중춤의 극적 형식, 나례의 구나(驅儺) 가면과 가면극의 연잎·눈꿈쩍이 가면 등 나례의 영향이 많이 남아 있다.[27] 여기서 구나라는 것은 섣달 그믐날(12월 31일)인 제석전야(除夕前夜), 또는 제야일의 해가 질 무렵에 악귀를 쫓는 연극 형식의 의식을 말한다.[28] 나례는 귀신을 쫓아내는 종교 의례 중 하나이다. 이처럼 중국에서 산악·백희라고 불리던 연희들은 고려와 조선에서 백희, 가무백희, 잡희, 산대잡극, 산대희, 나례, 나희, 나(儺) 등의 다양한 명칭으로 불렸다. 그리고 이러한 연희들이 산대라는 무대 구조물 앞에서 연행되기도 하였고, 나례에서도 연행되었다. 이는 가면극에 관한 기원을 하나로만 정할 수 없는 이유 중의 하나일 것이다.

일본 가면극의 전개 과정

마지막으로 일본에 있어서 산악·백희와 관련된 흐름과 발전상을 살펴보자. 일본에서 산악은 원악(猿樂), 신악(申樂), 후악(猴樂) 등으로 표기한다. 일본에

---

26) 높은 지위의 사람을 따라다니면서 그를 돕거나 신변을 보호하는 사람을 말한다.

27) 전경욱, 《동아시아 가면극의 역사와 전승양상》. (집문당, 2017), 67쪽.

28) 내용은 악귀로 분장한 사람을 방상씨(方相氏)가 쫓는 것이다. 방상씨는 나례 의식을 할 때 탈을 쓰고 귀신을 쫓는 일을 하는 사람인 나자(儺者)를 말한다. 황금빛 네 눈과 방울이 달린 곰 가죽을 씌운 큰 탈을 쓰고 붉은 웃옷에 검은 치마를 입고 창과 방패를 들고 있다. 왕의 행차나 사신의 영접, 궁중 행사에 사용하였으며, 장례 행렬에도 등장한다. 나례나 처용희는 구나 의식 중의 하나이다.

서 산악을 원악이라 표기하는 이유에 대해서는 두 가지가 있는데, 먼저, 발음에 의한 것이라 한다. 산악을 일본어 발음으로 읽었을 때 산가쿠(散楽)라고 하는데, 산가쿠가 음운(音韻)변화를 일으켜서 사루가쿠(猿樂)로 읽히게 되었다는 것이다. 또 다른 이유로는 일본어로 사루는 원숭이라는 의미인데, 산악의 흉내 내기가 원숭이의 골계성과 상통하기 때문에 산악을 원악이라 한 것이다.

산악의 또 다른 명칭인 신악(申樂)과 후악(猴樂)도 원숭이를 의미하는 원(猿)과 의미가 같은 한자이기 때문에 사루가쿠라고 읽는다. 이러한 산악이 일본에 들어온 것은 견수사, 견당사(遣唐使)가 진행되었던 나라(奈良)[29]시대부터로 알려져 있다. 중국을 거쳐 일본에 전해진 산악은 가벼운 재주부리기, 곡예, 기술(奇術), 우스꽝스러운 행동 흉내 내기 등 여러 가지 예능으로 구성되어 있다. 그렇기 때문에 별칭으로 백희, 잡희라고도 하였다. 한편, 산악은 아악의 우아함이나 귀족들의 취미와는 반대로 비속하고 서민성을 지닌 것이 특색이다.

이 시기 대륙에서 유입된 산악은 궁중에서 담당하는 관리를 두어 보호하고 육성하였으나 이후 보호의 대상에서 제외되자 민간 연희자들에 의해서 산악이 계승되었다. 또 이 시기에 일본에서 가장 오래된 무대 예능인 기가쿠(伎楽)가 들어왔다고 한다. 기가쿠는 일본 고전 무악(舞樂)의 하나로 가면을 쓰고 행하는 가면무의 일종이며, 부처를 공양하기 위해 주로 야외에서 상연되던 극을 말한다. 가면을 쓰고 연행할 뿐만 아니라 풍자와 익살스러운 내용을 춤과 몸짓으로 연출하는 일종의 웃음극(笑劇)이라는 점에서, 한국의 탈춤과 비교되어 연구되는 경우도 있다.[30] 기악은 불교 경전뿐 아니라, 우리의 『고려사(高麗史)』 등에도 기록되어 있다. 기악이 일본 문헌에 처음으로 등장하는 『니혼쇼키(日本書紀)』 스이코천황(推古天皇) 시기의 기록을 보면, 백제인 미마지(味摩之)가 일본에 귀화하여 야마토국(大和國, 현재 나라현(奈良県)) 사쿠라이(櫻井)에서 소년들에게 기가쿠를 가르쳤는데, 그 내용을 보면, "백제인 미마지가 귀화해 중국에서 기악을 배워서 할 수 있다고 말하였다. 즉시 나라의 사쿠라이에 소년을 모으고 기악을 배우게 했다."[31] 또 미마

---

29) 정확하게 증명할 수는 없지만, 일본 학계에서도 7세기 즈음에 전래되었을 것이라고 본다.

30) 村上祥子, 「韓国仮面劇と日本伎楽の比較研究」, 『比較民俗研究』. 3号, (比較民俗研究会, 1991), 86－123쪽.

31) 又百済人味摩子, 帰化けり. 日はく, 呉に学びて伎楽の舞を得たりといふ. 則ち桜井に安

지는 오나라(吳)에서 기악무를 익히고, 612년(백제 무왕 13년, 스이코천황 20년) 일본에 건너가 사쿠라이에 살면서 기악무를 가르쳐 '마노비토데시(眞野首弟子)'와 '이마키노아야히토사이몬(新漢濟文)'이 배워 이를 전했다고 한다. 다만 여기서 오나라에 대한 의견이 분분하고, 한국에서의 기악과 관련된 기록이 남아 있지 않아 한국의 기악이 어떤 형태였는지에 대해서 명확히 언급하기는 어렵다. 이처럼 일본에서는 기악을 수용하여 궁정 의례악(儀禮樂)으로 편성하였고, 기악 연희 담당 관리를 두었다.

다음으로 헤이안(平安, 794－1192)시대에는 산악이 원악이라 불리웠고, 이후에는 원악으로 통용되었으며, 이 시기 가장 활발하게 연희되었다. 이와 관련해서는 일본을 대표하는 가면극 노(能)에 관한 이론서인 『후시카덴(風姿花伝)』[32)]「신기덴(神儀云)」에서 볼 수 있다. 또 가마쿠라(鎌倉)시대는 헤이안시대에 성립된 초기 원악과는 다른 예능이 등장하는데, 오키나사루가쿠(翁猿楽(옹원악))이다. 이 오키나사루가쿠는 창도(唱導)[33)]의 참고서로 알려진 『후츠쇼도슈(普通唱導集)』에 의하면, 노인이 등장하는 노(能)이고, 절의 법회나 제례에서 연행되었다. 이후 사루가쿠노(猿樂の能)가 되었고 귀족(公家)과 무사들의 비호를 받으며 노(能)와 교겐(狂言)으로 발전했다.

일본에서 가면극은 노(能)에 국한할 수 없다. 일본에서는 외래악을 좌방악(左方樂)과 우방악(右方樂)으로 나눈다. 좌방악은 당악(唐樂)이라 해서 중국음악을 말하고, 우방악은 고려악(高麗樂, 고마가쿠)과 고구려 고분벽화 등을 볼 때, 4세기 이전부터 고구려에 잡희가 성행되었음을 말해주고 있다. 이 명칭에서 볼 수 있듯이

置らしめて，少年を集めへて，伎楽の舞を習はしむ(『日本書紀(下) : 日本古典文学大系』. (岩波書店, 1965). 198쪽).

32) 제아미(世阿弥, 1363？—1443？)가 노(能)의 수련·연출 등에 관한 광범위한 내용을 포함한 노(能) 이론서로 7편으로 이루어져 있다.

33) 쇼도(唱導, しょうどう)는 불법(佛法)을 설파하며 중생을 인도하는 이야깃거리이며, 수많은 일본 화예(話芸)를 지탱하는 원류의 하나이다. 일본사에서는 중세에 특히 활발하게 전개되었다. 쇼도로 표기하고 연설, 설법, 설교, 법설, 강의 등 다양한 호칭으로 불린다. 본래 쇼도(唱導) 또는 설경(說經)이란 불교 경전을 강의하며 교의를 설명하는 것이었다. 이 자체는 문학이나 예능이 아니었지만, 문자를 읽고 쓸 수 없었던 서민들을 교화하는 기회를 이용해 음운과 억양을 동반해 설파하였다. 이것은 또 비유와 인연 등과 같은 문학 방면의 관심을 강하게 자극하게 되어 이것을 쇼도문가쿠(唱導文学)이라 칭하게 되었다.

고마(高麗), 또는 고쿠리(高麗)라는 말은 고구려를 가리키는데, 이 고유명사는 신라와 발해를 포함해 일본이 한반도를 통째로 부르는 명칭으로 자리 잡았다. 우방악 종목에는 가무악이 있는데, 가무악에는 탈놀이 또는 탈춤 등이 포함되어 있었으니 일본의 가면극은 한국의 가면극 흐름의 종착역이었음을 추론할 수도 있을 것이다.

지금까지 살펴본 바와 같이 산악·백희는 한과 중국, 일본 등 동아시아 공동 문화유산이라 할 수 있으며, 가면극이 포함된 산악·백희에 주목함으로써 동아시아적 연희의 보편성을 확인할 수 있다. 이는 한국, 중국, 일본에 남아 있는 각종 문헌에 기록된 연희 자료들에서 일관되게 언급되고 있기 때문에 그 교류를 충분히 추정할 수 있을 것이다. 다만 삼국의 가면극은 동아시아적 보편성이 존재하지만, 각 나라의 특징도 크게 존재하고 있음을 인지해야 할 것이다. 이에 대해서는 다음 절에서 살펴보고자 한다.

3. 삼국 가면극의 특징과 교류사적 내용

삼국 가면극의 특징

한국, 일본, 중국 등 동아시아 국가들의 가면극은 역사적으로 매우 유사한 발전 과정을 보인다.[34] 동아사아 가면극은 마을 주민들이 전승하던 가면극과 전문 연희자들이 전승하던 가면극으로 나뉜다. 마을 주민의 가면극은 향촌제사활동(鄕村祭祀活動)에서 연행되던 것으로 각각 자생적, 향토적 성격을 띠고 있다. 전문적 연희자는 산악·백희라고 불리던 동아시아 공동의 연희들이 발전하여 성립된 것으로서 동아시아적 보편성과 함께 자국의 독자성을 띠고 있다. 이러한 독자성 아래 산악·백희를 연행했던 사람들에 의해서 가면극은 이어졌고 중국에서는 나희라는 가면극, 일본에서는 노(能)라는 가면극, 한국에서는 반인들에 의한 본산대놀이가 성립되었다. 그렇다면 각 나라를 대표하는 본산대놀이, 나희, 노 등의 특

34) 김학용, 〈한·중·일 가면극 비교연구〉, 《세계문학비교연구》. 63권. (세계문학비교학회, 2018), 5쪽.

징을 살펴보도록 하자.

우선 한국을 대표하며 현존하는 가면극으로는 본산대놀이를 들 수 있다. 본산대놀이는 산대도감극(山臺都監劇) 또는 산대극이라 하였으며, 전문적 연희자인 서울 근교에 있었던 반인(伴人)들이 연행하던 가면극이다. 특히, 송파산대놀이는 서울·경기 지방에서 연희되던 산대도감극 중 하나로 춤과 무언극 등으로 구성된 놀이로 매년 정월 대보름과 단오와 백중, 추석이라는 명절놀이로 공연되었다. 현재 송파는 서울로 편입되어 있지만, 예전에는 경기도의 상업근거지로 사람들이 모이는 곳이었기 때문에 산대놀이가 성행하였다.

송파산대놀이는 전체 7과장으로 구성되어 있으며, 가면과 의상을 갖추고 음악을 울리면서 공연장소까지 행렬하는 길놀이를 하고, 가면을 배열해 놓고 고사를 지낸다. 내용의 구성, 가면 등에 있어서 양주별산대놀이와 거의 비슷하다. 다른 점은 양주별산대놀이는 해산어멈, 신할미, 무당의 가면이 남아 있고 이들의 배역이 존재하고 있다.[35)]

본산대놀이는 삼국시대에 유입된 산악·백희가 통일신라와 고려, 조선을 거치면서 발전해 형성되었고, 그 흐름은 산악·백희와 거의 같다고 할 수 있다.[36)] 이 본산대놀이는 애오개, 사직골 등에 있었던 산대놀이를 말하며, 경기도 양주와 송파 등의 별산대놀이와 구별한다. 현재도 본산대놀이는 진화하고 있는데 2021년 6월 30일 서울시 마포문화재단 주체로 진행된 '애오개 본산대놀이'는 랩퍼와 소리꾼이 랩과 판소리로 주고받고, 여기에 탈을 쓴 탭댄서들의 화려한 퍼포먼스가 더해졌다. 또한 총 3시간이 넘는 애오개 본산대놀이 중 두 개 이야기를 발췌해 40여 분으로 구성하여 드럼과 꽹과리, 탭댄스와 탈춤이 함께 어우러지는 부분을 만들어 냈다.[37)]

---

35) http://www.heritage.go.kr(2022.05.17.검색).

36) '삼국시대로부터 전문적이고 직업적인 연희자들에 의해 이어졌고, 이후 통일신라시대의 오기(五伎), 고려시대까지 이어진 팔관회와 연등회에서 연행된 가무백희, 그리고 조선시대에 이 산악 계통의 놀이를 놀았던 사람들은 궁궐의 나례나 중국 사신의 영접시에 동원되어 여러 언희를 펼쳤다. 그러므로 백희, 잡희, 나례희, 나희, 산대잡극, 산대희, 산대잡희라고 칭해졌던 연희는 바로 서역과 중국으로부터 유입된 산악 계통의 연희임을 알 수 있다.' 전경욱, 《동아시아 가면극의 역사와 전승양상》. (집문당, 2017), 135－136쪽.

37) '마포 M 국악축제 로큰롤 애오개본산대놀이 공연' https://newsis.com/(2022.07.13.검색)

이처럼 한국의 본산대놀이는 삼국시대 이래 중국에서 전승되어 온 산악·백희 계통의 가면극이지만, 한국만의 특징을 지니며 발전해 왔다. 특히 내용에 있어서 양반이나 유학자를 풍자하고 있을 뿐만 아니라, 유가의 오륜과 경서 등 양반문화도 조롱의 대상으로 삼고 있다. 또 양반의 가면은 대부분 추한 모습이고 의복도 비정상적인 경우가 많기 때문에 양반 자체를 조롱의 대상으로 삼았다는 것을 알 수 있다. 이처럼 해학과 풍자가 중심이 된 본산대놀이는 중국의 가면극과는 일치하는 부분이 있지만, 일본의 노와는 다른 점이라 할 수 있다.

다음으로 중국의 가면극에 대해서 살펴보자. 중국의 가면극은 나희(儺戲)라고 한다. 앞서 언급한 바와 같이 한국과 중국의 가면극 내용에는 풍자가 있다. 한국 가면극과 중국 나희에 나타난 풍자의 대상은 유교문화, 불교문화, 그리고 이를 향유한 계층으로 한국에서는 양반과 파계승을 들 수 있다. 그러나 중국에서는 양반이라는 계층이 명확하지 않았으므로 유교경전을 가르치거나 배우는 자가 대상이었다. 이러한 풍자와 골계적 내용은 중국의 자생적 전통연희인 배우희(俳優戲)의 영향을 빼놓을 수 있다. 배우희는 시사희(時事戲) 또는 우희(優戲)라고 하는데 골계적 연출을 말한다. 이러한 골계 연출의 이유는 사람을 즐겁게 하려는 오락 목적이 있었기 때문이다. 따라서 그 대상은 고대에는 왕이나 높은 관리들이 관중이 되었지만, 이후에는 일반 평민으로 변화하였기에 가면극은 관중의 웃음을 자아내는 해학과 세태를 비판하고 대중을 설득하는 풍자라는 특징을 지니게 된 것이다. 이러한 특징은 한국과 중국 가면극의 특징으로 일본의 가면극과는 상이한 부분이 있다.

그렇다면 일본 가면극은 어떠한 특징이 있는지 살펴보자. 일본의 가면극을 대표하는 것은 노(能)이다. 노는 나라(奈良, 645－856)시대에 전해진 산악이 변화를 겪으면서 노와 교겐의 요소가 포함된 「사루가쿠(猿楽)」로 집약되어 갔다. 후기 헤이안(平安, 857－1160)과 가마쿠라(鎌倉, 1185－1333)시대부터 에도(江戸)시대까지 노를 「사루가쿠」 또는 「사루가쿠노」라고 불렀던 이유도 이 때문이다. 이후 남북조(南北朝, 1467－1568)와 무로마치(室町, 1336－1573)시대에 이르러 노는 사루가쿠노(猿楽能)와 덴가쿠(田楽)로 확립되었다. 특히 덴가쿠는 춤과 상징적인 연기가 중심이었다면, 사루가쿠노는 어떤 형상을 모방하여 흉내 내는 것이 중심이었다. 계층과 지역에 있어서도 덴가쿠와 사루가쿠노는 차이가 있었는데, 전자는 귀족 사회에서도 받아들여져 당시 중심도시에서 유행하였고, 후자는 오미(近江, 시가현(滋賀県)), 단바(丹波, 교토(京都) 중서부), 이세(伊勢, 미에현(三重県) 중부) 등의 주변 지역에서 주로 거행되었다.

이후 무로마치막부(室町幕府)의 3대 쇼군(将軍)인 아시카가 요시미쓰(足利義満)와 니조 요시모토(二条良基) 등 권력자들의 후원을 받아 제아미(世阿彌)가 노의 미적 이념인 유겐(幽玄)의 미학을 숭상한 무겐노(夢幻能) 양식을 확립하였다. 또 제아미는 부친인 간아미(觀阿彌)의 유훈을 집성한 『후시카덴(風姿花伝)』[38]을 비롯하여 모두 18종의 노와 관련된 이론서를 남겼다. 따라서 일본의 대표 가면극인 노는 서민을 관객으로 삼았던 한국이나 중국과는 달리 당시 사회의 주류 세력이었던 무사들에게 애호되었다. 춤과 예술의 신비한 심미성을 강조하고 중시되면서 웃음을 자아내는 해학과 세태를 비판하고 대중을 설득하는 풍자적인 요소는 배제되었다. 다만 일본 가면극의 경우에 노 이외에도 서민층에 의해 육성된 가면극으로, 주로 각 지역에서 전승되고 향토적인 경향이 짙은 가구라(神樂)가 있다. 가구라는 일본의 고유 신앙을 섬기는 신사에서 신에게 바치는 공연예술로 향촌의 제의 활동에서 자생적인 민속가면극으로 공연되었다. 한국에서 벌어진 마을 굿놀이 계통의 가면극과 유사하다고 볼 수 있다. 이 외 가면극에는 교겐노(狂言能)가 있고, 민간 가면극으로는 멘시바이(面芝居), 멘조류리(面淨瑠璃) 등이 있다. 절에서 행해지는 가면극으로 미부쿄겐(壬生狂言), 오니라이고(鬼來迎)가 있다.

지금까지 살펴본 바와 같이 중국에서는 산악·백희를 담당했던 사람들이 연희를 발전시켜 나희라는 가면극을 탄생시켰고, 일본에서는 산악을 담당했던 사람들이 노라는 가면극, 그리고 한국에서는 중국 사신을 맞이할 때 연희를 펼치던 반인들이 본산대놀이를 성립시켰다. 이처럼 동아시아에서 특히 한중일은 지역적 특성상 연희자들이 전승하던 가면극이 매우 유사한 발전과정과 흐름을 보이지만,

38) 후시카덴(風姿花伝)은 제아미가 기록한 노에 관한 이론서이다. 제아미가 남긴 21종의 전서 중에 최초의 작품이다. 돌아가신 아버지인 간아미(観阿弥)가 가르쳐준 내용을 기초로 노의 수행법과 심법, 연기론, 연출론, 역사, 노의 미학 등 제아미가 자신이 체득한 예도(芸道)의 시점에서 해석을 더해 출판한 저술을 말한다. 15세기 초에 전체 7권으로 성립하였다고 전해진다.

내용에 있어서 각 나라의 특성에 따라 독자적인 특징을 지니게 되었다고 추정된다.

가면극의 교류사적 관점

서역은 실크로드의 서쪽 지역으로 현재 중국의 신강성(新疆省)과 우즈베키스탄 등의 중앙유라시아를 말한다. 중국에서 보면, 서쪽에 위치하여 서역이라 칭했던 이 지역에는 산악이나 백희가무(百戲歌舞)라는 노래와 가무가 어우러진 공연예술이 존재하였고, 주나라의 『주례(周禮)』에 산악에 대한 기록이 전해진다. 이러한 산악은 궁중에서 연희되는 정악(正樂)이 아닌 민간에서 행해진 잡다한 유희를 칭하는데, 한국과 중국, 일본, 동아시아에서 비슷한 의미로 민간에서 연희되는 것으로 알려졌다. 이 기록은 산악이라는 연희가 동아시아에 역사적으로 매우 유사한 변화 과정을 보이며 발전해 왔다는 것을 보여준다. 특히 가면극과 관련된 동아시아의 교류가 있었다는 것은 한중일의 고문헌 등에서 볼 수 있는데, 그중에 일본 헤이안시대에 간행된 『신서고악도(信西古樂圖)』를 보면, 동물 가면을 쓴 '신라박', '나릉왕(羅陵王)', '사자춤' 등이 그려져 있다.

신라박은 신라에서 전해진 가면을 말하는 것으로 고구려, 신라, 백제에는 삼국시대 이전 중국으로부터 산악, 백희라 부르는 연희들이 유입되었고, 일본에는 신라악, 백제악, 고구려악으로 전해졌다. 특히 고구려는 중국 및 서역과 매우 활발한 교류가 있었기 때문에 이전부터 산악·백희 같은 서역이나 중국에서 유래한 연희와 가면희가 고구려에 있었음을 입증한다.[39] 이러한 산악의 시작은 서역으로 현재 중앙아시아, 이란, 미얀마 등을 말하며, 이 지역에서 중국은 물론이고 유럽에까지 전해진 것이다. 또 이러한 연희의 흐름에는 산악은 물론이고 기악과 무악 등이 포함되어 있는데, 특히 기악은 백제인 미마지가 일본에 전하였고, 이후 일본으로 귀화한 백제의 후손들은 지금의 나라현(奈良県)에서 기악을 계승하였다고 알려져 있다. 기악은 전문적 연희자들이 가면을 쓰고 연행하였고, 이때 사용한 가면이 현재 일본에서 230개 정도 발굴되었는데, 가면의 모양을 보면 대부분 서역인의 모습을 하고 있다.

39) 전경욱, 《동아시아 가면극의 역사와 전승양상》, (집문당, 2017), 48쪽.

지리적으로 동아시아의 끝자락, 그것도 섬나라인 일본에서 서역인의 가면이 발굴되었다는 점은 서역의 문화가 반도를 거쳐 일본으로 전해졌다는 것을 말해주고 있는데, 이것은 중국과 한국이 똑같이 지니고 있다. 즉, 이러한 사실은 동아시아의 문화적 교류를 확인시키는 방증이라 할 수 있을 것이다.

지금까지 살펴본 바와 같이 한국과 중국, 일본을 비롯한 동아시아의 많은 국가들은 공동으로 보유한 문화가 존재하며, 이를 통해 동아시아적 보편성이 형성되어 왔다고 볼 수 있다. 이와 관련해서는 특히 고구려의 고분벽화를 비롯하여 한중일의 고문헌에서 다양하게 확인할 수 있다. 서역을 통해서 중국, 한국, 일본으로 동아시아의 연희인 산악·백희가 유입되어 자문화와 충돌하며 변용되어 발전해 왔다는 점은 많은 학자들이 인정하고 있는 부분이다. 긴 시간 속에서 산악백희는 동아시아의 각 지역적 특색을 받아들이는 한편, 다른 연희들을 흡수하거나 통합하며 현대에 이르기까지 시대마다 끊임없이 변화하고 발전해 왔고 이후에도 발전해 갈 것으로 추정할 수 있다.

4. 나가며

지금까지 살펴본 바와 같이 중국이나 한국에서 산악·백희의 내용이나 역사적 흐름, 발전과정을 보면 매우 흡사하거나 서로 영향을 주고받은 점을 추정하는 일이 가능하다. 이에 대해 전경욱은 "서역에서 산악·백희가 전래되기 이전부터 중국에는 이와 유사한 연희가 일부 존재했을 것이고, 우리의 삼국시대에 서역과 중국으로부터 산악·백희가 전래하기 이전부터 한반도에도 이미 이에 해당하는 연희 종목이 어느 정도는 존재했을 것"이라 보았다.[40] 이렇듯 서역과 중국을 비롯한 우리의 산악·백희에 속해 있던 가면극이나 가면희가 서로 밀접한 관계성을 가지면서 전래되어 수준 높은 연희로 발전, 토착화했을 것으로 추정하는 데는 무리가 없을 것이다.

한국, 중국, 일본은 오랜 시간 동안 광범위하게 이루어진 문화교류를 통해

---

40) 전경욱, 앞의 책, 16쪽.

동아시아 공동의 문화권을 형성하게 되었다. 그리고 이러한 동아시아 교류의 최대의 수혜국은 일본이 아닐까 생각된다. 나라시대 이전부터 일본은 외래문화를 적극적으로 수용함으로 고대문화의 기틀을 마련하였다. 이후 헤이안 시대에는 외국과의 단절로 인해 10세기 이후부터는 이전에 유입된 외래의 것들을 자국화하였고, 그 과정 속에서 흡수된 문화가 변용, 퇴출을 겪으면서 재창조되어 다양한 문화변동이 일어났다.

언급한 바와 같이 동아시아는 시기적으로 단절되었을 때도 있었겠지만, 서로 교류하며 왕래를 통해 비슷한 문화를 형성하면서도 각 나라의 상황에 따라 독특한 문화를 형성해 왔다. 이는 가면극도 마찬가지이다. 예를 들어 샤먼과 주술이라는 유사점으로 보았을 때 일본의 노는 한국의 가면놀이와 상당히 비슷하다. 중국의 가면극인 나희도 이러한 부분에서 매우 비슷한 점을 보인다. 양식적인 측면에서 보았을 때 가면극이라는 점에서 한국의 탈놀이와 일본의 노는 유사한 점이 있다는 것이다.

이처럼 한국·일본·중국 등 동아시아 국가들의 가면극은 역사적으로 매우 유사한 발전 과정을 보인다. 연희에 있어서 산악·백희라고 불리는 동아시아 공동의 연희를 통해서 비슷한 점을 볼 수 있지만, 한중일 삼국의 상황과 특성에 따라 자국의 연희 문화로 변용되고 발전하는 과정에서 다시금 재창조되었다는 것을 추정할 수 있다. 다만 가면극은 티베트의 가면극 참(불교의식)과 태국의 가면극인 콘(Khon) 등 다양한 지역에서 볼 수 있으므로 동아시아라는 지역적 특성에 한계를 두지 않고 문화적 흐름에 관한 연구를 확장해 나가야 할 필요가 있다.

제5장 동북아시아의 여성 유희 재발견

1. 들어가며

우리말 사전에 의하면 '유희(遊戲)'란 "즐겁게 놀며 장난함"이라 나와 있고, 순수 우리말로 '놀이'를 들고 있다. '놀이'의 의미로는 첫째, 여러 사람이 모여서 즐겁게 놂(유의어로 놀음, 유희). 둘째, 인간이 재미와 즐거움을 얻기 위해 행하는 모든 활동. 셋째, 우리나라 전통적인 연희를 통틀어 이르는 말(굿, 풍물, 인형극 따위)로 기술되어 있다. 그리고 국립국어원의 정의에 의하면 "놀이라는 말은 유흥, 유희, 장난, 오락, 놀음 등과 유사어로, 여러 사람이 모여서 즐겁게 노는 일, 또는 그런 활동"[1)]을 포함한다고 쓰여 있다. 특히 유희 중에서도 전통유희는 인류가 탄생하고부터 계승되어 온 놀이로 오랫동안 사라지지 않고 변용되면서 현재까지 이어진 것을 말하며, 이는 문화적, 사회적, 교육과 더불어 교류에 의한 습합이라는 가치를 함께 내포하고 있다.[2)] 즉, 우리가 알고 있는 전통유희는 단순히 한 국가 내에서만 만들어진 것이 아니라 서로 이웃해 있으며 교류해 왔던 서역과 몽골, 중국, 일본과 같은 다양한 민족들과 수없이 많은 교류 과정에서 자연스럽게 전파되었거나 만들어진 놀이 종목들이 대다수이다. 더욱이 현대사회에서는 이렇게 전파

1) 국립국어원(http://www.korean.go.kr/90_new/2018.09.25.검색).
2) 문미옥, 〈한국 유아교육의 주체성 확립을 위한 논의〉, 《유아교육연구》. (한국유악육학회, 2004). 24(6), 135－154쪽; Shils, E., 김병서, 신현순 역 〈전통: 변하는 것과 변하지 않는 것[tradition]〉. (서울: 민음사, 1992).

되고 계승되어 온 유희 종목들이 누구나 마음만 먹으면 즐길 수 있는 상황이 되었지만, 시대적 변화에 의해 주변에서 쉽게 찾아보기 어렵게 되었다.

옛날부터 여성들은 남성에 비해 출생에서부터 교육, 혼인, 경제활동 등의 생활반경이 매우 협소한 관계로 사회적으로 많은 제약이 존재하였다. 또 농경사회에서는 유희 문화 자체의 범위가 그다지 넓지 않았으며 그 안에서 여성의 유희는 여성이 가진 사회문화적 위치 속에서 그 범위가 더욱 좁을 수밖에 없었다. 그러한 제약 속에서 여성들이 참여했던 유희 종목은 한계가 있었으며, 제약 없이 마음껏 즐길 수 있었던 날도 아마도 세시(歲時)마다 행해졌던 정해진 유희로 만족하였다.

과거 우리나라는 유교적 이념으로 인해 여성의 역할을 오직 가정으로만 결부시켜 제한된 존재로 여겼으며, 이때 여성들에게 불리하게 적용되었던 관습들은 20세기 초반까지도 정치와 종교 그리고 교육에서까지 여성들의 역할에 제한을 두는 결과를 가져왔다.[3] 그러나 자신들의 존재감을 끊임없이 표출하려는 여성들의 소박하고 강한 의지는 전통유희를 즐기는 모습을 통해서 파악할 수 있다. 전통 농경사회는 남성 위주의 사회였기 때문에 유희를 포함한 여가활동은 남성들에게 초점이 맞추어져 있어서 문헌상으로 그 구분이 가능하지만, 여성들이 즐기던 놀이는 문헌상에서 여성 유희라고 정확히 구분해 내기가 쉽지 않다. 그렇지만, 여성들도 민속 전승의 주체로서 그들 나름대로 다양한 유희 문화를 창출하고 이를 영위하고자 하였다. 특히 절기마다 찾아오는 세시에는 일상생활 속에서 느끼지 못한 여성들만의 자유롭고 즐거운 감정을 표출하는 시간으로 작용한 듯 하다. 그러한 의미를 포함해 예전 시대에 즐겨 하던 여성 유희 종목을 보면, 놋다리밟기, 화전놀이, 그네뛰기, 널뛰기, 단오치장, 봉숭아 물들이기 등이 놀이의 중심으로 표출되었다.[4]

중국의 여성 유희 역시 수·당나라 시대에 이르러 기록에 나타났고 한국이나 일본에 견주어 일찍부터 여성들의 유희 활동을 인정하고 장려해 왔다. 중국이라는 대륙 여성들이 자주 즐겼던 대표 놀이로는 려국(驢鞠), 추천(鞦韆, 그네뛰기), 무

3) 이화형, 〈한국문화 속의 근대적 여성상 재고〉, 《경기사학》. 5, (경기사학회, 2001), 336-337쪽.
4) 김숙희, 〈조선후기 세시기歲時記에 나타난 여성 세시놀이의 양상〉, 《한국국학진흥원》. 38. (국학연구, 2019), 538쪽.

용, 축국, 보타구, 활쏘기 등을 들 수 있다.[5] 나아가 유목민족인 몽골은 자신들의 생활문화 속에서 구축된 젠더상 구조로 인해 남성과 여성의 생활공간과 생업공간이 분명하게 구분되어 있었다. 예를 들어 몽골의 게르의 내부공간을 보면, 문을 중심으로 서쪽은 남성들의 공간이고 동쪽은 여성들의 공간으로 구분하여 생활과 생업에 관련된 모든 것을 체계적이고 질서정연하게 구분하고 있다. 이는 몽골의 유목 사회에서 요구되는 바람직한 남성과 여성의 모습을 보여주고 있는 것이라 보면 된다. 이와 같은 맥락에서 몽골의 민속놀이에서도 남성과 여성의 영역이 구분되어 있으나, 그들의 유명한 축제 중 하나인 나담 축제에서 벌어지는 종목을 예로 들면 씨름을 포함한 몇 가지를 제외하고는 여성 참여가 가능한 것도 있다.[6]

이렇듯 여성들도 다양한 놀이문화 속에서 여성들만의 유희를 즐기고자 한 것에 주목하고, 특별히 한국에서 여성들이 즐겨 하던 대표적인 유희의 양상과 의미를 고찰하는 데 중점을 두고 역사적 기록으로 전해지는 다른 민족과의 교류사 차원에서도 함께 살펴볼 것이다.

2. 그네뛰기(추천)의 여성 유희적 양상과 교류사

여성들이 즐긴 그네뛰기의 양상과 의미

먼저 우리나라에서 그네뛰기라고 불리는 추천은 민속학이나 문화인류학에서 세계적으로 넓게 분포되어 있는 민족적 놀이로 알려져 있으며, 동서양의 다양한 나라에서 추천을 즐겨온 흔적을 찾아볼 수 있다. 그네뛰기의 기원은 인도에서 프렌카(Prenkha)라 불리는 그네로부터 시작되어 중국으로 건너가면서 추천(鞦韆)이라 불리었고, 한국으로 전파되어 그네뛰기, 일본으로 건너가 유사하리(由佐波利)로 불리고 있다고 전해진다. 그네뛰기는 시대에 따라 전승과정이 조금씩 상이하며 특히 여성들이 즐겨 하던 유희라는 것을 중점적으로 살펴보고자 한다.

먼저 최상수는 "그네뛰기는 한국 전역에서 나타나는 전국 공통적인 민속놀

5) National committee for physical culture and culture of the state council, 1990.
6) 박환영, 〈몽골의 나담 축제와 유래담 고찰〉, 《구비문학연구》. 24. (한국구비문학회, 2007), 258쪽.

이로서 5월 단오에 거행되어 왔을 뿐만 아니라 그 규모에 있어서도 가장 큰 것으로서 여성이면 노소를 막론하고 누구나 참여할 수 있는 놀이요. 또 역사적으로도 가장 오래되고 즐겨 노는 놀이다."[7]라고 언급하여 그네뛰기가 여성들의 유희임을 표현하고 있다. 여성과 관련된 풍속화를 많이 그린 신윤복은 「단오풍정」과 「그네 타는 여인들」이라는 풍속화, 개항 이후 활동했던 기산 김준근의 풍속화인 「단오추천」과 「단오놀이」에서도 그네뛰기는 여성 놀이로 표현되고 있다. 그리고 『경도잡지(京都雜誌)』 「5월 단오조」의 내용 중에 "여항에서는 부녀자들이 곳곳에서 그네뛰기(秋千戲)를 한다."는 기록을 찾아볼 수 있고,[8] 가곡 「그네」에서도 역시 "세모시 옥색치마 금박 물린 저 댕기가 창공을 차고 나가 구름 속에 나부낀다. 제비도 놀란 양 나래 쉬고 보더라."라고 표현하고 있는 것으로 보아 그네뛰기는 남성보다 여성들이 즐겨하던 유희임을 추측할 수 있다.[9]

『고려사(高麗史)』 기록에 의하면 이 시기에는 남자들도 그네뛰기를 즐겼던 사실을 알 수 있다. 하지만 그네뛰기는 여성들이 평상시 놀이로 즐기거나 단옷날의 세시풍속으로 즐겼다고 볼 수 있는데, 이를 실증하는 자료로는 이규보(李奎報, 1168~1241)의 「단옷날 그네 뛰는 여인들을 보며(端午見鞦韆女戲)」라는 다음 시에서 확인할 수 있다.[10]

推似神娥奔月去	월궁항아 달 버리고 인간세상 내려왔나
返如仙女下天來	하늘나라 선녀들이 여기 땅에 내려온 듯
仰看跳上方流汗	한 번 굴러 올라갈젠 등골에서 땀 나더니
頃刻飄然又却迴	순식간에 바람 불듯 도로 꽂혀 내리누나
莫言仙女下從天	선녀들이 하늘에서 내려왔다 말 말어라
來往如梭定不然	가고 오는 그 모습이 베틀 속의 북과 같다
應是黃鶯擇佳樹	그것 참말 꾀꼬리가 나무숲에 날아든 듯.

7) 최상수, 〈서울의 그네뛰기대회: 내 고장의 민속놀이〉, 《새마을금고》. 31, (새마을금고연합회, 1981), 106쪽.
8) 閭巷婦女盛爲秋千戲(《경도잡지》. 5월 단오).
9) 금수현 작곡 김말봉 작시, 《그네》. (현대가곡, 1946).
10) 《고려사》. 신우 정묘 13년, 제136권, 열전 제49, 신우 4 (1387); 이규보 저, 진성규 해제, 《동국이상국집》. 제3권, (누리미디어, 1999).

이처럼 그네뛰기는 우리나라 단오(端午)절을 대표하는 전통유희로서 오랜 역사를 지니고 있으며, 매년 5월 단오(端午)를 전후한 시기에 전국 각지의 여인들이 야외 놀이터나 넓은 강변의 모래 터에 그네를 세우고 그네뛰기를 하는 모습을 쉽게 볼 수 있었다. 여인들이 곱게 단장하고 치맛자락을 한들한들 나부끼며 그네를 뛰는 모습은 마치 선녀가 공중에서 춤을 추는 듯 아름다웠다고 전해진다.[11]

특히 조선 중기 이후에는 그네뛰기가 대중화되면서 본격적으로 여성들이 즐겨 하는 유희로 자리 잡게 되었다. 물론 다른 한편으로는 그네 뛰는 모습이 저속해 보인다는 이유로 한때 지배층이 이를 비판하며 반대하였다.[12] 그럼에도 그네뛰기는 단오와 추석에 행하는 대표적인 유희로 인정을 받으며 여성들이 즐겨 하는 유희 중 하나로 지금까지도 꾸준히 전승되어 우리에게 친숙한 전통유희로 자리매김하였다.

구한말 무라야마 지준(村山智順)의 『조선의 향토오락(朝鮮の郷土娯楽)』을 살펴보면, 전국 대부분 지역에서 단오뿐만 아니라 사월 초파일(부처님오신날), 그리고 추석에도 젊은 여인들이 그네를 뛰었다는 기록을 다수 찾아볼 수 있다.[13] 특히 단옷날에 뛰는 그네는 제의의 성격을 띠고 있었는데, 이것은 화려한 옷을 입고 그네를 높이 뛰는 여성들의 모습을 보고 그네가 하늘 높이 올라가는 모양새를 보면, 인간이 하늘을 다스리는 신과 더욱 가까워지거나 신선을 만날 수 있다는 의미로 생각되기도 하였다.

영국의 인류학자인 James George Frazer의 저서에서는 다양한 국가에서 시행하였던 그네뛰기의 사례를 소개하고 있는데, 먼저 러시아에서는 작물의 성장을 도와준다는 의미를 담아 발트해 지역의 농민들이 부활절부터 하지까지 매우 열심히 그네뛰기를 시행한다고 하였고, 태국에서는 방콕을 비롯한 오래된 도시에서

11) 이강로, 《세시풍속과 민속놀이》. (세종대왕기념사업회, 1974), 152－153쪽.

12) 유교적인 윤리관이 강했던 조선시대의 양반들은 많은 사람들이 지켜보는 가운데 여성들이 전신을 공중에 드러내고 발을 구르며 그네를 타는 모습이 천해 보인다고 생각하여 왕족이나 귀족 등 상류층의 여성들은 그네뛰기를 멀리하도록 하였다.

13) 경기도 양주에서는 남자는 낮에, 여자는 밤에 그네를 뛰었고, 충남 아산, 전북 옥구, 전남 순천·화순·장흥·강진·담양·해남·함평, 경남 함안·양산·진양·합천, 황해 은율, 함북 명천·성진·부령에서는 추석에도 그네를 뛰는 것으로 조사되었다. 박전열 역, 村山智順 저, 《조선의 향토오락》. (集文堂, 1992), 154－191, 203－230, 284－314, 329, 483－489쪽.

시바신을 위로하기 위한 국가의례로 신년에 시행되는 행사라고 하였다. 또 인도네시아의 슬라웨시(Sulawesi)섬에서는 신에게 한 해의 농사에 감사한 마음을 전하기 위해 여자아이들이 노래를 부르며 그네를 뛴다고 하였다.[14)]

그리고 중앙아시아인 카자흐스탄의 유희에도 '알티바칸'이라고 불리는 그네뛰기가 존재하는데, 이것은 카자흐스탄 민족의 전통축하행사 및 놀이문화 가운데 하나로 인기가 아주 높다고 알려져 있다. 알티바칸은 카자흐민족의 전통문화에 있어서 중요한 부분을 차지하고 있으나, 부모들이 젊은 사람들의 놀이문화를 선호하지 않기 때문에 특히 여성들이 즐겨 하는 알티바칸의 경우에는 많은 부모가 본인의 딸이 그네뛰기에 참가하는 것을 좋아하지 않는다고 알려져 있다. 하지만, 이러한 반대에도 알티바칸은 카자흐스탄의 젊은 여성들에게 여전히 인기가 매우 높아 국가적 유희로 자리 잡고 있다.[15)] 마지막으로 우리나라와 밀접한 관계를 맺어 왔던 중국과 일본 역시 그네뛰기가 여성들이 즐겨 하던 유희임을 알 수 있는데, 먼저 중국의 『형초세시기(荊楚歲時記)』를 살펴보면, 추천은 세월이 지나고 당나라 때 한식날에 여성들이 즐겨 하는 유희로 정착하였고 당나라와 오대(五代) 이후부터 점차 늘어나기 시작해서 민간으로 광범위하게 퍼졌을 뿐만 아니라 궁중에서도 자주 즐기는 여성 유희였다.[16)] 특히 당 현종(玄宗, 712-756)은 그네를 뛰는 궁녀들을 보고 '반 선녀의 놀이(半仙之戲)'라고 칭찬할 정도로 찬사를 보냈는데,[17)] 이것은 아마도 그네 뛰는 궁녀들의 모습이 마치 하늘에서 선녀가 내려오는 듯한 모습을 보여주었기 때문으로 알려져 있다.

일본에서 가장 오래된 그네뛰기의 기록으로는 827년에 간행된 『게이코쿠슈(経国集)』[18)]의 잡언 추천편에 "궁중의 깊숙한 침실에 사는 여인은 한식날 아침에

14) James George Frazer, 《The Golden Bough》. Dover Publications; Abridged edition (December 6, 2002).

15) National digital history, 〈Traditional life in the steppe: National games of Kazakh Poeple〉. http://e-history.kz/en/publications/view/1513 (2018. 06. 03. 검색).

16) Ma, G. J., & Ma, S. Y. (1990). Chinese traditional game of play collection. Beijing: The rural publishing house.

17) Kim, S. P. (1994). Study on the korean folk games in china. Korean Folklore Society, 26(1), 69-116; Sun, Q. I., Mao, L. J., & Li, C. S. (2015). Chinese ancient sports tutorIal records. Gansu: Education Publishing House.

18) 헤이안(平安)시대 초기의 827년에 준나텐노(淳和天皇)의 칙명에 따라 편찬된 한문시집이

일찍 일어나 화장을 하고 추천을 즐긴다. 가볍게 날아가는 모습이 선녀와 같다. 아름다운 손으로 서로를 밀어주며, 가냘픈 허리를 추천에 맡기고 뛰는 것이 마치 새와 같다. 저녁이 되어도 그칠 줄 모르고 밥 짓는 불빛에 비추어 가면서 추천을 계속하고 있다."고 기록되어 있다. 즉, 이 기록을 보면 중국풍의 한식날에 추천을 노래한 기사가 들어 있어 후대 사람들은 일본 추천은 중국에서 전파된 것으로 추정하고 있다.[19] 이러한 영향으로 일본의 추천은 한식과 연결되어 봄에 하는 유희로 정착하게 되었고 화려한 옷을 입고 추천을 뛰는 여성들의 모습을 빗대어 반선(半仙)이라고 부를 정도였다.[20] 이러한 내용을 통해 한국을 포함한 일본과 중국 등 대부분의 국가에서는 여성들을 중심으로 그네뛰기가 성행해 왔다는 점을 파악할 수 있다.

그네뛰기의 교류사

일본 스포츠인류학자인 소가와 츠네오(寒川恒夫)는 인도의 그네 구조형식이 두 줄에 좌판을 걸쳐 놓은 모양의 그네로 한국의 두 줄 현수식 그네와 같은 형태를 갖추고 있어 조선의 그네 구조형식이 'A형식이고 인도계'라 주장하며, 이것이 9세기 초 이전에 일본으로 전해졌다고 소개하고 있다.

대부분의 유희가 그렇듯 어디에서 시작이 되어 어떤 경로를 통해 전파가 되었는지는 옛 문헌을 통해 파악하거나 그림을 보고 추측할 수 있는 정도이다. 그네뛰기 역시 많은 나라에서 즐기던 유희인 만큼 어떤 역사적 흐름을 거쳐 전파되어 현재까지 전해진 것인지를 이웃 국가들과의 그네뛰기의 교류사를 통해 간단히 살펴볼 수 있다. 그네뛰기는 본래 북방 산융(山戎)[21]의 유목민 사회에서 한식(寒食)날에 몸놀림을 가볍고 민첩하게 단련하기 위해 즐겨 했던 놀이로 춘추시대에 제

다. 전체 20권으로 집필되었으나 6권만이 남아 있다.

19) 酒井欣, 《日本遊戲史》. (建設社, 1934), 403쪽; 中田幸平, 《江戸の子供遊び事典》. (八坂書店, 2009), 216쪽; 小林祥次郎, 《遊びの語源と博物館》. (勉誠出版, 2015), 14쪽; 寒川恒夫, 《アジア稲作民伝承遊戯の文化史》. (明和書店, 2018), 177쪽.

20) 이명희, 임종범, 박귀순, 김태양, 〈전통문화로 본 동북아 신체문화의 교류사적 연구 -한·중·일의 마상재, 검무, 그네뛰기를 중심으로-〉, 《한국체육과학회》. 27(3), (한국체육과학회지, 2018), 11쪽.

21) 춘추전국시대 북방 천안현(遷安縣) 산간에 거주했던 번족으로, 후대에 흉노족을 말한다.

(齊)나라에 소개되어 추천(鞦韆)이라 불리게 되었다고 한다.[22] 또 송나라 시대 『사물기원(事物紀原)』[23]에 "고금예술도에서 말하기를, 옛날 만리장성 밖에 거주했던 북방 유목민이 처음으로 그네 놀이를 하여 가볍고 날랜 몸가짐을 익혔다."[24]는 기록과 "북방의 융적은 한식날이 되면 추천을 행한다. 후에 중국의 여자가 이것을 배워…"라는 기록에서 고대 북방 유목민 사회에서 그네뛰기를 즐긴 것을 알 수 있으며, 이후 중국 각지에서 여성들의 그네뛰기가 성행하여 보급되면서 자리를 잡았다는 것을 알 수 있다.[25] 여기서 북방민족이란 몽골족이나 만주족을 가리키는 것으로 보이는데, 북방민족인 융적으로부터 중국으로 전달되어 당나라의 왕조가 좋아했던 추천은 한반도로 전해져 여성들이 즐겨 하던 유희로 자리를 잡은 것으로 추정된다. 특히 동북아시아와 동남아시아 민족에게 그네뛰기는 여자가 중심이 되어 타는 것에 의미를 두어야 한다고 언급하였다.[26] 이처럼 중국에서 한반도로 전해진 그네뛰기는 사신이나 상인들을 통해 한반도로 전래되었을 것이라 추정하고 있는데, 이것은 아마도 삼국시대와 고려를 거치면서 중국과의 문화적 교류가 매우 활발하였고, 문자와 종교 등 다양한 풍습이 중국으로부터 전래된 점을 감안해 보면, 신체를 활용하는 즐거운 놀이들도 여러 문화 항목과 더불어 전래되어 정착하였을 것으로 추정할 수 있다.

일본에서는 『케이코쿠슈(經國集)』[27]에 추천이라는 용어가 등장하는데, 잡언 추천편에 따르면, "동북아시아와 동남아시아의 추천은 인도에서 비롯되어 인도네시아 대륙을 포함한 각 섬들에 전파된 루트와 네팔과 티베트를 거쳐 몽골족, 만주

22) 北方戎狄 至寒食節 爲鞦韆以習輕 後中国女子学之 乃以綵縄懸木立架 士女坐立其上推引之 謂之鞦韆(《漢書》卷 九十四 上 匈奴傳 第六十四 上); 종름(宗懍) 저, 상기숙 역, 《형초세시기》. (지만지, 2015), 44쪽.

23) 중국 송나라의 고승(高丞)이 편찬한 유서(類書)이다. 천지, 산천, 조수(鳥獸), 초목, 음양, 예악, 제도를 《천지생식부(天地生植部)》, 《정삭역수부(正朔曆數部)》, 《제왕후비부(帝王后妃部)》 따위의 55부로 나누어 사물의 유래를 상세히 설명하였다. 원본은 20권 217사(事)였으며, 오늘날에 전하는 것은 후세 사람이 10권 1,765사를 모아서 기록한 것이다.

24) 古今藝術圖曰 北方戎狄愛習輕趫之能 每至寒食 為之 後中國女子學之 乃以綵繩懸樹立架 謂之秋千(《事物紀原》 八卷).

25) 孫麒麟, 毛麗娟, 李重申, 《中國古代體育圖錄》. (甘肅教育出版社, 2015), 366쪽; 김선풍, 앞의 글, 95쪽.

26) 寒川恒夫, 앞의 책(2018), 185쪽.

27) 헤이안(平安)시대 초기의 827년에 준나텐노(淳和天皇)의 칙명에 따라 편찬된 한문시집이다. 전체 20권으로 집필되었으나 6권만이 남아 있다.

족, 북중국의 한족과 한국(북쪽에서 남쪽으로)으로 전파된 루트로 보고, 그중에서 일본의 추천은 북중국과 한반도를 통해서 전파된 것으로 본다."고 하였다.[28] 그 후 지금의 한자사전과 같은 형태로 편찬된 『와묘루이주쇼(倭名類聚鈔)』[29]의 잡희(雜戲)부에는 추천이 중국을 통해 전파되었다고 기록되어 있다.[30] 이처럼 일본은 당나라가 집권한 이후부터 중국에 사절단을 보내 공물을 바칠 정도로 중국문화에 관심이 많아 왕래가 잦았으며, 이 시기에 일본은 중국의 다양한 유희를 많이 유입하였는데, 그중 하나가 그네뛰기인 추천이었다.[31] 전체적으로 보면, 당시 일본이 많은 나라들과 활발히 교류하면서 다양한 문물을 자연스럽게 받아들이면서 그네뛰기(추천) 역시 중국과 한반도에서 전해진 것으로 보았고, 이러한 그네뛰기는 중국의 풍습에 따른 한식과 관련된 여성 놀이로 받아들여 정착된 것이라 보고 있다. 또 다른 기록에 그네뛰기는 동아시아의 대부분의 지역에서 영위한 놀이였는데, "티베트 지역에서는 동짓날 그네를 뛰고 중국 대륙에는 한식에 그네를 뛰며, 대만의 원주민은 발판이 없이 뛰는 그네뛰기가 전해진다. 그리고 태국에서는 동짓날 왕실의 주술사가 의례적인 그네를 타고, 그리스의 추천이 로마를 경유해서 유럽으로, 이것이 중국으로 전파되어 당나라 시대가 되면 야간에 달빛 아래에서 이를 즐겼다고 전해진다. 이때 중국으로부터 한반도를 거쳐 일본에 전파된 그네뛰기와 유럽으로부터 동남아시아(베트남, 인도네시아 등)를 거쳐 바다를 통해 일본에 전래된 그네뛰기라는 두 종류가 일본에 정착하여 오늘에 이르고 있다."[32]고 추정된다.

---

28) 寒川恒夫, 앞의 책(2018), 190쪽, 225쪽.

29) 이 사료는 헤이안시대 중기에 집필된 생활사전이라 보면 무방할 것 같다. 931－938년에 천황이 된 다이고천황(醍醐天皇)의 요청에 의해 미나모토노 시타고우(源順)가 편찬하였다. 당시 중국의 분류 사전에 영향을 받았다. 헤이안시대 이전의 어휘나 어음, 그리고 사회와 풍속, 제도 등을 파악할 수 있는 중요한 자료적 가치가 있다. 현재 일본의 국어사전, 또는 중일사전, 백과사전적 요소를 갖추고 있다는 특징을 보이고 있다.

30) 大林太郎, 岸野雄三, 寒川恒夫, 山下晋司編, 《民族遊戯大事典》. (大修館書店, 1998), 171쪽.

31) 源順撰復刊, 倭名類聚鈔 卷4. 雜芸, 4裏.

32) 原勝郎, 〈鞦韆考〉, 《芸文》. 1, (京都文学会, 1921), 1－16쪽; 原勝郎, 〈鞦韆考〉, 《日本中世史》. (平凡社, 1969), 291－303쪽.

3. 널뛰기의 여성 유희적 양상과 의미

여성들이 즐겨 하던 널뛰기의 양상과 의미

우리나라 널뛰기는 긴 널빤지의 중간에 둥근 짚단을 받쳐놓고, 여자들이 양쪽에서 둘로 나뉘어 서로 균형을 잡으며 양발로 판을 굴러서 올라가고 내려가는 것을 반복하는 놀이의 모양새를 말하며, 이것은 답판(踏板), 도판(跳板), 초판희(超板戲), 판무(板舞)라고도 불리었다.[33] 널뛰기와 관련된 속담 중 '정월에 널을 뛰면 그 해 발바닥에 가시가 들지 않는다', 또 경기도 양주 지역에서는 '이 놀이를 하지 않는 처녀는 시집을 가도 아이를 가질 수 없다'[34]는 등의 옛 속담들에서 우리나라 여성들이 널을 뛰었던 이유를 짐작할 수 있다.[35] "유교 사회에서 엄격한 제한을 받았던 여성들이 바깥을 바라보기 위해 담장 옆에 널을 두고 뛰었던 놀이에서 유래되었다는 설"과 "죄인들의 아내들이 감옥에 있는 남편들이 궁금하여 서로 널을 뛰며 감옥에 갇힌 남편을 바라본 것에서 유래되었다는 설" 등 널뛰기의 유래에 대한 속설에서도 널뛰기는 여성들이 주로 행하였다는 것을 알 수 있다.[36] 또 옛 문헌인 『국포집(菊圃集)』, 『경도잡지(京都雜志)』, 『열양세시기(洌陽歲時記)』, 『송경지(松京誌)』, 『세시풍요(歲時風謠)』, 『동국세시기(東國歲時記)』, 『농가십이월속시(農家十二月俗詩)』, 『한양세시기(漢陽歲時記)』, 『해동죽지(海東竹枝)』, 『조선상식문답(朝鮮常識問答)』, 『오주연문장전산고(五洲衍文長箋散稿)』 등의 기록을 살펴보면 널뛰기는 대부분 여성들이 즐기던 유희였다는 점을 알 수 있다.[37] 그 관련 내용으로

---

33) 김숙희, 〈조선후기 세시기에 나타난 여성 세시놀이의 양상〉, 《국학연구》. 38집. (한국국학진흥원, 2019), 531－566쪽.

34) 村山智順, 《朝鮮の鄕土娛楽》. (朝鮮総督府, 1941), 18쪽.

35) 심우성, 《우리나라 민속놀이》. (동문선, 1996); 김광언, 《동아시아의 놀이》. (민속원, 2004)

36) 김광언, 앞의 책(2004); 심우성, 앞의 책(1996); 이강로, 《세시풍속과 민속놀이》. (세대왕기념사업회, 2000)

37) 국포집(菊圃集), 1775, *少婦分曹爭踏板*/경도잡지(京都雜志), 18세기 후반, 여항의 부녀자들이 맨 널빤지 짚단 위에 가로로 놓고 양쪽 끝에 서서 구르며 높이 뛰는데/열양세시기(洌陽歲時記), 1819, 여자아이들은 짚을 베개 모양으로 묶어 땅에 놓고/송경지(松京誌), 1767－1847, 정월 초하루에 여자 어린이들이 널을 뛴다[축판희(蹴板戲)]/세시풍요(歲時風謠), 1843, 뜰 안에서 널뛰기하는 쪽찐 머리 여인들/동국세시기(東國歲時記), 1849, 항간의 부녀들은 색칠하지 않은 맨 널빤지를 짚단 위에 횡으로 올려놓고/농가십이월속시(農家十二月俗詩), 1861, 남자들은 연날리기 여자들은 널뛰기/한양세시기(漢陽歲時記), 19세기 후

는, 먼저 『경도잡지』에 “여염집 부녀자들이 맨 널빤지를 짚단 위에 가로로 놓고 양쪽 끝에 마주 보고 서서 구르며 높이 뛰는데, 차고 있는 패물이 소리가 쟁쟁하고 지쳐서 떨어져 나가면 이를 보며 재미 있어 한다. 이를 초판희(超板戱)라고 한다.”고 기록되어 있으며,[38] 『열양세시기』에는 “여자아이들은 짚을 베개 모양으로 묶어 땅에 놓고 그 위에 널판을 올려놓은 다음 좌우로 균형을 맞추고 두 사람이 마주 보고 서로 엇갈리며 뛰는데, 몸을 높이 올릴수록 잘한다고 한다. 이것을 널뛰기(跳板戱)라고 한다.”라고 기록되어 있다.[39] 또한 『동국세시기』에는 “항간의 부녀들은 색칠하지 않은 맨 널빤지를 짚단 위에 가로로 올려놓고 그 양쪽 끝에 마주 올라서서 서로 오르내리면서 몇 자씩 높이 뛰는데 힘이 빠져 지칠 때까지 구르며 즐긴다. 이 놀이를 널뛰기라고 하며 정월 초까지 이 놀이를 한다.”고 기록되어 있고,[40] 『오주연문장전산고』에는 “우리나라 여자들도 정월 초하루부터 15일 이후까지 아름다운 단장과 고운 옷차림으로 이 놀이를 경쟁하는데, 이름을 널뛰기(跳版)놀이라 한다.”며 기록하고 있다.[41] 마지막으로 유만공(柳晩恭, 1793~1869)의 『세시풍요』에는 “뜰 안에서 널뛰기하는 쪽진 머리의 여인들, 푸른 저고리 붉은 치마 똑같이 치장했네. 높이뛰기 다투어 민첩하게 몸을 놀리며, 담 위로 모습 보여도 부끄러워하지 않네”라는[42] 기록과 김준근(金俊根)의 『기산풍속도첩』[43]에도 여성들이 널을 뛰는 모습이 그려져 있는 것으로 보아 이 놀이는 여성들이 즐겼던

반, 두 여자들이 각각 번갈아 뛰어오르기 때문에/해동죽지(海東竹枝), 1925, 옛 풍속에 설날부터 젊은 부녀자들이 짝을 지어 널을 뛰면서 놀이를 한다./조선상식문답(朝鮮常識問答), 1946, 남자의 윷놀이에 대하여 여자의 歲首에 있는 대표적인 遊戱는 널뛰기라 할 것인데/오주연문장전산고(五洲衍文長箋散稿), 1977, 우리나라 여자들도 정월 초하루부터 15일 이후까지 아름다운 단장과 고운 옷차림으로 이 놀이를 경쟁하는데, 이름을 널뛰기놀이라 한다.

38) 경도잡지 세시 원일. “閭巷婦女用白板橫駕藁枕上分立兩端 激蹙而跳數尺許 環珮琤然以困.”

39) 열양세시기 정월 원일. “兒女輩束藁如枕形置之地 加板其上 令左右適均 兩人對立迭 跳以竦身高者爲雋 名曰跳板戱.”

40) 동국세시기 12월 제석. “閭巷婦女用白板橫置藁枕上對踏兩端相升降而跳數尺許以 困頓爲樂謂之跳板戱.”

41) 오주연문장전산고 경사편 5, 논사류 2, 풍속. “我東女子 亦自正月元日至上元後 靚粧艶服競作此戱 名曰跳版.”

42) 세시풍요, 27. “盈庭板舞小鬟娘 綠褶紅裙一樣裝 超躍爭高便捷體 不羞全面出前墻.”

43) 김준근, 〈널뛰는 모양〉, 《기산풍속도첩》, 19세기 말, 무명에 채색, 독일 함부르크민족학박물관. 정초나 5월 단오, 8월 한가위 등 큰 명절에 부녀자들이 즐기던 놀이인 널뛰기 모습을 그린 풍속도이다. ⓒ조흥윤). [출처: 한국민족문화대백과사전].

유희임을 알 수 있다.

옛날 보수적인 시대적 환경으로 볼 때 화려한 복식과 치장을 한 채로 널을 뛰었다는 것, 여성들이 치마를 입고 높이 뛰어올랐다 내렸다 하는 것을 반복하게 되는 유희인 널뛰기를 즐기는 것, 그리고 담을 뛰어오를 만큼 높이 올라 담을 넘어 길가 사람들에게 자신의 얼굴을 보여도 부끄러워하지 않았다는 것은 널뛰기를 거행하는 여인들이 매우 적극적이고 진취적이었다는 것을 보여주고 있다. 또 이것은 당시 여성들 대부분이 제한된 생활을 했으므로 담 너머 바깥세상에 대한 동경심이 컸음을 짐작하게 한다. 널뛰기라는 유희 자체가 몸의 균형을 잡기가 쉽지 않고, 뛰어오르고 구르는 데 힘이 많이 들기 때문에 서로 교대해 가며 널을 뛰어야 한다. 대부분 혼인 전의 여성이나 결혼 초의 젊은 부녀자들이 많이 뛴 이유도 여기에 있으며, 자신의 몸을 공중에 띄우기 위해 다리에 강한 힘을 주고, 또 널을 구르기 위해 균형을 잡아 다리 힘과 균형감각을 기르는 데 도움이 된다. 특히 정적인 움직임만 있는 여성들의 유희에 비해 움직임 자체가 매우 동적이기 때문에 신진대사를 원활하게 해주고, 강인한 신체단련에 도움을 줄 수 있는 놀이의 형태로서 여성들은 이러한 널뛰기를 통해 건강한 육체를 유지할 수 있었으며, 정신적인 억압도 극복해 낼 수 있었을 것이라 생각된다.[44)]

널뛰기의 교류사

사실 널뛰기는 역사적 기록으로 남아 있는 자료들이 많지 않아 이와 관련된 기록을 찾는 것이 쉽지 않다. 그럼에도 불구하고 널뛰기의 교류사적 기록을 찾아보면, 일본국립청소년교육진흥기구에서는 "일본 류큐(流球)의 문화는 그곳의 고유한 문화에 외래문화가 유입되어 재창조되었고 그들만의 독창성이 생겼다. 특히 한국에서 여성들의 놀이인 널뛰기는 이챠우도이(板舞戱)라고 불렀다. 널뛰기는 한국과 오키나와에서만 보이는 유희"[45)]라 말하며 오키나와지역의 옛날 놀이로서 한국과 일본의 문화적 교류를 언급하면서 널뛰기를 소개하고 있다. 이러한 기록

44) 국립민속박물관, 한국세시풍속사전 정월(국립민속박물관, 2004), 412~413쪽.
45) 일본국립청소년교육진흥기구:http://mukashiasobi.okinawa.jp/feature/index.html(2019.03.22.).

은 한국 옛 문헌의 기록에서도 찾아볼 수 있는데, 먼저 조선 후기 실학자인 이규경(李圭景)의 『오주연문장전산고(五洲衍文長箋散稿)』[46]와 최남선의 『조선상식문답』 풍속편의 널뛰기조에는 한국의 널뛰기가 일본의 류큐지역으로 전파되었다는 이야기를 기록하고 있으며, 1792년 청나라 사신으로 류큐로 건너간 서보광(徐葆光)이 『중산전신록(中山傳信錄)』에 널뛰기와 관련된 기록을 다음과 같이 남겼다.

> "정월 16일에 남녀가 조상의 무덤을 찾은 뒤, 여자들은 널뛰기와 장치기(격구)를 한다. 나무토막 위에 가로로 올려놓은 큰 널 양 끝에 둘이 마주 선다. 한쪽이 발을 굴러서 1.5m쯤 솟구쳐도 한쪽으로 쏠리거나 떨어지지 않는다. 우리나라 여자들도 정월 초하루부터 15일 이후까지 이쁘게 화장을 하고 고운 옷차림으로 이것으로 경쟁을 하는데 이름을 널뛰기라 한다. 여기서 유구(流球)국은 바다에 가로막힌 수만 리 밖에 위치하여 왕래가 거의 불가능함에도 그곳 여자 놀이가 우리와 같은 것은 놀라운 일이다."[47]

이 글은 서보광의 글을 인용하여 이규경이 남긴 기록으로 서보광은 한반도의 널뛰기가 뱃길로 멀리 떨어진 류큐에 전래된 점에 놀라워하고 있다. 유득공(柳得恭)의 『경도잡지(京都雜志)』 세시원일(歲時元日)조에 나와 있는 "항간에서 부녀자들이 흰 널조각을 짚단 위에 가로로 걸쳐놓고 양쪽 끝에 갈라서서 굴러 뛰는데, 그 높이가 몇 자씩 올라간다. 그때 패물 울리는 소리가 쟁쟁하고, 지쳐서 떨어져 나가는 것으로 낙으로 삼으니, 이를 초판희라고 한다. 생각해 보면, 주황의 유구국기략에 그곳 '부녀들이 널빤지 위에서 춤을 추는데, 이를 판무라고 한다'고 해서 본받은 것인지"[48] 라는 기록과 결을 같이 하고 있다. 마지막으로 『동국세시기(東國歲時記)』 12월조에도 "저자에서는 부녀자들이 흰 널빤지를 짚단 위에 올려놓

46) 조선 정조(재위 1776~1800) 때의 실학자인 이규경이 편찬한 백과사전식 책이다.

47) 李圭景 五洲衍文長箋散稿 板舞辨證說(卷 十一 經史篇 論史類 風俗); 김선풍, 앞의 글, 103쪽; 주영하, 김소현, 김호, 정창권, 《19세기 조선, 생활과 사유의 변화를 엿보다》. (돌베개, 2005), 151쪽.

48) 閭巷婦女用白板橫駕藁枕上分立兩端 激盪而跳數尺許 環珮琤然以困頓爲樂 號爲超板戱 按周煌琉球國記略其婦女舞於板上曰板舞與此相類 國初琉球入朝抑或慕而效之者歟柳得恭 柳得恭(《京都雜志》歲時 元日條).

고, 널빤지 양 끝에 두 여인이 마주 서서 뛰면 한 사람은 올라가고 또 한 사람은 내려왔다 하며 여러 자를 올라간다. 또 그들은 힘이 빠져서 지치는 것을 낙으로 여긴다. 이것을 말하여 '도판희', 즉 널뛰기라 한다. 이 놀이는 정월 초까지 한다. 상고하면 청나라 주황의 『유구국기략』에 말하기를 부녀자들이 널빤지 위에서 춤추는 것을 판무라고 한다고 하였으니, 이 풍속 놀이와 비슷하다."[49]고 기록하고 있는 것으로 보아 이는 우리나라 널뛰기와 비슷한 형태의 유희가 유구국에도 존재하고 있음을 보여주며, 여러 자료상으로 볼 때도 우리나라의 널뛰기가 일본으로 전해진 것이라 볼 수 있는데, 실제로 오키나와와 우리나라는 유사한 풍속이 많은 것으로 조사되고 있다.[50] 또 류큐 '만국진량(萬國津梁)의 종(1458년 주조)'에는 "류큐국은 남해의 승지로서 삼한(조선)의 빼어남을 한데 모으고, 대명(중국)을 광대뼈와 잇몸으로 삼고, 일역(일본)을 입술과 이로 삼는다."라고 기록되어 있다. 이러한 기록을 통해 류큐는 남해의 뛰어난 지점에 입지하여 조선의 문화를 배우고, 중국과는 불가분의 관계에 있으며, 일본과도 친밀한 관계를 맺었던 사실을 알 수 있다.[51]

이처럼 역사적으로 고려 때부터 류큐와의 왕래가 매우 잦았기 때문에 고려 말부터 조선 초까지 류큐의 사신과 상인의 왕래가 활발했던 시기였던 때와 망명객이나 표류민이 우리나라에서 여러 해 머물다 갔던 시기였던 때에 널뛰기가 유구에 전파된 것으로 추정할 수 있다.[52] 마지막으로 널뛰기와 유사한 놀이의 형태를 보이며 1638년 영국에서 시작되었다고 추측하고 있는 '시소(seesaw)'를 살펴보면, 사실 서양의 시소가 어느 면에서는 널뛰기와 비슷하다고 볼 수 있지만, 서로 간의 연관성이나 교류 관계를 찾기란 쉽지 않아 보인다.

49) 동국세시기 12월 제석. "閭巷婦女用白板橫置藁枕上對踏兩端相升降而跳數尺許以 困頓爲樂謂之跳板戲."

50) 羅景洙, 栗本古基, 〈湖南と沖縄の洗骨葬の比較硏究〉, 《南島文化》. 24, (沖縄國際大學南道文化硏究所, 2002), 79－94쪽; 나경수, 앞의 글, 138쪽.

51) 다카라 구라요시, 원정식, 《류큐 왕국》, (도서출판 소화, 2008), 99쪽.

52) 심우성, 앞의 책, 35－36쪽.

4. 나가며

고대사회부터 남성이 주도적으로 행사하는 사회풍토 속에서 여성들은 나름대로 자신들만의 다양한 놀이문화를 창출하고 영위해 왔다. 특히 중세사회까지 중국과 한국, 일본에서는 말을 타고 서로 공을 치는 격구 등이 활발하게 거행된 사실이 사료를 통해서 전해진다. 당나라 시대에는 여성들도 나귀를 타고 격구를 즐겼다. 이를 여국(驢鞠)이라고 불렀는데, 당시 사람들이 나귀타기를 좋아했기 때문에 붙여졌다. 또 『신당서(新唐書)』의 「곽지운(郭知運)」전을 보면, "기생에게 나귀를 타고 하는 격구를 가르쳤는데 고급스러운 안장과 보배로운 재갈을 물리고 서로 다른 복장을 입혔다. 내일 수만금의 비용이 들어도 걱정하지 않았는데, 창락(倡樂)으로 자금을 마련하였다."[53]는 기록이 전해질 정도로 나귀타기를 좋아하는 시대적 기풍과 남자들이 격구를 좋아하는 마음이 함께 어우러져 여국이 출현했다고 보면 될 것이다. 그 후에는 세시풍속에 따른 절기마다 일상생활 속에서 느끼지 못한 여성들만의 자유로움을 다양한 놀이를 통해 표출해 왔는데, 그네뛰기와 널뛰기 등은 동양의 여성들이 가장 즐겨왔던 대표적인 놀이로 신체단련의 기회가 적었던 전통 사회의 여성들에게 더없이 유익한 놀이였다.

여성들은 시대적 배경에 따라 지켜야 할 사회적 윤리가 강화됨으로써 자유로운 몸놀림이나 몸가짐이 억제되었는데, 이러한 시대적 제약에서도 여성들이 즐길 수 있었던 유희는 봄이 찾아오면 널뛰기와 연날리기, 윷놀이 등, 여름이면 그네와 고누 등, 가을에는 달빛 아래에서 강강술래나 탈춤, 농악 등의 유희를 즐겼다.[54] 우리나라 속담에는 '명절에 일을 하면 홀아비 홀엄씨 된다'는 말이 있는데, 이것은 아마도 명절만큼이라도 쉬라는 의미와 유희는 모든 사람이 함께 즐기는 것이라는 의미를 함축적으로 담고 있음을 뜻하며, 일과 놀이를 함께 즐겼던 전통사회의 모습을 추정할 수 있다.

전근대시기에는 여성들이 주체가 돼서 할 수 있는 사회적 활동이 많지 않아 사람들이 모이는 행사에서 주체성을 발휘하기는 쉽지 않았으나, 이러한 유희를

53) 又教女伎乘驢擊毬 鈿鞍寶勒及它服用 日無慮數萬費 以資倡樂(《新唐書》 卷133 〈列傳〉 58).
54) 임동권, 《민속문화론》. (집문당, 1989), 40쪽.

통해 여성들 스스로가 주체가 되어 장소를 정하고, 역할을 배분하는 등이 모든 것이 여성들에 의해서 이뤄지기 때문에 그들 스스로가 실행하는 것에서 오는 만족감을 얻을 수 있었을 듯하다. 이처럼 유희를 즐기면 느낄 수 있는 주체성의 인식은 스트레스를 해소할 수 있는 기능 이상의 의미를 지니고 있으며, 그런 의미에서 그네뛰기와 널뛰기는 여성 놀이로써 그들의 활달한 기상을 길러주었을 뿐만 아니라 여성들이 그네를 뛰는 모습과 널을 뛰는 모습은 그들을 생기 있고 활발하게 만들어주는 역할과 함께 신체단련에도 많은 도움을 주어 체육적인 의미도 내포하고 있는 놀이였다.

제6장 실크로드를 통해 동서양으로 전파된 격구

1. 들어가며

고대 사회부터 인간의 교류를 통한 문명과 문화의 전파에 가장 큰 역할을 한 것은 말이다. 말은 기원전 5,000－4,000년에 걸쳐 시베리아 남부에서 흑해 북부의 초원에 이르는 스텝지역에서 처음으로 사육하게 되었다. 최초로 말을 가축화한 목적은 식용이었고, 이어서 말에 줄을 매달아 마차를 끌게 하거나 물건을 나르는 운반수단으로 진보하였다. 또 인간이 말을 타기 시작한 시기가 언제부터인지 확실하지 않으나 기마가 중요시된 시기는 기원전 2천 년 말부터 기원전 1,000년 초반에 걸쳐서 일어났던 것으로 알려져 있다. 즉, 그때까지 전쟁기술의 중심이었던 말이 끄는 마차를 이용한 전투법이 대세였으나 이 전투법은 매우 번거로웠다. 그래서 유라시아의 초원 지역에서 생활하던 유목민들은 빠른 움직임을 살리는 기동성에 주목해 달리는 말 위에서 활을 쏘거나 창을 휘둘러 상대를 쓰러뜨리는 전투법으로 바꾸며 말이 갖는 유용성에 주목하였던 것이다.[1] 따라서 당연히 기마와 관련된 무예나 놀이 등도 이 시기부터 성행하였을 것으로 추정된다.

실크로드 초원길의 주역은 말이었다. 실크로드에서는 다양한 물자가 오고 갔지만, 그중에서 말이 가장 중요한 역할을 했는데, 그것은 그만큼 많은 사람이 말을 활용하기를 갈망했기 때문이다. 고대 시대부터 좋은 말의 원산지는 중국어로

1) 大林太郎, 岸野雄三, 寒川恒夫, 山下晋司,《民族遊戲大事典》.(大修館書店, 1998), 40쪽.

대완(大宛)이라 불렸던 페르가나지역, 지금의 우즈베키스탄과 타지키스탄, 키르기스에 걸친 지역으로 우리는 이 지역을 중앙아시아라 부른다. 특히 이 지역에 사는 사람들의 삶 속에서 말타기는 일상생활의 전부라 해도 과언이 아닌데, 우즈베키스탄에서는 300마리의 말과 참가자, 3천여 명의 관중이 즐기는 전통의식인 쿱카리, 명마 산지의 하나인 키르기스에서는 사냥감을 집단으로 탈취하는 '쿄크볼(푸른 늑대)'이라고 부르는 전통놀이가 전해지고 있다. 이와 비슷하게 남쪽의 아프가니스탄에서도 집단으로 말을 타고 사냥감을 탈취하는 '부즈카시'라는 마상 놀이가 있다. 아프가니스탄 북부에서는 이 경기를 '카이자'라고 부르는 등 중앙아시아의 각지에서는 각각의 민족들이 말을 타고 거행하는 놀이를 조금씩 다른 이름으로 부르지만, 이것들은 모두 뿌리가 같은 말 경기로 보고 있다.[2] 이 경기들은 머리와 사지를 잘라낸 산양 등을 탈취하는 전통적인 모습을 보이지만, 그 기원은 아직 명확히 밝혀지지 않고 있다.

특히 실크로드의 중심부를 형성하고 있는 몽골의 유목민에게 말은 유사(有史) 이후로 그들의 생활에 없어서는 안 되는 가축이었다. 몽골에서는 이미 부계씨족사회의 초기인 B.C. 6,000－5,000년경의 무덤에서 청동제 재갈이나 재갈멈치와 같은 말과 관련된 유물이 출토되는데, 이는 대체로 B.C. 10세기 이후부터 유라시아 초원 전역에 기마가 보편화되었음을 말해주고 있다.[3] 따라서 몽골족은 초원을 누비는 유목민족이기 때문에 말을 사육해서 타고 생활하거나 물건을 운반하는 수단으로 말을 적극 활용하였던 것이다. 넓게 펼쳐져 있는 초원지역은 말과 양 같은 초식동물을 사육하기에 매우 알맞은 지형이지만, 양은 고기와 털, 가죽을 제공하여 주기는 하나 말처럼 교통수단으로 유용하게 활용하지 못하기 때문에 유목민들에게 말은 꼭 필요한 가축으로 자리매김하였다.

나아가 칭기스칸의 몽골족이 서부 유럽까지 정복할 수 있었던 이유도 기동력이 좋은 말을 잘 다룬 덕분이었다. 이후부터 몽골의 말은 아시아의 중국, 한국, 일본, 티베트, 인도, 인도차이나반도, 미얀마, 자바, 투르키스탄, 이란 등, 그리고

2) 増川宏一,《盤上遊戱の世界史: シルクロード遊びの伝播》. (平凡社, 2010), 110－112쪽.
3) 이평래, 〈몽골·중앙아시아사 전개와 말의 기능〉, 강정원, 박환영, 이평래, 장준희 공저,《세계의 말 문화 I : 몽골·중앙아시아》. (한국마사회 마사박물관, 2009), 70쪽.

동부 유럽으로 넓게 퍼져 나갔다.[4)]

잘 알려져 있듯이, 몽골과 한민족은 유구한 접촉과 교류의 역사를 공유해 왔다. 그 역사적 배경을 간단히 살펴보면, 세계 3대 인종군(흑인종, 황인종, 백인종)과 3대 어족(우랄 알타이어족, 인도유럽어족, 셈어족)에서의 동군과 동족이고, 체질 인류학적으로 감마유전자 ab3st와 DNA를 공유하는 등의 역사적으로 공동의 원류를 가지고 있다.[5)] 게다가 우리 민족은 몽골계라 불릴 정도로 기마민족의 문화를 많이 지니고 있다. 특히 고구려인의 생활상을 적나라하게 보여주는 벽화만 보더라도 기마상이 많이 그려져 있다. 즉, 몽골과 비슷하게 우리 민족도 준마에 대한 의식과 천마에 대한 숭배를 강하게 표출해 왔는데, 남도영은 "우리나라 말에는 몽골 계통의 호마(胡馬)와 토속마인 향마(鄕馬)라는 두 계통이 전한다. 향마의 유래에 대해서는 중국 북부지방의 스키타이 기마민족, 사천성(泗川省)의 소형 말, 중국 남방의 소형 말에 관한 유래설이 전한다."[6)]고 언급하였다.

중국의 말은 약 500－150만 년 전에 발가락이 3개인 삼지마(三趾馬)에서 유래한다. 이후 약 100만 년 전에 현대적 말의 조상 격인 삼문마(三門馬)가 탄생하였는데, 야생마가 가축화되기 시작한 때는 약 5,500년 전의 신석기시대로 알려져 있다.[7)] 중국에는 남선북마(南船北馬)라는 속담이 있다. 여기에는 중국이 넓은 땅으로 구성되어 있어서 남쪽과 북쪽의 차이가 크다는 점을 내포하고 있는데, 남쪽은 늪지대가 많고 벼농사를 위주로 하며 북쪽은 초원과 산악 지역으로 소보다 말을 더 중요하게 여겼기 때문에 생겨난 속담이다. 중국에서 말이 그려진 암각화는 흑룡강성과 내몽골, 저하(宁下), 신강(新疆), 청해, 감숙성 등의 산록에만 전하고 있다. 따라서 고대 원시 사회에서 말이 인간과 함께 존재하였음을 확인할 수 있지만, 이 지역은 중국의 북부이자 변방 지역이었다. 말과 관련된 문화는 이 지역에서 점차 중국 내부로 확산되었다. 북쪽의 섬서(陝西), 산서(山西), 하북(河北)지방과

4) 南都泳, 《韓國馬政史》. (한국마사회 마사박물관, 1996), 30－31쪽: 정형호, 《한국의 馬 민속》. (집문당, 1999), 137쪽.
5) 정수일, 《우리 안의 실크로드》. (창비, 2020), 32쪽.
6) 남도영, 〈말〉, 《한국민족문화대백과사전》 7권. (한국정신문화연구원, 1991).
7) 南都泳, 앞의 책, 30－31쪽; 任東權, 鄭亨鎬 공저, 《韓國의 馬上武藝》. (한국마사회 마사박물관, 1997), 347쪽.

서남쪽 산악지대인 사천(四川), 운남(雲南)지역이 말의 주요 산지로 알려져 있다.

인간의 생활에서 말을 사육하여 탈 것이나 물건운반용으로 이용하는 현상이 굳건하게 자리 잡으면서 사냥이나 경마, 격구(타마구) 등과 같은 무예, 또는 이를 놀이로 승화시킨 오락적 기능을 도모하거나 발휘하게 되었음을 짐작하게 한다. 그리고 이러한 현상들은 지역과 지역의 교류에 따른 문명의 전파과정을 거쳐 조금씩 다른 환경에 적응하며 특정한 기능을 추구하는 사회적 흐름과 놀이방식으로 변용되어 갔다. 즉, 말을 타고 긴 막대기로 공을 치거나 운반하는 격구라는 놀이는 실크로드를 통해 동북아시아 지역으로 전파되었고, 이를 즐기는 가운데 말이 없어도 간편하게 경쟁할 수 있는 보타구(보행타구), 또는 타구가 새롭게 만들어져 공을 구문을 통과시키는 방식에서 땅 위에 일정하게 구멍을 파고 여기에 공을 집어넣거나 아니면 미니 농구와 같이 망이 달린 골문을 매달아 놓고 여기에 공을 집어넣는 등의 다양한 방식의 격구가 탄생, 변용되어 오늘에 이르게 되었다.

여러 사람이 말을 타고 두 팀으로 나눠어 막대기로 공을 치며 즐기는 격구(擊毬)는 페르시아로부터 서쪽으로 전파되었는데, 인도에 주둔해 있던 영국인 기병대들이 비공식 시합을 가지며 폴로(Polo)라는 경기로 재탄생되었다. 폴로라는 경기가 영국에서 시작된 것은 1859년에 히말라야 실차르(Silchar)에서 최초의 팀이 창설되면서부터라는 설도 있지만,[8] 폴로라는 명칭은 볼(ball)을 의미하는 티베트어인 'pulu'에서 유래하였다는 설이 정설이다. 즉, 19세기 초반경에 영국 군인이 인도의 앗사무에서 근무하며 배워 영국으로 전파하며 폴로라는 단어를 사용하였다고 한다.[9] 또 하나의 설은 B.C. 2,500년 전에 메소포타미아의 바빌론에서 탄생하여 전해졌다는 내용이다. 이처럼 폴로의 원형을 격구에서 찾는 견해가 정설로 정착하였다. 그러나 아직도 명확한 사료가 발견되지 않고 있어 격구의 기원을 통틀어서 B.C. 6－1세기 사이에 페르시아에서 처음으로 행해졌다고 추정하는 설이 가장 큰 설득력을 지니고 있다.

실크로드의 초원길로 연결된 페르시아에서 파생한 격구는 중국과 한국, 일본

8) 브리태티커, 위키피디아 백과사전 polo 항목; 박세욱, 〈타구란 용어에 대한 고찰〉, 《中國語文學》. 제51집, (중국어문학회, 2008), 387쪽.

9) 大林太郎, 岸野雄三, 寒川恒夫, 山下晋司編, 《民族遊戱大事典》. (大修館書店, 1998), 40쪽.

등의 한자권 지역에 따라 다양한 용어로 불리어 왔다. 예를 들어 중국에서는 격구, 마구, 타구, 목구, 보타구, 곤타구 등으로 불렀으며, 한국에서는 격구, 타구, 격구희, 농장희, 격방 등으로 불렀다. 일본에서는 타구, 격구, 기타구, 기마타구, 보타구, 보행타구 등으로 불렀으며, 소수민족에서는 박복자(위구르족), 타우모구(만족), 모래구(요족), 타류구(회족) 등으로 불렸다.[10] 이처럼 격구는 페르시아에서 파생되어 실크로드를 통해 동서로 전파되어 나갔기 때문에 이 놀이의 전체적이고 교류사적인 전파과정, 지역적 특성과의 유기적 변용과 관련된 내용 등을 서쪽에서 동쪽으로 지리적인 순서에 따라 비교하고 정리해 보자.

2. 페르시아의 기마문화와 폴로

폴로의 기원

유목민족 사이에서 자연적으로 탄생한 놀이는 경마이다. 이것이 언제, 어느 시대부터 시작되었는가는 불분명하지만, 추측해 보면 수천 년 전부터 흥해 왔던 놀이로 알려져 있다. 경마는 이슬람 사회뿐만 아니라 실크로드로 연결된 지역과 지역에서 각각의 민족들이 자신들에게 맞는 방법으로 개량하여 어느 곳에서나 자연스럽게 거행되어 왔다. 이 놀이는 오락의 하나이기도 하였지만, 결과적으로 높은 가격으로 팔 수 있는 좋은 말을 생산하고 사육하려는 목적이 내재되어 있었다. 현재 몽골에서 개최되는 장거리 경마가 이러한 유목인의 전통을 이어받은 놀이란 사실이 증명해 준다. 따라서 경마에서 파생된 것으로 보이는 폴로의 첫 발생은 아직 명확히 밝혀지지 않았지만, 중앙아시아의 이란 유목민이 경쟁하던 경마에서 시작되었을 가능성이 가장 유력하다고 보고 있다.

지금 거행되고 있는 폴로의 형식은 페르시아에서 시작되어 동서로 퍼져 나간 것이다. 폴로는 중앙아시아에서 유래한 경기로 B.C. 6−A.D. 1세기경에 페르시아에서 성행했으며, 국왕 직속 기마대를 비롯한 정예 기마대의 훈련용 경기로

10) 정형호, 〈동아시아 격구의 전승 양상과 비교 연구〉, 《비교민속학》. Vol 41, (비교민속학회, 2010), 254쪽.

이용되었다. 당시는 한 팀이 100명 정도로 구성되었던 폴로 경기는 호전적인 민족이 시행하는 축소판 전투나 다름없었는데, 이때의 폴로는 페르시아의 국기로서 귀족들 사이에서 널리 행해졌다.[11)]

이처럼 페르시아에서 시작된 폴로는 아라비아를 거쳐 티베트, 중국, 한국, 일본으로까지 전파되는 역동적인 전파성을 보이는데, 바로 폴로라는 영어식 이름은 발티어로 '공'이라는 뜻을 지니고 있다. 13세기경에 이슬람교도들이 인도를 정복하면서 폴로가 전파되었다. 19세기 중반에 인도에 주둔해 있던 영국 기병대들이 여러 번 폴로와 같은 비공식적 경기를 가졌다. 특히 1870년에는 제10경 기병대와 제9창 기병대가 영국에서 시합을 가졌는데, 당시 한 팀은 8명으로 구성되었고, 특별히 정해진 규칙 없이 자유롭게 경쟁하였다.

현재 폴로는 이란지역이 발상지로 알려져 있지만, 20세기 들어와 국운이 기울면서 쇠퇴를 계속하다가 1979년에 팔레비왕조를 무너뜨린 혁명의 영향으로 폴로가 거의 자취를 감췄다. 그러다가 2000년대 들어와 폴로에 대한 꺼져가던 불씨를 되살려 2003년에 이란폴로연맹이 조직되었다. 최근에는 이슬람의 규제에도 불구하고 일부 이란의 여성들 사이에서도 큰 인기를 끌고 있다.

이슬람 이전의 폴로

1) 페르시아

시간이 흐르면서 폴로는 귀족들 사이에 광범위하게 유행하며 페르시아의 국가 스포츠가 되었다. 파르티아제국(Parthia Empire, B.C. 247－A.D. 224) 시대에 폴로는 왕과 귀족들 사이에서 큰 호응을 얻고 있었다. 『고전 후기 옥스포드 사전(The Oxford Dictionary of Late Antiquity)』에 따르면, 폴로는 페르시아의 볼 게임이며 사산제국(Sasanian Empire, 224-651)의 궁정에서는 매우 중요한 오락으로 자리 잡았다. 하물며 이 놀이는 사산제국의 지배 계급을 교육하기 위한 왕실 품행 교육의 일부이기도 하였다. 그래서 샤푸르 2세(Shāpūr II, 재위 309－379) 황제는 7세(316년)의 나이에 폴로를 배웠다. 지금도 이란에서는 현대 페르시아어로 초우건(chougān)

11) مرتضي رضوانفر, 위의 책, 35쪽.

이라고 부르는 폴로 경기가 자주 치러지고 있다.

2) 동로마 및 비잔틴 제국

기병 훈련에 유용한 이 경기는 동로마 및 비잔틴 제국의 수도 콘스탄티노플(Constantinople)에서도 열렸다. 그리고 테오도시우스 2세(Theodosius II, 재위: 402~450)가 5세기 초에 궁전 안에 폴로 경기장을 건설했다. 바실리우스 1세(Basilius I, 재위: 867-886)는 폴로에 탁월했다고 알려져 있다. 알렉산드로스(Alexandros, 재위: 912-913)는 경기 중 과다한 피로로 사망했고, 비잔틴 제국의 트레비존드(Trebizond) 공국의 요한 1세(John I, 재위: 1235-1238)는 경기 중 치명적인 부상으로 사망했다.

3) 동아시아

앞에서 간단히 언급하였지만, 격구는 두 갈래로 전파되었는데, 그 하나의 길은 실크로드 초원길을 따라 중국으로 전해졌다. 7세기경에 당나라의 수도인 장안에 전해져 격구(擊毬) 혹은 마구(馬毬), 타구(打毬)라는 이름으로 전파되었다. 나아가 남성 복장을 한 여성들도 경기에 참여하였다. 현재 전해지는 많은 당나라 고분 벽화에는 폴로 경기하는 여성들의 모습이 담겨 있다. 격구의 인기는 651년에 사산 페르시아 제국이 멸망한 후 당나라로 망명한 페르시아 귀족들에 의해 더욱 활발히 거행되었다. 격구광으로 알려진 한 귀족 여성이 878년 10월 6일에 시안에서 당나귀와 함께 묻혔는데, 이 무덤에서 폴로 경기를 조명해주는 많은 부장품이 출토되기도 하였다.

격구는 당나라를 통해 삼국시대나 통일신라시대에 한반도에 전해졌을 것으로 추정되고 있는데, 이와 관련된 기록이 아직 한국에서 발견되지는 않고 있다. 다만 『삼국사기』에 기록된 김춘추와 김유신이 놀았던 축국(蹴鞠)이 타구와 비슷한 경기였던 것으로 추정하고 있다. 그리고 발해가 일본에 사절단을 보내며 행한 교류사 내용에서 격구를 했다는 일본의 기록이 전해진다. 최근의 연구를 보면, 고려와 조선에서도 병사들을 훈련시키기 위해 격구를 장려했다는 기록이 전해지는데, 그중의 기마격구가 타구, 즉 폴로라 보면 될 것 같다. 이처럼 실크로드의 오아시스로를 통해 우리 민족에게 전해진 격구는 타구(打毬) 또는 타마구(打馬毬)란 또 다른 이름으로 발해 등에 의해 일본으로 전해졌다. 또 한 갈래의 전파경로로는 페르시아 지역에서 중앙아시아를 통해 키르기스스탄이나 아프가니스탄, 카자흐스탄, 우즈베키스탄 등으로 전파되어 부즈카시(buzkashi) 또는 콕보르(Kok Boru, 파란 늑대) 등으로 불리며 튀르크 유목민들에게 전파되었던 것이다.

이슬람시대

1) 페르시아

실크로드의 시대가 도래하자 말은 스텝지역과 인접한 민족들에서 기병용으로 사용되었고, 이 민족들은 자기네들이 독자적으로 말을 기르거나 아니면 이웃의 스텝지역 사람들로부터 말을 구입하여야 했다. 말을 타고 사냥하는 것이 유라시아 대륙의 여러 제국이나 왕국의 군주들에게 하나의 생활방식으로 자리 잡았다. 폴로 경기가 매우 중요한 역할을 담당해서 압바스 칼리파나 당나라 황제 등 제국을 형성한 지배자들의 마구간에는 폴로 경기용 조랑말들이 사육될 정도였다.[12] 그 후에도 폴로는 이슬람 시대를 맞이한 페르시아에서 계속 유행했다. 13세기 이란과 중동을 지배한 일한제국(Ilkhanate, 1256~1335)의 몽골족 통치자들과 16세기 이후 이란을 통치한 사파비 왕조(Safavid Dynasty, 1501~1736)를 통치한 사람들의 지속적인 후원을 받았다. 에스파한으로 수도를 옮긴 샤 압바스 1세(Shah Abbas I, 재위: 1588~1629)가 새롭게 건설한 수도에 만든 나그셰 자헌(Naqsh-e Jahān نقش جهان) 광장은 폴로 경기장으로 사용되었다. 낮의 무더위를 피해서 시원한 밤에 경기가 열렸으며 야간 경기를 위해 5만 개의 횃불을 밝혔다는 기록은 사파비 왕들의 폴로에 대한 광적인 취향을 잘 보여주고 있다. 사파비 왕들은 광장과 맞닿은 알리카푸(Ali-qapu عالی قاپو) 궁전의 테라스에서 폴로 경기를 관람하며 만찬을 즐겼고 때로는 경기에 직접 참여했다.

예를 들어 고대 페르시아문화권인 아프가니스탄에서는 국기로 기마를 타고 하는 '부즈카시'라는 경기가 있다. 이 '부즈카시'는 폴로의 원형이라고 할 수 있을

12) 수전 휫필드외 지음, 이재황옮김, 《Silk Roads: Peoples. Cultures. Landscapes》. (책과함께, 2019), 94-95쪽.

정도로 고전적인 기마경기인데 그 용장함은 지구상에서 가장 뛰어나다. 페르시아어로 '부즈카시'의 '부즈'는 염소를 가리키고, '카시'는 붙잡다란 뜻을 지니고 있다. 즉, 말을 타고 염소를 붙잡는 경기가 '부즈카시'인 것이다. 옛날에는 염소를 사용하였으나 현재는 사용하지 않고 그 대신에 목이 잘린 송아지 사체가 사용되는데, 시합 전까지 활발하게 뛰어다니던 송아지를 일부러 죽여서 사용한다. 경기 규칙으로는 두 개로 나눠진 팀이 목이 잘린 송아지의 사체를 공처럼 말 위에서 서로 빼앗아가며 한쪽 끝에 있는 폴을 돌아 나와 아군의 골문에 던져 넣는 단순한 규칙으로 거행된다. 특히 한 팀의 인원수에 제한이 없기 때문에 규모가 커지면 수백 명이 참가하기도 한다. 말을 타는 기사를 '챠판다스'라고 부르는데, 그들의 승마기술은 믿을 수 없을 정도로 고급기술이기 때문에 말을 타는 숙련도에 감탄이 절로 나온다. 이 기사들이 타는 말들은 여러 해 동안에 잘 훈련된 말들로 유목기마민족의 전통을 그대로 계승하고 있다.

2) 아라비아

폴로는 남쪽으로 아라비아와 인도, 티베트로 퍼져갔다. 압바스 칼리파(Abbas Caliphate, 750~1258)왕조의 수도인 바그다드는 성벽 바깥쪽에 큰 폴로 경기장을 가지고 있었고, 13세기 초에 도시를 드나드는 성문중의 하나인 할바 성문(Bāb al Halba)은 인근에 있는 폴로 경기장의 이름을 따서 붙일 정도였다. 이집트와 레반트를 지배한 아유브(Ayyubid, 1171~1250)왕조와 맘루크(Mamluk Sultanate, 1250~1517)왕조의 엘리트들은 다른 놀이나 스포츠보다 폴로를 선호했다. 십자군 전쟁의 무슬림 영웅이자 아유브왕조의 창건자였던 살라딘(Saladin, 재위: 1174~1193)과 몽골군에게 치욕적인 패배를 안겼던 맘루크 왕조의 바이바르스(Baybars, 재위: 1260~1277)와 같은 뛰어난 군주들도 직접 폴로 경기를 즐겼을 뿐만 아니라, 자신들의 궁정에서 폴로를 장려하였다. 폴로의 스틱은 현대 트럼프의 전신인 맘루크 카드에도 등장하고 있다.

인도 및 유럽

격구는 10세기 중반에서 11세기 초반에 걸쳐 아프가니스탄을 경유해서 13세기경에 동서문화의 접촉점인 판자브(Punjab)지역에 이슬람문화와 더불어 전달되었고 무갈제국의 16세기 전반에는 인도에서 대중적인 놀이로 자리 잡았는데, 가장 먼저 길기트(Gilgit), 치트랄(Chitral), 훈자(Hunza), 발티스탄(Baltistan)과 같은 현재의 파키스탄 북서부 지역으로 퍼져나갔다. 이슬람교도뿐만이 아니라 힌두교도 등의 비이슬람교도들도 격구에 빠져들었다. 인도에서 경마나 전차경주에 대한 긴 전통이 있었기 때문에 마상에서 즐기는 싸움인 격구도 쉽게 보급되어 갔을 것으로 추정한다.[13] 중앙아시아 출신의 투르크 용병 쿠트브 알딘 아이바크(Qutb al-Din Aibak)는 1206년부터 1210년까지 인도 북부에서 델리 술탄국을 통치했으나 격구경기에서 말이 넘어져 안장의 날카로운 부분에 찔려 사망했다고 전한다. 이후에 폴로라는 이름은 공을 의미하는 발티(Balti)어 "풀루(pulu)"에서 유래하였는데, 1859년 당시 영국의 식민지였던 인도의 앗삼(Assam)지역에 살았던 차를 재배하는 영국인들이 폴로클럽을 결성하여 즐기게 되었다. 당시 인도에 주둔하고 있던 영국군 제10 기병대가 이를 보고 즐겼으며, 1869년에는 영국 런던에서 처음으로 폴로를 공개석상에서 경기(양 팀 8명씩 참가)하면서 급속도로 퍼져나가게 되었다.[14] 이처럼 중앙아시아에서 유행하던 격구는 18세기부터 인도를 식민통치하던 영국인들에 의해 유럽에 소개되어 폴로로 재탄생하게 되었고, 1900년 제2회 파리올림픽부터 1936년 제16회 베를린올림픽까지 정식종목이었으나 부상의 염려가 높아 위험하고 말을 옮기고 관리하는 등의 비용이 많이 들어 근대올림픽에서 퇴출되는 운명을 맞이하였다. 하지만, 오늘날에도 영국을 비롯한 스페인과 아르헨티나 등의 영연방 국가들에서 폴로가 꽤 유행하는 현상은 계속되고 있다.

13) 増川宏一, 위의 책, 114쪽.
14) 岩岡豊麻, 〈騎馬打毬とポロ〉, 《比較文化会報: 大会公演》. (日本体育史学会理事長, 1992), No13, 2쪽.

3. 몽골의 말 경주와 격구

잘 알려진 바와 같이 유럽과 아시아대륙의 중앙부, 즉 중앙유라시아(Central Euyasia) 북부에는 몽골고원에서 흑해 북쪽의 남러시아 초원에 이르기까지 거대한 스텝 벨트가 펼쳐져 있다. 이곳 거주민들은 주어진 자연조건인 춥고 건조한 기후와 광활한 초원에 적응하며 옛날부터 유목이라는 독특한 생계 방식으로 삶을 유지해 오는 한편, 강력한 기마군단을 육성하여 주변 지역을 차례로 정복하여 거대한 유목 국가를 건설하였다.[15] 그 과정에서 몽골족과 말은 세계적 교류사의 전개에 커다란 영향을 미치게 된다. 특히 중앙아시아 지역은 유목을 통해서 말을 사육하는 지역으로 세계에서 손꼽히는 말 생산지였다. 이를 뒷받침하듯 세계 최초로 말을 사육한 곳으로 카자흐스탄 북부 보타이 지역이란 사실이 고고학적 발굴로 밝혀지기도 하였다. 이런 점에서 몽골과 중앙아시아의 역사는 말과 함께 생활해 온 역사라고 해도 과언이 아닐 것이다.

중앙아시아를 오랫동안 지배했던 몽골족은 흑룡강 얼군강 상류에 살고 있던 한 부족이다. 몽골 초원의 유목민들은 기원전 5,000−4,000년 무렵부터 말을 가축화하기 시작했는데, 중앙아시아 지역에서 야생말로 살던 홀란(хулан)과 타히(тахь)가 그 기원으로 알려져 있다.[16] 그들은 이 야생마들을 길들여 목축과 이동수단으로 활용했다. 몽골지역의 말은 초원에서 절반은 야생 상태로 지내기 때문에 인내심이 강하며, 영상 45도의 더위와 영하 45도의 추위를 견딘다고 한다. 겨울에 발굽으로 눈을 헤치고 마른 풀이나 나뭇잎 등을 찾아 뜯어 먹는 몽골 말의 평균 수명은 25년이며, 200−400kg의 무게를 견딜 수 있다. 몽골 유목민들은 말의 기원을 다음과 같이 설명하고 있다.

> 먼 옛날 암말을 가진 사람이 있었다. 암말이 새끼를 낳았는데, 망아지가 죽고 말았다. 암말의 젖이 불어 통증이 심해지자 주인은 젖을 짜 모으고, 수도승을 찾

15) 강정원, 〈몽골·중앙아시아 말의 가축화 과정과 그 특성〉, 강정원, 박환영, 이평래, 장준희 공저, 《세계의 말 문화 I : 몽골·중앙아시아》. (한국마사회 마사박물관, 2009), 58쪽.
16) 이안나, 《몽골의 생활과 전통》. (민속원, 2014), 73쪽.

아가 암말의 젖을 짜 모았는데 "이상하리만큼 맛이 좋습니다."라고 말했다. 그러자 수도승은 그것이 "아이락"이라고 가르쳐주며 "아무나 힘 있는 사람이 나서서 나무에 올무를 메고 있으라."고 일러주었다. 사람들은 올무를 만들어 놓고 기다렸는데, 먼지가 피어올라 안개가 되는가 싶더니 수많은 말들이 하늘에서 내려왔다. 사람들은 힘닿는 대로 말들을 붙잡았다. 이렇게 해서 말을 갖게 되었는데, 처음에 말을 무서워했기 때문에 '아이락(무서워하다)'이라 부르다가 나중에 '아도(馬)'라 부르게 되었다.[17)]

몽골인들은 물과 풀을 찾아서 주거지를 이동하는 유목민족이라 말이 중요한 이동수단이었다. 그들은 남녀노소를 가리지 않고 어릴 적부터 말을 타고 생활하였다. 걷는 것보다 말 타는 법을 먼저 배운다는 몽골인들에게 말은 바라보기만 해도 행복한 존재이다. 그래서 그들을 가리켜 '마상생마배장(馬上生馬背長)'이라는 말을 사용한다. 즉, 몽골인들은 '말에서 태어나고 말에서 죽는다'고 회자될 정도로 말에 대한 애정이 매우 각별하다. 그들의 모든 생활은 말과 관련지어 표현할 수 있는데, 초원에서 생활하는 데 없어서는 안 될 가축으로 말은 사람의 교통수단이고, 생활 터전인 게르나 여러 물품을 운반하는 운송수단이며, 양몰이를 하는 목자의 역할도 담당해 왔다.

나아가 식용으로 말젖을 제공해 주기도 한다.[18)] 말은 몽골인들의 진정한 동반자적 존재로 "말보다 좋은 친구가 없고, 말고기보다 좋은 음식은 없다."는 격언이 통용될 정도로 일상적 관련성을 보여주고 있다. 몽골인들에게 말은 이동수단이자 군사적 목적으로도 중요한 역할을 했다. 그리고 마을 수레에 연결하여 여러 가지 물건을 운반하거나 노약자를 태우는 데 이용되었다. 그 후에 말은 몽골 민족이 고대로부터 즐겨온 말을 타고 경주하는 경주마로 이용되었다.

몽골지역에서 말이 태어난 지 3년이 지나면 조련을 시작한다. 매일 10km 정도를 걷게 한 뒤 땀을 흘리게 하고 재갈을 물려 먹지 못하도록 한다. 일정 기간

---

17) 이평래 역, 체렝소드놈 저, 《몽골민간신화》. (대원사, 2001), 100－101쪽; 장장식, 《몽골유목민의 삶과 민속》. (민속원, 2005), 18쪽.

18) 任東權, 鄭亨鎬 공저, 앞의 책, 362쪽.

훈련한 뒤에 말무리로 돌려보낸다. 10일 정도의 조련이 끝나면 말은 어깨가 넓어지고 배가 홀쭉해져 위엄을 갖춘 모습으로 변화한다. 이렇게 훈련을 받은 말은 물과 목초가 부족한 곳에서도 1주일 정도를 견딜 수 있는 강인한 인내심을 가지게 된다.

칭기스칸이 말을 타고 세계의 절반을 정복했었기 때문일까? 몽골 유목민들의 말 문화를 이야기할 때에는 말 경주를 빼놓을 수 없다. 몽골에서 매월 7월 11일부터 3일간 열리는 국가적인 축제인 "나담"은 '에른 고른 나담'의 준말로 '남성 3종경기'인 부흐와 활쏘기, 말 경주를 뜻한다. 나담이란 말은 원래 '놀다'라는 뜻의 몽골어 '나다흐'에서 유래하였다고 한다. 이 말의 뜻에서 추정할 수 있듯이 몽골인은 승패에 연연하는 경기의 의미보다는 즐거운 놀이라는 생각으로 나담을 즐겼던 것으로 보인다. 이를 다른 말로 '남성 3종경기'라 하지만, 현재는 말 경주에 여성도 참여할 수 있게 되었다.

나담에 출전하는 말은 집안에서 가장 실력과 재능이 뛰어난 말이 참가한다. 말들은 축제가 시작되기 2－3개월 전부터 집중훈련을 받는다. 이 축제에는 4－7세의 어린 기수들이 참가하지만, 개인의 참가라기보다는 집안의 명예를 건 경기로 치러진다. 일부 학자들은 나담 축제에서 가장 먼저 생긴 경기가 말 경주일 것으로 추정한다. 말 경주는 13세기에 쓴 것으로 알려진 몽골 최초의 역사서인 『노츠 토보초』에서도 찾을 수 있다. 마르코 폴로의 『동방견문록』에도 같은 내용이 기록되어 있다.[19] 축제에 참가하는 말들은 어린 기수를 태우고 초원지대를 달린다. 이들이 달리는 거리는 옛 역참들이 달렸던 거리와 동일하다. 이 놀이는 우편제도의 초기 형태인 역참을 권장하기 위해서 시작되었다. 초기에는 성인들이 기수로 참여했다. 지금처럼 어린이들로 바뀐 것은 최근에 들어와 일어난 현상이다. 여성이 참여하기 시작한 것도 최근의 일이다. 걷는 것보다 말 타는 것을 먼저 배운다는 이야기처럼 몽골에서는 말타기에 따로 남녀를 구별하지 않는다.[20]

나담의 말 경주는 수컷 말만 참가할 수 있다. 말의 나이에 따라 2살의 다아가(daaga)는 15km, 3살의 슈드른(shüdlen)은 20km, 4살의 햐자아란(hyazaalan)은

19) 신현덕, 《신현덕의 몽골풍속기》. (혜안, 1999), 247쪽.
20) 신현덕, 위의 책. 247－248쪽.

25km, 5살의 쇼욜롱(soyeolon)은 28km, 6살 이상의 익흐 나스(ih nas)는 30km, 종마인 아자르가(azarga)는 28km를 각각 달리는 등의 여섯 종류가 있는데, 여기에 말 경주는 아니지만, 측대보(側對步)로 걷는 말인 조로 모리(joroo mori)까지 모두 일곱 가지의 경기가 펼쳐진다. 측대보로 걷는 조로 모리는 경마라기보다는 일종의 묘기를 과시하는 경기이기 때문에 나담에서 펼쳐지는 경마의 종류는 모두 여섯 가지인 셈이다.[21] 박환영에 의하면, 이 중에서 인기 있는 경기는 5살이 달리는 쇼욜롱과 6살 이상의 나이 많은 익흐 나스, 그리고 종마 경기[22]인데, 그중에서도 5살의 쇼욜롱 경기가 몽골인들에게 인기가 많은 편이다.

몽골 초원지역의 말들은 무리를 지어서 다닌다. 말무리는 한 마리의 종마(種馬)가 20에서 50여 마리까지 거느리는데, 종마는 20여 마리의 암말과 거세된 수말을 거느린다. 종마는 5－8월이 되면 여러 마리의 암말과 교미한다. 하루에 5－6회 짝짓기를 해 가족을 이루며 생활한다.[23] 몽골의 토착말은 어깨높이가 120－130cm이며, 무게는 310kg 정도로 비교적 왜소한 편에 속한다. 체격상으로 유럽지역의 말에 비해 몸집이 작으며 순간 속력도 떨어지지만, 인내력과 지구력이 뛰어나 추위에 매우 강하다. 왜소한 몸집은 초원의 바람을 덜 받는 데 유리하다. 경주에 나가는 기수는 연령 제한이 없다. 형식적으로 성인이나 어린이까지 누구나 참가할 수 있지만, 요즘에는 성인이 타고 경주에 나가는 일은 거의 없다. 출전하는 말의 연령이 어리고 말의 체격이 그다지 크지 않은 관계로 남녀 어린이들이 기수로 많이 참가하기 때문이다. 기수의 몸무게가 너무 무거우면 말이 제 속도를 낼 수 없어 보통은 세 살에서 열두 살 사이의 어린이들이 출전하고 있다. 조련사는 대부분 아버지인 경우가 많다. 나담축제의 말 경주에서 우승한 말에 관한 관심이 높아지게 되어 그 말의 혈통에 종마와 같은 가치를 부여하게 되면서 비싼 값에 거래된다.[24] 동시에 그 말을 조련한 조련사의 사회적 평가도 높아지게 되므

21) 박원길, 〈몽골 나담에 관한 역사·민속학적 고찰(하)〉, 《몽골학》. 11호, (한국몽골학회, 2001), 205쪽.

22) 박환영, 〈몽골의 나담 축제와 유래담 고찰〉, 《구비문학연구》. No.24, (한국구비문학회, 2007), 251쪽; 박환영, 〈몽골 말(馬) 문화의 현재와 미래〉, 강정원, 박환영, 이평래, 장준희 공저, 앞의 책, 162쪽; 박환영, 황무원, 〈몽골 나담 축제의 민속예술성과 현대적 의미〉, 《東아시아古代學》. (東아시아古代學會, 2014), 301－302쪽.

23) 장장식, 《몽골유목민의 삶과 민속》. (민속원, 2005), 17쪽.

로 가문의 영광으로 삼고 있다.[25)]

13세기에는 칭기스칸에 의해 대몽골제국이 건설되고 대정벌이 시작되어 중앙아시아 및 유럽에까지 세력을 떨치게 된다. 몽골제국은 전쟁의 승리를 축하하기 위해 대대적인 축제를 벌였는데 그것이 바로 나담 축제이다. 1차 나담에 대해서는 1225년에 기록된 칭기스칸의 석문에 기록되어 있다. 칭기스칸은 화자자모(花剌子模)를 패배시킨 후에 승전을 축하하기 위해 포합소제(布哈蘇齊) 해변 지역에서 나담 축제를 성대하게 거행하였던 것이다.[26)] 더불어서 이 무렵부터 몽골의 말들이 아시아와 동부 유럽에 퍼져나갔다. 몽골말이 지니는 체격적 특징과 뛰어난 기마술은 남송(南宋)과 베트남, 자바, 인도 서북부, 남러시아, 고려, 중동, 동부 유럽에 이르기까지 광활한 대제국을 지배하는 매우 중요한 요소였다. 특히 원나라는 광대한 14도(道)에 말을 사육하는 목구(牧區)를 설치해 운영할 정도였다.[27)] 몽골산 말은 이 시기에 중국과 한국, 일본을 비롯해 티베트와 인도, 인도차이나, 미얀마, 자바, 투르키스탄, 이란 등으로 전파되었다.

몽골족이 중국에 건국한 원나라 시대에 들어와 '타구회(打球會)'와 '벌열무사우수환기(阀阅舞射柳垂丸记)' 등과 같은 잡극 내용에 마구를 하는 장면과 그 형상에 대한 묘사가 나타난다. 마구는 이미 사회의 통속 문예 속으로 파고 들어왔던 것이다. 이러한 현상은 금·원·명나라 시기의 마구가 북방 민족에게 상당히 광범위하게 전해졌다는 것을 보여주는 실증이기도 하다. 원나라의 타마구(打馬球)는 공의 제작법이나 치는 방법이든 간에 이전과는 많이 달라졌으며, 원나라 말기에 웅몽상(熊夢祥)이 집필한 『석진지집일(析津志輯佚)』에는 격구에 관해 다음과 같이 서술하고 있다.

---

24) 강정원, 〈몽골·중앙아시아 말의 가축화 과정과 그 특성〉, 강정원, 박환영, 이평래, 장준희 공저, 앞의 책, 49쪽.

25) 井上邦子, 〈モンゴル国の競馬ウマにみる聖性についての研究:ナーダム祭に参加する競馬ウマの調教法を事例として〉, 《スポーツ人類学研究》. (日本スポーツ人類学会, 2002), 4-6쪽.

26) 임동권, 정형호 공저, 앞의 책. 369-370쪽.

27) 南都泳, 앞의 책. 26-28쪽; 任東權, 鄭亨鎬 공저, 앞의 책, 362-363쪽.

격구(击球)는 금나라의 옛 전례로, 원나라의 연무 역시 없어지지 않았다. …(중략)… 한 마리 말이 앞에 달려나가고, 꿰어 만든 부드러운 큰 가죽공이 땅에 있으면 한 무리의 말들이 서로 다투고, 각각 구채를 들고 공을 치려고 경쟁한다. 공은 구채 위로 지나다니고, 말이 가는 방향으로 번개처럼 지나가며 땅에 떨어지지도 않는다. 날래고 재빠르며 익숙한 이들은 공을 허공에 던지듯 하면서도 구채에서 떨어트리지 않고, 말은 바람같이 달려 (공을) 구문 안에 넣으면 이긴다. 목질의 공에서 가죽을 꿰맨 "부드러운 공"으로 변했다. 구채는 이전의 긴 것과 비슷하고, 긴 채를 이용해 공을 밀고 또는 채를 이용해서 쳐내기도 하며 그것이 땅으로 떨어지지 않도록 한다. 그다음 말을 달려서 골문까지 가서 공을 때린다.[28]

원나라도 이전 왕조들의 격구문화를 계승하여 발전시켜 왔을 것이라는 내용을 추정할 수 있다. 원나라의 기록에도 타마구를 거행하였다는 내용이 많이 전해지고 있으나 이것의 놀이 규정이나 구장의 크기 등을 자세히 기록한 자료가 발견되지 않아 알 수가 없다. 하지만, 이 시기에 가죽으로 만든 공과 등나무로 만든 장시 등을 사용하였고, 가죽공이 땅에 떨어지지 않는다는 등의 『석진지집일』의 내용에서 땅에 굴러다니는 공을 서로 경쟁하는 타구의 방식이라기보다는 채로 공을 들고 서로 던지거나 하는 방식이 주를 이루었다고 보인다. 즉, 이 당시의 격구는 중앙아시아의 유목민족인 몽골인들 삶의 한 부분으로 놀이화되어 세월과 함께 여러 잡기와 결합하여 예술적인 연행방식으로 변용되는 중간과정이었음을 추정할 수 있을 것이다.

내몽골자치구 오란호특시(烏蘭浩特市)에서 1957년에 격구대회가 열렸다. 여기에 참가한 선수의 구술 내용에 따르면, "경기에는 팀당 5명씩 출전했고, 한 사람

28) 击球者, 今之故典, 而我朝演武亦自不废. 常于五月五日, 九月九日, 太子, 诸王于西华门内宽广地位, 上召集备衙万户, 千户, 但怯薛能击球者, 咸用上等骏马, 系以稚尾, 缨络. 萦缀镜铃, 狼尾, 安答海, 装饰如昼. 玄其障泥, 以两肚带拴束其鞍. 先以一马前驰, 掷大皮缝软球子于地, 群马争骤, 各以长藤柄球杖争接之. 而球子忽绰在球棒上, 随马走如遥？而球子终不坠地. 力捷而熟娴者, 以球子挑剔跳掷于虚空中, 而终不离于球杖. 马走如飞, 然后打入球门中者为胜. 当其击球之时, 盘屈旋转, 修如流电之过目, 观者动心骇志, 英锐之气奔然. 虽耀武者. 捷疾无过于是, 盖有赏罚不侔耳. 如镇南王之在扬州也, 于是日王宫前列方盖, 太子, 妃子左右分坐, 与诸王同列. 执艺者上马如前仪, 胜者受上赏 ; 不胜者, 若纱罗昼扇之属. 此王者之击球也. 其国制如此(熊夢祥, 《析津志緝佚》).

이 2필의 말을 탔다. 경기 중에 말을 바꿀 수는 있지만, 기수를 바꿀 수는 없다. 경기장 가장자리 중앙에 나무로 구문을 세웠다. 구문의 길이는 10m 정도였다. 공은 딱딱한 나무 재질로 만들었으며, 크기는 사람 주먹보다 조금 컸다. 장시도 딱딱한 등나무 재질로 만들었으며 오늘날의 하키 채와 비슷하였다."[29]고 한다. 현재 북방 지역의 몽골족들은 여전히 격구를 즐기고 있으며, 신장위구르지역의 타지크족, 흑룡강 내몽골의 다우르족은 중국의 문화대혁명으로 격구팀이 해산되기 전까지 자체적으로 전통축제 속의 한 프로그램으로 격구를 즐기고 있다.

4. 중국의 격구

중국은 기원전부터 서역의 여러 나라와 교류하였다. 불교를 비롯해 많은 문물이 서역 여러 나라를 거쳐 중국으로 전해졌다. 격구도 이러한 경유의 흐름과 더불어 중국에 전해진 것으로 보인다. 그러나 지금껏 중국학계에서 격구의 기원은 분명하게 밝혀지지 않았지만, 크게 두 가지의 기원설로 정리할 수 있다고 주장한다.

우선 페르시아로부터 티베트를 통해 당나라로 전파된 격구를 당시 마구(馬球) 또는 타마구(打馬球)란 말로 표현하였고, 이것은 중앙아시아 지역에서 기원하여 전파된 것이라는 주장을 펴고 있다. 다른 하나는 『문헌통고(文獻通考)』의 「심사예소늑국주(十四裔疏勒國注)」에 두환(杜环)의 『경행기(經行記)』의 대원(大宛)[30]에 관한 서술을 인용해 "(그) 땅에는 파인애플 숲이 있는데, 숲 아래에 구장(球場)이 있다(土有波罗林 林下有球場)."고 하였다. 많은 사람이 타마구는 당나라 초기에 티베트에서 전해진 것으로 여겼으나 문헌 기록에 따르면 중국에 타마구가 전해진 것은 더 이른 시기로 봐야 한다는 설이다. 아마도 3세기에 중원지역에서 타마구가 유행했다는 견해에 따른 설로 보이는데, 위진(魏晉) 시기에 살았던 조식(曺植)의 『조자건집(曺子建集)』에 실려 있는 「명도편(名都篇)」에 "격국과 격양놀이가 연이어 펼쳐지는데(連翩擊鞠壤)"라는 기록에 따른 것으로 보인다.

현재 대부분의 중국 학자들은 봉연(封演)이 쓴 『봉씨문견기(封氏聞見記)』의 기

29) 金開誠, 《別具一格的蹴鞠與馬毬》. (吉林文史出版社, 2010), 96－97쪽.
30) 한(漢)나라 때에 중국인이 중앙아시아의 동부인 페르가나(Fergana)를 부르던 말이다.

록을 근거로 격구가 티베트를 거쳐 전래된 것으로 파악하고 있다. 그 기록을 살펴보면, "당 태종이 사람을 서번(西蕃)에 보내 타구를 배워서 이를 익히게 했다. 또 중종(中宗, 656－710) 때인 710－711년에 토번(吐蕃)의 사자가 금성공주(金城公主, 698－740)를 맞이할 때에 중종은 이원정(梨園亭)에서 양편이 벌이는 타구를 관람했으며, 주로 토번이 승리하였다."[31] 이러한 전래 과정을 거친 격구는 당시 중국 사회에 매우 빠른 속도로 퍼져나간 것으로 보고 있다.

그 외에 다른 주장으로 향달(向達)이 말하는 페르시아 기원설을 보면, "폴로(波羅毬)는 말 위에서 공을 치는 놀이이다. 페르시아에서 시작된 뒤로 서쪽으로 콘스탄티노플로 전해졌고, 동쪽으로는 투르키스탄에 전해졌다. 투르키스탄에서 중국, 티베트로 전래되었다. 한국과 일본에도 이러한 놀이가 있는데 역시 중국에서 가져간 것이다."[32] 이 내용에서 보듯 중국의 타구는 당나라 때에 서역을 통해 전파된 것으로, 그에 관한 내용은 다르나 중국으로 유입된 경위는 티베트를 통해 전파되어 왔다는 사실은 거의 일치하고 있다.

격구는 당나라 초기에 중국으로 전파되어 상류층 사이에서 크게 유행하였다.[33] 상류층에서 성행한 이유는 아마도 말을 기르고 관리할 수 있는 경제적 능력을 갖추고 있었기 때문일 것으로 생각된다. 그러다가 격구는 보편적인 무예이자 놀이로 보급되어 당나라 사회에 자리 잡았다. 황제와 귀족, 군인뿐 아니라 관원과 문인, 심지어 여성들도 격구에 적극적으로 참여하게 된다. 특히 그중에 황제들이 격구를 매우 좋아했는데, 당나라 현종(玄宗, 685－762)은 격구를 무척 즐긴 고수로 유명하다. "현종은 어렸을 때 의복도 잘 갖추지 않고 격구에 빠져 궁으로 되돌아가는 것도 잊었네"와 같은 민요가 일반 백성들 사이에서 유행할 정도였다.[34] 앞에서 언급한 중종도 격구 기록이 전해지는데, 당시 당나라는 국력이 강

31) 《畿輔叢書》 第5卷; 封演, 《封氏聞見記》. 卷6, 〈打球〉; 范永聰, 〈唐代球類運動探析〉, 《中國史研究》. 73, (중국사학회, 2011), 89쪽; 강재욱, 〈한·중 격구(擊毬)의 역사적 전개와 연행양상〉, 《중국인문과학》. 74, (중국인문학회, 2020), 252쪽; 정형호, 〈동아시아 격구의 전승 양상과 비교 연구〉, 《비교민속학》. 41, (비교민속학회, 2010), 256쪽 등.

32) 向達, 〈長安打毬小考〉, 《唐代長安興西域文明》. (三聯書店, 1987), 80쪽; 박세욱, 〈타구란 용어에 대한 고찰〉, 《中國語文學》, 51, (중국어문학회, 2008), 388쪽.

33) 안상복, 《중국의 전통잡기》. (서울대학교출판부, 2006), 159－160쪽.

34) 三郎少時衣不整 迷戀馬球忘回宮(林琳, 〈馬球的起源和唐代的馬球運動〉, 貴州省文史研究館編, 《貴州文史叢刊》 6. (貴州省文史研究館, 2000), 11쪽).

성했던 토번과 외교적 혼인 관계를 맺었다. 이 과정에서 격구를 도입해 70여 년 후에는 국제시합까지 열었는데, 토번군이 금나라 군대를 크게 이겼으므로 중종은 왕옹(王邕)과 양신교(楊愼交), 무연수(武延秀), 이융기(李隆基)를 격구장에 올려보내 토번군을 크게 이겼다[35]고 한다. 이렇듯 당나라가 격구 실력은 뒤졌으나 이 놀이에 열중하여 집권 초기에는 황제나 귀족들이 만든 호화로운 전용구장이 장안에만 20여개나 생겨날 정도로 매우 성행하였다[36]고 한다.

그리고 격구를 거행할 때에는 반드시 구자악(龜玆樂)이 연주되었다. 그러나 유감스럽게도 타구의 규칙이나 도구, 구장 등에 관한 상세한 자료가 송나라 이후의 자료만 전해지므로 당나라 시기에 실행한 격구의 형태에 관해서는 전혀 알 수 없는 한계가 있지만, 1971년에 섬서성(陝西省) 건릉(乾陵)에서 장회태자(章懷太子) 묘가 발견되었고, 벽화에 마구도(馬毬圖)가 그려져 있어 어렴풋하게나마 당시의 격구 양태를 추정할 수 있게 되었다. 당시의 격구의 인기에 대해 후대 사람인 사마광(司馬光, 1019－1086)은 "격구를 좋아하는 것이 이 시대의 풍조였다."[37]고 언급할 정도로 매우 인기 있는 놀이였다.

이 당시에는 여성들도 나귀를 타고 격구를 즐겼던 것으로 파악된다. 이를 여국(驢鞠)이라고 불렀는데, 당나라 사람들이 나귀타기를 좋아했기 때문에 붙은 이름이다. 『신당서(新唐書)』의 「곽지운(郭知運)」전을 보면, "기생에게 나귀를 타고 하는 격구를 가르쳤는데 고급스러운 안장과 보배로운 재갈을 물리고 서로 다른 복장을 입혔다. 내일 수만금의 비용이 들어도 걱정하지 않았는데, 창락(倡樂)으로 자금을 마련하였다."[38]는 기록이 전해진다. 나귀를 타는 시대적 기풍과 격구를 좋아하는 남자들의 의도가 함께 어우러져 여국이 출현했다고 보면 될 듯하다. 여국은 당나라 권력자들의 흥취도 불러일으켰는데, 826년 6월에 당나라 경종이 여국을 구경하였고, 875년 9월에는 당나라 희종이 친히 나귀를 타고 격구를 하였다[39]고 한다.

35) 宋兆麟,《蹴鞠: 中國古代的足毬》. (商務印書館, 2017), 73쪽.
36) 정형호, 앞의 글, 256쪽.
37) 朕若應擊毬進士擧 須爲狀元(司馬光,《資治通鑑: 卷253》. (中華書局, 1956), 8221쪽).
38) 又教女伎乘驢擊毬 鈿鞍寶勒及它服用 日無慮數萬費 以資倡樂(《新唐書》卷133〈列傳〉58).
39) 敬宗寶歷二年(公元826年)六月 皇上御三殿 觀兩軍 教坊 內園 分朋驢鞠 角抵(劉昫, 《舊唐書: 卷十七》. 〈敬宗記〉, (中華書局, 1975年), 520쪽).

당나라 여성들은 말을 타지 않고 땅에서 벌이는 보타구(步打球)도 즐겼는데, 당시 이와 관련된 내용이 문학작품에 묘사되어 있다. 즉, 보타구는 당나라 시기에 시험에 허덕이던 서생들이 타마구를 익히기 위한 초보적인 연습에서 발전된 놀이로 송나라 시기까지 어린이나 귀부인들 사이에서 즐겼던 것이다. 중국에서는 이를 현대 골프의 원형이라고 주장하는 학자가 나타나기도 하였다. 당나라 때의 여성들이 격구에 참여한 사실을 보여주는 유물자료도 많이 발견되고 있어 여성 격구가 성행하였음을 충분히 확인할 수 있다. 당나라의 격구는 고구려와 일본에도 전해졌다. 예를 들어 일본의 사가천황(嵯峨天皇, 786-842)은 궁전에서 거행된 격구를 보고 시를 짓기도 하였다.[40]

송나라 시대에 들어오면 개봉(開封) 금명지(金明池) 보진루 남쪽에 전문적인 격구장이 세워져 그곳에 사는 사람들이 격구를 자주 즐기기도 하였다[41]는 기록에서 보듯 전문성을 지닌 타구사(打毬社)가 활동할 정도로 송나라에서도 격구의 열기는 식지 않았다. 송나라 휘종(徽宗, 1082-1135)이 재위한 기간에는 황궁 내에서 황제와 같이 격구를 즐기는 여자마구대(女子馬毬隊)가 운영되었는데, 귀비(貴妃) 최숙의(崔淑議)가 직접 대장을 맡았다고 한다.[42] 이처럼 궁녀들이 왕과 함께 자유롭게 격구를 즐겼다는 사실은 송나라에도 궁궐을 중심으로 타마구가 매우 활발하게 거행되었음을 보여준다.

송나라와 대립했던 요나라(거란족, 916-1125)와 금나라(여진족, 1115-1234)도 말을 잘 타는 기마민족이 세운 정권이었기 때문에 당이나 송나라의 격구를 계승했던 것 같다. 요·송·금나라 시기의 격구는 마구, 격국, 타구라고도 칭하였고, 두 팀으로 나누어 겨뤘으며, 한 팀당 인원 제한이 없었다. 선수들은 식별하기 좋도록 다른 색의 복장을 착용했으며, 중앙에 공을 던져 넣으면서 놀이가 시작되었다. 구문은 하나일 때도 있고 두 개일 때도 있었다.[43] 특히 요나라에서 격구는 군대에서 훈련용으로 거행했기 때문에 서민들이 격구하는 것을 금지하였으나 황제가 직접 격구를 즐겼기 때문에 이 시기만큼은 금지 제한을 풀어주기도 하였다.

40) 七言, 早春觀打毬, 一首(使渤海客奏比樂): 宋兆麟, 앞의 책, 74쪽.
41) 宋兆麟, 위의 책, 75쪽.
42) 王慧編著, 앞의 책, 24쪽.
43) 笹島恒輔, 위의 책, 70-71쪽.

『금사(金史)』의 「예지(禮志)」 권(卷)35에 보면, 요나라의 격구를 금나라가 이어받았다고 한다. 요와 금나라에 이르러서는 국가의 제천의례가 끝나고 격구를 거행할 정도로 격구의 정치적 위상이 격상되었다. 특히 5월 5일 단옷날에는 구장(球場)에서 황제가 참여하고 하늘에 제사를 지낸 후에 두 줄의 버드나무 가지를 꽂아 놓고 말을 몰고 활을 쏘아 맞히는 기사(騎射)놀이를 한 후에 격구를 거행하였다[44]고 한다.

덧붙여서 「예지(禮志) 8(八)」에는 "격구놀이는 요나라의 풍속이다. 금나라에서는 각자 평소 연습하던 말을 타고 격구 채를 잡는다. 이는 수 척(尺)의 길이로, 끝은 반달 모양과 같다. 사람들은 두 팀으로 나누어 모두 공 하나를 치기 위해 경쟁한다. 먼저 구장의 남쪽에 쌍 울타리를 만들고 판을 설치하여 아래쪽에 구멍을 하나 열고 구문을 세운다. 여기에 그물을 더하여 바구니를 만든다. 공(鞠)을 쟁탈하여 쳐서 그물바구니에 넣으면 이기는 것이다. 혹자는 양쪽 끝에 마주 보도록 두 개의 구문을 세우고 서로 공을 쳐서 각자 구문 사이로 내보내면 이긴 것으로 한다. 공 모양은 주먹처럼 작고 가볍고 질긴 나무로 그 속은 비어 있으며 붉은 칠을 한다. 모두 날쌘 까닭이다."[45]고 기록되어 있다. 이처럼 당시 격구에 사용했던 구장과 반달처럼 생긴 격구 채와 주먹만큼 작고 속을 파낸 붉게 칠한 공의 형태, 그리고 망으로 엮어 만든 구문 등의 모습에서 경기 형태를 어느 정도 파악할 수 있다.

10세기경부터 말을 타지 않고 지상에서 벌이는 보타구(步打毬)도 등장한다. 양쪽 경기자 맨 뒤에 그물을 이어서 만든 골문이 땅 위에 놓여 있는 것이 보인다. 요나라 시대의 보타구에는 심판도 존재했다. 공을 넣는 구문이 축국과 비슷했기 때문에 이것과 매우 관련이 깊다고 추정하고 있다.

원나라의 격구에 대해서는 『석진지(析津志)』에 보면, "격구는 금나라의 옛날 사례이다. 우리 왕조는 이를 버리지 않고 무예를 연마할 때 사용하는데 5월 5일과 9월 9일에 태자와 여러 왕은 서화문 내의 넓은 곳에 만호장과 천호장 등을 소집한다. 단, 겁설(왕의 친위대)은 격구를 할 줄 아는 자로 …(중략)… 가죽으로 엮

44) 金因遼舊俗 以重五中無重九日行拜天之禮. 重五於鞠聲 無於內殿 重九於都城之外(《金史》〈禮志〉 卷35, (中華書局, 1995, 3冊, 826쪽).
45) 방학봉, 《발해의 문화》. (정토출판, 2005), 245－246쪽; 金開誠, 앞의 책, 91쪽.

은 공을 땅에 던지면 여러 말들이 다투어 모여들고 긴 등나무 장시로 경쟁적으로 그것을 받는다. …(중략)… 말이 쏜살같이 달려가 쳐서 구문에 넣으면 이긴다."[46] 고 세세하게 기록되어 있다.

명나라에 들어오면 말을 타고 거행한다고 해서 마구(馬毬)를 격구라 불렀다. 많은 사람이 참여하는 경우는 조금 드물어졌지만, 그래도 여전히 작은 규모로 시행되었다. 『속문헌통고(續文獻通考)』의 「락고(樂考)」와 『명사(明史)』 「예지(禮志)」에 보면, 영락 11년과 13년, 14년에 궁중에서 연중행사로 군신들의 격구와 사류(射柳)를 보았다고 전해진다.[47] 건국 초기의 성조(成祖)인 영락제는 단옷날(5월 5일)과 중양(9월 9일)에 격구와 사류기(射柳技)를 하는 예제를 정하고 동원(東苑)에 구장을 설치하고 격구와 활쏘기를 관람하였다.

궁중행락도에는 명나라 선종인 주첨기(朱瞻基)가 앉아서 궁중 마구원들의 마구를 관람하는 장면이 그려져 있다. 말을 타고 공을 치는 선수는 6명으로 보인다. 이 중에 네 명은 말을 타고 뒤쪽에서 순서를 기다리는 듯하고, 다른 한 명은 채를 앞으로 내밀고 말을 몰아 구문을 향해 달려가고 있다. 그 앞의 또 한 명은 깃발을 흔들며 구문 앞을 지나 달려가며 뒤를 보고 있다. 한쪽에 세워져 있는 구문을 보면 아래쪽에 커다란 구멍이 하나 있는데, 이것을 국실(鞠室)이라 한다.[48] 아마도 이곳에 공을 집어넣은 듯하다. 구문에도 말을 타고 막대기로 공을 들고 달리는 장면이 그려져 있다. 이 그림에서 보듯 명나라의 궁정에서는 서로 말을 타고 달리며 다투어 공을 빼앗거나 쳐서 구문에 집어넣는 방식이 아니라 여러 사람이 한쪽에 마련된 구문에 공을 집어넣는 모습을 황제나 귀족들이 관람하며 즐기는 놀이방식이 주를 이루었던 것 같다.

명나라에서는 말을 타지 않고 즐기는 추환(棰丸)도 활발히 전개되었다. 추환에는 구문(毬門) 통과형과 와아(窩兒) 투입형이 있었다. 구문 통과형은 상대방 구문에 공을 통과시켜야 하기 때문에 상대와의 투쟁이 필수적이지만, 와아 투입형

46) 擊球者 今(金)之故典. 而我朝演武亦自不廢 常於五月五日 九月九日 太子諸王於西華門內寬廣地位上召集各衙萬戶千戶 但怯薛能擊球者 …(中略)… 擲大皮縫軟球子於地 群馬爭驟 各以長藤柄球杖爭接之. …(中略)… 馬走如飛 然後打入球門中者爲勝(金開誠, 위의 책, 93쪽).

47) 중국체육사학회, 정삼현역, 《중국고대체육사》. (동아대학교출판부, 2007), 239-240쪽.

48) 麻国钧, 麻娰云. 《中華傳統遊戲大全》. (衣村渎物出饭社,1990), 308쪽.

은 막대기 채로 공을 쳐서 하나의 구멍에 넣는 보타구의 형태였기 때문에 주로 궁궐이나 귀족들의 사저에서 거행되었고 참가자도 왕과 종친, 대신들과 사녀(仕女)[49]들이 주로 참가하였다.[50] 이 놀이는 두근(1465–1509)이 그린 「사녀도(仕女圖)」에 잘 나타나 있는데, 네 명의 여인이 나무로 만든 채를 들고 서로 마주 보고 서 있는데, 그중에 한 여인이 공을 치려고 허리를 굽히고 있고, 그 앞으로 공이 굴러가고 있다. 네 명의 여인들이 이 공에 주목하고 있고, 한 여성은 두 개의 채를 들고 뒤에서 이를 지켜보고 있는 모습에서 당시의 추환, 또는 보타구의 형태를 파악할 수 있다.

5. 한국의 격구

발해의 격구 기록과 신라의 무인상

앞에서 발해와 일본의 교류에서 외교 사절단이 궁궐에서 격구를 했다는 기록에서 알 수 있듯이, 우리 민족과 관련해서 최초의 격구 기록은 조선 후기에 한치운이 저술한 『해동역사(海東繹史)』에 "발해 사신인 왕문구 일행이 일본에 사신으로 방문해 격구(타구)를 하였고, 이를 본 일왕이 솜 200둔(屯)을 하사하였다."는 내용이 지금까지 가장 오래된 기록(822년)으로 전해지고 있다. 또 발해의 격구에 관해 연구한 방학봉은 7세기 후반에 당나라로부터 전파된 후 점차적으로 통치계급과 군사들이 즐겨 하는 운동으로 자리 잡았다고 하면서, 『요사(遼史)』「초효충

---

49) 사녀(士女)는 중국 진한시대 이전에는 결혼하지 않는 남녀를 지칭하다가, 그 이후부터 여자 또는 상층부의 부녀를 가리키는 용어로 사용되었다. 당나라 시기에도 사녀도는 아직 장르로 확립되지 않았고 보편적으로 사용되지도 않았다. 그러던 것이 송나라 시기에 와서야 본격적으로 사녀가 미인의 의미로 사용되었는데 곽약허(郭若虛)의 『도화견문지(圖畵見聞誌)』에 "사녀는 빼어난 아름다움과 날씬하고 고운 자태가 풍부해야 한다."는 내용으로 그 의미를 파악할 수 있다. 또 이 시기에 주방(周昉)의 사녀도를 "미인위기도", "미인안락도"로 개칭한 기록에서 송나라 이후의 사녀는 미인과 같은 의미로 사용된 것이라 보인다. 일반적으로 사용되는 사녀는 원나라 이후의 기록에 나오는데 탕후(湯垕)의 『화론(畵論)』과 『고금화감(古今畵鑑)』 등에는 사녀도를 사녀(士女)가 아닌 사녀(仕女)로 바꾸어 기록하기도 하였다. 이후 명과 청나라의 사녀도는 미인도와 같은 의미로 혼용하여 사용되었다(한국민족문화대백과사전 참조).

50) 강재욱, 〈한·중 격구(擊毬)의 역사적 전개와 연행양상〉. 《중국인문과학》. 74, (중국인문학회, 2020), 259–260쪽.

(肖孝忠)」 전을 보면, "효충은 중희(重熙) 7년(1038)에 동경유수(東京留守)가 되었다. 이때 발해인이 격구하는 것을 금지했는데, 효충이 동경은 가장 중요한 요충지이고, 사냥하는 땅이 없으니, 만약 공과 말이 아니라면 어찌 무예를 수련하겠는가, 게다가 천자는 사해를 집으로 삼는데 어찌 이들과 저들을 나누겠는가? 마땅히 이 금지를 풀어야 한다고 말했다. 이에 따랐다."[51] 이처럼 발해의 격구는 국가가 멸망한 후에도 줄곧 거행될 정도였기 때문에 왕문구 등의 격구 기술이 매우 뛰어났다는 점을 알 수 있는데, 이는 발해 사회에서 격구가 매우 성행하였거나 고도로 발전하였다는 사실을 말해준다. 나아가 『구당서(舊唐書)』에 보면, 발해와 고구려의 풍속이 유사하였다[52]는 기록에서 추정할 수 있듯이 고구려에도 격구가 전승되었을 가능성이 매우 높다. 이러한 기록들을 통해 일본의 격구는 발해와의 교류가 직간접적인 영향을 미쳤을 것으로 추정하는 학자들이 대부분이다. 한편, 현재까지 백제와 신라에는 격구에 관한 기록이 나타나지 않고 있지만, 당시 한반도에 살았던 사람들의 풍속이나 놀이가 고구려와 비슷한 점으로 보아 격구와 같은 마상무예가 백제와 신라에도 존재했을 것으로 추정할 수 있다.

9-10세기의 통일신라의 구정동(九政洞) 방형분(方形墳)의 우주석(隅柱石)에 부조(浮彫)로 묘사된 석조무인상은 상의의 좌측 옷깃만을 바깥으로 접은 전형적인 호복(胡服)인 카프탄을 착용하고 가죽 장화를 신고 있다. 두 손으로 폴로, 또는 격구 채로 추정되는 막대기를 오른쪽 어깨에 걸쳐 메었다. 얼굴은 상대를 위협하는 듯한 표정으로 앞을 노려보고 있으며, 허리를 약간 틀고 왼쪽 발뒤꿈치를 살짝 들고 있는 모습을 하고 있다. 이 큰 돌은 무덤 입구를 장식했던 것으로 보이며, 무인상 옆면에는 사자상이 조각되어 있다. 많은 연구자들은 이 무인상이 어깨에 걸치고 있는 막대기를 페르시아에서 탄생해 중국을 거쳐 한반도로 전래된 격구에 쓰이는 채로 판단하는 의견이 많아 신라에서도 격구가 거행되었을 것으로 추정한다. 예를 들어 2014년 말에 해상 실크로드의 세계적인 권위자로 알려진 이란 테헤란대학교의 모함마드 바헤르 보수기 역사학과 교수가 국립경주박물관을 방문

51) 孝忠, 重熙七年爲東京留守. 時禁渤海人擊毬, 孝忠言東京最爲重鎭, 無從禽之地, 若非球馬, 何以習武, 且天子以四海爲家, 何分彼此, 宜馳其禁, 從之(방학봉, 앞의 책, 244쪽).

52) 《舊唐書》 卷199, 列傳 渤海 靺鞨條 : 風俗與高麗及契丹同.

해 이 무인상에 새겨져 있는 막대기를 보고 이것은 무기가 아닌 격구 채이고, 그 옆면에 있는 사자상은 신라 문화에서 발견할 수 없는 것으로, 이것들은 분명히 페르시아로부터 전래된 것[53]이라고 주장하여 격구의 신라 전래를 역사적 사실로 인정하였다.

그러면 왜 신라인들은 서역인을 무덤 앞에 세워놓는 수호자로 삼았고, 그는 격구 채를 들고 있을까? 이에 관해 미술사기인 권영필은 "신라인들은 처용(處容) 설화에서도 서역인의 기괴한 이국적 용모가 벽사 역할을 담당하였듯이 사회적으로 용맹스러움의 상징으로 서역인을 추앙했다. 신라인들은 이런 상징성에 의지해 서역인이 무덤 수호의 역할을 하도록 내세운 것"[54]이라고 하였다. 더 나아가 그는 "우리가 지금까지 신라의 무인상들을 모두 서역인이라 칭하여 왔지만, 좀 더 다각적인 분석을 동원해 이들은 이란인이 틀림없다고 주장할 정도로 실크로드를 통한 이란과의 직접적인 교류가 활발히 진행되었다는 점이 많은 연구를 통해 밝혀지고 있다."[55]고 하였다. 또 민병훈은 "만약 이 무인상이 들고 있는 무기가 폴로 채라면 통일신라시대에도 상류층 사회에서 중앙아시아의 스포츠인 폴로가 행하여지고 있었음을 나타내는 귀중한 자료로 추정된다."[56]고 하였다. 따라서 고구려 고분벽화에서 보이는 씨름이나 수박희에도 서역인이 등장하고 있다는 점과 신라의 무인상을 연결해 보면, 당시 한반도에서 서역인은 특별하게 힘이 센 존재로, 무예에 매우 뛰어난 민족으로 인식되고 있었던 듯하다. 다시 말해 어느 한정된 시기에 신라에 집중적으로 조영된 무인상이 세워져 수호신으로 추앙받았던 사실은 대외적으로 실크로드를 통한 동서교류 현장에서 활약한 페르시아인과 소그드인, 그리고 북방 기마민족 등이 신라와도 매우 깊은 관계를 맺고 있었음을 보여주고 있다고 추정할 수 있다.

---

53) 이상문, 〈이상문의 페르시안 나이트: 해양실크로드로 이어온 '신라와 페르시아'의 교류 흔적 고스란히〉, 《경북신문》. (2019년 5월 2일자).
54) 권영필, 《실크로드 미술: 중앙아시아에서 한국까지》. (열화당, 1997), 168쪽.
55) 권영필, 위의 책, 170쪽.
56) 민병훈, 〈실크로드를 통한 역사적 문화 교류〉, 《실크로드와 한국문화》. (국제한국학회, 2000), 84쪽.

고려의 격구

무예를 숭상하던 고려는 격구가 성행하였다. 고려의 왕이나 무인들은 마상무예를 단련하기 위해 격구를 행하였다. 그래서 격구에 관한 기록들은 『고려사(高麗史)』에 많이 등장한다. 우선 태조 원년(918) 9월에 보면, "상주(尙州) 적수(賊帥)인 아자개(阿字蓋)가 사신을 보내어 귀부해 왔다. 왕이 의식을 갖춰 맞이하도록 명령하자 구정(毬庭)에서 의식을 연습하려고 무문관이 모두 차례에 따라 늘어섰는데, 광평낭중(廣評郎中) 유문율(柳問律)과 직성관(直省官) 주선갈(朱瑄劼)이 서열을 다투었다."[57]는 내용에서 구정이라는 단어를 사용한 것으로 보아 당시 고려 사회에 격구장이 설치되어 있었다는 것을 추정할 수 있다.

특히 고려왕조의 16대 예종(睿宗, 재위 1105−1122) 때인 1110년 1월 경신(庚申)일에 "왕은 중광전의 남쪽 누각에 거둥하여 신기군(神騎軍) 군사들의 격구를 관람하고 물품을 차등 있게 하사하였다."[58]고 하고, 같은 해 9월에도 똑같은 기록[59]이 전해진다. 이때의 격구는 군사들을 훈련시키는 수단으로 많이 이용된 듯하다. 그리고 예종 11년(1116) 4월 신묘(辛卯)일에 "당시 개경에 남아있던 백관이 의장과 악대를 준비하여 마천정(馬川亭)에서 어가를 맞이하였는데, 대악(大樂)과 관현(管絃)의 양 부에서 다투듯이 기이하고 사치스럽게 힘을 쏟았다. 심지어 부녀자들도 말을 타고 달리며 격구를 하게 할 정도였다. 왕이 물리치라 명령하여 그 놀이는 결국 없어지고 말았다."[60]는 기록이 전해진다. 이것은 지금까지 발견된 우리 민족의 격구놀이 기록 중에서 유일하게 여성이 참여한 내용으로 고려시대만 하더라도 여성들도 격구와 같은 활발한 신체활동에 참여하고 있었다.

또 18대 의종(毅宗, 재위 1146−1170)은 신하들에게 격구 재주를 뽐낼 정도로 마예(馬藝)가 뛰어났을 뿐만 아니라 격구를 자주 개최해 이것에 능한 사람에게 관

57) 《高麗史》 第一, 〈世家〉 卷第1, 太祖(이후 『고려사』 기록은 국사편찬위원회, 《한국사데이터베이스》 참조).
58) 《高麗史》 〈世家〉 卷第13, 睿宗5年 1月.
59) 《高麗史》 〈世家〉 卷第13, 睿宗5年 9月.
60) 《高麗史》 〈世家〉 卷第14, 睿宗 11年 4月 28日(음) 辛卯; 장정룡, 〈고려시대의 연희 고찰〉, 《역사민속학》. 제9권, (한국역사민속학회, 1999), 17쪽.

직을 하사하기도 하였다. 『고려사』에는 의종이 격구를 며칠 동안 관람하거나 직접 참여한 내용이 기록되어 있는데, 특히 의종 6년(1152년) 4월 17일 조에는 "왕의 격구에 대해 간관(諫官)들이 간쟁(諫爭)했지만, 듣지 않았다. 간관이 마침내 한림원(翰林院)에서 유숙하니, 왕이 술을 내려 위로하고 회유하여 말하기를 "간언한 바가 지극히 간절하니 어찌 감히 따르지 않겠는가?"라고 하였다. 다음날 남김없이 격구에 이용하는 여러 말을 내보내고 일관(日官)에게 명하여 북문을 닫도록 하였다."[61]는 기록에서 의종이 얼마나 격구를 좋아했고 시도 때도 없이 즐겼기 때문에 이를 보다 못한 사간원 신하들이 왕에게 격구를 그만둘 것을 간언하는 데까지 이르렀던 것으로 보인다. 더욱이 말을 궁 밖으로 내보냈다는 구절에서 알 수 있듯이 궁궐에서 격구에 이용되는 말을 기르면서까지 자주 격구를 벌였다는 것을 짐작할 수 있다.

고려 후기에 들어와 격구는 무신정권의 보호를 받으며 더욱 화려함을 뽐냈다. 특히 격구장의 크기가 커서 민가를 뺏을 정도로 백성들의 원성을 사기도 했으며, 격구장을 장식하는 항목들도 매우 호사스러웠다. 『고려사』「열전(列傳)」의 반역(叛逆) 삼(三) 최충헌(崔忠獻) 조의 최이(崔怡) 편에 보면, "고종(高宗) 16년(1229)에 최이가 인근에 있는 가옥 100여 구를 점탈하여 구장(毬場)을 세웠는데, 구장은 동서로 100여 보(步)나 되고 평탄하기가 바둑판과 같았다. 격구를 할 때마다 반드시 마을 사람들을 동원하여 물을 뿌려 먼지가 생기지 않도록 하였다. 후에 또 인가를 허물어서 구장을 넓혔는데, 앞뒤로 점탈한 것이 무려 수백 집이나 되었다. 최이는 날마다 도방(都房)과 마별초(馬別抄)를 소집하여 격구를 하거나 창을 자유자재로 다루게 하고 말을 타고 활을 쏘게 하였다. 최이가 재추(宰樞, 문무위 고관대작을 통틀어 일컬음)와 기로(耆老, 60세 이상의 노인)들을 불러 연회를 베풀면서 구정(毬庭)으로 가서 격구를 관람하고는 하였는데, 어떤 때는 5~6일간 계속하기도 하고, 재능이 있는 사람들에게는 그 자리에서 작(爵)을 상으로 주었다. 이에 도방과 마별초에서는 안마(鞍馬)와 의복, 화살 등을 달단(韃靼, 현 타타르공화국)의 풍속을

61) 《高麗史》〈世家〉 卷第17, 毅宗6; 任東權·鄭亨鎬 共著, 《韓國의 馬上武藝》. (한국마사회 마사박물관, 1997), 258쪽; 임동권 · 정형호, 〈마상격구의 약사와 실연〉, 임동권 · 장정룡 · 최운식 · 표인주 · 안병태 · 정형호 · 김경남 · 천진기 공저, 《한국의 馬 민속》. (집문당, 1999), 211－212쪽.

모방하여 앞다투어 아름답고 화려하게 꾸며서 과시하였다. 구정은 과거에는 누각이 3칸이었다가 최이가 3칸을 증설하였는데, 해가 질 무렵에 공사를 시작하여 이튿날 아침에 마쳤다."[62]고 기록할 정도로 많은 민간인을 동원해 구정 공사를 강행하였다는 비난의 목소리를 내기도 하였다.

최이의 아들인 최항(崔沆) 편에도 "고종(高宗) 41년(1254)에 최항이 자기 집에서 재추(宰樞)에게 연회를 베풀고 격구를 구경하였다. 마별초(馬別抄) 중에는 장니(障泥)[63]를 황금으로 장식하거나 금으로 만든 나뭇잎과 비단으로 만든 꽃으로 말의 머리와 꼬리에 꽂은 사람도 있었다."[64]고 한다. 이처럼 격구와 관련해 고려의 왕을 능가하는 최씨 정권의 권세와 부를 추정할 수 있는 글이 이규보가 쓴 『동국이상국집(東國李相國集)』에 다음과 같이 전해진다.

> " …(전략)… 누각 위는 손님 1천 명을 앉힐 수 있고 누각 아래는 수레 1백 대를 나란히 놓을 만하다. 그것은 새가 날아다니는 길을 끊을 만큼 높고 해와 달을 가릴 만큼 크다. 푸른 구슬로 꾸민 기둥에 옥신(玉舃)으로 밑을 받쳤으며, 양각(陽刻)한 말이 마룻대를 등에 짊어지고 머리를 치켜들어 끌어당긴다. (…중략…) 『선경(仙經)』을 상고하니, 신선의 세계에 옥루(玉樓) 12채가 있다고 한다. 그러나 세상에서 그것을 눈으로 본 사람이 없어서 그 집의 제도가 어떠하며 그 안에 어떤 기이한 광경이 있는지 알지 못하여 일찍이 이것을 한스럽게 여겼더니, 이 누각을 보니 비록 하늘에 있는 옥루도 아마 이보다 더 화려하지는 못하리라. (…중략…) 누각 남쪽에는 격구장(擊毬場)을 설치하였는데, 길이가 무려 4백여 보나 되고 평탄하기가 숫돌 같으며, 주위에 담을 둘러쌓았는데, 수리에 뻗쳤다. 공(최이)이 일찍이 여가를 이용하여 손님들을 불러 호화스러운 연석을 벌이고 술을 마시다가, 기녀들의 아름답고 고운 모습도 싫증이 나고 풍악 소리의 고조된 음률도 귀에 듣기 싫게 될 때쯤 보는 사람을 상쾌하게 해 주고 기분을 시원스럽게 해 줄 수 있는 것은 공을 치고 말을 달리는 유희만한 것이 없다. 그래서 왕량(王良, 춘

62) 《高麗史》〈列傳〉 卷第42, 叛逆 三 崔忠獻 附 崔怡.
63) 말대래라고도 한다. 말을 탄 사람의 옷에 흙이 튀지 않도록 가죽 같은 것을 말의 안장 양쪽에 늘어뜨려 놓은 기구를 말한다.
64) 《高麗史》〈列傳〉 卷第42, 叛逆 三 崔忠獻 附 崔沆.

추시대 사람)과 조부(造父, 주(周)나라 목왕(穆王) 때의 사람)처럼 말 잘 타는 무리에게 명하여 날랜 말을 타게 한다. 빠르고 민첩하여 유성처럼 달아나고 번개처럼 움직인다. 동쪽으로 갈 듯하다가는 다시 서쪽으로 뛰고, 달릴 것처럼 하다가는 다시 머무른다. 사람들은 서로 손을 모으고 말들은 서로 말굽을 모은다. 뛰고 구르고 엎어지고 자빠지고 하는 사이에 서로 공을 다툰다. 비유하면 뭇 용이 갈기를 떨치고 발톱을 세워 큰 바다에서 한 개의 진주를 다투는 것과 같으니 아, 놀랄 만하다.[65]

고려 말기에 몇 대째 이어져 온 최씨 정권의 강력한 권세와 크고 호화로운 격구장의 규모, 그리고 그것들과 더불어 말의 안장이나 화살 등이 몽골 풍속을 모방하였음을 엿볼 수 있다. 이처럼 무신정권이 소유했던 격구장의 화려함과 사치스러움, 그리고 과시욕이 문제가 되어 충숙왕 원년(1314)에 들어와 격구를 금지하는 명령이 내려졌지만, 이것이 잘 지켜지지 않아 공민왕 23년(1374)에 재차 금지령이 내려지기도 하였다.

명확한 자료는 전해지지 않지만, 격구가 궁중에서만 행해졌던 것은 아니었던 것으로 보인다. 우왕 5년(1379) 5월 5일 조에 보면, "단오를 맞이하여 왕이 시가루(市街樓)에 나와 격구, 화포잡희를 구경하였다."[66]고 기록되어 있다. 여기에서 시가루는 격구가 벌어지는 있는 누각을 말하고, 시기도 단옷날에 격구가 행해졌다는 것으로 보아 고려 후기부터 격구는 단옷날에 벌어지는 풍속으로 자리 잡았던 듯하다. 또 왕이 시가에 나와서 격구를 하였던 것으로 보아 궁중에서 벌어졌던 격구가 점차 일반 백성들 사이에서도 벌어졌음을 추정할 수 있다. 장정룡은 이때부터 격구 형식을 띤 지상격구, 즉 보타구가 성행하였을 것으로 추정하였다.[67] 나아가 고려 사회에서 격구는 충렬왕부터 충숙왕, 충혜왕, 공민왕에 이르러서 5월의 단옷날에 거행하는 세시풍속으로 고정된 것으로 추정하고 있다.[68]

---

65) 이규보, 《東國李相國集》. 卷二十四 記 崔承制大樓記 樓臺와 觀樹 (동국문화사, 1958), 255-256쪽(한국고전종합DB: https://db.itkc.or.kr/자료 참조); 주남현, 《한국의 정원》. (고려대학교 출판부, 2009), 58쪽.

66) 《高麗史》 卷第134, 列傳 卷第47, 辛禑 2; 任東權·鄭亨鎬 共著, 앞의 책, 260쪽.

67) 장정룡, 〈고려시대의 연희 고찰〉. 《역사민속학》. (한국역사민속학회, 1999), 18쪽.

고려에서 유행한 격구의 형태와 방식을 알 수 있는 기록이 조선의 『태조실록』에도 보인다. 조선 태조인 이성계가 22살에 관직에 나갔고, 격구하는 방법이란 항목에 다음과 같이 기록되어 있다.

> “두 대열(隊列)로 나누어 왼쪽과 오른쪽에 서고, 기생 한 사람이 공(毬)을 잡고 왕 앞에서 ‘온 장내의 퉁소와 북은 공을 따라서 모여들고, 사간(絲竿)과 홍망(紅網)에 구경꾼의 머리가 쏠리는구나 하니, 앞으로 나아가고 뒤로 물러서는 것이 전부 음악의 음절에 맞도다’ 하고 소리한다. 그리고 기생이 길 복판에 공을 던지면, 양쪽 대열에서 모두 말을 달려 나와 공을 차지해서 먼저 맞히려고 서로 다툰다. (점수를) 얻으면 나머지 사람들은 모두 물러나서 서 있게 된다. …(중략)… 공을 문밖으로 나가게 하는 사람이 적고, 문에 지나가는 사람은 10명에 2−3명 정도이다. 도중에 그만두는 사람이 많다. 만약 구문 밖으로 나가게 하는 사람이 있으면, 격구자들이 모두 말에서 즉시 내려 왕 앞으로 나아가 두 번 절하고 사례한다.”[69]

이 글은 「용비어천가(龍飛御天歌)」의 격구 조에도 나타난다. 그 내용을 보면, 격구를 하는 대열이 둘로 나뉘어서 시작했다는 점에서 편을 갈라서 공을 다투는 방식이었고, 공도 하나만을 사용하였다. 득점 방법도 서로 공을 다투어 구문에 집어넣는 형태를 보인다는 점에서 구문을 통과하면 점수로 인정하는 방식으로 거행하였을 것으로 추정된다. 그러나 구문의 형태와 간격, 또는 규격, 공의 크기 등에 관한 자료가 전해지지 않아 자세히 알 수는 없으나 일단 구문을 통과시키기가 쉽지 않았던 듯하다. 실제로 세종 때에는 구문 사이의 길이를 3보로 정한 적이 있다. 이것은 후대의 5보에 비하여 매우 좁은 편이다. 그러므로 고려 때의 구문 통과는 꽤 어려운 일이었을 것이다. 구문을 통과하는 방법은 두 가지가 있었다. 첫번째는 공을 구문 사이로 쳐내는 방식으로 이 방법은 극히 어려워서 성공률이 매우 낮다. 그렇기 때문에 성공한 사람이 있으면 격구를 중단하고 크게 축하를 해주

---

68) 임동권 · 정형호(1999), 앞의 책, 252쪽.
69) 《태조실록》 第一卷 太宗 總序.

었다고 한다. 아마도 구문 앞의 먼 거리에서 공을 쳐서 구문 사이로 통과시키는 방식이 아니었을까 생각한다. 두 번째는 격구자가 공을 갖고 구문을 통과하는 방식으로 이것은 성공률이 20-30% 정도로 쉽지 않다. 공을 치고 난 후에 구문 사이를 통과하는 것이라기보다는 공을 가진 채로 말을 타고 통과하는 방식이다. 결과적으로 공을 가지고 구문을 통과하는 것도 득점이고, 더욱 좋은 점은 일정 거리에서 공을 구문 사이로 통과시켜 멀리 보내는 것이다.[70] 또 격구에 기생들이 참가한 것도 알 수 있는데, 기생이 소리를 하고 공을 던져 놀이의 시작을 알리는 역할을 담당하고 있었기 때문이다.

이러한 행위들이 풍속으로 자리 잡아 포구락(抛毬樂)이 파생되는 계기로 작용했을 것으로 생각된다. 포구락은 고려 문종 27년(1073)에 궁중에서 처음으로 연희된 모습을 보여준다. 『고려사』 지(志) 악(樂)의 포구락에 보면, 춤추는 대열이 악관(樂官)과 기녀(악관은 붉은 옷을 입고, 기녀는 붉게 분장한다)를 이끌고 남동쪽의 위쪽에 서서 두 줄을 지어 앉는다. 악관이 「절화령(折花令)」을 연주하면, 기녀 두 사람이 죽간자(竹竿子)를 받들고 앞에 선다. 음악이 멎으면 치어(致語)를 외친다. 치어가 끝이 나면 좌우로 나누어 선다. 악관이 또 「절화령(折花令)」을 연주하면 기녀 열두 명이 좌대와 우대로 나누어 대마다 6인씩 무리지어 춤을 추면서 죽간자 뒤로 들어가서 4대로 나누어 서면 음악이 멎고, 「절화령」의 「삼대사(三臺詞)」를 창(唱)한다. 창이 끝나면 악관이 또 「절화령」을 연주하고, 무대의 선두 기녀 두 사람이 마주 보고 춤을 추는데, 꽃병 앞으로 나아가서 꽃을 꺾는 형상을 취하며 춤을 춘다. 물러나면 악관이 「수룡음령(水龍吟令)」을 연주하고, 두 무대의 열두 사람이 빙빙 돌면서 춤을 춘다. 끝이 나면 「수룡음령」의 「동천경색사(洞天景色詞)」를 창한다.[71] 이 포구락은 포구문을 가운데에 두고 편을 나누어 노래하며 춤추며 차례대로 공을 던져 넣는다. 결과에 따라 상벌을 주는 놀이방식을 취하고 있다.[72] 이처럼 포구락은 고려 문종 때에 송나라로부터 전래된 궁중 놀이로 조선에서 당악정재(唐樂呈才)의 형태로 정리되어 지금까지 전승되는 궁중 무용의 하나가 되었다.

70) 任東權·鄭亨鎬 共著, 앞의 책, 285쪽.
71) 《高麗史》 卷七十一 志 卷二十五 樂 二, '用俗樂節度'.
72) 《高麗史》 卷七十一 志 卷二十五 樂 二, '抛毬樂'.

조선의 격구

조선 사회의 격구는 고려의 격구를 이어받았다. 조선을 건국한 태조 이성계로부터 시작되었다고 해도 과언이 아니다. 그는 마상무예와 궁술이 매우 뛰어났고, 직접 격구에 참가하였기 때문에 조선왕조실록에 다양한 기록을 남기고 있다.

먼저 『태조실록』에 보면 고려 때 이성계가 격구에 참여한 내용이 다음과 같이 기록되어 있다. "고려 공민왕 5년(1356)에 태조(이성계)의 나이가 22세인데 비로소 벼슬하였다. 고려의 풍속에 매년 단오절에는 무관의 나이 젊은 사람과 의관의 자제들을 뽑아서 격구의 기예를 익혔는데, 그날에 이르면 구규(九逵, 도시의 큰 길)에 용봉(龍鳳)으로 된 장전(帳殿, 임시로 꾸민 임금 자리)을 설치하고 길 복판에 구문(毬門)을 세우고, 왕이 장전 앞에서 이를 구경한다. 연회를 베풀고 여악을 벌이는 가운데, 경대부(卿大夫)들이 모두 따르고, 부녀자들도 길 왼쪽과 오른쪽에 장막을 매어 두고 금단(錦段)으로 장식하고 이것을 화채담(畫彩毯)이라 이름하니 구경하는 사람이 많이 모였다. 격구를 하는 사람이 의복 장식을 화려하게 하여 서로가 사치를 숭상하니, 말안장 한 개의 비용이 중인(中人)이 사는 집을 10채 값에 해당된다. …(중략)… 태조는 그 선발(選拔)에 참여하여 공을 운반할 때에 말 달림이 너무 빨라 벌써 수양(垂揚, 격구 하는 동작의 한 가지로, 비이(比耳)를 2~3회 정도 하고, 막대기를 높이 들어 친 다음 밑으로 내리는 동작)했는데, 공이 갑자기 돌에 맞고 반대쪽으로 달아나 말의 네 발 뒤쪽으로 나왔다. 태조는 즉시 위를 쳐다보고 누워 몸을 돌려서 말꼬리에 붙어서 공을 치니, 공이 다시 말 앞발 사이로 나오므로 이것을 쳐서 문밖으로 나가게 한다. 그때 사람이 이를 방미(防尾, 격구를 할 때의 세 번째 동작인데, 몸을 말머리 쪽으로 비스듬히 눕는 듯하면서 격구 채를 말꼬리와 나란하게 가도록 잡는 자세)라 하였다. 또 공을 운반해 칠 때는 벌써 수양(垂揚)이 되어 공이 다리 기둥에 맞아 말의 왼쪽으로 나가므로 태조는 오른쪽 등자를 벗고 몸을 뒤집어 쳐서 이를 맞히고 다시 쳐서 문밖으로 나가게 한다. 그때 사람이 이를 횡방(橫防, 격구할 때 공을 치며 나가는 도중에 구문에 가까이 가서 공이 무엇에 부딪혀 말의 왼쪽으로 빗나가면, 오른편 등자에서 발을 빼면서 몸을 번드쳐서 발을 땅에 대지 않고 공을 쳐 나아갈 길을 바로잡아 계속해 쳐서 문으로 넣는 동작)이라 하였다. 온 나라 사람들이 몹시 놀라면서 예전에는 듣지 못한 일이라 하였다."[73]고 기록되어 있다.

조선 초기에 왕들은 격구에 직접 참여하면서 널리 보급되었고, 무과 시험에 채택되어 군사들이 수련해야 하는 종목이 되었다. 태종은 격구에 관심이 많아 태조와 상왕(정종)을 위로하는 잔치를 여러 번 베풀면서 격구를 거행하였고, 종친들과 자주 즐겼다. 매년 격구를 즐긴 내용이 실록에 기록되어 있다.[74] 태종의 아들인 세종은 내정에서 종친들과 격구를 즐기면서 지상격구의 중요성을 인식하고 구체적인 실행 방식을 제시하여 체계화시켰고, 일부 신하들의 반대에도 불구하고 격구를 무과시험용으로 채택하였다. 격구가 벌어진 장소는 태종 때에는 광연루(廣延樓)아래가 가장 많으며, 그 외에 인덕궁(仁德宮), 해온정(解慍亭), 내정(內庭), 수각(水閣), 창덕궁(昌德宮), 태상전(太上殿), 이궁(離宮)의 경연청(競演廳) 등이 사용되었다. 세종 때에는 내정(內庭) 또는 모화관(慕華館)에서 거행되었다.

『세종실록』 3년(1421) 11월 25일의 기록에 따르면, '일기가 추워 신궁의 앞뜰에서 태상왕과 함께 격구하다' 라는 제목으로 다음과 같이 기록되어 있다.

> "태상왕이 임금과 더불어 비로소 신궁의 내정(內庭)에서 공(毬)을 쳤다. 날씨가 추워서 교외에는 나갈 수 없으므로 내정에서 이 놀이를 하였는데, 이듬해 봄이 왔을 때 그쳤다. 궁에 들어와 공을 친 사람은 효령대군 이보와 익평 부원군(益平府院君) 이석근, 경녕군 이비, 공녕군 이인, 의평군(義平君) 이원생, 순평군(順平君) 이군생, 한평군(漢平君) 조연, 도총제(都摠制) 이징, 이담, 광록경(光祿卿) 권영균이다. 공을 치는 방법은 편을 나누어 승부를 겨루는 것이다. 치는 몽둥이는 모양이 숟가락과 같고, 크기는 손바닥만 한데, 물소 가죽으로 만들었으며, 두꺼운 대나무를 덧대어 자루를 만들었다. 공의 크기는 달걀만 한데, 마노(碼碯)[75], 혹은

73) 《朝鮮王朝實錄》「太祖實錄」 第一卷 總序(이후 『조선왕조실록』 기록은 국사편찬위원회, 《한국사데이터베이스》 참조).

74) 《조선왕조실록》에 보면, 태종 4년(1402년) 1회, 5년 3회, 6년 1회, 7년 1회, 10년 1회, 11년 5회, 12년 4회, 13년 1회 14년 6회, 15년 7회, 16년 4회, 17년 1회로 나타난다(《태종실록》 第)八卷－三十三卷, 4－17年).

75) 석영(石英), 단백석(蛋白石), 옥수(玉髓)의 혼합물이다.

나무로 만들었다. 땅을 주발과 같이 파서 이름을 와아(窩兒)라 하는데, 혹은 전각을 사이에 두고, 혹은 섬돌 위에, 혹은 평지에 구멍[窩]을 만든다. 공을 치는 사람은 꿇어앉기도 하고, 혹은 서기도 하여 공을 치는데, 때로는 공이 날아 넘어가기도 하고, 혹은 비스듬히 일어나기도 하고, 혹은 구르기도 하여, 각기 구멍 있는 곳의 적당한 데 따라서 한다. 공이 구멍에 들어가면 점수를 얻게 되는데 그 절목(節目)이 매우 많다."[76]

이때의 격구라는 말은 말(馬)을 타고 치는 타구가 아니라 궁정을 뛰어다니며 하는 보(步)격구, 또는 보타구였던 것으로 보인다.

이후 세종 9년(1426) 3월에는 "예조와 병조에 교시하여 문무과의 초시와 중시에 말을 타고 활을 쏘는 기사, 창술과 더불어 격구 치는 것으로 무사를 뽑도록 결정"[77]하였다. 이에 맞춰서 세종 10년 11월 9일에 병조에서 도시격례(都試格例)를 발표하면서 "공을 구문 밖으로 3회 모두 쳐 낸 사람과 말 달리기의 빠른 솜씨와 바른 자세 등이 격구시험의 판정 기준으로 제시되었다."[78] 이 시기의 무과전시의(武科殿試儀)에 관한 기록을 보면 격구의 양태와 구장의 크기 등이 다음과 같이 기록되어 있다.

"구문은 거리가 3보이고, 기(旗)를 세운 곳에서 구문까지 서로 떨어진 거리는 240보이고, 말을 세운 곳에서 깃발 아래 공(毬)을 둔 곳까지는 30여 보이다. 시험자가 오른손으로 막대기(장, 杖)를 쥐는데, 그 끝을 안으로 향하게 해서 뒤집어 말목에 싣고, 상반(上半)은 왼쪽으로 나오게 한다. 말을 달려 공을 둔 곳에 나아가서 배지(排之)를 쓴다. 격구할 적에는 반드시 공이 가는 것을 뒤따라 가서 멈추기 전에 날쌔게 치는데, 말머리는 구부린 자세를 취한다. 3회를 마치고 나서 말을 달려 공을 쳐서 행구(行毬)한다. 행구의 처음에는 함부로 치지 아니하고, 막대기를 옆으로 곧게(橫直) 쥐고 밀귀(馬耳)와 나란히 되게 한 후에 손을 들어 멋대

76) 《세종실록》 第一十四卷 世宗 三年 一十一月 二十五日(甲申).
77) 《세종실록》 第三十五卷 世宗 九年 三月 一日(辛卯).
78) 《세종실록》 第四十二卷 世宗 十年 一十一月 九日(丁巳).

로 쳐서 구문으로 내보낸다. 말을 돌려서 처음에 섰던 곳으로 되돌아오는데, 그 말 달리는 것과 막대기를 쥐는 자세는 처음 공을 보낼 때와 같게 하옵소서, 라고 하니 그대로 따랐다."[79]

특히 이 당시는 조선의 격구 실력이 중국까지 알려져 명나라의 황제가 하정사(賀正使)[80]로 간 이담(李湛)과 안순(安純), 권희달(權希達)에게 "내가 들으니 너는 격구를 잘한다 하니 이제 한번 보고자 한다."며, 좋은 말 2필을 주며 "너희 나라에 데리고 가서 격구를 연습했다가 만약 너의 국왕이 명령을 내리거든 궁에 들어가 격구하라."[81]고 말한 내용이 『세종실록』에 기록되어 있을 정도로 중국의 황제까지도 조선의 격구 실력을 인정해 주고 있었던 것으로 추정된다.

1491년에 제정된 『경국대전』에 기록된 격구의 형식과 방법은 고려 때와 별반 다르지 않은데, 그 내용은 다음과 같다.

"문으로 공을 쳐 내면 15점, 옆으로 보내면 10점을 따지만, 규정한 자세를 갖추어야 한다. 말의 출발 지점인 깃발 아래로부터 채(杖)를 말목에 가로놓고 공이 있는 깃발 아래까지 달려와 배지(排至)로 치고, 지피(持彼)로 되돌린다. 공을 채 안쪽으로 비스듬히 끌어당겨 높이 쳐올리는 것이 배지, 채 바깥쪽으로 밀어 당겨 치는 것이 지피이다. 배지나 지피는 할흉(割胸)이라 하여 반드시 채를 말 가슴에 대어야 한다. 세 번 거듭한 뒤, 말을 달려 공을 친다. 비록 동작을 세 번 마쳤더라도 칠 형세가 못되면 네다섯 번 거듭해도 좋다. 처음에 가로로 치지 않고 채를 잡아 말의 귀와 나란히 세로로 세우는 것이 비이(比耳)이다. 두세 번의 비이를 하고 손을 들어 길이로 칠 때 손이 높이 올라가도 채는 밑으로 드리워져서 흔들리는 것은 수양수(垂楊手)이다. 수양수는 공을 골문으로 보낼 때까지 한다. 이때 방미(防尾)라 하여, 몸을 옆으로 기울이면서 뒤로 누워 채를 말꼬리로 보낸다. 공이 문을 나가면 헛된 동작으로 수양수를 한 다음, 채를 말목에 가로 얹고 출발 지점

79) 《세종실록》 第一百三十三卷 五禮 嘉禮儀式 武科殿試儀.
80) 정월 초하룻날을 맞이하여 명나라 또는 청나라로 새해를 축하하러 가던 사신.
81) 《세종실록》 第七卷 世宗 二年 閏一月 二日(辛未).

으로 돌아온다. 비이 때 미처 수양수를 못한 채, 공이 문을 나가면 문 안팎에서 허수 동작으로 수양수를 한다. 공이 문 앞에 멈추면 다시 쳐도 좋다. 출발 지점은 공 자리(置毬標)에서 50보(약 60m), 이곳은 문에서 200보(240m) 거리에 있으며, 문 너비는 5보(7.5m)이다. 전시(殿試)에서는 기격구(騎擊毬)와 보격구(步擊毬)로 등수를 정한다. 등수는 갑과(甲科) 3명, 을과(乙科) 5명, 병과(兵科) 20명이다. …(중략)… 채 끝의 주걱은 길이가 9치(27cm), 너비 3치(9cm)이며 자루 길이는 3자 5치(105cm)이다. 공 둘레는 1자 3치(39cm)이다. 격구는 다음 순서로 진행한다. 공을 든 기생이 주악에 맞추어 걸어 나와 전(殿) 앞에서 노래를 부르고 물러간다. 주악에 맞추어 공을 구장에 던지면 좌우 두 패가 말을 달려서 공을 다투어 챈다. 먼저 쳐서 맞힌 사람이 수격(手擊)이며, 나머지는 물러선다."[82]

위의 인용문 중에 공의 둘레가 3자 5치라는 내용은 잘못 기재된 것으로 생각된다. 채 끝의 주걱에 비해 공이 지나치게 크기 때문이다. 이후 조선의 왕들도 격구에 관심을 보였고, 이 관심이 무과시험으로 이어졌다.

하지만, 성종 21년(1491) 모화관에서 거행된 무과시험에서는 합격자 22명 중에 격구를 통과한 사람이 한 사람도 없었다[83]고 기록할 정도로 격구에 관한 관심과 흥미가 줄어들기 시작한다. 이러한 사회적 · 정치적 변화에 따라 중종 때에는 격구시험을 제외하기도 하였으며, 무과시험에서 부정행위, 시험 내용의 변질, 무원칙한 채점 등이 문제로 지적되면서 광해군 때에도 잠시 제외되었다. 당연히 무과의 고시 과목에서 격구를 빼버리자 이를 익히는 사람이 급격히 줄어드는 현상이 일어났다.

격구는 인조(1629년) 때에 재차 부활하는데, "왕이 모화관에서 열무(閱武)하고 여섯 가지 기예를 시험하는데, 먼저 기추(騎芻), 마재(馬才), 격구 등 세 가지 기예를 시험하고 날이 저물자 환궁하였다."[84]는 기록이 전해진다. 이것을 마지막으로

---

82) 任東權 · 鄭亨鎬 공저, 앞의 책, 290－292쪽; 김광언, 앞의 책, 38－39쪽.

83) 《성종실록》 第二百四十七卷 成宗 二十一年 一十一月 八日(丙戌).

84) 朔癸丑/上閱于慕華館, 試六技. 先試騎芻, 馬才, 擊毬三技, 日已暮, 上還宮. 翌日命左議政金瑬畢試. 上見都監器械精利, 旗幟鮮明, 命賜大將申景禛熟馬一匹, 以褒奬之: 《인조실록》 第二十一卷 仁祖 七年 八月 一日(癸丑). 이전의 선행연구(정형호(2008, 2010), 임동권, 정형호

정조가 『무예도보통지』를 간행하면서 격구를 복원하도록 명령할 때까지 조선왕조에서의 격구 기록은 상소문에 쓰여 있는 단어만이 전해진다. 이러한 현상은 조선 중기 이후에 군사적으로 화약을 사용한 화포나 총포류가 보급되면서 말과 함께 하는 격구는 점점 쇠퇴하여 결국에는 인조 이후에 소멸의 길로 접어들게 된 것으로 추정된다.

사도세자의 억울한 죽음을 목격한 정조는 아버지가 단련하던 무예를 궤도에 올려놓기 위해 노력한다. 정조의 어명에 의해 『무예도보통지』가 간행되고, 그 속에 격구가 복원되어 기술되면서 다시 주목받게 된다. 정조 14년(1790) 4월 29일에 『무예도보통지』가 완성되면서 격구와 관련된 전체 내용이 정리되기에 이른다.

이 무예서는 정조가 검서관인 이덕무와 박제가에게 장용영(壯勇營)에 사무국을 설치하고 편찬을 지시해 간행되었다. 이덕무와 박제가는 무관인 백동수의 도움을 받아 편찬하였는데, 백동수는 장용영과 훈련도감에는 격구장이 있었으나 정작 격구를 할 줄 아는 무사가 전재하지 않아 복원하는 데 큰 어려움을 겪었다.[85] 그래서 백동수는 영조 때 간행된 『무예신보』를 상세히 검토하여 주해를 수정, 참고하고 기창(騎槍)과 마상월도, 마상쌍검, 마상편곤, 격구, 마상재 등의 기예를 덧붙여 24반 무예를 정리한 종합 무예서로 간행하였다.

격구는 조선의 인조 때에 마지막으로 시행되었으며, 정조 때에 『무예도보통지』에 마상무예로 체계화되었으나 실연보다는 전통적인 무예 중의 하나로 정리되는 데 그쳤다. 이후 격구는 거의 중단되었다가 1990년대 중반에 "한민족전통마상무예단"과 "한국마사회"의 노력으로 『무예도보통지』가 중요자료로 복원되어 과천 경마장에서 처음 선을 보인 후 현재에 이르고 있다.

(1999), 김영호 등의 연구물)에서는 효종 4년(1657) 4월에 왕이 망춘정(望春亭, 『고려사』에 나옴)에서 활을 쏘고 격구를 시킨 기록이 마지막이라 하였으나 필자가 확인한 결과 인조 때의 기록이 마지막으로 전해지고 있다.

85) 김영호, 《조선의 협객 백동수》. (푸른역사, 2002), 206쪽.

6. 일본의 격구

일본 말 문화의 정착

격구는 일본에서도 격구(擊毬), 마구(馬毬), 타마구(打馬毬), 척구(踢毬), 타구(打毬, うちまり) 등 다양한 단어로 기록되어 전해지지만, 에도시대에 들어와 도쿠가와 요시무네(徳川吉宗)가 정권을 잡은 후부터는 대부분 타구라 불리게 되었다. 그러면 일본열도에서 거행된 타구의 전승과 발전 양상을 기술하기 전에 먼저 일본인과 말의 관계를 잘 보여주는 말 문화의 형성과정을 간단히 살펴보는 것으로 시작해 보자.

일반적인 정설로 일본 땅에서 말과 관련된 문화가 나타나는 시기는 4세기 말에서 5세기 초반인 고분(古墳)시대에 몽골계통의 말이 아시아 대륙으로부터 한반도를 거쳐 일본으로 건너가면서 시작되었다고 추정한다.[86] 그래서 3세기 말이나 4세기까지는 일본 땅에 말이라는 동물이 없었다고 보는 것이 정설이다. 일본어로 말 마(馬)를 우마라 읽는데, 원래부터 이 단어가 존재한 것이 아니라 한자음의 '바=마' 앞에 발음을 위한 접두어 '우(う)'를 붙여 발음한 것이다. 말이라는 단어 자체가 수입 언어로 들어오면서 말을 지칭하는 우마(馬, うま)가 파생된 것으로 보인다. 지리적으로 섬이라는 일본열도의 특수성에 의해 야생마가 존재하지 않았기 때문에 4세기 중반까지의 고분에서 말과 관련된 고고학적 유물이 전혀 발견되지 않고 있다는 점이 이러한 견해를 뒷받침해 주고 있다.

이를 포함한 일련의 고고학적 연구를 토대로 에가미 나미오(江上波夫)는 일본의 고대국가를 건설한 지도자는 4세기경에 중국대륙의 서북쪽인 동아시아에서 살았던 유목민족이 말을 타고 대거 중국 본토로 침범하였다. 당시의 중국은 진(晋)나라였는데, 남쪽으로 내려와 도읍을 남경으로 정한 후에 동진(東晋)이라고 불렀다. 한족의 왕조는 중국 남쪽만을 지배하는 데 그쳤고, 북쪽은 오호(五胡)[87]라 불

86) 坂本太郎, 《日本古代史の基礎的研究(下)》. (東京大学出版会, 1964), 253쪽.

87) 오호(五胡)는 중앙아시아로부터 중국 북방에 거주한 소수민족을 5개 민족으로 나누어 총칭하던 단어이다. 즉, 흉노(匈奴), 갈(羯), 선비(鮮卑), 저(氐), 강(羌)이며, 이들은 유목생활을 하던 민족이다. 이 민족들이 화북지방에서 번갈아 가며 흥망한 시대를 오호십육국(五胡十六國)이라 한다.

리던 기마유목민족이 차지하며 왕조를 세우는 등, 이른바 남북조(南北朝)시대가 시작되었다. 에가미는 이러한 동북아시아의 기마유목민족의 일파가 한반도를 거쳐 큐슈(九州)로 건너온 후에 기나이(畿內)로 진출하여 정부를 세웠는데, 그것이 지금의 천황과 밀접하게 연결된 야마토조정(大和朝廷)이라고 주장하였다. 이 내용은 제2차 세계대전이 끝나고 일본 사회에서 매우 큰 관심을 불러일으킨다.[88)]

특히 지금까지 4세기 말로 추정되는 고분들로부터 말과 관련된 마구들이 쏟아져 나오고 있고, 5세기경에 축조된 것으로 알려진 왕릉급 고분에서도 마구뿐만이 아니라 무기류도 다량으로 출토되고 있다. 또 4세기까지의 보병 전용 무기에서 기마병들이 들고 싸우는 무기로 변화하였다는 점도 고분 유물을 통해서 밝혀졌기 때문에 일본 땅에서 말 문화가 시작된 것은 4세기 말부터 5세기 초반으로 추정하는 것이 정설로 자리 잡았는데, 그 이유는 대륙에서 건너온 도래인(渡來人)들이 한두 마리의 말을 끌고 와서 보급한 것이 아니라 야마토라는 일본의 고대국가를 건설한 지도자가 대륙으로부터 한반도를 거쳐 건너와서 국가를 건설했다는 기마민족 왕정설이 고대사를 연구하는 많은 연구자들에게 설득력을 얻고 있다는 점이다. 이러한 의미를 포함해 에가미는 고분문화의 변화 양태와 『고사기(古事記)』, 『일본서기(日本書記)』는 물론, 『만요슈(萬葉集)』와 같은 문학집의 신화나 전승 내용, 당시의 동아시아 정세를 종합적으로 비교 분석한 후, 기마민족과 농경민족의 일반적 성격을 고려한 끝에 이러한 학설을 주장하였다.[89)]

5세기 이후부터 일본 사회에 말이 전국적으로 보급되면서 이와 관련된 항목들이 국가의 중요한 정책으로 대두되었다. 말의 품종을 개량하여 좋은 말을 생산하는 일과 대규모로 사육하기 위한 목장 제도의 정착은 정권의 존립을 좌우하는 기간산업으로 등장하게 된 것이다. 그 후에 중세의 공가(公家)와 무사(武士) 사회가 형성되면서 군사력을 보여주는 말 생산과 관리가 더욱 중요하게 자리 잡았다. 이와 더불어 말을 활용한 무예나 놀이를 즐기게 되면서 일본 사회는 말에 더욱

88) 白石太一郎, 〈日本列島の騎馬文化はどのようにして始まったか〉, 白石太一郎, 鈴木靖民, 寺澤薫, 森公章, 上野誠, 《騎馬文化と古代のイノベーション》. (KATOKAWA, 2016), 88－89쪽.

89) 임경택, 박동성, 진필수, 오자키 다카히로, 《세계의 말 문화Ⅲ : 일본》. (한국마사회 마사박물관, 2011), 2－7쪽.

주목하게 된다.

그러면 12세기 말경부터 무가에 의한 가마쿠라(鎌倉)시대가 도래하면서 지배계층을 중심으로 말을 이용한 무예훈련, 그리고 이를 이용한 다양한 놀이가 다양하게 대두된다. 특히 이 시기는 무사들이 지녀야 할 기본적 기예로 말을 타고 수련하는 표적 맞추기(射的)와 관련한 다양한 내용이 전해진다. 가마쿠라막부가 탄생하기 전인 1180년경부터 무가들의 권력투쟁을 기록한 『아즈마가가미(吾妻鏡)』[90]의 1182년 4월 5일조에 보면, "무사들이 말을 타고 도망가는 소를 쫓으며 화살로 맞추는 우시오이모노(牛追物)에 빠져 있었다."[91]는 등의 기록들을 통해 소사냥을 즐겼음을 알 수 있다. 그 후에 어떠한 이유인지는 모르겠으나 세월이 흐르면서 소를 쫓는 것보다 개를 쫓아가 활을 쏘는 이누오이모노(犬追物, 말을 타고 개를 쫓으며 활을 쏘는 놀이)가 유행하게 된다. 이러한 무예들은 원래는 말을 타고 사슴을 쫓아 맞추는 놀이에서 파생되었으나, 나중에는 가사가케(笠懸)라 부르는 삿갓을 걸어 놓고 활을 쏘는 놀이로 변화하였다.

순수한 말 경주도 인기가 있었다. 무사들이 벌이는 무예 경쟁이 볼거리로 자리 잡아 가마쿠라막부의 6대 장군인 무네타카(宗尊) 친왕(親王)과 같은 지배층들이 이 놀이를 자주 관람하였다[92]고 한다. 이때의 경마는 지금의 경마 방식과는 다르게 말을 달리며 살아있는 동물을 쏘거나 아니면 기사들이 서로 칼로 찌르거나 격투하는 격렬한 마상재가 대표적인 볼거리 중의 하나로 자리 잡았다.

이처럼 무사가 정권을 쥐게 되는 10세기 이후부터 전쟁의 필수 기술은 기마전이었기 때문에 무사들은 활을 쏘는 기술과 말을 타는 기예가 매우 중요한 덕목으로 대두되어 이를 몸에 익히는 무예가 일상이 되었다. 전쟁하지 않을 때에는 이를 놀이로 승화시켜 평상시에도 기량을 갈고 닦는 데 심취하였다. 다시 말해서, 무사란 무예를 가업으로 삼고 살아가는 사람이기 때문에 활과 말에 관한 기술을

90) 아즈마카가미(吾妻鏡)는 1180년부터 1266년까지 87년간 막부의 사적을 편년체로 기록한 사료이다. 이 사료의 가치에 대해 일본 내에서도 여러 평가가 존재한다. 무가정권 수립의 과정이나 내분, 다툼에 대한 기록이 많고 무사들의 생활 양상을 알 수 있는 사료로 주목받고 있다.

91) 増川宏一, 《日本遊戯思想史》. (平凡社, 2014), 56쪽.

92) 関幸彦, 野口実 編, 《吾妻鏡必携》. (吉川弘文館, 2008), 157쪽; 増川宏一(2014), 위의 책, 56쪽.

습득하는 데 온 힘을 기울여야 했던 것이다. 특히 공가(公家)와 무가(武家) 사회의 중요한 지도자로 이해되는 무사들의 존재와 그것이 형성되는 기반으로서의 "마키(牧)제도"는 일본인과 말 문화를 논할 때 빼놓을 수 없는 요소 중의 하나로 자리매김한다. 예를 들어 가마쿠라시대부터 200m 정도의 마도(馬道)를 따라 세 개의 표적을 세워놓고 시속 20－30km의 속력으로 달려가면서 화살을 쏴서 표적을 맞추는 야부사메(流鏑馬)라는 종목이 큰 인기를 끌게 되면서 말과 더불어 즐기는 놀이도 많이 생겨났다. 현재 이 놀이는 현대인들이 말과 더불어 즐길만한 전통스포츠로 지역의 축제, 또는 말을 사육하는 목장의 체험 프로그램으로 주목받고 있다.

고대 일본 사회의 타구

현재 일본 내에서 타구에 관한 기록으로 가장 빠른 내용은 『만요슈(万葉集)』 권6의 잡가(雜歌) 편의 노래로 알려져 있다. 그 내용을 보면, 발해(渤海)의 사신이 처음으로 일본을 방문한 해가 727년인데, 우연히도 일본의 타구에 관한 최초의 기록도 727년(神龜 四年)으로 겹친다. 즉, "727년 정월에 여러 왕자와 귀족의 자제들이 카스가(春日) 들판에 모여 타구를 즐기고(樂)[93] 있었다. 그때 갑자기 하늘이 어두워지며 천둥과 번개가 쳤다. 그런데 원래 궁중에 있어야만 하는 시종과 친위병이 타구에 참가하고 있어서 친위병들은 자신들이 거처하고 있어야 할 주토료(授刀寮)를 비웠기 때문에 대장은 그들에게 근신 처분을 내렸다. 이 처분으로 인해 궁정의 기숙사에 거주하던 병사들이 외출을 금지당해 화사한 봄날에 거리로 나가지 못하게 된 슬픈 마음을 노래로 만들어 불렀다."[94]는 내용이다. 이 노래를 지은 작자는 밝혀지지 않았지만, 이것이 일본에서의 타구에 관한 첫 기록으로 궁궐을 지키는 친위병이 타구 때문에 청명한 봄날에 휴가를 받지 못해 궁궐 밖으로 나가

93) 고대사회에서 악(樂)이라는 단어는 오늘날처럼 음악, 또는 연주만을 의미하는 것이 아니라 춤과 노래, 각종 유희 등을 포함하는 넓은 개념으로 쓰였다는 점을 염두에 둘 필요가 있다(전경욱, 〈고대 동아시아 속의 한국 놀이문화〉, 《韓國史市民講座》. (일조각, 2009), 31쪽). 이 문장에 관해 김임숙(〈칙찬한시집에 보이는 발해사절시〉, 《日本語文學》. 第83輯, (일본어문학회, 2018), 321쪽)은 타구 경기를 한 것이 아니라 무악의 하나인 타구악을 추었다고 주장하였으나 이는 악이라는 단어의 의미를 너무 현대적으로 해석한 잘못으로 보인다.

94) 神龜四年春正月, 數王子及諸臣子等集ニ春日野一而作ニ打毬之樂一 …(後略)… 作者未詳(酒井欣, 《日本遊戲史》. (建設社, 1934), 167쪽; 今村鞆, 「打毬史」, 『扇 左縄 打毬 匏－朝鮮風俗資料集成－』. (조선총독부 중추원, 1937), 329쪽).

지 못하는 서글픈 마음을 노래로 표현해 전해진다는 점이 묘하게 얽혀 있다. 아쉬운 점은 여기에 기록된 타구가 어떤 방법으로 즐기는 놀이인가가 확실하지 않다는 점이다. 즉, 여기서 말하는 타구(打毬)는 말을 타고 하는 격구(폴로)인가? 아니면 땅 위에서 치는 보타구(步打毬)인가? 그것도 아니면 공을 발로 차는 축국(蹴鞠, 게마리)인가를 파악하기란 어렵다. 일본에서는 말을 타고 하는 타구, 또는 발로 차며 노는 게마리(蹴鞠)로 보는 견해가 양분되고 있다.

한반도와 일본 교류사에 보이는 격구 기록

그 후 822년(弘仁 十三年)에 『루이주코쿠시(類聚国史)』[95]와 『니혼코키(日本後記)』의 정월조에 "풍락전에 모여서 5품 이상 및 번객(蕃客, 외국 사절단)을 맞이하여 향연을 베풀고 답가를 연주한다. 발해국 사신인 왕문구 등에게 타구를 하게 하고, 면솜 200둔을 하사하고 노고를 치하했다. 소사(所司)가 악을 연주하고 번객들이 춤을 추었다. 포상을 내리는 데 차이가 있었다."[96]는 기록이 전해진다. 이 기록은 우리 민족과 일본과의 교류사를 통틀어 격구에 관한 첫 번째 기록으로 취급되고 있다. 그러나 격구에 관한 한국 쪽의 선행연구들에서 이 내용이 기록된 연도나 천황의 명칭 등에서 오류가 보이고 있다.[97] 또 『케이코쿠슈(経国集)』[98]에 보

95) 『루이주코쿠시(類聚国史)』는 편년체로 된 6국사(六國史, 일본에서 국가사업으로 편찬한 사서는 아스카(飛鳥, 645년)시대부터 헤이안(平安, 856년)시대 전기에 걸쳐서 간행된 여섯 개의 사서(일본서기, 속일본기, 일본후기, 속일본후기, 일본문덕천황실록, 일본삼대실록)가 남겨졌기 때문에 이것을 6국사라 부른다)의 내용은 중국의 유서(類書)를 모방하고 분류하여 재편집한 일본의 역사서이다. 스가와라노 미치자네(菅原道真, 845-903년)가 892년에 편찬한 것으로 알려져 있다. 원본은 본문 200권과 목록집 2권, 그림 3권을 합쳐 205권이었으나 오진의 난(応仁の乱)으로 흩어져 현재에는 62권만이 전해지고 있다. 현재 남아있는 내용은 신기(神祇, 천신과 지기), 제왕, 후궁, 사람, 세시, 음악, 상연, 봉헌, 정리(政理), 형법, 관직, 문(文), 전지(田地), 상서(祥瑞), 재이(災異), 불도(仏道), 풍속, 수속(殊俗, 보통과 다른 특이한 풍속)이라는 18개의 항목이 정리되어 있다.

96) 今村鞆, 앞의 책, 330쪽; 垣見修司, 〈『万葉集』と古代の遊戯: 双六·打毬·かりうち〉, 《唐物と東アジア: 舶載品をめぐる文化交流史》. (勉誠出版, 2016), 73쪽).

97) 지금까지 격구와 관련된 선행 연구에서 발해국의 왕문구가 일본에 사신으로 가서 타구를 행한 연도에 오류가 발견된다. 한국에서 발표된 선행연구들(한치윤, 나현성, 김광언, 임동권·정형호, 정형호 등)을 보면, 한치윤이 『해동역사』에서 "우다천황(宇多天皇, 889-897) 원년 때 발해의 사신 왕문구(王文矩)가 왔다. 왜왕이 풍락전에 나아가 5위 이상에게 잔치를 베풀었으며, 발해의 사신이 격구(擊毬)하는 것을 관람하고 솜 200둔을 하사하였다《일본일사》."고 기술하였는데, 연도를 우다천황 원년인 889년으로 기록하였다. 그러나 발해의 왕문구가 사신으로 가서 타구를 행한 연도는 사가천황(嵯峨天皇, 재위: 809-823) 때가 정

면 사가천황(嵯峨天皇, 786-842)이 발해국으로부터 온 사신을 영접할 때에 태상천황(太上天皇)이 이른 봄날에 타구를 즐기고 있는 것을 보고 칠언시를 지어 낭독하였다. 그 옆에 있던 시게노노 사다누시(滋野貞主)라는 조신이 천황의 시를 받아 답시를 읊었는데, 거기에 타구를 예찬하는 문구가 들어가 있다. 김임숙의 연구[99]를 인용해 그 내용을 살펴보자.

七言, 早春觀打毬, 一首(使渤海客奏比樂) 사가천황(嵯峨天皇)

칠언, 이른 봄에 타구를 구경하다. 1수(발해 손님에게 이 악을 연주하도록 하다)

芳春煙草早朝淸	봄날 안개가 개인 이른 아침에
使客乘時出前庭	사절들 좋은 날을 타고 앞뜰로 나오네
回杖飛空疑初月	휘두르는 장대는 허공을 가르니 마치 초승달인 듯하고
奔毬轉地似流星	날아가는 공은 땅을 구르는데 흡사 유성과 같네
左礙右承當門競	왼쪽으로 치려는데 오른쪽 사람이 받으며 문에 다다르려 다투고
分行群踏起雷聲	항렬을 나누어 무리가 답가를 부르는데 규룡과 우레 소리로다
大呼伐鼓催籌急	크게 소리치며 북을 치고 점수내기를 응원하고

확한 시기(弘仁 十三年, 822년)이다. 이처럼 필자가 확인한 자료를 포함해 이마무라 토모(今村鞆)와 가키미 슈지(垣見修司), 방학봉(《발해의 문화1》. (정토출판, 2005), 245쪽) 등의 연구에서도 왕문구가 사신으로 일본에 가서 타구를 했다는 기록은 822년(弘仁 十三年)으로 확인되기 때문에 우다천황 원년인 889년이 아니라 사가천황 때인 822년이 정확한 연도로 다음의 자료들의 내용을 수정할 필요가 있다(한치윤 저, 정선용 역, 《국역 해동역사Ⅳ》. (민족문화추진회, 2001), 256쪽; 나현성, 〈韓國蹴鞠·擊毬攷〉, 《民族文化硏究》. (고려대학교 민족문화연구소, 1969), 158쪽; 김광언, 《동아시아의 놀이》. (민속원, 2004), 42쪽; 任東權·鄭亨鎬 공저, 《韓國의 馬上武藝》. (한국마사회 마사박물관, 1997), 256쪽; 임동권 · 정형호, 〈마상격구의 역사와 실연〉, 《한국의 馬 민속》. (집문당, 1999), 209쪽; 정형호, 〈한국 격구의 역사적 전승과 변모 양상〉, 《한국 민속문화의 지속과 변화》. (민속원, 2008), 250-251쪽; 정형호, 앞의 글, 258쪽.)

98) 『케이코쿠슈(経国集)』는 헤이안(平安)시대 초기인 천장4년(天長四年, 827년)에 사가천황(嵯峨天皇)의 뒤를 이은 준나천황(淳和天皇)의 명령에 따라 편찬된 전체 20권으로 된 한시집(漢詩集)이다.

99) 김임숙, 앞의 글, 307-329쪽.

觀者猶嫌都易成	구경꾼들은 오히려 모두 승부가 쉽게 나는 것을 꺼려하네

七言, 奉和觀打毬, 一首(滋野貞主)
칠언, 「타구를 구경하다」에 삼가 화운하다. 일수 (시게노노 사다누시)

蕃臣入謹逢初暖	번신이 알현하여 따스한 기운을 만났고
初暖芳時戲打毬	따스한 기운 꽃피우는 계절에 타구를 즐기네
繡戸爭開鵜鵲觀	지작관은 수놓은 문을 다투어 열고
紗窓不閉鳳凰樓	봉황루는 깁창을 닫지 않는구나
如鈎月度蓂階側	초승달 비슷한 장대가 명협초 핀 섬돌 옆을 스치고
似點星晴綵騎頭	점점 별과 같은 공이 아름다운 말 앞에서 번뜩이네
武事從斯强弱見	무예는 그 강자에게 약자는 패배를 당하고
愉家始宛數千籌	패배한 이는 수천의 산가지를 몹시 질투하네

김임숙에 따르면, "이 시에서 번객은 사절단을 가리키며, 입근(入謹)은 신하가 임금을 알현하는 것을 말하는데, 발해국 사절단이 일본으로 찾아온 것을 표현하였다. 그리고 궁녀들이 문과 창을 열고 발해인이 타구하는 모습을 신기해하며 구경하는 모습을 묘사하였다. 5구의 구월(鈎月)은 갈고리처럼 구부러진 달, 즉 초승달을 가리킨다. 이는 타구하는 장대의 모양을 형용한 표현으로 보인다. 또 6구의 점성(點星)은 날아가는 공을 묘사한 것으로 점점이 하늘에 흩어져 있는 별을 뜻한다. 채기(綵騎)는 아름답게 장식한 기마를 가리키므로 타구가 말을 타고 즐기는 놀이임을 보여주고 있다."[100] 이 두 개의 칠언시에서 말하는 타구(打毬)는 분명 말을 타고 즐기는 놀이라는 점을 파악할 수 있다. 그 외에도 외교 사신이 직접 타구를 선보였다는 점은 매우 의외의 일이라 생각되지만, 이런 일이 당시의 외교적 의전 방법이었는지도 모른다. 아무튼, 이 기록을 토대로 이마무라 토모(今村鞆)는 1937년에 지나(옛날 중국을 지칭)나 조선의 이전 사례에서 나타나듯이 일본은 발해와 34회의 사절단 교류를 이행하면서 그때부터 발해에서 행하던 기마 타구를

100) 김임숙, 위의 글, 322－323쪽.

모방하여 궁정에서 타구를 시작하였다고 보는 것이 타당하다고 언급하였다.[101)]

일본 내의 격구 기록

타구에 관한 또 다른 기록으로는 『죠쿠니혼코키(続日本後記)』에 "승화(承和) 원년(834년) 5월에 또다시 무덕전(武德殿)에 행차하여 사위부(四衛府)에 명령해 각종 마예(馬藝) 및 타구 기능을 발휘하게 하였다."고 기록되어 있다. 그리고 『엔기시키(延喜式)』[102)]에 보면, "타구에 사용하는 홍백(紅白)색의 작은 공을 버드나무로 만든 상자에 담아 미리 준비해 둔다."[103)]고 기록하였다. 이들 기록으로 타구에는 옛날부터 빨간색과 흰색 공이 사용된 것으로 추정할 수 있다. 또 『겐지모노가타리(源氏物語)』와 『니혼기랴쿠(日本記略)』[104)] 등에 타구 놀이에 관한 내용이 전해지고 있다. 그중에 이치조 카네요시(一條兼良, 1402–1481)가 기술한 『가쵸요죠(花鳥餘情)』[105)]에는 "5월 6일에 당나라 사람과 비슷한 옷을 입고 말을 타고 작은 공을 다루는 것을 타구라 하고, 그때 연주하는 악을 타구악(打毬樂)이라 한다."[106)] 일본에서도 타구 놀이가 벌어질 때 타구악을 연주하는 것이 상례였다는 기록도 볼 수 있다.

900년대 중반 이후에 편찬된 것으로 알려진 『사이큐키(西宮記)』[107)]에 무라카

---

101) 今村鞆, 앞의 책, 329–331쪽.

102) 『엔기시키(延喜式)』는 헤이안(平安)시대 중기에 편찬된 격식(율령시행세칙)으로 3대 격식의 하나이며, 율령의 시행세칙을 정리한 법전이다. 905년에 편찬을 시작하여 927년에 완성된 후, 개정을 거듭한 끝에 967년부터 시행되었다.

103) 『延喜式』 打毬 … 毬子赤白二十餘楊筥に盛り預じめ造備…(後略)(今村鞆, 앞의 책, 331쪽).

104) 『니혼기랴쿠(日本紀略)』는 헤이안(平安)시대에 편찬된 역사서로 6국사의 발자취와 그 이후의 고이치죠천황(後一条天皇, 재위 1016–1036)까지의 역사를 기술하였다. 범위는 신화로 여겨지는 시대부터 1036년까지 기술되어 있어 11세기 후반부터 12세기경에 편찬되었으리라 추정하고 있다. 저자불명이며 한문의 편년체로 쓰여 있다. 전체 34권으로 편찬되었다.

105) 『가쵸요죠(花鳥餘情)』는 종일품에 종사했던 이치조 카네요시(一條兼良)가 『겐지모노가타리(源氏物語)』에 대한 주역서이다. 1482년에 전체 30권으로 사실을 검증했다기보다는 문장의 뜻을 이해할 수 있도록 풀어쓰는 데 중점을 둔 주역서로 알려져 있다.

106) 今村鞆, 앞의 책, 331쪽.

107) 『사이큐키(西宮記)』는 헤이안시대에 미나코토노 타카아키라(源高明, 914–983)에 의해 저술된 유식고실(有識故實, 유식은 옛날 선례에 토대를 둔 지식을 뜻하며, 고실은 공과 사에 알맞은 행동의 선악에 관한 설득력 있는 근거, 규범의 종류로 조정이나 공가, 무가들의 행사, 법령, 풍속, 제도, 습관, 관직, 의식, 장례 등의 행동강령을 기술한 내용), 또는 의식서이지만 집필 연대는 알려지지 않고 있다.

미천황(村上天皇, 재위: 946－967)이 재위했던 955(天曆 九年)년에 타구를 즐긴 방식이 기술되어 있는데, 그 내용은 "천황이 무덕전에 행차해 타구를 관람하였는데, 목공소 관인들이 나무막대기를 들고 구문을 세웠다. 타구자가 40명인데, 이들이 천황 앞에 줄을 지어 서 있고, 그 좌우 근위부 관이 각 15명, 병위부(兵衛府) 관인 이하 각 10명씩 두 개 조로 나누어 좌우에 기숙사에서 기르는 말을 데려와 근위병들이 진을 친 뒤쪽으로부터 구문의 동쪽을 통과시켜 연결하고, 내의료(內医寮, 궁궐 내의 내무국과 같은 관사)로부터 올라온 29개의 공을 유영(柳營)에 높이 쌓아 책상에 놓고 주상(主上, 천황)에 대한 공배 후에 말에 올라타서 계단 밑으로 내려가면 대신이 공을 던진다. 이를 신호로 좌우로 나뉘어 있던 병사들이 공을 친다. 의상은 당인(唐人)과 같다. 길이는 15장(丈)에서 높이 2장(丈) 정도의 기둥 2개를 세워서 만든 구문에 던져넣는다. 만약 이기면 깃발을 높이 올려 나타내고, 언제나 타구악을 연주한다. 해가 어두워져 천황이 거처로 들어갔다."[108] 그 후인 966년 6월 7일의 기록에 보면, "홍휘전(弘徽殿, 왕비의 거처)에서 작물소에 명령하여 구문을 만들게 하고 어린이들에게 보타구(步打毬)를 하게 하였다."[109]는 기록도 전해진다. 10세기경부터 일본에서는 공을 사용하는 놀이들이 세분화하기 시작한 것 같다.

『혼쵸세키(本朝世記)』[110]의 986(寬和 二年)년 5월 30일 조에 보면, "오후에 좌우 대신과 대납언(大納言, 태정관의 차관직) 등의 조정 신하들과 천황이 남전으로 나와 타구를 관람하였다. 번장(番長, 율령제에서 여러 부서의 하급 간부) 이상으로 좌우에 근위병 10명과 병위병 이하를 좌우에 20명씩 두 편으로 나누어 세웠다. 모두 머리에 박관(狛冠)을 착용하고 말을 타고 남쪽 계단 앞에 선다. 여기서 우대신(右大臣)이 공을 쳐서 정원으로 넣으면 모두가 경쟁해서 이 공을 쳤다. 두 팀 중에서 우측 팀이 승리하였고, 그 사이에 좌측에 있던 악단이 노래를 연주하는데 이런 일은 매우 희소하기에 기록하였다."[111] 이어서 6월 6일 조에 보면, "태상법황(太

108) 酒井欣, 《日本遊戲史》. (建設社, 1933), 168－169쪽; 今村鞆, 앞의 책, 333－334쪽.
109) 酒井欣, 위의 책, 169쪽.
110) 헤이안시대(平安時代) 말기에 편찬된 역사서로 20권으로 되어 있다. 우다천황(宇多天皇, 재위: 889－897년)의 877년부터 고노에천황(近衛天皇, 재위: 1141－1155년)까지를 기록하였다. 헤이안시대 후기의 시대상을 파악하는 데 많은 도움을 주고 있다.
111) 酒井欣, 위의 책, 169쪽; 今村鞆, 앞의 책, 332쪽.

上法皇)은 인유인(圓融院)에 있는 인화사(仁和寺)에서 8번의 경마를 보았다. 다음으로 근위부사인(近衛府舍人) 등이 말을 타고 두 팀으로 나누어 타구를 하였다."[112] 고 기록하였다. 이 기록은 『햐쿠렌쇼(百練抄)』[113]에도 동일한 내용이 기록되어 있다. 이처럼 중세시대에 격구를 즐기거나 전승한 계층은 대부분 지배계급 및 궁궐에 거주하는 기마병들로 한정되어 있었다. 당시에는 천황을 중심으로 그의 친족과 신하들이 대부분 참관한 가운데 기마병들이 두 편으로 나뉘어 공을 쟁탈하여 구문에 넣는 방식이 주로 거행되었다.

일본에서는 이러한 기록들을 마지막으로 에도(江戶)시대의 제8대 쇼군(將軍)인 도쿠가와 요시무네(德川吉宗, 1684－1751)가 격구를 다시 부흥시킬 때까지 700여 년간의 기록이 아직 발견되지 않는다. 매우 희귀한 일로, 이 점에 관해서는 일본의 많은 연구자들이 의문점을 가지고 있다. 왜냐하면 12세기 말기의 가마쿠라(鎌倉, 1185－1333)부터 무로마치(室町, 1336－1573), 전국(全國, 1467－1568), 에도(1600－1867)시대까지는 천황이 뒷전으로 밀려나고 장군과 무사들이 권력을 잡은 때였고, 또 그들은 말과 함께 전쟁하는 것을 당연시했던 시기였기 때문이다. 그럼에도 불구하고 700여 년에 걸쳐서 타구에 관한 기록이 발견되지 않고 있다는 점에서 사학 연구자들이 납득하지 못하고 있다.

고송총 고분벽화 속의 격구채에 관한 재해석

그러면 여기서 다시 7세기로 돌아가서 다카마츠즈카(高松塚)[114]라는 고분벽화가 발견되고 이 벽화가 한국 고대사회의 격구의 양태와 참가자 등을 기술한 연구 오류에 관해 살펴볼 필요가 있어 보인다. 우선 1972년에 일본의 나라현(奈良縣)에서 발견된 고송총(다카마츠즈카)에 그려진 4명의 여인 벽화가 있다. 이 그림은 아스카시대(飛鳥時代, 592－710), 즉 7세기 말에서 8세기 초 무렵에 축조된 고분

112) 酒井欣, 위의 책, 169쪽; 今村鞆, 위의 책, 331－332쪽.

113) 『햐쿠렌쇼(百鍊抄)』는 공가(公家)의 일기 등과 같은 여러 기록을 발췌하여 편집한 역사서이다. 가마쿠라(鎌倉)시대 후반기인 13세기 말경에 편찬되었다고 보고 있다. 편저자는 알려져 있지 않다.

114) 1972년 발견된 고분으로 694－710년 사이에 축조되었을 것으로 추정하고 있으며, 근처에 있는 키토라 고분벽화와 함께 주목받고 있다.

벽화로 구체적인 인물상을 일정한 구도 속에서 앞뒤 및 동서남북으로 정연하게 배치하고 묘사하여 특정한 신앙과 관념 세계에 의해 그려졌음을 알 수 있다. 특히 일본인들은 이 벽화에 아름다운 여성 군상이 그려져 있는 모습을 보고 "아스카시대의 미인"이라는 별칭을 붙여 부르면서 유명세를 타기 시작하였다.

간단하게 벽화의 구조와 구도를 살펴보면, 벽화는 동서남북으로 나뉘어 동쪽 벽의 중앙에는 해와 청룡이 그려져 있고, 서쪽 벽의 중앙에는 달과 백호가, 북쪽 벽에는 현무가 그려져 있다. 이를 통해 당시 유행했던 음양오행 사상에 따라 남쪽 벽에도 주작이 그려져 있을 것으로 추정되나 가마쿠라(鎌倉, 1185－1333)시대의 도굴로 인해 남쪽 벽의 그림은 소실되어 버렸다. 그리고 인물 군상은 4명이 한 조로 구성되어 있고, 4조의 16명이 그려져 있다. 남쪽을 입구로 하여 동벽과 서벽에 4명의 남자들이 서로 마주 보고 있다. 중앙의 청룡과 백호를 사이에 두고 뒤쪽의 동벽과 서벽에도 동일하게 4명의 여자들이 서로 마주 보고 있다. 천정의 중앙에는 천문도와 성숙도(星宿圖)가 그려져 있다. 피장자가 북쪽에 머리를 두고 묻혔기 때문에 발밑에 남자들, 얼굴 옆에 여자들이 그려져 있는 형국이다. 피장자는 치아의 마모도에 따라 중고년의 남성으로 추정되고 있다.[115] 무덤 입구 쪽에 남자를 뒤쪽에 여자를 그리는 구도는 당나라에서 성행했던 고분벽화의 인물 군상 표현법의 특징으로 '시중드는 남자(侍男)'와 '시중드는 여자(侍女)'로 불리는 경우가 많은데, 이 시남시녀(侍男侍女)의 인물상은 당나라에서도 성행하였다.[116] 고구려 고분벽화 전문가인 전호태는 다카마츠총 벽화에 관해서 "뒤쪽에 그려진 여인들이 앞뒤로 부분적으로 겹치게 서서 대화를 나누는 듯한 자세와 방향에 조금씩 다르게 그렸다는 점은 당나라 고분벽화의 인물 군상 표현법이 반영된 결과로 보인다."[117] 고 하며, 이 벽화가 당나라와 고구려의 영향을 받은 것으로 추정하였다. 다시 말해서 나라(奈良)에서 발견된 다카마츠총 고분은 7세기 말 이후에 일본에서 펼쳐진

115) 来村加史, 《上下する天文: キトラ高松塚古墳の謎》. (教育評論社, 2019), 111쪽.
116) 門田誠一, 「고구려 고분벽화와 일본 飛鳥(아스카)시대 고분벽화의 비교 연구」, 『고구려발해연구』. 16호, (고구려발해학회, 2003), 1쪽; 門田誠一, 《高句麗壁画古墳と東アジア》. (思文閣出版, 2011), 271－272쪽.
117) 전호태, 〈일본 고총총·키토라고분벽화와 고구려 문화〉, 《역사와 경계》. (경남사학회, 2011), 3쪽

새로운 문화적 흐름과 관련하여 눈길을 끄는 유적으로, 이것은 고구려 후기의 사신도 고분벽화 및 7세기 이후의 당나라 고분벽화, 묘지(墓誌)장식, 석관화의 영향을 모두 보여준다. 나아가 이 고분벽화와 고구려 문화와의 사이에는 어떤 연결고리가 있을 것이라는 점을 일본학계에서도 인정하고 있다.

그러한 이유에서일까? 김광언은『동아시아의 놀이』「격구(擊毬)놀이」라는 장에서 이 벽화의 여자 인물상을 인용하여 다음과 같이 기술하였다. "다카마츠총 고분벽화에는 격구 채를 든 여인(오른쪽에서 두 번째)이 그려져 있는데, 이 여인은 한반도에서 건너간 고구려 사람이고, 또 격구 채를 들고 서 있기 때문에 고구려에 살았던 여성들도 남성들 못지않게 격구를 즐겼을 것이다."라고 주장하였다.[118)] 하지만, 김광언은 벽화에 그려진 여성 인물도가 왜 고구려에서 건너간 여인인가를 설명하거나 그 내용을 파악할 수 있는 자료는 전혀 제시하지 않은 채 복장[119)] 이나 머리모양 등이 고구려 고분벽화와 매우 비슷하기 때문에 그들을 고구려 여

118) 전호태에 의하면, "고구려와 일본의 본격적인 교류는 6세기 후반부터 펼쳐졌다. 일본 쪽의 사료로는 570년, 573년, 574년에 잇따라 고구려의 공식 사절단이 일본에 갔던 것을 국가 차원의 공식적인 첫 외교사절로 보고 있고, 이들이 여러 가지 문물을 일본에 전해주었음(《日本書記》. 卷19, 〈欽明紀〉31年 夏4月條; 李弘稙,《韓國古代史의 硏究》. (新丘文化社, 1971) 등)을 확인시켜 준다. 따라서 고송총의 벽화는 개별 제재의 선택이나 구성, 표현기법 등에서 고구려적 전통 위에 당나라 문화의 영향이 더해지면서 제작되었다. 유적의 구조나 벽화의 기법 등으로 볼 때, 이 유적을 축조하고 벽화를 제작한 사람들은 고구려 씨족일 가능성이 매우 높다. 아마도 이 유적에 잠든 사람들도 고구려계 관료였을 것이다" (전호태, 위의 글, 4쪽)라고 주장하였다. 또 일본의 몬타 세이치(門田誠一)는 "고송총 고분의 남녀 군상도는 고구려적인 인물의 묘화(描畫) 요소와 북조(北朝)로부터 수당(隨唐) 시대의 고분벽화에서 계보를 잇는 시남시녀(侍男侍女)로 대표되는 인물군의 구도를 사용해서 아스카(飛鳥)시대의 궁정 모습을 구성한 벽화라고 이해된다."고 하였다(門田誠一, 앞의 글, 2쪽).

119) 다카마츠총 고분벽화의 여성들이 입은 적색 띠와 녹색 띠를 강하게 대비시킨 긴 색동치마는 자로 잰 듯하게 내려 그린 띠 선 등의 요소까지 고구려의 수산리 고분벽화분 널방 서벽 행렬 중에 귀부인의 색동치마와 비슷하다고 보았다(전호태, 앞의 글, 15쪽 인용). 그리고 벽화 속의 남녀 인물상의 옷깃이 왼쪽 여밈은 고구려식 복장을 받은 아스카시대 궁정의 모습으로 해석하는 경향이 많다(原田淑人, 〈古代の人物像服飾〉, 末永雅雄·井上光貞編,《高松塚古墳と飛鳥》. (中央公論社, 1972); 白石太一郎, 〈新しい壁画古墳高松塚の世界〉,《装飾古墳の世界》. (国立歴史民俗博物館, 1993); 門田誠一, 앞의 책, 271쪽). 고분벽화에는 여성들의 치마를 거의 덮다시피 한 긴 저고리와 남녀의 인물상 모두에서 발견되는 옷깃을 왼쪽으로 여미는 관습 등도 고구려에서 일본으로 흐르던 복식문화에서 비롯되었다는 점을 말해주고 있다(전호태, 〈고분벽화에 나타난 고구려인의 신분관 : 5세기 집안지역 고분벽화의 인물도를 중심으로〉, 하일식, 고경식, 권오영, 임기환, 전덕재, 전호태,《한국 고대의 신분제와 관등제》. (아카넷, 2000), 101－148쪽 참조).

인으로 규정한 것 같다. 그리고 그중의 한 여인이 들고 있는 막대기가 타구 채이고, 이 여인들은 고구려에서 건너간 고구려 사람들이기 때문에 고구려에서도 여인들이 타구를 즐겼다고 주장하였지만, 최근의 일본 자료나 새롭게 밝혀진 연구들을 종합해 보면 이러한 내용은 잘못된 추정으로 보고 있다.

김광언은 여인이 들고 있는 막대기를 타구 채로 볼 수 있다고 주장하였으나, 일본학자들의 연구에 의하면, 이것은 타구 채가 아니라 불교에서 독경이나 설법을 전할 때에 승려들이 손에 쥐고 다니는 고사리 모양의 여의(如意)라는 불구(佛具)[120]라고 판명되었다. 따라서 한반도의 삼국이 실크로드로 이어지는 대륙의 문물을 일본에 전달해 주는 등의 교류가 매우 활발하였다는 역사적 사실과 그들이 입고 있는 의복 등의 형태로 볼 때 이 여인들은 고구려인이고, 그중의 한 여인이 들고 있는 여의를 타구 채라고 단정짓는 것은 조금 무리가 있어 보인다.

또 다른 의문점으로는 여성 군상 중에 한 사람이 타구 채를 들고 있다고 해서 이 여인이 직접 타구를 했다고 추정하는 데도 무리가 있다. 벽화의 인물 군상들(시중드는 남자들과 여자들)이 들고 있는 물건들을 개별적으로 살펴보면, 그것들(동벽의 큰 우산, 큰 칼, 호상(胡床, 들고 다니는 걸상))은 들고 있는 사람들이 직접 사용하는 물건이기보다는 이들이 모시는 주인(왕족, 귀족, 관료 등), 즉 피장자가 자주 즐기던 일상활동을 기록으로 남기려는 화가의 의도에 의해 자주 사용한 물건들을 벽화에 그려 넣으려 했다고 보는 것이 타당하지 않을까? 오히려 다카마츠총에 그려진 인물 군상 중에서 서벽에 타구 스틱과 같은 채를 들고 있는 남자를 발견할 수 있다.

기타무라 다카시(来村多加史)에 의하면, "왼쪽 두 번째 남자가 들고 있는 것은 주인의 칼을 보자기에 싸서 들고 가는 모습이고, 맨 오른쪽 남자가 들고 있는 막대기는 당나라 고분벽화에서 시녀가 들고 있는 T자형의 장대와 비교하는 일이

120) 百橋明穂, 《古代壁画の世界》. (吉川弘文館, 2010); 来村加史, 앞의 책, 137－138쪽에 중국 당나라의 방릉공주(房陵公主, 673년)묘와 영태공주(永泰公主, 706년)묘 등의 전실벽화에 여의(如意)가 그려져 있는데, 시녀가 들고 있는 물건으로 등장한다고 설명하고 있다. 특히 당시 동아시아의 문화교류는 불교라는 종교를 매개로 이루어지는 경우가 많았던 점과 관련이 있지 않을까 생각된다. 이에 대해서는 松浪健四郎, 〈騎馬民族と団体スポーツ〉, 앞의 책(ひろ さちや監修·河野亮仙編), 219쪽에서도 다카마츠총의 여성이 들고 있는 막대기는 불교에서 사용하는 여의로 판명되었다고 언급하였다.

많지만, 명백하게 그 형상이 다르게 생겼다. 이 남자가 들고 있는 막대의 길이는 신장에 대비해 90cm 정도로 공을 치는 깃쵸(毬杖)라는 물건으로 보아야 한다. 위로 향해 있는 머리 쪽은 L자형으로 굽어 있고, 그 각도는 조금 둔각이다. 이 채로 할 수 있는 놀이는 보타구였을 것"[121]이라고 주장하였다. 이러한 내용에서 알 수 있듯이 그림의 맨 오른쪽 남자가 들고 있는 막대기가 타구로부터 파생된 보타구(땅에서 하는 타구)에 사용하는 스틱으로 인정되었고, 고분의 주인이 시중드는 남녀 하인들을 이끌고 들로 나가는 모습을 그린 것으로 해석하고 있다. 당시 일본의 궁정에 거주하던 왕이나 귀족, 관료들이 야외에 나가 타구를 즐길 정도로 유행하였다고 한다. 이 점은 현재까지 일본에서 거행된 최초의 기록으로 알려진 타구놀이가 궁정의 친위병들이 자신의 근무 위치를 지키지 않고 타구를 즐겼기 때문에 화창한 봄날에 외출을 금지당한 형편을 노래한 기록으로 엿볼 수 있다.

이러한 내용을 포함해 기타무라(来村)는 조정의 군상들이 궁정을 비우고 외출하는 목적이 타구였다는 점을 암시하는 증거가 벽화에 타구 채를 그려 넣음으로써 화가가 피장자의 일상활동을 추도하려는 의도가 내포되어 있을 것으로 추정하였다.[122]

타구의 단절과 변용

앞에서 잠시 살펴본 바와 같이 7-8세기의 궁중에서 성행하던 타구에 관한 기록이 어떤 이유에서인지 그 이후에는 전혀 나타나지 않는다. 가마쿠라시대부터 에도시대 초기까지는 가사가키(笠懸)[123], 야부사메(流鏑馬)[124], 이누오이모노(犬追

121) 来村加史, 위의 책, 126-127쪽.
122) 来村加史, 위의 책, 128쪽.
123) 가사가케(笠懸)란 달리는 말 위에서 표적에 화살을 맞추는 일본의 전통적인 기사(騎射)에 필요한 기술과 훈련법, 의식, 양식을 가리킨다. 야부사메(流鏑馬)와 비교해 가사가케는 보다 실용적이며, 표적도 다양해 기술적인 난이도가 높다. 격식을 따진다면 야부사메보다 약식이기 때문에 놀이적인 의미가 강하다. 야부사메와 이누오이모노(犬追物)와 함께 일본의 전통적인 기사(騎射) 3가지로 취급하고 있다.
124) 야부사메(流鏑馬)는 일본의 고전식 궁마술이다. 무가 사회에서 행하던 기사(騎射)의 하나로 마술과 궁술을 조합해 만든 무예이다. 달리는 말 위에서 가부라야(鏑矢)라는 화살로 표적을 맞추는 기술이며 의식이며 경기를 뜻한다. 현재까지 야부사메를 추종하는 류파가 존재한다.

物, 말을 타고 개를 쫓으며 활을 쏘는 놀이)와 같은 새로운 실천적 무예에 대한 자료가 많이 양산되었으나 오락성이 강하고 화려한 타마구는 기록으로조차 나타나지 않는다. 에도 중기가 되어 8대 장군이 된 도쿠가와 요시무네(徳川吉宗, 1684－1754년)가 권력을 잡으면서 아랍 지역의 말을 도입해 일본 말을 개량하는 한편, 무사들의 뛰어난 기량과 그에 뒤지지 않는 사상을 가마쿠라시대 초반에 융성했던 무예에서 찾으려 노력하면서 마상무술 훈련을 장려하게 되면서 타구가 주목받게 된다. 이것은 기마전을 훈련하기 위한 무예로 새로운 경기방식을 채택하여 이를 각 번(藩)에서 훈련하도록 독려하였다. 이를 계기로 각 지역의 번에서 타구가 성행하게 되었다. 예를 들어 코카(弘化, 1845－1848) 2년(1846) 8월부터 3년까지 오사카성을 지키던 당번병에 관한 기록에서 대번(大番)[125]들이 타구를 즐겼다는 기록에서 알 수 있듯이 타구는 3대 기사(騎射)로 취급되던 가사가케와 야부사메, 이누오이모노와 같은 무예와 함께 다시 부흥하게 되었다.

에도시대의 타구의 경기방식은 먼저 마장(馬場)의 가장 끝자리에 하나의 구문[126]을 설치하고, 중간 구문의 좌우에 빨간색과 흰색으로 된 표식을 세우는데, 이것이 구문을 나타내는 표적이다. 중간에 있는 구문을 중문이라 하고 이것을 넓게 만들지만, 좌우의 홍백 구문은 약간 좁게 하여 세운다. 그 옆으로 홍백의 말이 지나다니는 통로(구문)를 합해서 다섯 개의 구문을 세운다. 이렇게 다섯 개의 구문이 나란히 세워지고, 그 구문을 향해 말을 탄 기수가 홍팀 5명, 백팀 5명이 좌우로 말의 재갈을 나란히 맞추고 손잡이를 잡고 출발신호를 기다린다. 기마가 정렬해 있는 뒤의 좌측에 등과 북을 설치한다. 공이 들어가는 순간에 맞춰 징과 북을 치는 사람이 있고 구문 옆에 서서 각 팀의 공이 구문에 들어가는 것을 서로 검수하면서 공을 나란히 세워 표시하는 담당자가 좌우로 1명씩 서게 된다. 마장의 다른 한쪽 끝자리에는 홍백의 공을 수십 개씩 나란히 정리해 두고 기둥 2개를 세운다. 이 목표물을 알아볼 수 있도록 홍백기를 세워두고, 골이 들어갈 때마다 기를 흔들어 표시해준다. 경기장 중앙에는 공을 들고 진행(봉행)하는 한 사람이 부

125) 헤이안 및 가마쿠라시대에 왕궁의 수호를 위하여 교토에 주재하고 있던 여러 봉건 제후의 무사를 말한다.

126) 에도시대 이전의 타구에서도 구문을 양쪽에 설치하는 쌍구문이었는지 기록이 명확하지 않아 추정하기 어렵다.

채를 들고 순서를 기다리다 정시가 되면 마장전에서 관련 의상을 착용한 담당자가 앞으로 나와 공을 타구하도록 군주의 명령을 전달한다. 경기를 진행하는 사람은 구문 쪽을 향해 부채를 펴고 공을 머리 위로 올려 신호를 보낸다. 신호에 따라 구문 내에서 기다리던 기마자들은 타구 채를 옆구리에 끼고 말 고삐를 쥔 왼쪽 끈을 들어 올리며 순차적으로 말을 몰아 마도로 달려가 일정 공간에 멈추어 선다. 자신의 팀 색깔에 맞게 빨간 팀은 빨간 구문에 빨간 공을 넣어야 득점이 되며, 상대방 구문에 잘못 넣었을 때는 점수로 인정되지 않는다. 첫 골을 넣지 못하면 서로가 상대방 공에 접촉하는 것이 금지되어 있고, 첫 골이 들어간 후에는 상대방의 공을 주워서 뒤로 되돌아올 수 있고, 양쪽 팀 모두가 첫 골을 넣은 후에는 상대방의 공은 되돌려주고 같은 편이 구문에 공을 넣을 수 있게 협력한다. 일정하게 정한 공을 전부 넣으면 승패가 결정되었다. 한쪽 구문에 공이 계속 들어가면 이를 인정하는 역할을 담당한 사람이 승부를 판정한다. 이긴 팀의 징과 북을 쳐 승자의 깃발을 올려 승패를 결정하고 알린다. 이것을 보고 이긴 팀의 기마자들은 모두 타구 채를 흔들며 같은 편의 구문으로 돌아가 승리를 만끽한다. 진 팀은 구문 밖으로 나가 승리의 환호가 끝나고 공을 봉행하는 신호로 부채를 꺼내 들면 그때 말을 몰아 원래 자리로 되돌아간다. 그 사이에 방주는 공을 주워서 용기에 담아 가지런히 정리하고 다음 경기에 돌입한다. 첫 번째 경기에서 두 번째로 시작한 기수가 두 번째 경기의 첫 경기자가 되며, 세 번째 경기에는 첫 번째 경기에서 세 번째로 시작한 사람이 가장 먼저 경기를 시작하는 로테이션 시스템이 적용된다. 이처럼 에도시대에 들어와 부활한 타구는 각 팀이 본인이 속한 팀의 공(홍백)을 타구 채 끝에 매어놓은 그물에 넣고 구문에 던져넣는 예전과는 조금 다른 방식으로 변용되었다. 다시 말해서 독특한 일본 문화의 영향을 받아 격식을 중요시하면서도, 단순화된 새로운 방식의 타구로 변용되었던 것이다.

메이지시대의 타구

메이지유신(明治維新)이 일어난 후에도 옛날 번(舊藩)시대의 타구를 그대로 계승했다. 1880년대 후반경의 정치단체인 자유당이 자신들의 세력을 넓힐 목적으로 열린 친목회에서 타구를 여흥으로 거행하였다. 당시 즐겼던 방법을 보면, 구문을 만들지 않고 마장의 좌우에 끈으로 묶은 홍백의 펼침막을 걸어놓고 그 내부를 홍백 팀 지역으로 나눈다. 중앙에 빨간색과 흰색으로 된 수십 개의 공을 던져 놓고 북소리를 신호로 서로 말을 타고 타구 채를 흔들어 백팀은 백팀의 구문에, 홍팀은 홍팀의 구문에 공을 집어넣고 자신들의 진영으로 돌아간다. 이때 자신의 타구 채로 상대방의 채를 때려 공을 넣지 못하도록 방해하는 동작도 허용되었다. 경기 도중에 이를 중단하는 큰 북이 울리면 모두가 멈추고 같은 편 공을 더 많이 구문에 넣는 쪽이 승자로 인정하는 방식으로 타구를 거행하였다는 기록[127]에서 타구의 양태를 추정할 수 있다.

근대 타구의 형식과 전승

현대사회에서 타구는 일본 천황과 관련된 업무를 담당하는 궁내청(宮內庁)의 마사(馬舍)에서 계승하고 있다. 타구에 관련해 1933년 11월에 개정된 세부 규정을 살펴보면, "타구란 미나모토노 히라시(源平)[128]시대의 무예 중의 하나인데, 4마리의 말 내지는 10마리의 말을 홍백으로 나누고 장내에 있는 홍백으로 만든 구문에 자기 팀에 속하는 색깔의 공을 타구 채로 집어 들어 구문에 던져넣으면 골로 인정해 그 수가 빠르게 채워지는 쪽을 승자로 하는 마장 경기"[129]라고 규정하였다.

타구장의 크기는 길이가 20간(二十間, 36.3636364m) 내지는 30간으로 하고, 폭은 7간 내지는 10간의 적당한 길이로 한다. 구문의 큰 틀은 마장의 한쪽 끝자락에 설치하고, 2간(間, 1간은 약 1.818m)이나 3간 앞에 견고하게 고정하는 장치를 설치(혹시 말이 달리며 부딪쳐 찰과상을 입지 않도록 하는 장치)한다. 양 끝에는 타구의 위치에 따라 말의 진입을 막는 간단한 장치를 설치한다. 구문이란 구문 틀의 중앙에 7척(尺) 7촌(寸)의 높다란 지점에 직경 2척의 정방형 공간을 만들고 여기에 천을 둘러놓는다. 그리고 그 옆에 빨간색 구문과 흰색 구문을 설치해 골문으로 삼는다.

승패를 결정하는 공의 수는 구문 틀의 양 날개에 목재로 만든 빨간색과 흰색

127) 今村鞆, 앞의 책, 348－349쪽.

128) 미나모토노 히라시(源平)는 헤이안시대 초기부터 오랜 시간 동안 귀족으로 활동한 집안을 가리킨다.

129) 今村鞆, 앞의 책, 351쪽.

공으로 표시하여 경기 중 구문 내로 공이 들어갈 때마다 이것을 위쪽으로 끌어올려서 남아있는 공의 수를 알려준다. 타구에 참가하는 사람으로 지휘관 1명이 경기 시작부터 끝날 때까지 모든 책임을 지고 진행과 관련된 사항을 지휘하고 감독한다. 그리고 지휘관을 보조하는 조수가 1명 있으며, 경기자는 8명 내지는 20명을 두 팀으로 나눈다. 구문 담당자는 1명(바깥쪽 담당자와 북 치는 사람 1명, 목표물 담당자 1명), 공과 말을 관리하는 사람이 각 1명씩으로 구성되어 있다.

경기방식은 각 조로 나눈 경기자는 그중에서 조장을 선정한다. 선정된 조장은 조원들에게 임무를 분담하여 경기하도록 모색하고, 조장은 공을 투입하는 일과 공의 투입을 막는 사람, 그리고 공을 운반하는 역할의 조원을 각자 장단점에 맞게 배치해 적용하도록 배려하여 임무를 할당한다. 중요한 점은 각각의 말의 능력을 최우선으로 고려해야 한다는 것이다. 타구 경기의 요점은 상대방 공을 구문에서 멀리 보내거나, 또는 상대방의 투구를 방해하여 같은 팀의 공을 구문 가까이에 운반해 신속하게 구문에 투입할 수 있도록 전력을 다해야 한다. 한 사람의 이기적인 행동보다는 조원들 전체의 일치된 행동이 나왔을 때는 승리를 적에게 빼앗기는 일이 적기 때문이다. 따라서 능력 있는 조장의 임명과 더불어 그의 명령을 지키기 위해 일치된 행동을 실천하는 것이 팀원들에게는 매우 중요하다.[130]

일본의 타구는 점점 산악지형이 대부분인 일본의 지리적 특성에 따라 타구 장소가 매우 좁아졌으며, 참가인원 수도 1팀당 4명으로 줄어들었다. 타구 채도 반달 모양의 그물이 달려 있는 대나무를 사용하며, 공을 치는 것이 아니라 그물에 담아 던져 넣는 방식이다. 구문은 마장의 한쪽 끝에만 홍백색 천으로 두른 하나의 구문을 세우고, 여기에 공을 던져 넣는 방식이다. 승패를 결정하는 것은 4－12개의 공 중에서 마지막 남아 있는 공을 어느 편이 집어넣느냐에 따라 결정[131]되는 형태로 변용, 정착하였다.

현재는 황실과 관련된 업무를 처리하는 궁내청(宮内庁)과 야마가타현(山形県) 야마가타시(山形市) 호레츠신사(豊烈神社)에서 계승하는 타구, 그리고 아오모리현(青森県) 하치노에시(八戸市) 신라신사(新羅神社)에서 계승하는 가가미류기마타구

130) 今村鞆, 앞의 책, 356－357쪽.
131) 岩岡豊麻, 〈騎馬打毬とポロ〉, 《比較文化会報》. No13, (日本比較文化学会, 1992), 2－3쪽.

(加賀美流騎馬打毬)라는 세 종류가 전승되고 있다. 세 곳 모두 예대제(藝大祭)라는 봉납행사의 하나인 연중행사로 전통을 지키며 계승하고 있지만, 각각의 사정에 맞게 독특한 모습으로 변용시킨 전통 타마구를 계승하고 있다고 보는 것이 좋다.

그러면 두 신사에서 계승되는 타구를 간단히 설명해 보자. 에도시대부터 계승되어 온 신라신사의 타구는 채의 길이가 2m 정도이고 공의 크기는 소프트볼 정도로 야구공보다 조금 크다. 1830년대 이후부터 계승되어 온 호레츠신사의 경우에는 채의 길이가 1m 정도로 짧고 공의 크기도 골프공 정도로 매우 작지만, 한 경기 당 4－10개 정도의 공을 구문에 집어넣는다. 구문은 두 곳 모두 대나무로 엮어서 만든다. 궁내청과 호레츠신사에서 계승하는 타구는 농구와 비슷한 바스켓 형태의 구문에 공을 집어넣는 방식이다. 이처럼 일본 내에서도 타구의 방식이나 기구, 공의 크기 등이 계승 지역의 사정과 형편에 따라 조금씩 다르게 계승되고 있다. 현재는 1844년경부터 궁내청에서 계승하고 있는 타구 방식을 일본의 무형문화재로 지정하여 본존하고 있다.

타구에서 파생되어 서민이나 어린이들에게 인기가 있었던 보타구(步打毬)는 한자어 그대로 풀이해서 말을 타지 않고 지상에서 벌이는 공치기를 말한다. 어린이나 여인들이 말을 타기 전에 타구의 기본기술을 익히기 위해 설계된 것이 경기화, 또는 놀이화한 것으로 추정되고 있다.

중국이나 한국과 마찬가지로 일본에서는 지금까지도 타구에서 파생된 타구악(打毬楽)이 무악(舞楽)의 하나로 계승되고 있다. 타구악은 중국에서 시작되어 헤이안(平安)시대의 진메이천황(仁明天皇) 때에 전래되었다고 알려져 있다. 한 번에 88명, 적게는 40명의 무용수가 말을 타고 춤을 추었다고 전해지고 있으며, 사천왕사(四天王寺)에서는 6명이 춤을 추었다. 현재는 4명이 춘다. 무인들의 복장은 무릎까지 내려오도록 짧게 만든 홑바지와 허리띠를 맨다. 손에는 끝이 구부러진 타구채와 여의주와 같은 공을 쥐고 춤춘다.

7. 나가며

말타기와 말 위에서 벌이는 곡예 등은 고대로부터 페르시아와 인도, 중국, 고구려 등 아시아 북쪽의 기마민족에 의해 활발히 전개된 것으로 추정된다. 특히 페르시아는 우수한 말의 서식지로 유럽과 중국에까지 그 명성이 자자했기 때문에 고대에 살았던 중국 제후들은 누구나 페르시아의 말을 가지고 싶어 했다. 한 무제가 서역을 개척한 이유도 당시에 천마 또는 한혈마(汗血馬)로 불리던 페르시아의 훌륭한 종마를 얻어 천하를 다스리고자 했던 이유에서 비롯되었다고 할 수 있다.[132]

수만 년 전부터 유럽과 동양을 잇는 중앙유라시아를 관통하는 실크로드 주변에 사는 유목민들에게 말은 떼려야 뗄 수 없는 동물이었다. 유목민들은 말을 사람의 날개로 여겼고, 남자의 용기를 상징하는 가축으로 여겨 왔다. 유목민들은 말을 조련해 경마뿐만이 아니라 마상에서 몸을 거꾸로 매달려서 땅 위에 떨어져 있는 물품들을 들어 올리거나 말 안장 위에서 뒤를 보고 활을 쏘는 등의 어려운 동작들을 습득해 이를 자랑하거나 뽐내는 경연대회를 개최하기에 이른다. 말과 함께 하는 동작이나 행위들은 어느 시기부터인가 놀이로 자리 잡게 된다. 특히나 개인적인 기술로 지상의 물건을 들어 올리는 행위는 집단으로 사냥감을 탈취하는 경쟁놀이로 바뀌어 마장마술 훈련으로 이어지기도 하였다. 이처럼 말과 함께 행하는 자연스러운 인간 행위 속에서 집단으로 사냥감을 탈취하여 골대로 운반해 통과시키는 놀이를 세련되게 만든 것이 격구(폴로)이다. 지금까지 살펴본 바와 같이 격구는 페르시아에서 늦어도 6세기경에는 많은 사람이 말을 타고 경쟁하는 놀이로 정착하였다고 보는 것이 타당할 것이다.

이것이 티베트를 거쳐 당나라 시기인 7세기경에 중국에 전해졌고, 주로 한식날에 거행되었다. 특히 중국 황제들은 고대 페르시아문화권의 우수한 말을 원했으며 이를 얻기 위해 실크로드를 통해 교류하였다. 실크로드가 호스로드(Horce road)라고 불리는 것도 이러한 의미가 내포되어 있기 때문이다. 당나라에서는 여성들도 말이나 나귀를 동원해 격구를 즐겼다. 이를 여국이라 하였고, 더 나아가

132) 고승길, 〈고분벽화에 묘사된 고구려의 곡예와 아시아의 곡예〉, 《연극연구》. Vol 10, No 1, (중앙대학교 연극학과, 1996), 221쪽; 전경욱, 《한국의 전통연희》. (학고재, 2004), 109쪽.

땅에서 하는 보타구(또는 추환)도 즐겼다. 기마민족 정권인 요와 금·원나라 시대에도 격구를 즐겼지만, 그 시기에 조금 차이가 있다. 특히 요나라 시대에는 단옷날이 되면 국가의 제천의례가 끝나고 격구가 거행될 정도로 정치적 위상이 격상되었고, 서로 공을 쟁탈하여 그물 바구니에 넣으면 이기는 방법이 유행하였다. 땅위에서 하는 보타구에 심판이 존재했던 것으로도 보인다. 명나라 시대에는 서로 말을 타고 달리며 공을 쟁탈하여 빼앗거나 쳐서 구문에 넣는 방법에서 벗어나 황제나 귀족들을 중심으로 하위 계층의 사람들이 서로 번갈아 가며 구문에 공을 집어넣는 경기를 관람하는 놀이방식이 주를 이루게 되었다. 명나라의 추환에는 구문 통과형과 와아(窩兒) 투입형이 있었고, 이것은 비교적 넓은 궁궐 마당이나 귀족들의 사저에서 거행되었기 때문에 황제와 그의 종친들, 그리고 대신들과 사녀들이 주로 참가하여 즐겼던 것으로 보인다.

중국에서 어떠한 경로로 유입된 것인지는 밝혀지지 않았으나, 한국인이 격구를 즐겼다는 사실은 발해의 기록으로 추정할 수 있다. 그것도 일본에 파견한 사신이 격구를 선보였고, 이를 본 일왕이 솜을 하사하였다는 822년의 기록이 가장 오래된 기록으로 전해지고 있다. 중국 역사서인 『구당서』에 발해와 고구려의 풍속이 유사하다는 기록이 전해지고, 당나라의 격구가 한국과 일본에 전달된 것이라는 다양한 연구결과에 따라 기마민족인 고구려에도 격구가 전파되어 즐겼을 것이라는 추정은 충분히 가능하다. 나아가 실크로드를 통해 서역과의 직접적인 교류가 활발히 진행되었던 신라에서도 무덤을 지키는 수호신으로서 무인상이 전해지는데, 그 이국적 용모와 그가 들고 있는 격구 채의 막대기 모습에서 이란의 폴로가 신라에서도 거행되었을 것으로 추정된다. 고구려의 각저총 등 고분벽화에 그려진 서역인과 신라 무인상을 연결해 보면 당시 한반도에서 서역인은 힘이 센 매우 특별한 존재로 인식되고 있었을 것이다. 고려 사회로 접어들어서도 무예를 숭상하던 지배계층과 무인들은 몸을 단련하기 위한 수단으로 격구를 행하였고, 이것이 『고려사』에 많은 기록으로 전해지고, 구정이라는 단어를 사용할 정도라면 고려 궁정 어딘가에 격구장이 설치되어 있었을 것으로 추정된다. 고려 후기에 들어와 격구는 무신인 최씨 정권의 보호와 총애를 받으며 더욱 화려하고 웅장한 모습으로 거행되었다. 특히 구장을 넓히기 위해 수 백집의 민가를 점탈하였고, 누각 위에는 1천 명의 손님이 앉을 수 있으며, 그 아래에는 수레 1백 대를 나란히 놓을 만한 매우 큰 격구장을 만들었기 때문에 수많은 백성의 원성을 사기도 하였다는 기록이 전해질 정도로 호사로운 놀이이자 볼거리로 자리 잡았다. 조선 초기까지 격구하는 대열이 둘로 나뉘어 시작했다는 범에서 편을 갈라 공을 쟁탈하는 방식으로 진행되었고, 공도 하나를 사용하였다. 득점 방법도 공을 빼앗아 구문에 집어 놓는 형태를 보인다는 점에서 구문을 통과하면 점수로 인정하는 방식이 주로 거행되었던 것으로 보인다.

조선 사회의 격구도 고려의 방식을 이어받았다. 이성계를 비롯한 초기의 왕들은 종친, 그리고 양반계층과 직접 격구를 즐기면서 널리 보급되었고, 무과시험에 채택되어 군사들의 수련종목으로 주목을 받았다. 이때 지상격구인 보타구 등도 함께 거행되었다. 특히 세종은 궁궐 안에서 종친들과 보타구를 즐기며 이를 체계화시키고 이를 무과시험용으로 채택하기도 하였다. 하지만, 성종 21(1491)년에 모화관에서 거행된 무과시험에서 격구를 통과한 수험생이 1명도 없었다는 기록에서 보듯 조선 중기 이후부터는 격구에 관한 관심과 흥미가 줄어들었다. 이는 화약을 사용하는 화포나 총포류가 보급되면서 말과 함께 전투하는 전술이 쇠퇴하기 시작하였기 때문일 것이다. 조선뿐만 아니라 전 세계의 다양한 유목민족조차도 화승총을 사용하게 되면서 격구와 같은 기마와 궁술의 거리 감각과 탄력성을 기르기 위한 훈련이 쇠퇴하고, 화승총을 모든 전략의 중심으로 전술이 재편되는 경향성을 나타내게 되었던 것이다.

이후 격구는 정조의 명령에 따라 『무예도보통지』가 간행될 때에 복원되어 기술되면서 현재까지 이어지는 발판을 마련하게 되었다. 정조가 무예를 복원하여 기록으로 남기려는 의도에 의해 복원된 격구는 1990년대 중반에 "한민족전통마상무예단"과 "한국마사회"의 시연회를 통해 복원되어 현재까지도 그 활동이 이어져 오고 있다.

현재 일본에서 격구의 기록은 727년이 처음으로 거행된 것으로 알려져 있다. 8세기경의 와카(노래집)에 궁중을 지키는 병사들이 들판에 나가 즐겼던 것을 노래로 남겼다. 그 후 약 100년이 지난 822년에 대륙에서 건너간 발해의 사신들이 일왕 앞에서 직접 타구를 하며 화려함을 뽐냈고, 이를 보고 있던 태왕이 칠언시 속에 격구의 움직임을 자연물과 빗대어 찬양하고 음악에 맞춰 춤을 추는 등 격구는 지배층의 놀이로 자리매김하게 되었다. 특히 1972년에 발견된 다카마츠총 고분의 서벽에 그려진 하인 중에 한 사람이 묘주가 사용했을 것 같은 끝이 구부러진 막대기를 들고 있는 모습에서 당시의 지배층 사람들이 타구, 또는 보타구를 즐겼을 것으로 추정한다. 나아가 벽화에 그려진 남녀 하인들의 복장이나 머리 모양, 천정의 천문도 등을 통해 이들과 당나라 및 고구려와의 연결고리가 미디어에 보도되면서 고구려 문화의 일본 전파에 주목하기도 하였다.[133] 즉, 비슷한 시기에 한반도에서 건너간 도래인[134]과 그 후손들이 일본의 고대율령국가의 형성에 큰 영향을 끼친 사실을 토대로 유추해 보면 일본열도의 문화 정착에도 지대한 영향을 끼쳤을 것은 당연한 일로 여겨진다.

그러나 10세기경 이후부터 일본에서는 어떤 이유에서인지 모르겠으나 타구나 격구에 관한 기록이 전혀 발견되지 않고 있어서 이에 대한 의문이 지금껏 남아있다. 특히 이때는 무가 정권 시대임에도 불구하고 타구가 주목을 받지 못하였지만, 에도 중기가 되어 8대 장군인 도쿠가와 요시무네가 권력을 쥐게 되면서 급변하게 되는데, 무사들의 승마기술과 더 좋은 말로 개량하려는 두 가지 목적에 따라 각 지역의 번에서 타구를 연마하도록 권장하면서 재차 주목받게 된다. 이때의 경기방식은 마장의 가장 끝자리에 하나의 구문을 설치하였고, 중간에 홍백색으로 된 표식을 세워 구문을 구분하였다. 현재 일본에서 타구는 궁내청 및 야마가타현 야마가타시 호레츠신사, 아오모리현 하치노에시 신라신사에서 계승하는 가가미류기마타구가 예대제(藝大祭)라는 연중봉납행사의 하나로 계승되고 있으며, 중국과 한국, 일본에서는 이 타구와 함께 연주된 타구악이 발달하여 궁중무용으로 계승되고 있기도 하다.

---

133) 이병도, 〈고구려와 왜의 문화교류〉, 《고구려발해연구》. Vol 14, (고구려발해학회, 2002), 195쪽.

134) 전호태의 연구에 의하면, 고구려계 씨족 가운데 일부는 에시(絵師, 그림을 그려 생계를 유지하는 사람)가 되어 불교미술 및 장의 미술 분야에서 큰 활약을 하였다(전호태, 앞의 글, 2011, 7－16쪽).

이렇듯 유럽과 이란을 포함한 중앙유라시아의 폴로, 중국과 몽골, 한국과 일본의 격구 또는 타마구로 말을 타고 경쟁하는 놀이, 또는 무예를 단련하는 수단으로 자리 잡았다. 즉, 격구는 실크로드로 연결된 유럽 및 중앙유라시아, 동북아시아 국가들을 총망라한 인간의 신체 문화의 교류와 변화사를 완벽하게 보여주는 아주 유용한 무예이자 놀이로 면면히 변용, 발전해 왔다.

제2부

중앙유라시아의 전통무예, 무용, 유희 교류사

제7장 카자스흐탄, 우즈베키스탄, 이란의 전통 신체문화에 관한 문명 교류사적 접근

1. 문명사 기반의 이해와 분석 필요성

중앙아시아라는 지역은 그 영역이 현재 우리가 알고 있는 이른바 '스탄'으로 끝나는 국가명을 가진 나라들 가운데 구소련에 속했던 지역들로 이해된다. 문명사적인 교류와 연계로 보면, 이 영역은 이것보다는 좀 더 확대된 영역들이 포함되는데, 현재의 중국 신장, 몽골 서부, 아프가니스탄, 파키스탄, 북인도, 그리고 현재의 이란 북서부, 카프카즈 산맥 북부와 남부, 그리고 이들 지역과 지리적으로 바로 맞닿아 있는 아나톨리아 반도 등이 해당된다.

이는 지리적으로는 이른바 중앙유라시아 또는 내륙 아시아에 해당하는 영역인데, 이러한 맥락에서 중앙아시아 주요 국가인 우즈베키스탄, 카자흐스탄의 남부, 키르기스스탄의 남부, 그리고 문명사적으로 중앙아시아 정주문명과 직결되어 있는 이란은 중앙유라시아 지역의 전통 정주문명과의 연계라는 점에서 빼놓을 수 없다. 반면에 러시아의 시베리아, 알타이 지역, 서몽골, 중국 서북부의 유목민 지역과 지리적으로 연계된 카자흐스탄의 북부, 서부와 중부, 키르기스스탄 북부는 전통적 문명 측면에서 보면 유목문명의 요소를 고대부터 상당한 기간 동안에 공유하고 계승해왔던 지역이라는 특징을 보인다.

이러한 지리적 배경에서 보면, 카자흐스탄과 우즈베키스탄, 이란의 3개국의 전통문화는 개별 국가 단위의 접근보다는 전통 정주문명과 유목문명 요소를 중심으로 접근해 비교함으로써 그 유사성과 연결성이 더욱 분명하게 드러난다고 할 수 있다. 물론 이러한 접근에는 그 배경적인 요소나 항목들에 대한 분석, 특히 어떠한 공동체들이 어떤 형태로 확장되거나 분화되었는지, 그리고 근현대에 들어와서 어떤 공동체로 재편되었는지에 관한 이해가 필수적이다.

중앙유라시아에는 기원전부터 이 일대의 자연환경에 맞춰 살아온 유목민들의 전통과 토착 신앙, 투르크-이슬람화, 여기에 유라시아 한복판에 위치하고 있어서 다양한 민족이 끊임없이 이동하고 흔적을 남기면서 문화요소들이 혼재되어 각 민족의 전통문화라는 틀 속에서 굳건히 자리 잡게 되었다.

중앙아시아의 문명은 유목과 정주라는 이원성을 토대로 하는데, 정주문명권은 다양한 정주문명 문화들이 유입된 역사적인 시기들이 상이함에도 불구하고 하나의 공동체 문화로 오늘날까지 이어지고 있는 특징을 지니고 있다. 이러한 과정에서 특히 역사적으로 가장 오랜 연계성을 보이는 페르시아제국의 문화들은 그들과 상대적으로 지리적으로 인접한 서부와 중부지역의 정주민 전통문화로 녹아들어 자리 잡고 있다. 또 이러한 요소들은 페르시아제국의 이슬람화와 동일하게 이슬람적인 요소와 긴밀하게 결부되어 오늘날 우즈베키스탄의 전통문화로 뿌리내리고 있다. 따라서 오늘날 우즈베키스탄의 전통문화 중심을 구성하고 있는 중앙아시아의 전통 정주문명 문화들은 페르시아제국을 이어받은 현재의 이란과 더불어 역사적으로 우즈베크를 구성하는 정주민 가운데 가장 정주문명 속성이 강하고 영토적으로 가장 넓은 공동체였던 부하라 칸국의 영토와 문화들을 공유하고 있는 우즈베키스탄, 아프가니스탄 북부 및 북인도, 타지키스탄, 중국 신장, 카자흐스탄 남부, 키르기스스탄 남부 등에서 공통적인 문명 및 전통문화 항목들 오늘날에도 이어지고 있다.

이러한 맥락에서 중앙아시아 정주문명을 계승하고 있는 우즈베키스탄의 전통문화는 바로 주변 지역들의 전통문화들과 상당 부분 유사성을 지니고 있다. 이는 페르시아제국의 문화요소를 바탕으로 이후에 유입되어 확산된 이슬람문화에 의해 더욱 견고해지는 과정을 거쳤다. 또 현대에 들어와 우즈베키스탄 공동체에서 소수집단인 유목민 집단의 전통문화는 이웃한 북서쪽의 유목민 집단들과 유사성을 가질 수밖에 없다. 특히 이는 구소련체제 초기의 중앙아시아 5개국 영토 획정 과정에서 서로 접경하고 있는 다른 문명사적 배경의 소수민족 공동체들을 자신들의 고유 문명사적 배경과는 다른 국가에 종속하게 함으로써 구성된 인위적인 결과이기도 하다.

이와 같은 다양성으로 인해 현대 우즈베키스탄의 전통문화는 다수 문화라 할 수 있는 정주문명과 관련된 문화, 그리고 그것과는 지리적 기원과 조건, 혈통과 같은 측면에서 상반되는 카자흐스탄의 유목문명과 관련된 문화요소로 구분하여 기원과 조건, 혈통과 같은 발전 측면에서 변화과정을 살펴봄으로써 중앙아시아가 보여주는 다원성을 토대로 한 전통문화 이해와 분석이 필요할 것이다.

2. 중앙유라시아의 전통 정주문명 영역

중앙유라시아의 전통문화 영역 형성과 변천의 영역

오늘날 우리가 알고 있는 중앙아시아 국가들은 영토적으로는 20세기에 들어와서 오늘날과 같은 국가공동체로 출범하게 되었는데, 그 이전의 역사는 정주문명 전통이 중심인 지역, 유목문명 전통이 중심인 지역으로 구분되는 특징을 가지고 있다. 문명사적으로 우즈베키스탄은 정주문명 전통이 중심을 차지하고 있지만, 혈통적으로는 14-15세기 이후에 유입된 유목민 집단들 중에서 다수가 정주문명에 동화된 형태의 전통문화를 계승하고 있는 국가이다. 따라서 단일민족, 단일문화, 단일국가라는 인식으로는 전통문화의 다양한 요소 및 배경들을 명확한 설명할 수 없는 특징을 보이고 있다.

실크로드 중심부인 트란스옥시아나(옥수스강 너머의 땅이라는 뜻)의 역사가 사실상 우즈베키스탄의 역사로 고대사회부터 동서남북을 잇는 요충지로 번영하였다. 이곳은 일찍부터 낙타를 길들여 사육한 지역으로 알려져 있다. 우즈베크의 사마르칸드, 부하라, 히바 등의 도시는 유네스코 세계유산에도 등재되어 있는 고도로 유명하다. 이 지역에 대한 본격적인 역사 기록은 아케메네스(Achaemenid, B.C. 550-B.C. 330) 왕조가 페르시아제국의 지배권에 속하게 되는 기원전 5세기 무렵으로 거슬러 올라간다. 그래서 고대 그리스인들은 이 지역을 트란스옥시아나라고 불렀다. 그러나 이들의 지리적인 인식은 오늘날의 중앙아시아 남부로만 제한되어 있었기 때문에 이른바 알렉산더대왕의 동방원정 영역을 최대한 넓혀도 오늘날의 중앙아시아 남부지역인 전통 정주문명권 일부로 한정할 수밖에 없다. 반면 중앙아시아 남부의 전통 정주문명지대, 중부의 정주 및 유목문명이 공존하는 교류지역까지 중앙아시아의 문명사적인 다원성을 지닌 집단을 모두 파악하고, 지배하거나 교류했던 고대 제국은 바로 페르시아제국, 즉 오늘날의 이란이다.

'아르야(아리안)들의 영토'를 뜻하는 이란은 국토가 서남아시아와 중앙아시아 전 지역에 걸쳐 광범위하게 분포되어 있다. 이 지역은 최초의 세계국가(대제국)를 형성한 페르시아 아케메네스 왕조가 발흥한 곳이다. 즉, 페르시아는 2,500년 전 인류의 첫 대제국을 건설하는 등 네 차례(아케메네스, 파르티아, 사산, 사파비 왕조)에 걸쳐 제국을 경영하면서 동방의 문화를 용광로처럼 융복합했다. 7세기 중반 아랍에 멸망한 이후에는 약 1,400년간 이슬람의 전통을 축적했다.

'페르시아 이슬람 세계(Perso-Islamic World)'라는 용어는 이슬람의 도래 이후에 정착된 개념으로 서남아시아와 중앙유라시아에 자리 잡은 아리안들의 영토와 관련을 맺고 있다. 다시 말해 이란과 중앙아시아 남부 지대, 아프가니스탄과 파키스탄 지역은 각 시대에 따라 전부 혹은 부분적으로 역사를 공유해 왔으며, 페르시아 이슬람 세계를 구성하는 국가들이다.

페르시아제국의 이슬람화 이후 이러한 이슬람화된 페르시아제국의 요소들이 중앙아시아의 정주문명 지역에 뿌리내리고 확산될 수 있도록 한 것은 당시 이슬람화된 페르시아제국의 왕조였던 사만왕조(874-999) 시기이다. 사만왕조는 사만쿠다가 트란스옥시아나에서 세력을 확립하면서부터가 시작되었다. 사만 가문은 오늘날의 우즈베키스탄 부하라~사마르칸트 등지에서 세력을 형성하고 있었던 토착 호족으로 페르시아제국의 중심 왕조였던 아케메네스 왕조를 계승한 페르시아 사산 왕조(3세기 초 건국)가 이슬람에 멸망하게 되면서 이슬람을 수용했다.

중앙아시아 정주문명 지대에 대한 이슬람의 팽창이 시작된 이슬람 우마이야, 압바스 왕조(750-821) 시대를 거치면서 이들 사만 가문은 이슬람 수니파로 개종하고, 지방 토호로서의 입지를 유지할 수 있었다. 압바스 왕조 시기에 오늘날과 같은 중앙아시아 남부, 그리고 그 이남을 통치하는 지방세력으로 자리매김했으며, 압바스왕조가 쇠락하게 되면서 이들은 주변의 이란계 지방세력들을 통합하여 9세기 후반부터 10세기 후반까지 오늘날의 중앙아시아 남부와 그 아래쪽에 자리 잡은 이란, 그 인접 지역을 기반으로 왕조를 건설하였다. 사만왕조의 근거지와 통치 중심지는 원래 사마르칸드였는데, 이는 최전성기인 이스마일 1세(이스마일 이븐 아흐마드 집권기, 892–907)에 부하라로 이전되었다.

사만왕조는 사실 이란 문화, 그중에서도 페르시아 문화가 트란스옥시아나에도 확고하게 뿌리내릴 수 있게 한 문화사적 영향을 지닌 왕조이다. 부하라–사마르칸트를 비롯하여 그 너머의 타림 분지 일대에 이르기까지 일찍부터 소그드인, 토하라인과 같은 이란계 종족들이 살고 있었으나, 메소포타미아, 이란 고원에 그 중심을 두고 있었던 페르시아의 발전된 문화와는 거리가 있는 지역이었다.

사만왕조는 이슬람–페르시아 문화를 중앙아시아 정주문명 지역에 뿌리내리게 하였고, 이후 이 지역을 지배하거나 영향력을 행사할 수 있었던 중동지역의 투르크계 왕조, 아프간, 타지크 왕조에 큰 영향을 주었다. 사만왕조의 공식 언어는 아랍어였지만 모스크를 제외한 대부분의 문화적 환경과 부하라 궁전에서 사용되던 언어는 오늘날 타지크어(다리어)의 직계 조상에 해당하는 중세의 신페르시아어였다.

중앙아시아 정주문명지대의 내부공동체들은 앞서 살펴보았던 동시대의 인접 페르시아제국의 여러 왕조들과 지속적인 교류 관계를 유지해 왔다. 여기는 고대 중앙아시아 정주문명의 중심이자 실크로드 교역의 중심이었던 곳으로 소그디아나, 박트리아, 마르기아나 등의 고대 교역도시 국가 공동체들이 형성되어 있었다.

페르시아가 알렉산더 대왕의 동방원정에서 멸망하면서 이 지역은 공식적으로는 셀레우코스 왕조의 영역이 되었는데, 고대 그리스 중심지와는 가장 멀리 떨어져 있었기 때문에 그리스계 이주민들은 기원전 256년경 그리스–박트리아 왕국을 세우며 셀레우코스 왕조로부터 독립하여 인도와 활발한 교역을 벌이며 그리스어로 고대 인도의 문화와 역사, 종교에 대한 많은 기록을 남겼다. 중국 서북부 영토에 살던 토하라, 스키타이계 부족들이 흉노에게 밀리면서 서쪽으로 이동하는 와중에 비옥한 박트리아를 침공하게 되자, 이들은 남쪽으로 이동하여 인도-그리스 왕국을 세우고, 불교를 받아들인다. 박트리아에 정착한 토하라인들은 쿠샨 왕조를 세우고 북인도와 중앙아시아의 영향력을 행사했다.

그리스인이 세운 박트리아왕조(B.C. 256?-130?) 때부터 인도와의 교역으로 번영을 누렸던 트란스옥시아나 지역 경제는 계속 발전하였다. 트란스옥시아나의 도시들은 중국과 인도의 물산을 로마로 수출하는 중개무역 거점이 되어 번영을 누리기 시작했다. 당시 이 지역에서는 동서간 교역이 확대되면서 특히 소그디아나의 사마르칸드와 부하라를 중심으로 한 소그드인들이 동서로 인접한 제국들을 연결하는 교역공동체들이 활성화되었고, 이러한 교역공동체들이 오늘날에는 바로 실크로드로 불리고 있다.

중앙아시아 정주문명 지역을 정복하여 통치하게 된 아랍의 압바스 왕조는 5대 칼리프 하룬 알 라시드 사후 세력이 약화되면서 호라산과 오늘날의 중앙아시아 정주문명지대에 독자적인 세력들이 형성되기 시작했다. 이 시기 사실상 압바스왕조로부터 독립한 사만왕조는 페르시아 문화를 트란스옥시아나 지역에 완전히 뿌리내리는 데 성공했으며, 소그드어와 아랍어가 행정 언어에서 밀려나고 페르시아어가 그 자리를 대신하여 사용되기 시작했다. 사만왕조는 이웃한 튀르크족들의 내분을 이용하여 이들을 노예로 잡아 서쪽에 군인 노예로 판매하거나 자국 영토 내의 광산에서 노동을 시켰다. 사만왕조와 이웃한 카라한 칸국은 동서로 분열되어 한쪽은 아르슬란 칸(사자 칸), 다른 한쪽은 부그라 칸(숫낙타 칸)이라 불리며 전쟁을 벌였다.

사만왕조의 지원을 받아 다른 카라한 부족들을 공격하던 사투크 부그라 칸은 이슬람으로 개종하고 자신의 숙부를 처치한 뒤, 아르슬란 칸들을 제압하면서 카라한 칸국을 통일하였다. 텡그리 신앙, 불교, 마니교를 믿던 투르크인들은 점차 이슬람으로 개종하기 시작하였고, 사투크 부그라 칸의 손자는 사만왕조를 역으로 점령하면서 투르크인의 중동 진출이 가속화되었다. 카라한 칸국은 사만왕조의 영토를 정복한 것을 계기로 많은 타지크계 신민들을 받아들이고 이들에게 오히려

문화적으로 동화되는데, 중앙아시아의 투르크 계 공동체는 문화적으로 급속히 페르시아-순니 이슬람 문화와 동화되었다. 이러한 과정에서 중앙아시아 고대정주 문명지대에서는 투르크어가 주요 언어로 자리 잡게 되었다.

중앙유라시아의 유목전통 지배체제로의 변천과 정주, 유목 공동체 분화

9세기 경부터 몽골초원 지역의 유목민이었던 위구르 등이 유입되어 정주문명 문화를 받아들이게 되고, 유목계통 지배자들이 정주문명 공동체를 지배하는 최초의 유목민 지배 왕조인 카라한왕조가 탄생하였다. 이로 인해 중앙아시아 지배층의 '투르크화'[1)]와 정주공동체 전반에서의 '이슬람화'[2)]가 비슷한 시기에 함께 점진적으로 진행되었고, 투르크의 땅이라는 '투르키스탄'이라는 지역 명칭도 얻게 되었다.[3)]

정주문명 지역인 동부의 오아시스 지역의 투르크화는 서부에 비해서 훨씬 신속하고 철저하게 진행되었다. 11세기 후반에는 동부 지역 내 주민들이 투르크어로 대화할 정도가 되었다. 투르크계 공동체인 천산위구르제국과 카라한왕조 등 투르크계가 지배하는 왕조가 형성되어 있었고 이들이 이슬람을 통치 이데올로기 차원에서 적극적으로 수용했기 때문이었다. 일반적으로 중앙아시아의 이슬람화는 크게 네 단계를 거치는데, 제1단계(7-8세기)는 아랍군의 중앙아시아 오아시스 정

---

1) '투르크화'란 중앙아시아 지역으로의 투르크계 유목민의 '정주민화'라는 중요한 현상과 부수적으로 나타났다. 이는 9세기 중엽 위구르 유목국가 멸망을 계기로 본격화 되었는데, 위구르 제국의 구성원들 중 일부가 현재의 중앙아시아 천산을 기준으로 동부(투르판 분지)와 서부(추/탈라스 강 유역)로 이주하면서 오아시스 지대의 투르크인들의 정주화가 시작된 것이다. 이는 투르크계 유목민들이 중앙아시아로 진출한 후 중앙아시아 현지인들이 사이에 그들의 고유 언어 대신 투르크어가 확산된 역사적인 현상이라 할 수 있다. 김대성 외, 《중앙아시아학 입문》. (한국외국어대학교 출판부, 2009), 72-73쪽.

2) '이슬람화'는 중앙아시아에 이슬람 세력이 진출한 결과, 중앙아시아의 토착민들이 기존에 믿던 다양한 종교 대신에 이슬람을 믿게 된 현상을 일컫는다. 그러나 이슬람화는 종교적인 변화만을 의미하지 않는데, 그 이유는 이슬람이 다른 종교와는 달리 신자들의 신앙생활은 물론 사회생활까지 규제하는 성격을 가지고 있기 때문이다. 따라서 이슬람화가 진행된 이후 중앙아시아 토착민들의 관혼상제를 비롯하여 사회생활 전반에 중대한 변화가 함께 발생했고, 오늘날 중앙아시아를 이해하는 주요 키워드로 자리 잡게 되었다. 박상남, 나탈리야 카리모바, 《역사속의 한국과 중앙아시아》. (이매진, 2003).

3) 김대성 외, 앞의 책, 72쪽.

주지대를 정복하고 소그드인 등의 아리아계 정주민을 이슬람화하는 시기이다. 2단계(9–10세기)는 이슬람화된 아리아계 중앙아시아 정주민들이 이슬람 국가인 사만왕조(875–999)[4]를 수립한 시기와 일치한다. 사만왕조는 강력한 세력으로 중앙아시아 일대뿐만 아니라 이란 동부의 호라산 지역까지 영향력을 확대했다. 3단계(10–11세기)는 중앙아시아 투르크계 유목민의 이슬람화와 투르크 이슬람 국가의 성립으로 특징되는 시기다. 이는 이전 시기의 사만왕조의 역할이 컸는데, 당시 정주 지역의 이슬람 국가였던 사만왕조는 초원 지대의 투르크계 유목민들을 이교도로 간주하고 이들을 상대로 성전(지하드)을 감행했다. 4단계(13–15세기)는 중앙아시아에 투르크 이슬람 세계가 완성된 시기로 보는데, 샤머니즘적 세계관을 가졌던 몽골인들이 진출한 13세기 전반에 이미 중앙아시아 지역은 투르크 이슬람 세계가 건재해 있었던 상태였기에 몽골인들은 빠르게 '투르크화', '이슬람화'되었고, 이러한 과정을 거쳐 차가타이 투르크라 불리는 중앙아시아 정주문명을 받아들인 유목민 출신 투르크 정주민 집단의 토대가 만들어지기 시작했다.

이러한 세력 가운데 중앙아시아 정주문명지대를 차지하고 있었던 몽골 후계 제국인 차가타이 칸국(차가타이 울루스)을 기반으로 14세기 후반 제국을 건설한 인물이 바로 아미르 티무르였다. 중앙아시아 동부 지역에서 마지막까지 불교를 믿었던 투르판 분지 일대도 15세기에 이르러서는 이슬람이 수용되어 중앙아시아 전역의 이슬람화는 완성되었다. 또 이 시기는 몽골제국(13세기)과 티무르제국(15세기)의 시기와도 일치하는데, 특히 티무르제국 시기에는 차가타이–투르크어가 자리 잡게 되어 일상생활뿐만 아니라 문어에서도 '투르크화'가 본격적으로 진행되었다.[5]

티무르제국 말기 중앙아시아에는 북방의 킵차크 칸국 지역에 위치하고 있었던 유목민 우즈베크족이 중앙아시아로 유입되어 일부는 여전히 중앙아시아 초원지대 투르크–몽골계 유목민 세력을 결합하여 오늘날의 카자흐 공동체가 되었다. 반면 대다수는 정주문명 지역으로 유입되어 정주민화 되어가는 과정에서 이 세력

---

4) 중앙아시아 최초의 이슬람 국가인 사만조의 탄생은 파미르 중앙아시아 서쪽 지역의 이슬람화를 촉진, 정착시켰다는 측면에서 큰 의미를 갖는다. 이 시기에 이르러 중앙아시아 서부 지역에서는 조로아스터교나 불교와 같은 전시대 종교가 서서히 모습을 감추게 되었고, 그 결과 이슬람만이 유일한 종교로 남게 되었던 것이다.

5) 김대성 외, 앞의 책, 91–92쪽.

의 중심 지배 왕조였던 샤이바니 왕조(1505–1695)가 16세기 형성되어 공동체의 중심이 되었다. 샤이바니 왕조가 지배한 영역에는 16세기 제정러시아에 멸망한 아스트라한 칸국 지배층 가문이 이주해 있었기 때문에 아들의 부재로 왕조가 끊어지게 된 샤이바니 왕조를 이들이 17세기에 이어받게 되며, 이 시기를 잔죠(출신 지역을 반영하여 아스트라한조라고도 함)라 칭하게 된다. 이때부터 오늘날의 중앙아시아 실크로드와 관련되어 대표적으로 알려져 있는 부하라 칸국, 히바 칸국, 코칸드 칸국 가운데 가장 먼저 형성되었고 가장 강대했던 부하라 칸국 체제가 만들어졌다. 초원 일대에는 정주민 문명을 받아들이지 않고 여전히 유목민으로 남은 일부 유목 우즈베크가 쟈니벡과 기레이를 중심지도자로 하여 카자흐 칸국이 15세기에 탄생하였다. 카자흐 칸국은 19세기 중반 카자흐칸국 영역이 제정러시아식 행정구역으로 분할되기 전까지 존속했다.[6]

3. 현대 중앙유라시아 국가들의 문명사적 분화

정주문명의 전통을 계승한 우즈베키스탄

과거 중앙아시아 정주문명 공동체의 핵심은 실크로드 교역로의 중간에 위치했던 부하라 칸국이라 할 수 있는데, 이 부하라 칸국의 영역과 문화유산들은 소련 시기를 거치면서 2/3는 오늘날의 우즈베키스탄으로, 1/3은 오늘날의 타지키스탄으로 이어지고 있다.

우즈베키스탄은 중국을 지중해와 연결시키는 무역 루트의 고대 네트워크인 실크로드(Silk Road)의 중앙이라는 지리적 위치로 인해 수천 년 동안 형성되어 온 다양하고 독특한 정주문명 문화유산들을 계승하고 있는 국가로, 고대 토지의 역사와 문화는 여러 왕조와 민족의 영향으로 형성되었다. 대부분의 놀이나 스포츠의 기원에 대한 공통된 내용들을 살펴보면 놀이나 스포츠는 종족 간의 경쟁을 위한 전쟁에서 비롯된 것이라 하였고, 집단의 생산성 향상을 위한 경쟁에서 비롯한

6) 마노 에이지 외 지음, 현승수 옮김(2009), 《교양인을 위한 중앙아시아사》. (책과 함께, 2009), 86쪽.

조직적인 신체훈련이라 하였다.[7] 우즈베키스탄 지역은 중앙아시아 정주문명의 중심지역으로 고대부터 동서 간 교역의 중심지였기 때문에 인접한 강대 세력들의 연속적인 침략과 정복을 겪어왔지만, 정주공동체라는 문명사적인 기반 위에 서로 다른 외래 정주문명이 합쳐져 하나의 공동체로 형성되어 나왔으며, 9-10세기를 거치면서 인접한 유목문명들이 유입되어 지배세력으로 자리매김하는 과정에서 정주민화되는 독특한 문명변화의 과정을 거쳤다. 고대로부터 이어져 온 정주문명을 기반으로 우즈베키스탄은 전쟁과 경쟁을 통해 민족적 정체성을 가짐과 동시에 수 세기에 걸쳐 형성되어 온 신체문화와 풍속들이 계승, 발전되었다. 이러한 과정에서 전통문화 유산들은 문명사적으로 뿌리가 다른 배경을 가지고 있음에도 유사성이 드러나고 있다.

정주문명 전통을 이어받고 있는 오늘날의 우즈베크인들은 한국인과 비슷하게 시와 노래를 즐기는 민족으로 "시와 노래 없이는 살 수 없다"는 속담이 있을 만큼 일상생활 속에 남녀노소 불문하고 전통음악을 즐기며 살아간다. 이웃이 어려울 때 서로 도우며, 손님에 대한 접대가 극진하고, 노인과 부모공경의 동양예절이 현재까지도 잘 유지되고 있다. 중앙아시아 지역에서 가장 오랫동안 정착 생활을 해온 오늘날의 우즈베크인은 가족 공동체를 중시하고, 부모에 대한 공경, 가부장적 사회, 남아선호사상 등 한국의 문화와 유사한 면을 많이 공유하고 있다. 천성이 온화하고 낙천적인 측면이 있으며 자원이 풍부한 반면에 사회주의 영향으로 노동생산성은 낮은 편이다.

독립 이후 이슬람 문화 중심으로 전통문화 및 민족 정체성 복원시도가 적극적으로 진행되면서 제정러시아 체제 이전 이들 지역과 문명사적인 연계가 깊었던 오늘날의 터키, 이란 등 외부 이슬람 세계와의 교류 확대로 현재 우즈베키스탄은 중앙아시아 이슬람 문화의 중심지 위상을 회복하고 있다.

우즈베키스탄에서는 다양한 민족, 종교 명절이 있는데, 이러한 명절과 축일에는 특히 이슬람 이전에 존재했던 공동체들의 정체성에서 중심적인 역할을 했던 공동체 사상들이 이후 유입된 이슬람과 융합된 형태로 오늘날까지 이어지고 있어

7) Friedrich Eppensteiner, 《Der Sport: Wesen und Ursprung : Wert und Gestalt》. (Reinhardt Verlag, 1964).

서, 국가 차원에서 성대한 기념행사를 주최하여 모든 국민이 함께 즐길 수 있는 자리를 마련한다. 가정 내에서도 가까운 친지를 방문하고 온 가족이 모여 전통 음식을 나누어 먹으면서 명절을 함께 축하하는 전통을 가지고 있다. 이러한 전통명절 가운데 가장 중요하고 가장 대표적인 것이 바로 춘분 시기에 개최되어 새해맞이 축제에 해당되는 나브루즈(Navro'z)로, 과거 페르시아제국 시기의 영향으로 조로아스트교 영역에 속했던 지역에서 행해지는 새해맞이 행사이다.

이는 중앙아시아 전역에서 가장 대규모로 치르지는 축하 및 명절 행로, 이 행사가 열리는 춘분 전후의 시기에는 도시 곳곳이 깨끗하게 정비되고 다채로운 색의 천으로 장식을 한다. 행사 당일에는 전통 무용과 음식, 놀이를 선보이며 모든 도시가 축제의 분위기에 휩싸인다.[8)]

우즈베키스탄은 100여 개 민족이 공존하는 다민족 국가이다. 독립 후 공식적으로 우즈벡어를 사용하고 있으나 민족 간의 소통언어는 여전히 러시아어가 사용되고 있다. 주요 도시나 중장년층 사이에서는 러시아어만 알아도 의사소통에는 전혀 문제가 없으나 지방으로 가면 러시아어를 전혀 모르는 젊은이들도 상당수다. 독립 이후 우즈베크 정부의 우즈베크어 사용 활성화 노력의 결과, 대부분 거리의 상점 간판이나 공식서류는 우즈베크어로 되어있으며 2004년부터는 100% 우즈베크어로만 정부 공문이 만들어지는 등 공식적으로는 우즈베크어 전용 사회가 만들어져 있지만, 일상생활에서는 여전히 러시아어의 흔적과 영향이 많이 남아있고, 최근에 들어와 러시아와의 관계개선 및 긴밀화에 따라 러시아어의 영향력이 되살아나고 있다.

유목전통을 계승한 카자흐스탄

B.C. 500년경 현재의 남부 카자흐스탄에 사카(Saka)부족[9)]이 알타이산(山)과 우크라이나에 이르는 방대한 스텝지역에 거주하여 스키타이 문화의 일부를 이루

8) Liūdmila Rostislavovna Avdeeva, 《O'zbek milliy raqsi tarikhidan: kitob. Qadimiy zamonlardan 2000-yilga qadar o'zbek an'anaviy raqs san'ati》. (Uzbekraks, 2001).

9) 사카부족은 스키타이로 불리기도 하며, 카자흐스탄 최고의 고고학적 발굴로 일컬어지고 있는 알마티 인근에서 발굴된 금 갑옷을 입은 전사인 "황금인간(Altyn Adam, The Golden Man)"을 남긴 부족으로서, 이는 현재 카자흐스탄의 국가 상징 가운데 하나이다.

었다. 카자흐스탄 내에서 발굴되는 유물들로 미루어 기원전 1,500−1,000년경에 현재의 카자흐스탄에 청동기 초기 문화가 있었던 것으로 확인되었고, 기원전 200년경에는 중국 북부로부터 훈족(Huns)이 현재의 동부 카자흐스탄을 장악한 바 있었으나 훈족이 서유럽으로의 진출을 서두르면서 서기 550−750년 200년 동안에 몽골과 중국 북부로부터 투르크(Turkic)족이 현재의 카자흐스탄 동남부 및 그 인접 지역으로 유입되었다.

카자흐인들은 카자흐스탄공화국(수도 누르술탄)에 600만 명, 구소련연방의 다른 공화국에 100만 명이 거주하고 있으며, 중국과 몽골, 아프가니스탄에도 거주하고 있다.[10] 1860년대에 러시아제국에 통합되어 식민지화되기까지 그들은 유라시아대륙의 중앙부에 펼쳐진 광활한 스텝지역에서 유목생활을 하며 양, 염소, 말, 소 등을 사육해 왔다. 이후 러시아 이주민들의 영향으로 농업이 발달하였으며 19세기 후반 점차 정착 생활을 하게 되었다. 러시아 혁명을 거쳐 사회주의 체제가 확립됨에 따라 전통적인 생활양식에 변화가 발생하여 부계 씨족제도가 붕괴되고 공업화, 농업화가 진전되어 그들은 유목 생활을 버렸다. 종교는 16세기에 이슬람교를 수용했으나, 카자흐인들의 삶 속에 존재했던 샤머니즘이나 조령(祖靈)신앙은 쇠퇴하지 않았다.[11]

전통적으로 카자흐 민족 및 키르기스 민족을 중심으로 하는 중앙아시아 유목지대 공동체들에서는 정주문명지대보다 이슬람의 교리 확산이 늦게 일어났고, 또 유목공동체가 가지고 있는 공동체 생활의 특성으로 인해 가족 공동체에서 가사를 책임져야 하는 여성들의 역할과 분담이 정주공동체의 여성보다 더 크고 많았다. 이로 인해 공동체 내에서 여성과 남성 간의 관계는 정주지대보다는 월등히 평등하고 수평적인 특성이 전통시기부터 분명하게 형성되어 있었다. 따라서 이미 유목전통지대의 전통설화들에는 공동체를 이끌어가는 여성 지도자에 관한 내용

10) 카자흐스탄에는 130개에 가까운 다민족이 살고 있는데 카자흐인이 절대 과반수가 넘는 60% 초반대를 차지하고 있으며, 러시아인이 27%인데, 제정러시아의 오랜 지배로 인해 카자흐인 가운데 상당수는 러시아 지향적인 정체성을 강하게 가지고 있다. 특히 도시지역, 중부, 북부 지역 등에서 이러한 경향이 더 강하게 나타난다. 이외에도 우크라이나인, 우즈베크인, 독일인, 타타르인, 위구르인, 고려인등의 소수민족 공동체가 형성되어 있는 다민족 다문화 국가의 대표적인 사례라 할 수 있다.

11) 주 카자흐스탄 대한민국 대사관, http://overseas.mofa.go.kr (2018년 2월 2일 검색).

이 빈번하게 다루어지고 있는 것도 이러한 유목공동체의 특성을 반영하고 있는 부분이다.

현재 카자흐스탄의 공식 언어는 카자흐어이고 사회 내 통용어는 러시아어이다. 독립 이후부터 카자흐어 사용을 촉진하기 위해 정부나 관공서 등의 문서에서는 카자흐어가 사용되고 있지만, 다양한 민족들이 존재하는 일상생활에서는 러시아어 사용 비중이 월등히 높다. 정식 국교는 채택되지 않았으나, 이슬람교와 러시아 정교가 거의 대부분을 차지한다. 독립 초기만 해도 카자흐스탄 내에는 카자흐인 비율보다 러시아인을 비롯한 비(非)카자흐계 인구 비중이 훨씬 높았다. 이는 18세기 말 이후 경제적인 이유 및 제정러시아 식민지 정책의 일환으로 러시아인들의 이주가 계속되었고, 소련체제에 들어와서 다양한 지역 기반의 소수민족들이 카자흐스탄으로 이주되어 유목전통 기반 공동체의 정주기반 공동체로의 인위적인 전환이 시도되었기 때문이다. 이러한 배경으로 인해 1980년대에는 러시아인의 인구수가 카자흐스탄 인구에서 1위를 차지할 정도였다.

이에 독립 직후부터 카자흐스탄 정부는 국가 구성원 가운데 카자흐인의 비중을 높이기 위해 몽골 서부를 비롯한 인접 지역에 거주했던 재외 카자흐인들을 대거 카자흐스탄 내로 이주시키는 '오랄만' 정책을 펼쳐왔고[12], 독립직후 일시적으로 강하게 일어났던 자민족중심주의 경향으로 인해 상당수의 유럽계 및 슬라브계 소수민족 집단 가운데 상당수가 역사적인 모국이나 러시아 등으로 이주하게 되면서, 자연스레 카자흐스탄 인구에서 카자흐 민족이 차지하는 비율은 2019년 현재 60%대 중반까지 회복되고 있다.

카자흐 민족은 제정러시아 지배 시기부터 따지면 이미 250여 년 이상 러시아문화에 노출되었고, 러시아인과 공존의 삶 형태를 살아온 배경을 가지고 있어서, 특히 도시지역을 중심으로 카자흐인 집단의 러시아문화 수용 및 이에 대한 지향성이 매우 강하게 나타나는 중앙아시아 국가이다. 소련 시기에 러시아어를 모국어로 하지 않는 민족들을 대상으로 실시된 러시아어 구사력에 대한 조사에서 가장 러시아어를 잘 구사하는 집단은 바로 카자흐 민족이었다. 이러한 현상은 역

12) 박상남, 나탈리야 카리모바, 앞의 책, 69－70쪽.

설적으로 제정러시아 체제 편입 이후부터 소련이 지배한 시기까지 식민지 피지배 민족이었던 카자흐인 공동체가 식민지 지배 언어와 문화라 할 수 있는 러시아어와 러시아문화를 수용했던 기간이 200여 년이 훨씬 넘고 있고, 또한 유목민이었던 카자흐인이 최초로 접촉하고 수용한 정주문명 및 문화요소가 러시아의 그것이었다는 점에서 오늘날 중앙아시아 국가들과 러시아와의 관계에서 유난히 카자흐스탄이 더 러시아 지향적인 입장을 보이는 주요한 배경이라 할 수 있다.

4. 카자흐스탄 - 우즈베키스탄 - 이란의 전통문화 교류와 연계

중앙유라시아의 전통 신체문화 계승과 발전을 위한 노력

실크로드로 연결된 아시아 7개국 중에 이란 민족이 계승해 온 전통무예와 무용, 그리고 유희에 관련하여 문명사적인 연관성이 가장 강하게 남아있는 국가는 중앙아시아의 우즈베키스탄, 카자흐스탄 등이 해당된다고 볼 수 있다. 물론 카자흐스탄은 남부의 정주 및 유목문명 공존지대에서는 정주문명 특성이 나타나고 있지만, 나머지 지역에서는 유목문명 전통 특성이 나타나고 있으며, 이는 실크로드 아시아 7개국에는 포함되지 않지만 유목문명이라는 측면에서 투르크적인 공통 기원을 가지면서도 유목문명 전통을 기반으로 하는 러시아 내의 자치민족인 바쉬키르, 타타르, 체르케쉬, 알타이, 그리고 코카서스 지역의 유목전통 기반 공동체, 투바, 칼믜크 등과도 긴밀하게 연관되어 있다.

중앙아시아 정주문명의 유산과 전통을 대부분 이어받고 있는 우즈베키스탄은 영토의 상당 부분은 정주문명권이었던 부하라 칸국을 이어받았지만, 유목문명권 영역 일부도 영토에 포함되어 있기 때문에 오늘날의 우즈베키스탄 영역 내에는 정주민과 유목민이 공존하는 지역도 여전히 존재하기 때문에 유목민의 전통문화 요소들도 잘 보존되고 있다.

정주문명 기반의 전통무예, 무용, 유희들은 유목전통지대보다 훨씬 더 체계적이고, 정주공동체가 지역별로 분화되어 있었기 때문에 전통문화 요소들에서도 이러한 지역적인 특성이 많이 반영되어 있다. 특히 이러한 지역적인 특성이 두드러지고 있는 전통문화 영역은 무용이 대표적인데, 이는 정주전통공동체는 처음부터 광대한 지역을 기반으로 형성된 것이 아니라 고대부터 특정 오아시스나 교역도시를 중심으로 형성 및 확대되었고, 다른 정주공동체와는 지리적으로 떨어져 있는 경우가 대부분이었기 때문에 개별 공동체별 특성이 두드러지게 나타나고 있다.

또 일부 지역에서는 정주민과 유목민이 공존하거나 지형적인 특성에 따라서 유목민 공동체가 존재하고 있었다. 따라서 이런 경우에는 야외활동이 활성화되기 때문에 심신을 단련하기 위해 말을 타고 염소나 공을 서로 쟁탈하는 경기인 콥카리를 비롯한 말과 관련된 경기와 공격과 방어 기술이 뛰어난 전통무예, 양싸움, 수탉싸움 등의 전통무예 등에서는 유목과 유사한 요소들이 나타나고 있지만, 이러한 것 중에 오래된 풍습에 기원을 둔 것으로 상대를 난폭하게 구타하거나 패자에게 엄한 벌칙을 부과하는 종류의 것들은 제한되어 쇠퇴한 것도 적지 않다.

정주문명 지대의 무용, 유희 등은 매우 특화된 직업의 형태로 전승되는 경우가 많고 이로 인해 정주공동체 내에서 특별한 지위와 대우를 받는 경우가 보편적이었다. 이들은 공동체 단위의 축하행사나 명절 또는 중요한 공동체 행사에서 공연을 통해 전통문화 요소들을 공동체 다른 구성원들과 공유하는 것이 보편적이었는데[13], 오늘날에는 국가나 지방자치단체가 지원하는 공연단체 등의 공연을 통해서 전통문화 전수자로써 중앙아시아 정주문명의 전통문화가 현대사회에도 계속 이어지도록 하는 데 기여하고 있다. 최근에는 유네스코 무형문화유산의 형태로 중앙아시아 정주문명 전통지대의 전통문화 보존과 계승을 위한 국제적인 관심과 노력도 확대되고 있다.

중앙아시아 북부 및 중부의 초원 지대는 예로부터 유목민들이 주역을 담당했던 세계였다. 유목이란 계절에 따라 방목지를 바꾸는 이동성 목축으로, 중앙아시아에서는 기원전 9세기경에 이미 승마가 일반적으로 보급되어 유목을 전업으로 하는 집단이 등장했다고 알려져 있다. 유목민은 산과 양, 소, 말, 낙타 등 무리를 짓는 습성을 가진 가축과 함께 여름 방목지에서 겨울 거주지 사이를 정기적으로 이동한다. 따라서 이들은 몇 가족씩 무리를 지어 협력하며 집단생활을 영위한다.

---

13) Yokubov Jakhongir, 〈한국과 우즈베키스탄의 문화 비교 연구〉. 중부대학교 인문산업대학원 미간행 석사학위논문, 2016.

생활은 전적으로 가축에 의존하고, 가축이 주는 고기와 유제품 등이 주요 식품이다. 유목민들에게 가축을 관리하고 통제하는 기술 가운데 특히나 가축을 타는 기술은 가장 중요하게 여겨진다. 따라서 재갈 등의 마구가 발명됐고 말을 쉽게 통제하게 되면서 유목민들은 활로 무장하고 달리는 말 위에서 활 쏘는 기술을 습득해 훗날 강력한 기마 군단을 형성하기에 이르렀다. 오늘날에도 중앙아시아에는 이러한 유목민들의 전통을 유지하는 공동체들이 있는데, 이들에 의해 가축, 특히 말과 관련된 다양한 놀이와 무예가 발달해 있음을 알 수 있다.

중앙아시아의 대표적인 명절인 춘분 새해맞이 축제는 유목문명권에서는 역시 유목전통문화와 연관된 형태의 문화요소들이 이슬람과 연계성을 가지면서도 유목 특성을 더 강하게 드러내는 특징이 나타난다. 원래 이 봄맞이 축제는 조로아스터교에서 나온 것으로 종교적 색채와 의미는 퇴색되고 그대로 유목문화에 녹아서 새로운 해의 도래와 가축을 새로운 목초지로 떠날 시기가 왔음을 알리는 절기(節氣)로 자리 잡았다. 즉, 봄날이 찾아오고, 새싹이 막 동아 유목민들이 가축에게 먹일 풀이 돋아나기 시작하는 나우르즈는 새로운 해의 본격적인 유목이 시작됨을 의미했기 때문에 유목민에게 새해로 기념된다.

중앙아시아 유목전통지대에서는 각자의 공동체들을 문화적으로 결속시키고 번영을 기리는 가장 중요하고 성대한 행사로 나우르즈가 행해지고 있는데, 이때는 공동체 구성원들 모두가 함께 모여 전통씨름인 쿠라쉬, 다양한 종류와 형태의 말을 이용한 경기와 놀이로 구성되는 전통 놀이와 무예를 즐기며, 나우르즈 코제로 불리는 일곱 가지 곡물로 만들어진 전통음료, 유목공동체의 전통민족 음식을 준비하여 즐기며, 새로 맞이하는 한 해의 풍요를 기원한다.

아울러 유목공동체 지역에서는 주요 관혼상제 및 통과의례에서도 오늘날까지 전통 유목민 시기의 문화요소들이 그대로 보존되고 있는데, 장례 추모 모임에서 고인을 기리기 위해 열리는 다양한 종류의 말타기 경주, 민속 씨름인 쿠라쉬, 마상경주, 긴 막대기 싸움, 줄타기 등의 경기가 열린다. 이러한 전통문화 기반의 통과의례에서도 유목민 공동체 전통문화가 많이 보존되고 있어, 특히 말과 관련된 종목들이 많은 것이 특징이다.[14)]

중앙유라시아의 전통 정주문명권의 신체문화 연계성

우즈베키스탄은 중앙아시아 전통 정주문명의 중심인 역사 도시들을 계승하기 때문에 정주문명권의 전통 신체문화에서 이란과 매우 흡사한 현상들이 많이 발견되고 있다.

우즈베키스탄 영역 내에서 다양한 정주문명 구성원들의 지역적인 전통과 특성이 가장 잘 반영되어 나타나고 있는 전통문화요소가 바로 전통 무용이다. 우즈베키스탄 무용은 예술의 가장 오래된 형태 중 하나로서 고대의 정주문명 공동체 시기부터 형성되어 이어지고 있다. 우즈베키스탄의 무용은 우즈베키스탄을 구성하는 전통 공동체인 3개 칸국의 특성이 반영되어 3개 칸국의 각각의 중심지역이라 할 수 있는 부하라(Bukhara), 호레즘(Khorezm), 페르가나(Fergana) 춤 등으로 구분된다. 이 가운데 특히 부하라와 호레즘 전통 무용은 문명사적인 형태로 보면 전통 정주문명에 속하는데, 역사적으로 페르시아제국의 변방에 속하거나, 시기에 따라서는 제국을 지배하는 왕조들의 중심 지배도시로 기능하였다. 이를 중심으로 이 제국의 지리적인 중앙지역을 반대로 정복하는 형태도 나타났다. 따라서 페르시아제국과 이들 지역 간에는 동시대 문화에 대한 쌍방향 교류가 진행되고 있었다.

이와 아울러 오늘날 우즈베키스탄의 역사적인 공동체 기반이라 할 수 있는 티무르제국 시기에는 혈통적으로 지배 왕조는 유목민 계통의 투르크계였음에도 불구하고, 적극적으로 동시대의 다양한 정주문명 문화들을 적극적으로 도입하였는데, 특히 페르시아제국 내에서 일어난 지배 왕조 교체기에 동시대의 문화 및 예술 관련 장인들을 이주시켜서 전통문화의 계승과 발전, 다양화에 지속적인 노력을 펼쳐왔다.

전통무예의 측면에서 이란의 전통씨름인 주르카네는 특히 우즈베키스탄의 전통무예 가운데, 정주라는 전통이 강한 서부 지역에서 주로 보존 및 발전되어온 밀리 쿠라쉬(milliy kurash)[15]와 여러 가지 측면에서 유사성을 보이고 있다. 물론

14) Makhmudova M. F., Solodnikova L. G., 〈Specification of national traditions in culture of Uzbekistan〉, 《영남대학교 민족문화연구소 학술대회》. 2006(10)(영남대학교 민족문화연구소, 2006).

15) 밀리 쿠라쉬(milliy kurash)는 우즈베크어로 '밀리'란 민족을 가리키는 의미의 형용사이다.

우즈베키스탄의 밀리 쿠라쉬는 소련 시기를 거치면서 외형적인 변화 및 분화를 보였지만, 우즈베키스탄 독립 이후의 전통문화 보존 및 계승 차원에서 국가적인 지원이 이루어지면서 우즈베키스탄의 전통문화 정체성을 대표하는 상징적인 전통 신체문화로 발전되고 있다. 특히 유목민 공동체 특성을 보존하고 있는 우즈베키스탄 동부 지역은 이와는 구분되는 형태의 전통 쿠라쉬가 이어지고 있는데, 이는 카자흐스탄이나 키르기스스탄의 전통 씨름과 유사성을 보이고 있다. 즉, 전통 신체문화 가운데 무예 분야에서 우즈베키스탄의 쿠라쉬는 전통 정주지역의 쿠라쉬와 전통 유목지역의 쿠라쉬가 공존하고 있는데, 전자인 경우에는 문명사적인 교류와 연계가 많았던 페르시아제국(오늘날의 이란)의 씨름이자 레슬링인 주르카네와 연계성을 보여준다. 이란의 주르카네는 종교적으로 이슬람 수피주의의 자기 단련적인 성격을 내포하고 있지만, 우즈베키스탄의 전통 쿠라쉬는 구소련체제와 독립 이후의 시기에 종교적인 색채가 배제될 수밖에 없었던 사회환경 및 변천 과정으로 인해 오늘날에는 이슬람과 관련된 부분들이 부각되지 않고 있다는 점이 이란의 주르카네와는 대비되는 특성이라 할 수 있다.

이란과 우즈베키스탄은 물론이고 중앙아시아 국가들인 키르기스스탄에서는 쿠라쉬와 거의 동일한 격투기를 알리쉬(Alysh)라 하며 전통스포츠로 계승하고 있다. 튀르키예에서는 아쉴트말리 아바 쿠레시(Ashyrtmaly Aba Gureshi)가 전통레슬링으로 거행되고 있다. 투르크메니스탄에서는 고레쉬(Goresh), 타지기스탄에서는 구쉬티니 밀리 캄마르반디(Gushtini milli Kamarbandi), 아제르바이잔에서는 귤레쉬(Gyulesh), 카자흐스탄에서는 쿠레시(Kazakh Kuresi) 같이 허리에 벨트를 두르고 유도복과 같은 유니폼을 입고 있으나 슈즈를 신고 경기하거나 신지 않고 경기하는 등, 세세한 복장 규정 및 경기장의 규칙 등에서 조금씩 차이가 있을 뿐 고대사회부터 전해 내려오는 격투 레슬링을 거행하고 있다. 모든 민족들이 자신들의 격투기를 세계에 보급하기 위해 앞다투어 세계연맹을 창단하는 등의 활동에 주력하고 있다.

전통무용은 복장이나 언어와 마찬가지로 문화 정체성을 식별하는 요소 중

따라서 '밀리 쿠라쉬'는 민족의 쿠라쉬로 번역할 수 있다.

하나이며, 각각의 민족집단이 다른 집단의 문화와 구별해 자신과 문화를 정의하는 수단이다. 그럼에도 불구하고 이웃한 민족집단의 영향을 쉽게 받으며, 기후와 지리적 여건도 춤의 특징을 결정짓는 중요한 요소가 된다. 이란 접경 지역의 춤을 포함한 민족지학적 특성은 이란 중심부의 페르시아 민족보다는 국경 밖의 이웃 지역과 더 많은 공통점을 가질 수 있다. 따라서 중앙아시아의 우즈베키스탄, 타지키스탄, 아프가니스탄 같은 과거 페르시아 제국의 영역에 속했거나, 역사 및 문명사적으로 페르시아 제국의 직접적인 지배하에 있었던 국가들은 시기나 정치적인 상황에 따라서 직접적인 인적 교류가 활성화되었던 곳들로, 따라서 동 시대의 전통 무용 등은 페르시아제국의 그것과 쌍방향으로 영향을 주었을 것으로 추정해 볼 수 있다. 따라서 페르시아 제국만의 전통무용의 고유성, 우즈베키스탄이나 타지키스탄만의 전통무용의 고유성이나 독자성을 모색하는 것은 나무 한 그루를 보고 숲을 판단하는 우를 범할 가능성이 높다고 할 수 있다.

페르시아 제국은 고대 문명 제국 가운데 특히 이집트와 그리스와의 문화 교류는 수세기 동안 광범위하게 진행되었다. 고대 그리스 역사가들의 다양한 작품에서 "페르시아 무용의 대가"(안무가와 교육자)가 언급되었으며 그리스의 "운동가, 시인, 무용수"가 페르시아 제국으로 파견되었다. 페르시아인들의 전통 무용은 제국의 지배 왕조가 바뀌는 경우에도 연속성이 유지될 수 있었고, 페르시아가 그리스인의 정복을 받은 헬레니즘 시대에 그리스 연극과 춤은, 특히 파르티아(Parthia)인에 의해 이란 민족의 취향과 전통에 맞게 변형되었다. 헬레니즘 시대 동안 그리스 연극, 무용은 파르티아인들에 의해 이란 전통의 영향을 받았다. 그들의 궁중춤은 실크로드를 따라 코카서스에서 중앙아시아, 인도에 걸쳐 많은 지역의 춤 용어에 영향을 주었다. 이러한 결과로 오늘날의 타지키스탄에 위치한 고대 소그드 교역도시인 판지켄트(Panjīkant)의 6세기 벽화는 페르시아 제국 동부 지역의 종교의식 춤을 잘 보여주고 있다.

전통신체문화의 일부분으로서 전통유희도 역시 정주문명 전통과 유목문명 전통에 따라 구분될 수 있는데, 정주문명 전통과 관련되어서 이란과 우즈베키스탄이 공통의 문화유산을 가지고 있으면서도, 각자의 상황에 따라 분화되었음을 보여주는 것이 바로 조로아스터교 전통의 전통 춘분 새해맞이 축제와 관련되어서 나타난다.

이란의 차허르샨베 수리 의식은 이란의 전통 종교 조로아스터교의 하마스파트마에다야(Hamaspāthmaēdaya) 축제에서 비롯되었는데, 한 해의 마지막 수요일을 선택하고 불을 뛰어넘는 의식은 이슬람 정복 이후에 도입된 것으로 추정된다. 조로아스터교 달력의 새해는 밤과 낮의 길이가 같은 춘분에 시작되며 이 역법은 오늘날까지 이어져 이란력의 설날(nourūz)은 춘분인 3월 21일이다. 조로아스터교 신자들은 악신의 세력이 강해지는 밤에 불을 피워 악신의 해악에 대비하고 겨울에는 불을 피우는 여러 가지 의식을 거행한다.

차허르샨베 수리에서 불을 피우고 뛰어넘는 의식 이외에도 지역에 따라 다양한 의식들이 치러진다. 투르크족이 대다수를 차지하는 이란 북서부의 타브리즈(Tabrīz)에서는 수많은 램프와 양초로 화려하게 장식된 소위 "수요일의 전통 시장(Chahārshanbeh Bāzār)"에서 장을 본다. 각 가족이 전통적으로 구매하는 물품은 거울, 향을 피우는데 사용할 에스판드(esfand)의 씨앗(芸香), 새해에 새롭게 사용할 주전자 등이다.

자연이 소생하는 시기에 맞춰 이란의 새해 축제인 노우루즈는 항상 봄의 첫날에 시작된다. 노우루즈 축제는 종말과 부활, 즉 선과 악이라는 두 가지 개념의 고대 사상을 상징적으로 나타낸다. 새해가 시작되기 몇 주 전부터 이란 사람들은 집 안팎을 청소하고 가구를 정돈하는데, 이를 "집 흔들기"라는 의미에서 허네 타커니(khāneh takānī)라고 부른다. 이것은 단지 물질적인 청결만을 의미하지 않고 한 해를 정리하고 새해를 맞이한다는 정신적 청결까지 포함하고 있다. 또 그들은 새 옷을 지어 입고 소생의 상징으로 곡식의 씨앗을 발아시킨다. 각 가정에서는 천으로 집을 장식하기도 한다.

이러한 페르시아 제국의 문화요소들을 고대부터 수용한 오늘날의 우즈베키스탄 지역에서는 동일한 춘분 새해맞이(나브루즈)를 하면서 이란의 차허르샨베 수리 의식과 유사한 형태로 나브루즈 전날의 나브루즈와 관련된 전통 축하 음식을 준비하기 전에 불에 대한 경배를 하며, 또 이를 밤새 준비하는 과정에서 전통 유회를 즐기는 등의 요소, 그리고 집 주변을 청소하고 정리하는 전통이 그대로 이어지고 있다. 또 최근 카자흐스탄에서는 페르시아 제국과 문명사적인 연계성이 높았던 서부지역에서 행해졌던 춘분 새해맞이 일주일 전부터 시작되는 새해맞이 준비 전통명절을 발굴하고 이를 카자흐스탄 전체로 확산시키는 노력이 나타나고 있다.

우즈베키스탄 전통유희 중에서 특히 정주문명 전통이 계승되고 있는 지역에서는 오늘날 서커스에 해당되는 줄타기 예술이 특히 발전하였는데, 이는 종교적인 색채가 약했기 때문에 소련이 지배한 시기의 서커스에 포함되기도 하여, 오늘날의 현대서커스에도 여러 요소가 포함되어 계승되고 있다. 우즈베크인들의 명절과 축제 날에는 어김없이 줄타기 놀이가 상연되었다. 레기스탄광장과 바자르 등 사람이 많이 모이는 장소에는 줄타기 줄이 설치되었고, 카르나이, 수르나이 악기 소리와 북소리가 공연의 시작을 알렸다. 관중들은 높은 줄 위에서 완벽한 균형을 유지하며 묘기를 부리는 줄타기 꾼들의 대담한 움직임을 흥미롭게 지켜보았다. 이러한 과정에서 중요한 역할을 하는 전통악기 역시 이란과 우즈베키스탄 간에는 동일한 형태와 이름의 악기들이 계승되고 있다는 점도 이란과 우즈베키스탄 전통 정주문명간의 연계성과 긴밀한 교류를 잘 보여주는 요소라 할 수 있다.

중앙유라시아의 전통 유목문명권의 전통신체문화 연계

중앙아시아 유목전통권의 유산은 대부분이 카자흐스탄의 전통공동체를 통해 계승되고 있으며, 가장 인접한 키르기스민족의 전통문화와는 유목적인 요소에서 많은 공통성을 가지고 있다. 유목 전통문화원형 보존 측면에서는 일부 연구자들(특히 중국)은 중국 서북부의 카자흐스탄과의 중국쪽 접경지대에 형성되어 있는 카자흐민족 공동체들이 제정러시아 지배 이전의 카자흐 전통문화 원형을 더 잘 보존하고 있다고 주장하기도 한다. 이러한 맥락에서 카자흐 민족의 말과 관련된 전통공예 요소 일부는 세계문화유산으로 등재가 되기도 했는데, 카자흐스탄의 전통문화 요소가 아니라 중국 내 소수민족 카자흐족의 전통문화 요소로 중국의 주도하에 등재되기도 했다.

또 유목공동체 가운데 카자흐스탄보다 더욱 동쪽에 위치한 키르기스민족의 전통문화에서는 문화요소 측면에서 투르크 유목부족과 몽골 유목부족 문명의 요소, 그리고 중국의 한족문화 요소들이 일정 부분 발견되고 있다. 카자흐보다 더 서쪽에 위치한 카라칼팍민족은 앞서 정주문명 전통지대의 호레즘 무용과 관련된 부분에서 언급한 것처럼 투르크 유목부족과 페르시아-이슬람 정주문명의 중간지대에 위치하고 있어서 정주문명 요소로 페르시아 전통문명의 요소들이 일부 나타난다. 카라칼팍민족과 인접하면서도 더 서남쪽에 위치하여 과거 페르시아제국의 일부분이기도 했고, 제정러시아 지배기에는 페르시아와의 국경지대이기도 했던 투르크멘 민족에서는 페르시아제국 전통문명의 요소와 영향이 카라칼팍보다 더 두드러지게 나타난다.

유목전통지대에도 과거 공동체 시절부터 형성되어 계승되고 있는 다양한 형태의 전통무예, 무용, 유희들이 존재하고 있다. 이러한 전통무예와 무용 그리고 유희를 통해 개별 유목 공동체들은 건강하고, 강인하며, 용감하고, 지혜로우며, 규칙을 준수하고, 지략을 가진, 활력 있고 인간적인 품성을 가진 후손들이 이어지도록 하고 있다.

유목전통 공동체 가운데 숫자적으로 가장 대규모였던 투르크-몽골계 혼혈부족인 카자흐민족의 전통 놀이에서는 말과 관련된 놀이들이 많이 있고, 언어적으로도 말과 관련된 용어들이 매우 세분화되어 있는 특징을 보여준다. 이러한 점으로 보면 카자흐민족의 대중적인 전통스포츠는 바로 공동체와 개인의 생활에 매우 긴밀하게 연관되어 있었던 말을 다루는 기술을 중심으로 발전해왔다는 것을 추정해 볼 수 있다.

특히 카자흐민족의 말은 강력한 힘과 빠르기를 자랑한다. 또 과거에는 말을 다루는 능력이 젊은 청년들에게 아내를 선택하게 할 만큼 중요한 능력이었다. 유목부족의 특징으로 인해 공동체 놀이와 역할 측면에서 보면 여성의 역할이 정주문명 전통지대보다 훨씬 더 확대되어 있었고, 공동체 내의 다양한 수준의 의사결정 과정에서도 여성의 영향력은 정주문명지대보다 월등히 강했던 특징을 가지고 있으며, 이러한 부분이 전통놀이에서도 일부 나타나고 있다.

유목전통 지대의 전통무예로는 일부는 정주문명 공동체에서도 나타나는 쿠레스인데, 이를 민족명을 병기하여 더 세분화된 형태로 구분하기도 한다. 유목 공동체 전통무예 가운데 가장 대표적인 것은 카자흐쿠레스(Kazakh Kures, 카자흐레슬링), 아우다리스팍(Audaryspak wrestling, 승마 레슬링 또는 힘겨루기)이 있다. 이는 계통적으로 보면 이란의 전통 레슬링, 우즈베키스탄 서부의 전통 쿠레쉬, 동부의 띠 쿠레쉬, 몰도바 및 루마니아에서 행해지는 트란타(Tranta), 타타르족의 타타르 레슬링 'Kuryash', 몽골계인 칼미크, 몽골계인 투바, 그리고 하카스, 에스키모 계통의 네네츠 등이 즐기는 부랴트 전통 씨름, 야쿠트 씨름인 '합사가이', 투르크멘 레슬링 'Goresh', 아르메니아 레슬링 'Goh', 투바 민족의 'huresh', 아제르바이잔 레슬링 'gulesh' 등은 유사한 계열의 전통 무예로 이해되며, 이는 좀더 광의의 형태로 몽골씨름, 한국 전통씨름 등과 연계된 분석을 통해 실크로드 문명교류의 방향과 연계요소 분석에 좋은 사례라 할 수 있다.

이외에도 실크로드로 연결된 문화 교류를 입증할 수 있는 전통무예 가운데 하나로는 전통 활쏘기를 들 수 있다. 활과 화살의 제작과 형태 차원에서 접근해 보면 특히 한국의 전통 활쏘기와 유사한 측면을 보여주고 있고, 이러한 맥락에서 범투르크적인 세계공동체 차원에서도 문명간 교류가 가능한 사례라 할 수 있다.

유목민 세계에서의 무용은 수천 년의 유구한 역사를 가지고 있다. 처음에는 유목공동체의 전통신앙이었던 샤머니즘과 관련된 제례의식, 종교 행사의 일환으로 창안되었지만, 시간이 지남에 따라 일상생활에서 흔히 볼 수 있는 형태로 분화되어 전승되어 왔다.

모든 무용은 지역 및 공연 장소에 따라 다양한 방식으로 변화, 발전하였는데, 카자흐스탄, 키르기스스탄이 대표적이다. 키르기스스탄은 특히 유목전통의 측면에서 카자흐와 강한 연계를 가지는 키르기스 북부 지역, 그리고 소수민족 집단으로 위치하고 있는 타지키스탄 파미르 산맥지대 등을 중심으로 유목전통 무용 특성이 강하게 나타난다.

카자흐스탄의 경우 광활한 영토(세계 9위, 한반도의 9배, 한국의 26배)로 인하여 카자흐 중부 스타일인 카라간다 스타일, 남동부 스타일인 제티수 스타일(알마티 인접지역), 서부 카자흐 스타일, 그리고 카자흐 민족이 현재 소수민족으로 공동체를 형성하고 있는 중국신장위구르지역 스타일 및 서몽골 스타일의 형태로 지역의 특성을 반영한 형태로 다양하게 분화되었다.[16)]

이러한 말과 연관되는 특성으로 인해 개별 지역 단위 전통무용 이외에도 카자흐, 키르기스, 카라칼팍을 포함한 중앙아시아 및 카프카즈지역 투르크계 유목을 계승한 공동체들에서 동일하게 발견되는 전통무용은 카자흐나 키르기스에서 '카라 조르고'로 불리는 말을 탄 채로 춤추는 모습을 무용화한 것이 대표적이라 할 수 있다.

전통놀이로는 역시나 말과 관련된 전통 종목들에서 현재의 민족명칭과 상관없이 유사성이 나타나고 있는데, 마상경기에 해당되는 이란의 전통폴로, 중앙아시아의 쿱카리(Kupkari) 또는 콕보루 등으로 불리는 종목의 기본 형태는 말을 타고 하는 단체 경기이다. 이 놀이는 대략 300마리의 말과 참가자, 관중 3천여 명이 즐기는 전통의식이자 놀이이다. 32개 투르크계 국가에서 즐긴다고 하며 형태는 조금씩 다르지만, 말과 긴밀하게 연관된 삶을 살아온 고대 중앙아시아인들의 전통을 잇는 문화이다.[17)] 정주와 유목에 따라 경기에 사용하는 도구가 유목적 요소와 정주적 요소의 차이가 명확히 두드러지는 종목이다.

나아가 유목전통권에서 공통으로 나타나고 있는 것은 특히 어린이들을 대상으로 하는 다양한 형태의 말타기 경주로, 이는 결국 과거 유목전통 공동체의 생존과 관련된 가장 기본적인 역량의 육성이라는 점에서 미래세대를 키워내는 하나의 과정으로 이해되는 것이 개별 민족 차원의 접근보다는 더욱 타당하다고 할 수 있다. 또 전통 새해맞이 축제나 각종 축제에서 행해지는 전통 마상경주로는 남성과 여성이 같이 참가하는 크즈키우 등이 있는데, 이 역시 중앙아시아뿐만 아니라, 몽골을 비롯해 러시아 시베리아, 알타이, 카프카즈 등의 전통 유목민지대에서 공통적으로 행해지는 놀이 가운데 하나이다.

이외에도 유사한 유희 형태이면서도 이름을 달리하는 것으로는 말 달리기를 하면서 땅바닥에 있는 물건(동전이나 추 등) 집어올리기로 일종의 마상곡예라 할

---

16) 카자흐스탄 무용은 카라간다 스타일, 제티수 스타일, 서부 카자흐스탄, 신장-위구르 및 몽골 스타일 등으로 지역적으로 구분된다.

17) 김무관, 김정희, 《매혹의 실크로드: 우리의 정체성을 찾아가는 여정》. (청아출판사, 2019), 157쪽.

수 있는 놀이는 카자흐에서는 쿠미스 알루, 우즈베크에서는 트이온 엥메이 등으로 불린다.

주로 여성들이 즐기던 그네뛰기는 송나라 시기의 고승(高丞)이 지은 『사물기원(事物紀原)』[18]에서 "고금예술도에서 말하기를, 옛날 만리장성 밖에 거주했던 북방 유목민이 처음으로 그네 놀이를 하며 가볍고 날랜 몸가짐을 익혔다."[19]고 하며 고대사회의 북방 유목민으로부터 그네뛰기가 동북아시아로 전파되어 왔다. 이후 중국 각지에서 여성들이 그네뛰기는 청명절 전후에 또는 한식날 등의 절기에 행해지는 대표적인 여성 놀이로 자리 잡았다. 특히 한나라와 당나라 이후에는 궁중에서 호화로운 그네뛰기 연희가 베풀어졌는데, 당나라 현종(玄宗, 712-756)은 궁녀들의 그네 뛰는 모습을 보고 '반선지희(半仙之戱)', 즉 반 선녀의 놀이라는 찬사[20]를 쏟아낼 정도로 여성들이 하늘을 날며 자신들의 아름다움을 뽐내는 일석이조의 놀이로 정착하였다.

이러한 기술을 통해 추론할 수 있는 점은 고대 중앙아시아의 북방 유목민족의 풍속이었던 추천이라는 놀이가 시간이 흐르면서 중국 중원지역으로 전해져 전국적으로 행해지게 되었고, 이것이 물적 교류를 통해 한반도로 전파되었을 가능성을 추정할 수 있다. 더 나아가 그네뛰기는 일본에서도 9세기경에 중국에서 뛰던 한식날 추천이 궁중과 귀족들에게 그대로 전래되었다는 기록이 나타나고 있어 북방 유목민족이 즐기던 그네뛰기가 동북아는 물론 서역과 인도로까지 전해졌을 것으로 추정된다.

중앙아시아 민족들의 전통 그네뛰기는 한국의 그네와는 그 형태가 조금 차이가 있지만, 유목전통지대인 카자흐, 키르기스, 투르크멘 등에서 공통적으로 나타나고 있다. 아이들이 주로 즐기는 놀이인 베쉬토쉬는 우리나라의 공기놀이와

18) 중국 송나라의 고승(高丞)이 편찬한 유서(類書)이다. 천지, 산천, 조수(鳥獸), 초목, 음양, 예악, 제도를 《천지생식부(天地生植部)》, 《정삭역수부(正朔曆數部)》, 《제왕후비부(帝王后妃部)》 따위의 55부로 나누어 사물의 유래를 상세히 설명하였다. 원본은 20권 217사(事)였으며, 오늘날에 전하는 것은 후세 사람이 10권 1,765사를 모아서 기록한 것이다.

19) 古今藝術圖曰 北方戎狄愛習輕趫之能 每至寒食 為之 後中國女子學之 乃以綵繩懸樹立架 謂之秋千(《事物紀原》 八卷).

20) 孫麒麟, 毛麗娟, 李重申, 《中國古代體育圖錄》. (甘肅教育出版社, 2015), 366쪽; 김선풍, 앞의 글, 95쪽.

유사한데, 놀이 기구가 정주와 유목의 구분에 따라 달라지는 특징을 보이기도 한다.

5. 나가며

중앙아시아 국가인 카자흐스탄, 우즈베키스탄과 그리고 문명사적으로 이 지역과 긴밀한 연계성을 가지고 있는 페르시아제국에서 이어져 온 이란 간에는 전통 신체문화의 측면에서 동아시아 3개국인 한국, 중국, 일본 간의 전통 신체문화와의 연계성이나 유사성보다는 더욱 긴밀한 형태의 전통 신체문화 측면의 연계성과 유사성이 강하게 나타난다.

이는 전통 정주지역과 유목지역으로 구분되는 중앙아시아 지역이 특히 전자는 페르시아제국의 변방으로서, 때로는 페르시아 제국을 주도하는 주요 지방왕조로 페르시아 제국 전역을 지배하기도 했던 고대의 교류사, 그리고 근대이전까지 명칭은 서로 달리하면서도 지속적인 교류와 접촉을 통해 인적인 요소, 동시대 문화요소 등의 교환 및 교류 등이 활성화되면서 오늘날 양 지역의 전통문화요소에서 동질성의 요소들이 그대로 이어지는 배경 및 요인으로 작용했음을 알 수 있다. 후자인 중앙아시아 전통 유목지역의 신체문화는 그 기원 측면에서 과거 돌궐제국, 그리고 중세가 시작되기 전에 이루어진 몽골제국의 영향과 연관되어 접근이 이루어질 경우 상호교류와 연계의 측면에서 더욱 세밀한 접근과 이해가 가능해진다. 이는 몽골과 중앙아시아를 연결하는 문명사적인 루트로 현재 러시아 내의 자치민족 집단인 몽골계 집단 칼뮈크, 투바 등 알타이 계통의 신체문화, 추바쉬, 타타르, 바쉬키르 및 체르케스 등 투르크 계통의 신체문화로 구분하여 접근하는 것은 문명사적인 전통적 신체문화요소나 관련 항목들의 이해 과정에서 단절성이 극복되는 총체적인 이해와 접근의 방법이 될 것이다.

그리고 이는 궁극적으로 투르크계통의 정주전통지대는 현재의 이란과의 연계성 측면, 유목전통지대는 카프카즈지역 및 아나톨리아 반도 등 서쪽 지역으로 진출 및 확대 과정을 통해서, 알타이 계통은 몽골을 거쳐 중국 북동부, 한반도로 이어지는 과정을 살펴본 결과, 실크로드로 연결된 민족 공동체의 전통신체문화에서 나타나는 유사성 및 특수성을 더욱 명확하게 파악하는 데 효과적으로 기여할 것이다.

저자소개

김태영(한국외국어대학교 한국글로벌스포츠건강문화센터 소장)
황의룡(한국외국어대학교 한국글로벌스포츠건강문화센터 책임연구원)
김태양(영산대학교 전통무예진흥연구소)
이명희(공주대학교 역사교육과)
박귀순(영산대학교 동양무예학과)
민성희(숙명여자대학교 무용학과)
원유미(대원대학교 운동재활학과)
이택균(한국외국어대학교 미네르바교양대학)
박효주(경희대학교 태권도학과)
임종범(평택대학교 IT공과대학)
김상철(한국외국어대학교 중앙아시아연구소)
신양섭(한국외국어대학교 페르시아어 · 이란학과)
문창학(한국외국어대학교 일본언어문화학부)
김기선(한국외국어대학교 몽골학과)

실크로드 신체문화교류사
총서 9: 전통무예, 무용, 유희

초판발행 2025년 8월 30일

지은이 김태영 · 황의룡 · 김태양 외
펴낸이 안종만 · 안상준

편 집 소다인
기획/마케팅 박부하
표지디자인 이영경
제 작 고철민 · 김원표

펴낸곳 (주)박영사
서울특별시 금천구 가산디지털2로 53, 210호(가산동, 한라시그마밸리)
등록 1959. 3. 11. 제300-1959-1호(倫)
전 화 02)733-6771
f a x 02)736-4818
e-mail pys@pybook.co.kr
homepage www.pybook.co.kr
ISBN 979-11-303-2321-3 93910

정 가 23,000원